Edson Gonçalves

Desenvolvendo aplicações Web com NetBeans IDE 6

Desenvolvendo Aplicações WEB com NetBeans IDE 6.

Editor: Paulo André P. Marques
Produção Editorial: Dilene Sandes Pessanha
Capa: Equipe Editorial
Diagramação: Equipe Editorial
Copidesque: Equipe Editorial

FICHA CATALOGRÁFICA

Gonçalves, Edson
Desenvolvendo Aplicações WEB com NetBeans IDE 6.

Linguagem de Programação

Rio de Janeiro: Editora Ciência Moderna Ltda., 2008.

1. I — Título

ISBN: 978-85-7393-674-2 CDD 001642

Editora Ciência Moderna Ltda.
R. Alice Figueiredo, 46 – Riachuelo
Rio de Janeiro, RJ – Brasil CEP: 20.950-150
Tel: (21) 2201-6662/ Fax: (21) 2201-6896
E-MAIL: LCM@LCM.COM.BR
WWW.LCM.COM.BR

02/08

Este livro é dedicado a minha esposa Edna e a todos os desenvolvedores que fizeram do software livre um meio profissional levado a sério.

Agradecimentos

Primeiramente gostaria de agradecer os inúmeros e-mails de leitores elogiando a primeira edição deste livro e também os que criticaram, pedindo mais detalhes a respeito de determinados assuntos.

Também agradeço o apoio dado pela Editora Ciência Moderna para o desenvolvimento desta segunda edição.

Um agradecimento especial ao apoio do JUG Leader e Founding Java Champion, Daniel deOliveira, do DFJUG.

Introdução

Mais uma versão e, novamente, o NetBeans amadurece e surpreende com novas características que tornam o desenvolvimento mais agradável e ágil.

A versão 6 desta fantástica IDE não poderia ser diferente de seus lançamentos anteriores, onde vemos que a intenção é tornar a ferramenta uma plataforma de desenvolvimento para várias linguagens.

Esta nova versão, além de aproveitar melhor as facilidades incorporadas nas especificações Java EE 5, conta também com as características que vem mudando o mundo do desenvolvimento Web, como o framework Rails da linguagem Ruby. Mais ainda, é possível, através do uso de JRuby, rodar aplicações Ruby on Rails (RoR) sobre uma Java Virtual Machine, agregando as facilidades do desenvolvimento com RoR, aliados a estabilidade e integração com sistemas Java rodando sobre os servidores de aplicações. Além do Ruby, a linguagem PHP, tida como plugin adicional na versão 6.0, também ganhou seu lugar na IDE definitivamente na versão 6.1, ainda em desenvolvimento no momento em que este livro é escrito.

Com um número maior de linguagens e frameworks suportados, o desenvolvedor pode contar com assistentes que se integram tanto para o desenvolvimento de aplicações Java, como também na integração com o poderoso framework Rails (RoR) para o mesmo principio.

Outra novidade é a incorporação do editor visual ao NetBeans IDE 6.x, tido antes como um pacote separado, para geração de aplicações Web que utilizam o framework JavaServer Faces. Seu nome foi rebatizado para Visual Web JavaServer Faces Applications e é mais uma das diversas facilidades que o desenvolvedor Java conta na construção de aplicações Web.

Para este livro, nesta nova edição, cerca de 50% do material foi reescrito e ampliado. O leitor agora tem em suas mãos informações que vão desde a construção de aplicações Web básicas, contendo páginas JSP e Servlets, como também o foco na utilização de JavaServer Faces, incluindo Facelets. O uso de JPA (Java Persistence API) e EJB 3 foram adicionados, tendo em vista os leitores que estão aproveitando as facilidades que ambos incorporam no desenvolvimento de aplicações Web.

O uso de Ruby on Rails foi adicionado, incluindo o JRuby on Rails para programadores Java, focado na versão 2.0.2 do framework. Neste caso, não só um CRUD é feito através da IDE, mas também há muitas explicações sobre sua arquitetura e um exemplo com relacionamento.

A grande novidade neste livro está no aprimoramento dos capítulos sobre Visual Web JavaServer Faces. Para aqueles que desejam trabalhar com esta ferramenta, fora elaborado em dois capítulos um aplicativo completo, utilizando seus principais componentes com acesso a dados. E para aqueles que desejam utilizar JPA e Hibernate com Visual Web JavaServer Faces, um capítulo especial fora dedicado a este assunto, incluindo o uso de Spring.

Por fim, há no CD-ROM como brinde, diversos Capítulos Extras que contém o trabalho com Struts, criando um CRUD completo, a utilização do novíssimo plugin iReport for NetBeans, integrando-se a ferramenta e facilitando a criação de relatórios JasperReports e dois estudos de caso completos, envolvendo o Visual Web JSF, incluindo o uso de DAO genérico, injeção de dependências com Spring Framework e a JPA com o Hibernate como provider.

Quem deve ler este livro?

Este livro foi escrito para desenvolvedores com pouca ou nenhuma experiência na utilização do NetBeans IDE. Embora sejam apresentados alguns conceitos sobre as tecnologias Java, para a criação de aplicações Web, é de suma importância que o leitor tenha conhecimento de lógica e da estrutura da linguagem Java. O mesmo vale para os desenvolvedores que desejam trabalhar com aplicações Ruby on Rails, ao qual é necessário um prévio conhecimento de Ruby, facilitando assim sua compreensão.

É desejável também um conhecimento sobre o desenvolvimento Web com a linguagem Java, tais como páginas JSP ou Servlets, assim como acesso e utilização de um banco de dados.

ANTES DE COMEÇAR

Em algumas partes desse livro você encontrará um símbolo, que o ajudará a entender o código proposto e desenvolvido, mostrado a seguir:

... - Indica que acima ou abaixo contém mais código, mas que não está sendo exibido por não ter sido alterado e que o mesmo pode ser acessado pelo CD-ROM, em anexo ao livro.

OS SOFTWARES REQUERIDOS

Os aplicativos criados nesse livro não exigem software proprietário. Portanto ao longo dos capítulos você não só aprenderá como usá-los como também onde encontrá-los na Internet, caso precise de uma atualização.

Esse livro não está focado especialmente em um sistema operacional, portanto a sua escolha é livre nesse ponto.

HARDWARE REQUERIDO

Uma boa configuração de hardware se faz necessário para trabalhar com aplicações escritas em Java. Um computador para rodar bem o NetBeans na versão 6.0 deve ter as seguintes configurações para uma confortável utilização, segundo o autor:

Processador: Pentium 4 ou similar (recomendo um Dual Core ou Core 2 Duo)

Memória: 1 GB de RAM mínimo (recomendo 2GB de RAM)

HD: 10GB de espaço livre

Monitor: 17 polegadas ou superior

Alguns testes foram executados em Pentium 4 com 1 GB de memória, no qual houve certa lentidão na inicialização da IDE, mas não a inviabilidade de seu uso.

O maior problema na utilização da IDE com relação à exigência do Hardware está no trabalho com o Visual Web JavaServer Faces e com servidores de aplicações como o Glassfish.

Para a criação deste livro, um Core 2 Duo com 4 MB de cache e 2GB de RAM fora utilizado.

Códigos dos exemplos criados no livro

Todos os códigos dos exemplos criados no livro, bem como a IDE e outros, se encontram no CD-ROM anexo.

Caso não encontre algum exemplo, entre em contato com o autor pelo site http://**www.integrator.com.br.**

Visão geral dos capítulos

Embora este livro esteja completamente focado no NetBeans IDE, ainda assim você terá ao longo do livro, muitos códigos para desenvolver. Todos os detalhes, em sua maioria, se encontram na íntegra, para que sejam digitados por você mesmo. Em todo caso, dúvidas poderão surgir, o que pode requerer a visão do arquivo em geral. Para este caso, o CD-ROM em anexo possui o projeto com seu nome proposto em livro para ser analisado.

> **Atenção:** Em caso de erro, é recomendado a visualização dos exemplos contidos no **CD-ROM** anexo ao livro, antes de entrar em contato com o autor.

Com um conteúdo completamente ilustrado, o livro possui diversas imagens, espalhadas por todos os capítulos e sempre com foco em detalhes quando necessário. Em seu longo, dicas são dadas para uma melhor produtividade do que está sendo feito, aproveitando melhor os recursos que a IDE tem a oferecer.

Parte 1: Introdução: Desenvolvimento de aplicações Web com Java

Capítulo 1: Obtendo e instalando o NetBeans IDE 6 – Como obter e instalar a NetBeans IDE na versão 6.x.

Capítulo 2: Servidores de Aplicações e Servlets – Visão geral, uso e aprofundamento do NetBeans IDE com o desenvolvimento de aplicações Web escritas em Java, utilizando servidores de aplicações, monitoramento e distribuição para produção.

CAPÍTULO 3: DESENVOLVENDO PÁGINAS DINÂMICAS NO NETBEANS - Dedicado ao trabalho com páginas dinâmicas usando Java, envolvendo JSP, JSTL, Custom Tags, as configuração da sua aplicação e o Deployment Descriptor usando o NetBeans IDE.

CAPÍTULO 4: TRABALHANDO COM BANCO DE DADOS – Desenvolvido para o contato inicial com o banco de dados, usando JDBC, em aplicações Web através Servlets e páginas JSP, utilizando NetBeans IDE. Os padrões de desenvolvimento MVC e DAO são apresentados, integrando o JSP e JSTL com acesso a dados através do MySQL.

PARTE 2: JAVA EE5: AVANÇANDO NO DESENVOLVIMENTO DE APLICAÇÕES WEB

CAPÍTULO 5: JAVASERVER FACES – Visão geral e técnica do framework JavaServer Faces trabalhado através do NetBeans IDE, com configurações e acesso a banco de dados e Web 2.0 com Facelets.

CAPÍTULO 6: EJB 3 E JAVA PERSISTENCE API – Apresenta o desenvolvimento de aplicações Enterprise utilizando o NetBeans.

CAPÍTULO 7: O VISUAL WEB JAVASERVER FACES – A primeira parte de um estudo de caso detalhado, ensinando o uso do Visual Web JSF através do desenvolvimento de uma aplicação, focando na etapa visual sem acesso a banco de dados.

CAPÍTULO 8: DESENVOLVENDO NO VISUAL WEB JSF COM BANCO DE DADOS – Continuação do estudo de caso usando Visual Web JSF com acesso a dados, incluindo uma área administrativa.

CAPÍTULO 9: TRABALHANDO COM WEB SERVICES NO NETBEANS IDE – Desenvolve e consome Web Services usando o NetBeans IDE, incluindo a integração com EJB 3, acesso a dados e o uso de Visual Web JavaServer Faces.

CAPÍTULO 10: VISUAL WEB JSF COM JPA, SPRING E HIBERNATE – Finaliza o trabalho com Visual Web JSF integrando um CRUD com Spring 2.5 e Hibernate 3, através do uso de Java Persistence API (JPA).

PARTE 3: DESENVOLVIMENTO COM LINGUAGENS DINÂMICAS E AJAX

CAPÍTULO 11: RAILS 2 COM NETBEANS IDE – Cria um estudo de caso usando o NetBeans como ferramenta para desenvolver aplicações Ruby on Rails.

Capítulo 12: JRuby on Rails – Recria o projeto do Capítulo 11, adicionando as características individuais do JRuby, que roda sobre a Java Virtual Machine, incluindo acesso a dados via JDBC e deploy no Application Server GlassFish.

Capítulo 13: Trabalhando com AJAX no NetBeans IDE – Utiliza o NetBeans para trabalhar com AJAX através de plug-ins, integrando frameworks conhecidos como jMaki, GWT e ICEfaces.

Apêndice A: Ruby para desenvolvedores Java – Explica de forma comparativa a linguagem Ruby com Java para um suave entendimento.

No CD-ROM

Capítulo Extra 1: Trabalhando com Tomcat 5.5 – Introduz ao uso do Tomcat 5.5 utilizando o NetBeans IDE.

Capítulo Extra 2: Aplicações Web com acesso a dados sem padrão – Indicado para iniciantes com baixa experiência em aplicações Web Java, ensina a acessar dados via JDBC diretamente através de scriptlets sem o padrão DAO.

Capítulo Extra 3: Struts - Visão geral e técnica do framework Struts trabalhado através do NetBeans IDE, com configurações e acesso a banco de dados.

Capítulo Extra 4: Desenvolvendo relatórios com NetBeans IDE – Utilização do plug-in iReport for NetBeans para construir relatórios visualmente na IDE.

Capítulo Extra 5: Estudo de caso completo com Visual Web JSF – Continua a aplicação criada no livro através dos capítulos 7 e 8, criando todos os relacionamentos e acesso ao banco de dados, incluindo o uso de novos componentes.

Capítulo Extra 6: Estudo de caso completo com Visual Web JSF, Spring e Hibernate utilizando JPA – Criação da mesma aplicação gerada através dos capítulos 7, 8 e Extra 5, criando todos os relacionamentos e acesso ao banco de dados, utilizando DAO genérico, Spring framework e Hibernate com JPA, incluindo o uso de novos componentes.

Apêndice B: O MySQL – Explica o MySQL mais detalhadamente para desenvolvedores que não o conhecem.

SUMÁRIO

PARTE 1

Introdução: Desenvolvimento de aplicações Web com Java

Capítulo 1
Obtendo e instalando o NetBeans IDE 6

O NetBeans é uma IDE criada em Java Swing e portanto, depende da Java Virtual Machine (JVM) instalada em sua máquina.

Além disso, você verá que há várias opções da IDE, onde cada uma contém módulos de instalação diferentes para cada necessidade do desenvolvedor.

Neste Capítulo você aprenderá a obter e instalar o NetBeans IDE na versão 6.x.

> **Observação:** Apesar de abordar onde obter o NetBeans IDE, o CD-ROM anexo contém todos os arquivos que estão sendo ilustrados para a instalação.

Baixando o NetBeans na Internet

Existem dois sites que oficialmente dão ao usuário a possibilidade de obter o NetBeans na versão 6.0. Um é o site oficial da própria IDE, que se encontra no endereço **http://www.netbeans.org**. O outro site é o oficial do Java, da própria Sun Microsystems, criadora da linguagem e principal mantenedora do NetBeans. O site neste caso é **http://java.sun.com**.

Em ambos os casos, a obtenção da IDE está correta.

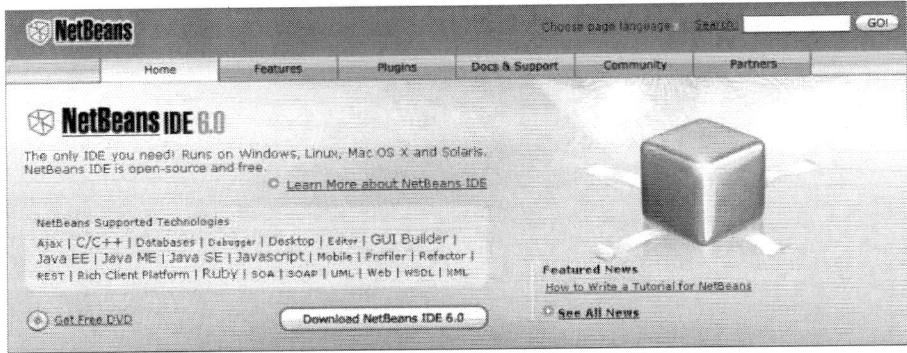

Figura 1.1 – Site oficial do NetBeans IDE

Assim que você entra no site oficial do NetBeans, há um grande botão escrito **Download NetBeans IDE 6.0.**

Dando um clique neste botão, você irá até a página de downloads da IDE.

Observação: Você pode notar que existe ao lado do botão Download NetBeans IDE 6.0 um ícone de uma mídia CD/DVD escrito em seu rótulo Get Free DVD. Caso você queira, basta pedir o DVD pelo site que eles o enviarão sem custo algum. O tempo necessário para recebê-lo depende de sua localização.

Atenção: No momento em que este livro está sendo escrito, ainda não existe disponível uma versão traduzida em nosso idioma.

Os pacotes

Ao clicar no botão Download NetBeans IDE 6.0, você será levado à área de download, contendo os diversos pacotes que a IDE atualmente oferece.

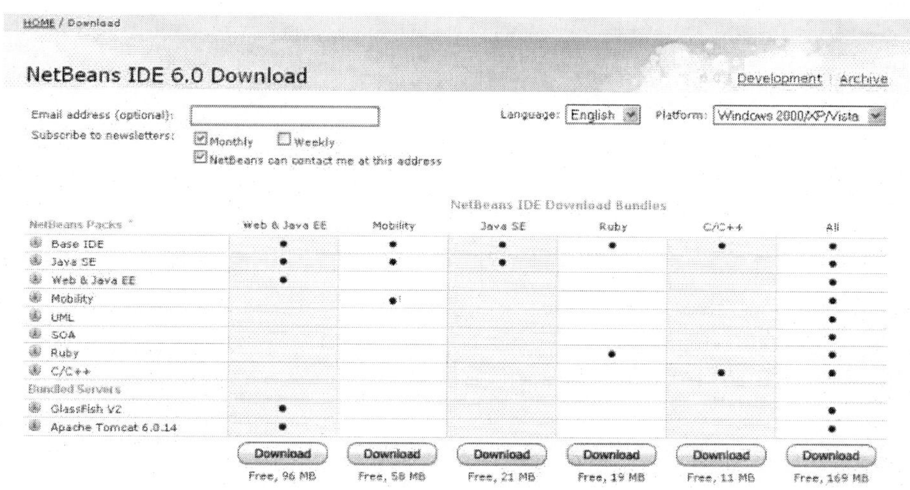

Figura 1.2 – NetBeans Packs

Se você for desenvolver para a Web, como é o caso, selecione a opção **Web & Java EE** para uma opção enxuta ou **All** para todas as soluções.

Como pretendemos trabalhar também com Ruby on Rails, a opção **All** é mais atrativa, embora você possa instalar os pacotes separadamente após a instalação.

O pacote sem instalador e o JDK requerido

Abaixo das opções mostradas anteriormente, você tem o link para o NetBeans compactado sem instalador (**zip file format**) e o link para o JDK requerido (**download the JDK here**).

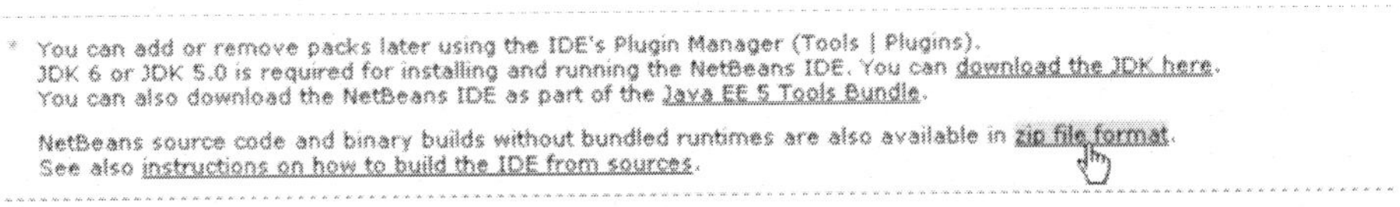

* You can add or remove packs later using the IDE's Plugin Manager (Tools | Plugins).
JDK 6 or JDK 5.0 is required for installing and running the NetBeans IDE. You can download the JDK here.
You can also download the NetBeans IDE as part of the Java EE 5 Tools Bundle.
NetBeans source code and binary builds without bundled runtimes are also available in zip file format.
See also instructions on how to build the IDE from sources.

Figura 1.3 – A opção compactada sem assistente

Sem o assistente, você tem uma listagem dos arquivos compactados no formato **.zip**, onde o maior é o **All**.

A instalação

Este livro está baseado em um pacote independente da sua escolha, mas focado no ambiente Web.

O servidor de aplicações oficialmente suportado pelo NetBeans é o GlassFish V2 e o container Web é o Tomcat 6, ambos compatíveis com a versão Java EE 5. O JBoss possui suporte a EJB 3, tanto na versão 4 como na 5, mas que deve ser instalado até o momento separadamente e incluso logo após (veremos isso mais adiante).

No Windows

A instalação do NetBeans é tranqüila, quando utilizamos assistente, como a maioria dos programas existentes para este sistema operacional. Para o exemplo, a instalação do pacote contendo todos os aplicativos será usado (**All**). Assim que baixar o programa (ou pegá-lo no CD em anexo) dê um duplo clique sobre o arquivo que iniciará o processo de instalação.

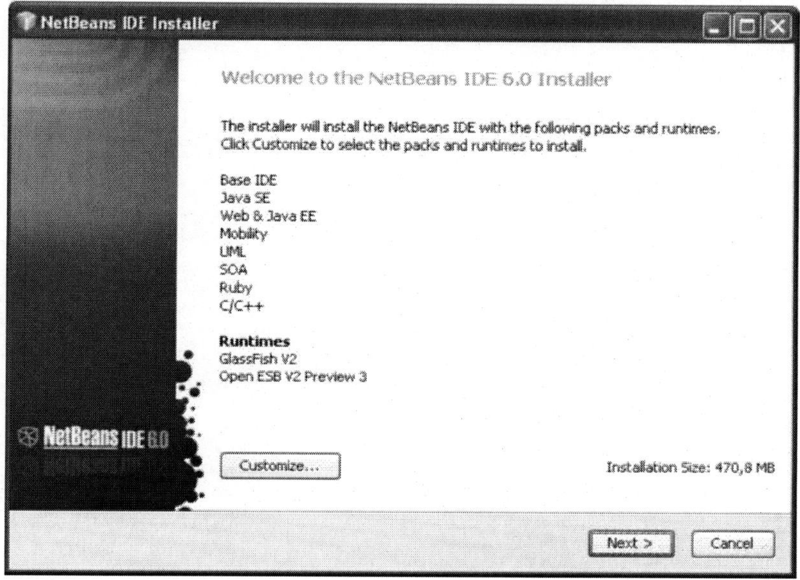

Figura 1.4 – Inicio do assistente de instalação

No botão **Customize**, marque ou desmarque os itens que não deseja instalar. Como o Tomcat 6 não está selecionado por padrão, caso não o tenha em sua máquina, selecione-o. Pacotes como C/C++ e Mobility são desnecessários para o nosso trabalho. Instale-os apenas se você for usar. Cada pacote a mais implicará em maior consumo de memória e portanto uma maior lentidão em seu uso em máquinas menos poderosas.

Confirme a customização e clique logo após no botão **Next** para prosseguir à segunda parte do assistente.

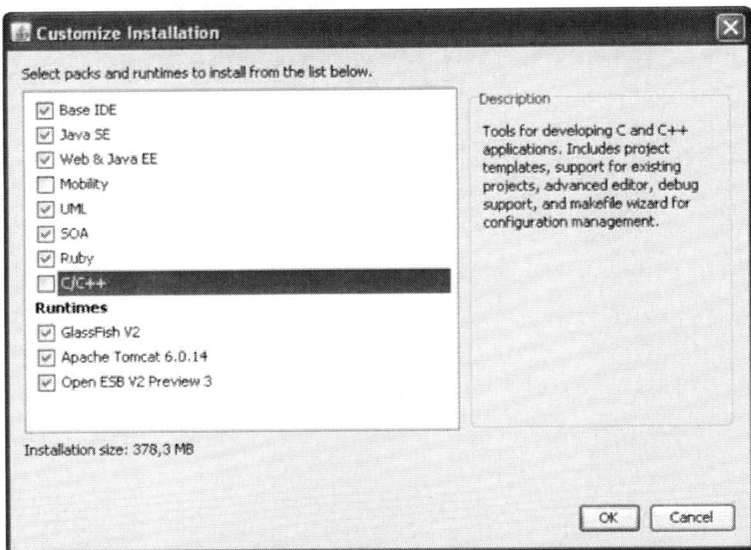

Figura 1.5 – Customizando a instalação

No assistente de instalação, leia a licença se não a conhecer e aceite marcando a opção **I accept the terms in the license agreement.** Para prosseguir, clique em **Next**.

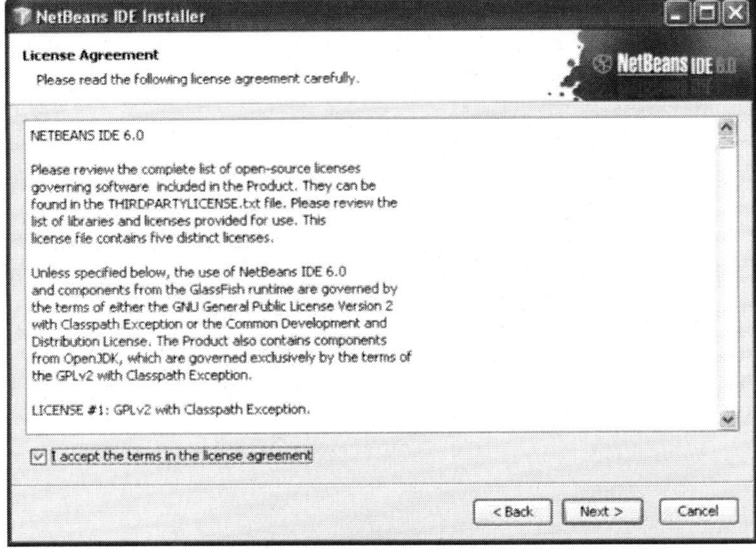

Figura 1.6 – Termos de licença

Especifique um diretório vazio dentro do qual será instalado o NetBeans IDE. Esta instalação da IDE não alterará as configurações de outras instalações do NetBeans, caso você as tenha. Isso ocorre porque a IDE cria automaticamente um novo diretório de usuário quando é aberto. Para modificar o local da instalação, no campo **Install the NetBeans IDE** to digite ou clique no botão **Browse** e selecione.

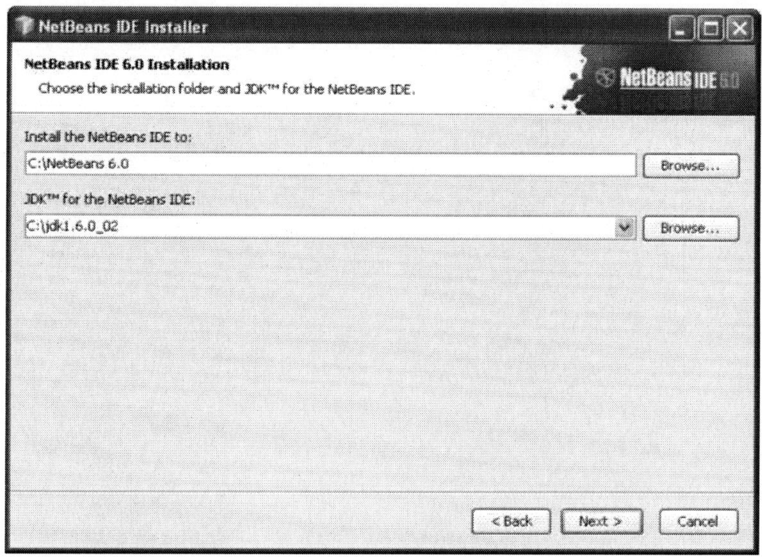

Figura 1.7 – Determinando o local da instalação e o JDK encontrado

Caso você tenha mais de um JDK instalado em sua máquina, este aparecerá em uma lista, no qual você deverá escolher o compatível com a IDE. No caso somente poderá ser as versões Java SE 5 ou 6. Clique no botão **Next**.

Na etapa seguinte você define o local da instalação do GlassFish (Install GlassFish to), o JDK e o usuário e senhas administrativas. Mais abaixo existe as portas para rodar o GlassFish em sua máquina.

Atenção: Caso mantenha como está, observe que a senha padrão é adminadmin.

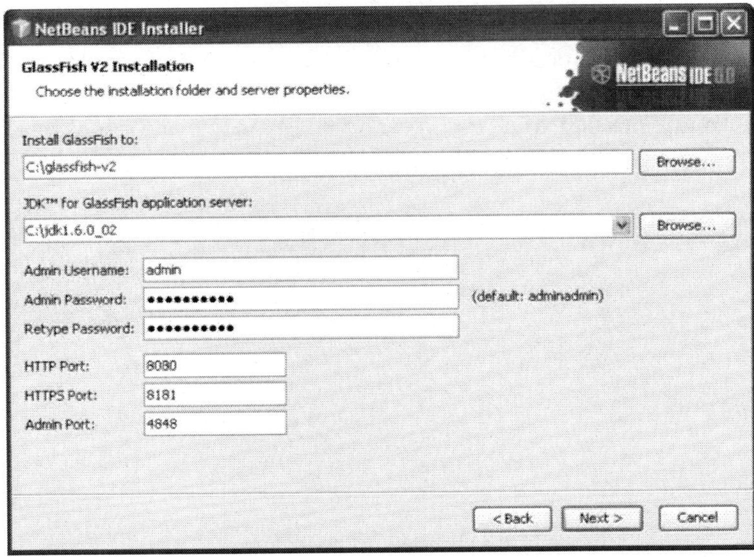

FIGURA 1.8 – CONFIGURAÇÃO DO GLASSFISH V2

A senha do usuário administrativo será guardada em um arquivo chamado **.asadminpass**. Este arquivo se encontra no diretório do usuário de seu sistema operacional.

Se em sua instalação houver também o Tomcat, você pode alterar o seu local de instalação no campo **Install Apache Tomcat to**.

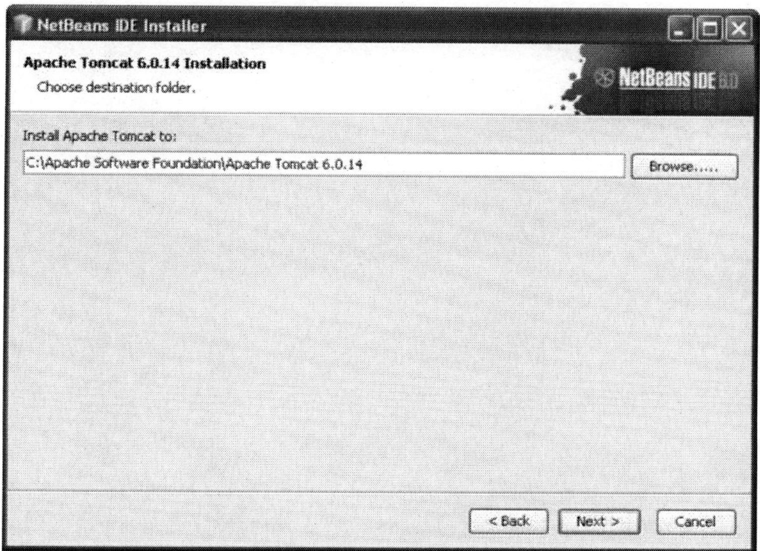

Figura 1.9 – Definindo o local de instalação para o Tomcat 6

> **Observação:** O servidor GlassFish e o container Tomcat não terão suas telas apresentadas caso você tenha optado por não instalá-los.

Por fim, veja os itens que serão instalados e clique no botão **Install**.

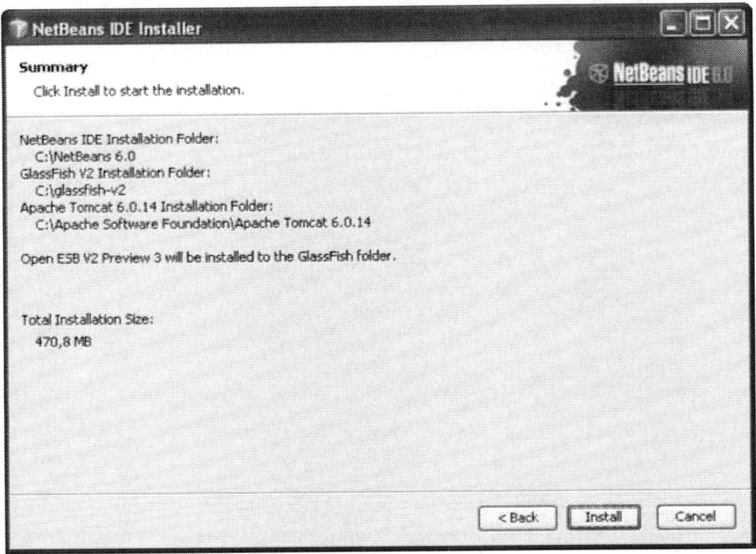

Figura 1.10 – Confirmação para a instalação

Aguarde a instalação até o botão **Finish**.

No Linux

A versão para Linux é ligeiramente diferente do Windows. O arquivo vem em formato binário, com assistente também, o que facilita sua instalação.

Para iniciar o processo de instalação, vá até o diretório onde se encontra o arquivo do qual baixou.

Dê a permissão necessária para que seja possível a execução do arquivo binário:

shell# chmod +x netbeans-6.0-linux.sh

Vale lembrar que a versão descrita se trata da versão mais atual no momento em que este livro está sendo escrito.

Para iniciar a instalação, execute o comando como demonstrado:

shell# ./netbeans-6.0-linux.bin

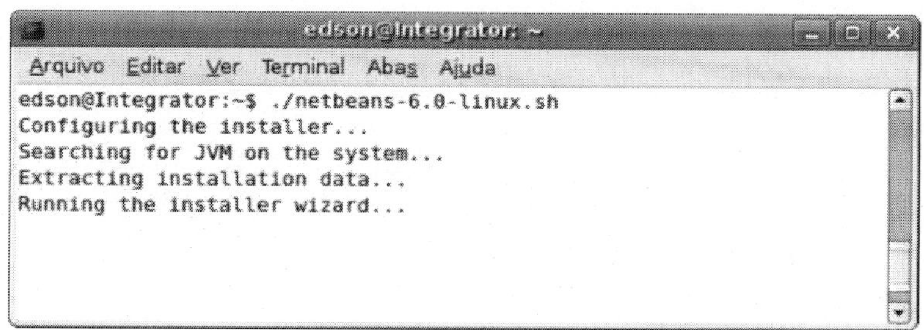

FIGURA 1.11 – INICIANDO A INSTALAÇÃO NO LINUX UBUNTU

As demais instruções são similares ao sistema operacional Windows.

A DESINSTALAÇÃO

DESINSTALANDO O NETBEANS NO WINDOWS XP

Para desinstalar a IDE no Windows, vá ao menu **Iniciar** do sistema e selecione o **Painel de controle**. Dê um duplo clique no ícone **Adicionar ou remover programas.**

Selecione o NetBeans IDE 6.0 na lista e clique em **Remover**.

Surgirá o desinstalador do NetBeans. Basta confirmar manter selecionados os servidores adicionados à IDE e clicar no botão **Uninstall**.

Desinstalando o NetBeans no Linux

Para desinstalar a IDE no Linux, vá ao diretório de instalação do NetBeans, geralmente **netbeans-6.0**, através do terminal. Digite a seqüência a seguir:

shell# ./uninstall.sh

O mesmo que ocorre com o Windows ocorrerá com o Linux. Confirme no botão **Uninstall** para remover a IDE.

Capítulo 2
Servidores de Aplicações e Servlets

Deste capítulo em diante você será levado a compreender a IDE com relação ao desenvolvimento de aplicações escritas para a Web. O seu fundamento criando e utilizando Servlets, trabalhará com os servidores de aplicações Web para rodar seus códigos desenvolvidos, monitorará sua aplicação e aprenderá como é distribuída para um servidor de produção.

Os tópicos apresentados neste capítulo serão:

- Criação de um novo projeto
- Visão geral do NetBeans IDE
- Explorando seu projeto
- Desenvolvendo Servlets
- Entendendo como funciona um Servlet
- Servidores de Aplicações Web
- Monitorando transações HTTP
- Distribuindo sua aplicação em arquivos WAR

Criando um projeto

Como o livro está focado em desenvolvimento Web, o seu primeiro projeto será feito para construir aplicações Web. Neste caso, mais especificamente para o desenvolvimento de um Servlet.

Servlets e JSP, assim como JavaServer Faces são tecnologias desenvolvidas pela Sun Microsystems para a construção de aplicações Web.

Para criar seu primeiro projeto Web, vá ao menu **File** e clique em **New Project**. Alternativamente, na janela **Projects**, você pode dar um clique com o botão direito do mouse e selecionar a opção **New Project** (**Ctrl+Shift+N**) no menu de contexto.

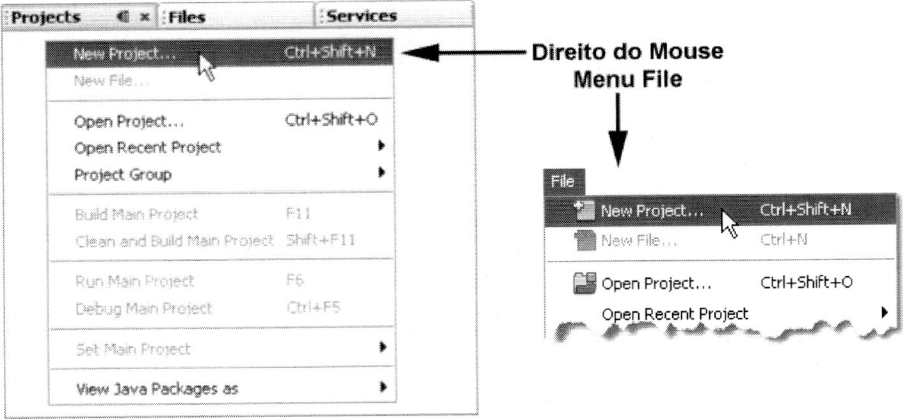

Figura 2.1 – Selecionando a opção New Project

A caixa de diálogo **New Project** surgirá. O desenvolvimento de projetos para aplicações Web se encontra na categoria (Categories) **Web**. Como a aplicação trata-se de um desenvolvimento sem informações anteriores, ou seja, limpo, você seleciona **Web Application** em **Projects**. Após selecionar a opção em **Projects** clique no botão **Next**.

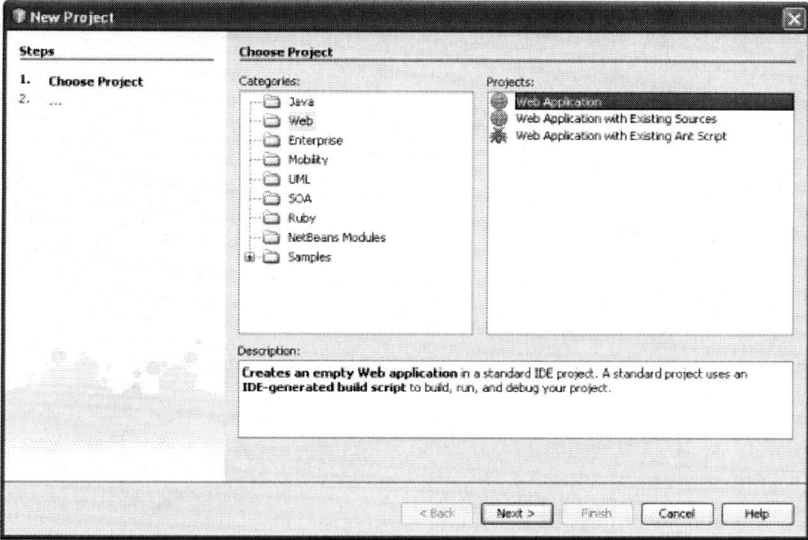

FIGURA 2.2 – SELEÇÃO DO ITEM WEB APPLICATION EM PROJECTS

Na segunda etapa do assistente, você possui várias opções para a construção do seu projeto.

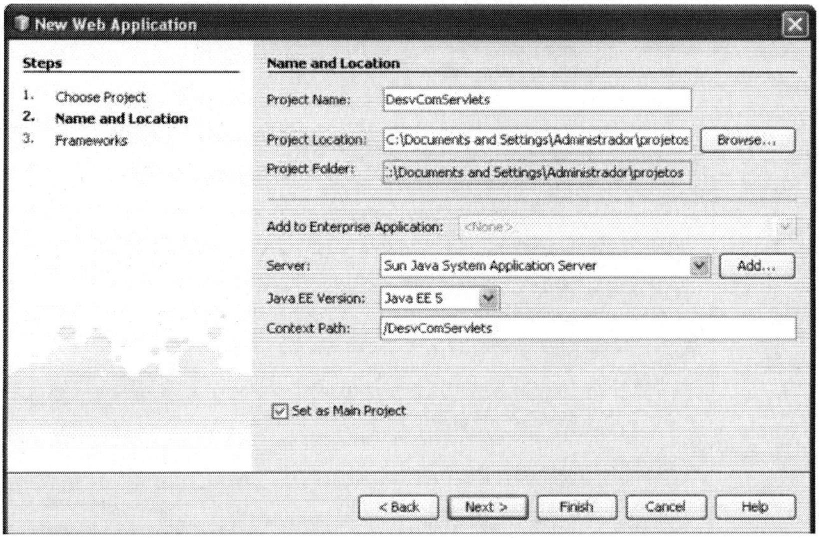

FIGURA 2.3 – NOME E LOCALIZAÇÃO DO PROJETO

Em **Project Name** você digita o nome do seu projeto. No caso do livro é **DesvComServlets**.

Em **Project Location** o NetBeans coloca seus projetos geralmente no diretório do usuário do seu sistema operacional. Para mudar a localização, clique no botão **Browse** e selecione ou crie um novo diretório para salvar seus projetos.

Perceba que o seu projeto gerará um novo diretório, e este é mostrado em **Project Folder**.

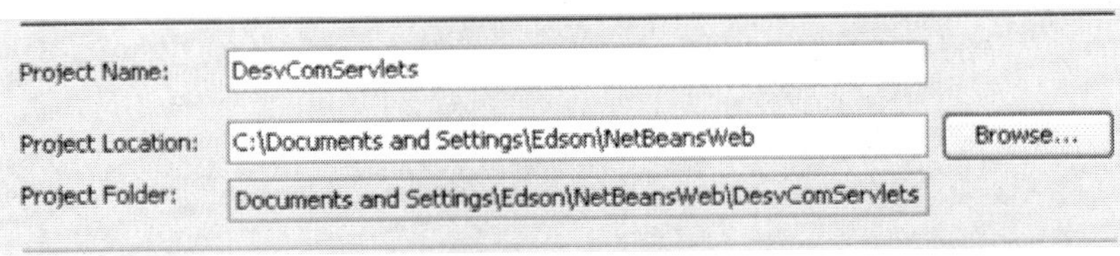

Figura 2.4 – Detalhe do passo Name and Location

Na parte inferior da caixa de diálogo você tem como principais pontos o Servidor, que pode ser selecionado em **Server**. Os servidores possuem características próprias, embora, no geral, sejam parecidos em suas administrações, desde que sigam rigorosamente regras impostas pela Sun Microsystems. Um exemplo de servidores que trabalhem com Java EE na versão 5 é o Sun Java System Application Server, GlassFish, Geronimo e etc.

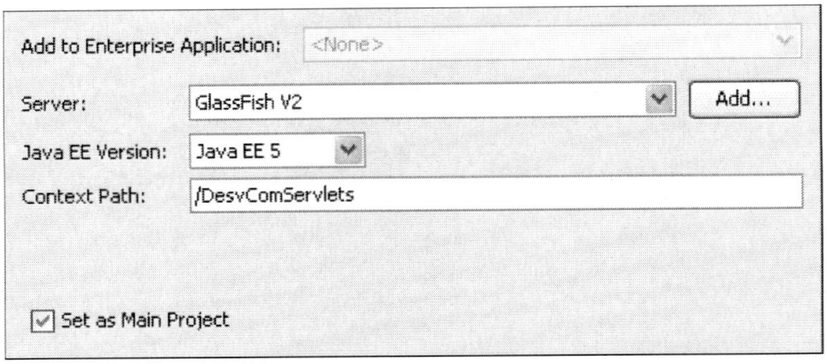

Add to Enterprise Application: <None>
Server: GlassFish V2 Add...
Java EE Version: Java EE 5
Context Path: /DesvComServlets
Set as Main Project

Figura 2.5 – Detalhe do servidor, versão e caminho do contexto

Caso você precise trabalhar com a versão 1.4, basta selecionar em **Java EE Version** a opção **J2EE 1.4**.

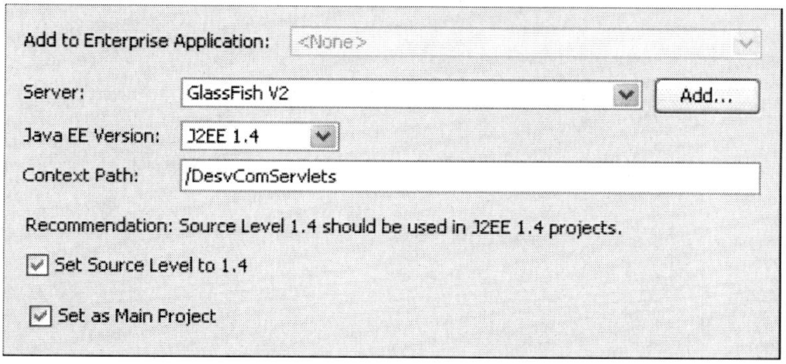

Figura 2.6 – Seleção do Java EE Version inferior a 5

Outra forma seria clicar no botão Add e adicionar um novo servidor (ou container) para uma versão inferior a 5.

No caso do livro, vamos utilizar o **GlassFish V2** como **Server** para o primeiro projeto. E com a versão de **Java EE 5** selecionada em **Java EE Version**.

Em **Context Path** você possui o nome do contexto de acesso ao projeto, o que na realidade será a sua aplicação.

Em caso de utilizar a versão J2EE 1.4, haverá a opção **Set Source Level to ...**, onde você possui o nível dos arquivos desenvolvidos no projeto. Em alguns casos (principalmente no uso de annotations) você deve desmarcar esta opção.

A opção **Set as Main Project** indica qual é o projeto que será compilado toda vez que você mandar rodar para exibir no browser.

A terceira etapa seria para a seleção de um framework, no qual veremos mais adiante. Para o momento, apenas clique no botão **Finish** para completar as configurações e criar o projeto.

Visão geral do NetBeans IDE

O NetBeans possui muitos menus, ferramentas e janelas que o auxiliam no desenvolvimento de uma aplicação Web. A seguir a **Figura 2.7** demonstra os principais componentes que existem na IDE quando você cria um projeto.

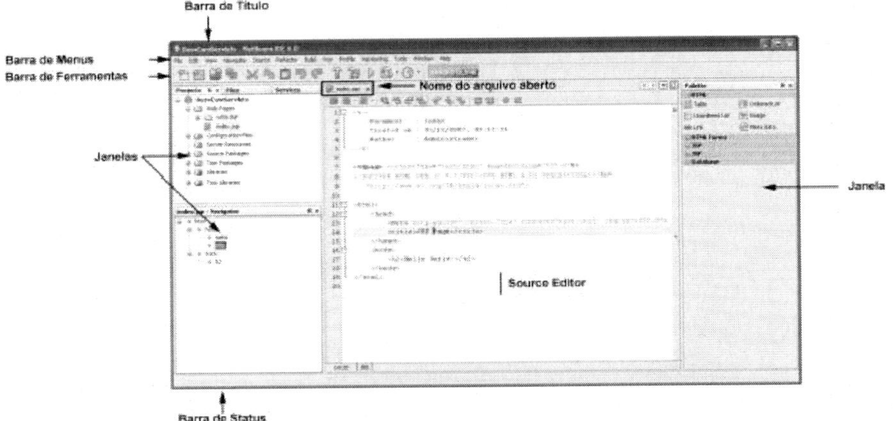

Figura 2.7 – Características gerais do NetBeans IDE 6.0

- **Barra de Título:** A barra de título sempre exibe o nome do projeto.

- **Barra de Menus:** Esta é a barra de menu global, que lhe permite fazer todas as tarefas gerais. As opções disponíveis em cada menu também mudarão dependendo do que estiver selecionado.

- **Barra de Ferramentas:** Esta é a barra de ferramentas global da IDE que também lhe permite executar tarefas gerais e tarefas específicas para itens selecionados.

- **Barra de Status:** Esta linha exibe tipicamente informações que dependem da tarefa você está executando atualmente.

- **Source Editor:** É exatamente o que o seu nome diz: é um painel para editar documentos. Aqui você escreve seus códigos Java.

- **Janelas:** Mostram grupos de objetos relacionados, propriedades, componentes e até mesmo a saída da execução de um código Java.

Explorando seu projeto

A janela **Projects** será com certeza a que você mais vai utilizar, após o **Source Editor**.

Nesta janela você possui diversos atalhos, com o menu de contexto, que podem ser muito úteis, passando desde a execução de um projeto como até mesmo adicionar novas bibliotecas, criar novos arquivos, alterar seus nomes e etc.

Na construção de uma aplicação Web, você possui diversos elementos. Estes elementos estão dispostos em forma de diretórios que podem ser expandidos clicando em seus nós. O diretório **Web Pages** representa o diretório principal (raiz) de uma aplicação Web normal. Dentro deste nó você encontra o diretório **WEB-INF**, que contém o arquivo obrigatório **web.xml**, conhecido como **deployment descriptor**.

Junto a este diretório, há também um arquivo inicial, chamado de **index.jsp**, que é aberto inicialmente assim que concluído o projeto. Veremos isto mais adiante.

Expandindo o nó de **Configuration Files** você encontra os arquivos **MANIFEST.MF**, **sun-web.xml** e **web.xml**. Evidentemente pode haver mais arquivos, pois neste diretório se encontram todos os arquivos referentes à configuração da aplicação Web que você está desenvolvendo.

Em **Source Packages** você encontra pacotes e classes Java e Servlets, criados no processo de desenvolvimento da sua aplicação.

Para testes unitários você tem **Test Packages**.

As bibliotecas utilizadas no seu projeto se encontram em **Libraries**. Em **Test Libraries** você adiciona as bibliotecas necessárias para criar os testes necessários para a sua aplicação (por padrão, já estão contidas as bibliotecas do JUnit 3.8.2 e 4.1).

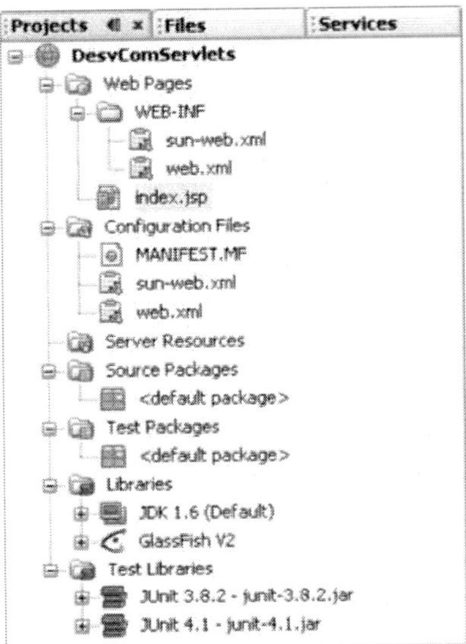

FIGURA 2.8 – DIRETÓRIOS EXPANDIDOS DO PROJETO NA JANELA PROJECTS

Esta estrutura utiliza o padrão **Java BluePrints**.

No caso de uma aplicação criada para trabalhar com o Tomcat, por exemplo, o padrão **Jakarta** entra em ação.

A Apache Jakarta fornece diretrizes de como estruturar suas aplicações Web para assegurar que elas trabalhem corretamente com o servidor Tomcat. Quando você cria um projeto na IDE e seleciona o Tomcat, esta estrutura é respeitada.

A seguir você tem a imagem da janela **Projects** com a estrutura de sua aplicação utilizando a **Apache Jakarta** para um projeto com o container **Servlet Tomcat 6**:

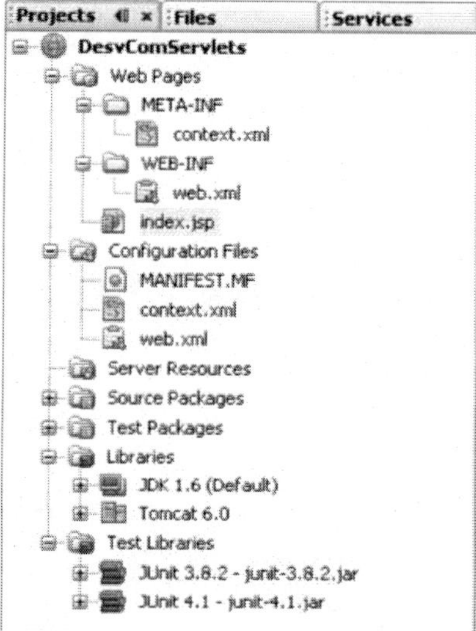

FIGURA 2.9 – ESTRUTURA DO PROJETO UTILIZADO PELO TOMCAT

Clicando na janela **Files**, ao lado de **Projects**, você vê a estrutura do seu projeto como se encontra no sistema operacional.

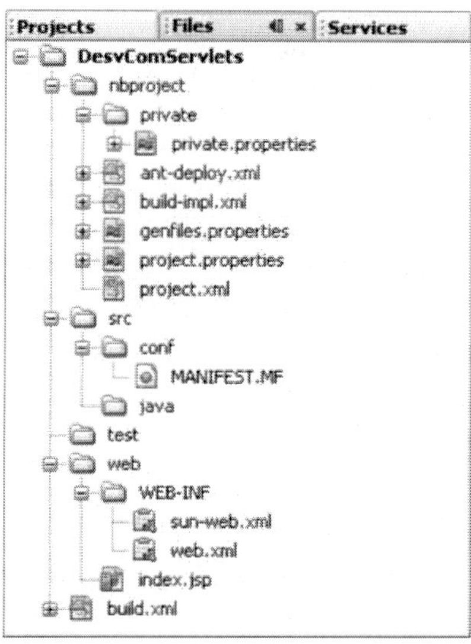

FIGURA 2.10 – ARQUIVOS ENCONTRADOS EM UM PROJETO NO NETBEANS IDE 6.0

A **Tabela 2.1** a seguir compara a estrutura de um projeto Web criado no NetBeans e a estrutura real da aplicação no GlassFish ou Tomcat.

Tabela 2.1 – Comparação da aplicação real versus no NetBeans

Conteúdo	Representação na janela Projects	Representação na janela Files	No arquivo WAR
Páginas Web	Nó Web Pages	Diretório web	Na raiz do arquivo
Arquivos Java não compilados, servlets, entre outros	Nó Source Packages	Diretório src	Diretório *classes* dentro de WEB-INF
testes unitários	Nó Test Packages	Diretório test	N/A
deployment descriptor (web.xml)	Nó Configuration Files	Diretório WEB-INF em web	Diretório WEB-INF
GlassFish(sun-web.xml)	Nó Configuration Files	Diretório WEB-INF em web	Diretório WEB-INF
Arquivo de configuração do Tomcat e GlassFish V2 ou superior (context configuration) (context.xml)	Nó Configuration Files	Diretório META-INF em web	Diretório META-INF
Bibliotecas	Nó Libraries	Diretório lib em web/WEB-INF	Diretório WEB-INF/lib
Testes	Nó Test Libraries	Diretório test	N/A
Metadata do projeto incluindo script build	Propriedade do projeto na caixa de diálogo Project Properties, que pode ser aberta com um clique com o direito do mouse sobre o projeto, selecionando a opção Properties no menu de contexto.		

Atenção: Nem todos os itens apresentados na **Tabela 2.1** aparecem em um projeto utilizando o Application Server GlassFish.

DESENVOLVENDO SERVLETS

Como você pôde ver, o NetBeans criou na conclusão do projeto, um arquivo JSP (JavaServer Pages).

O que você vai fazer agora é um Servlet, que receberá de um formulário vindo deste arquivo criado na conclusão do projeto, para imprimir um determinado valor, que no seu caso, será seu nome.

Vá ao menu **File** e clique em **New File**. Alternativamente você pode clicar com o direito do mouse e selecionar, no menu de contexto, em **New**, o item em **Servlet**. Caso Servlet não esteja aparecendo, clique em **New File**. O atalho para um novo arquivo é **Ctrl + N**.

Na caixa de diálogo **New File** selecione em **Categories** o item **Web** e em **File Types** o item **Servlet**. Clique no botão **Next** para prosseguir.

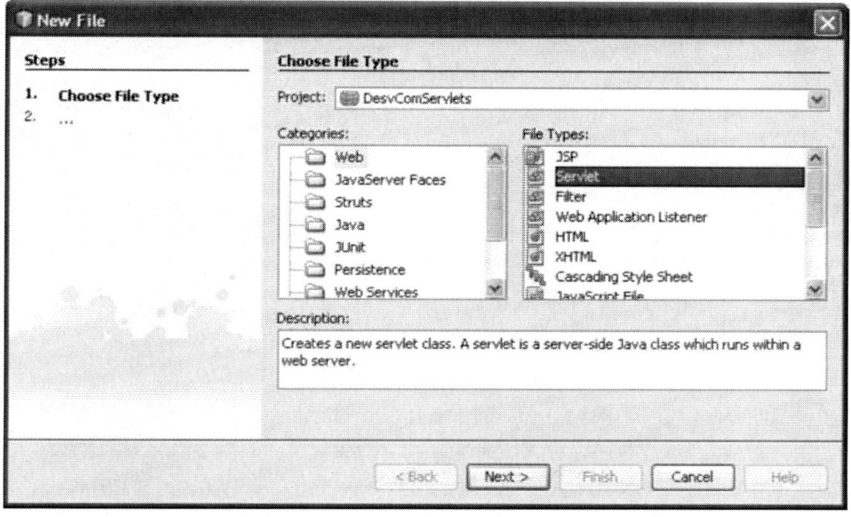

FIGURA 2.11 – CRIANDO UM SERVLET

Na segunda etapa do assistente, em **New Servlet**, digite **MeuPrimeiroServlet** em **Class Name**. Toda classe Java, assim como Servlets, devem ter um pacote. Como você ainda não fez nenhum pacote, digite em **Package** o nome do seu pacote. Caso queira seguir o livro, seria **br.com.integrator**. Perceba que o assistente lhe mostra a localização da classe Servlet que será gerada, em **Source Packages**, bem como onde será criado, em **Created File**. Clique no botão **Next** para a terceira e última etapa deste assistente.

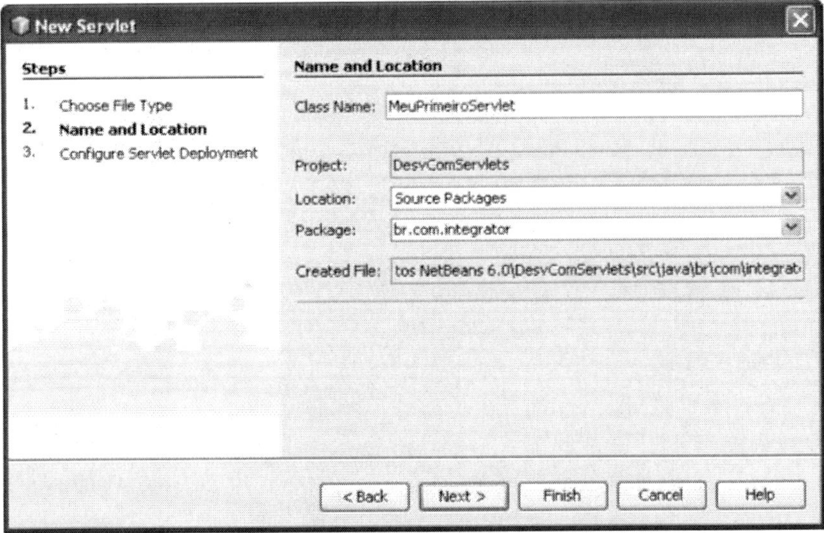

FIGURA 2.12 – DEFININDO UM NOME E UM PACOTE PARA O SERVLET

Na última etapa, mantenha como está. Esta etapa existe para que você possa configurar o caminho do seu Servlet na chamada pela URL através de **URL Pattern(s)**. Se você possui alguma experiência com aplicações Web construídas em Java, sabe que isto pode ser mudado, assim como o seu **Name**. Estas informações deverão ser gravadas no deployment descriptor (**Add information to deployment descriptor**), portanto, mantenha esta opção selecionada. Clique no botão **Finish** para completar o assistente.

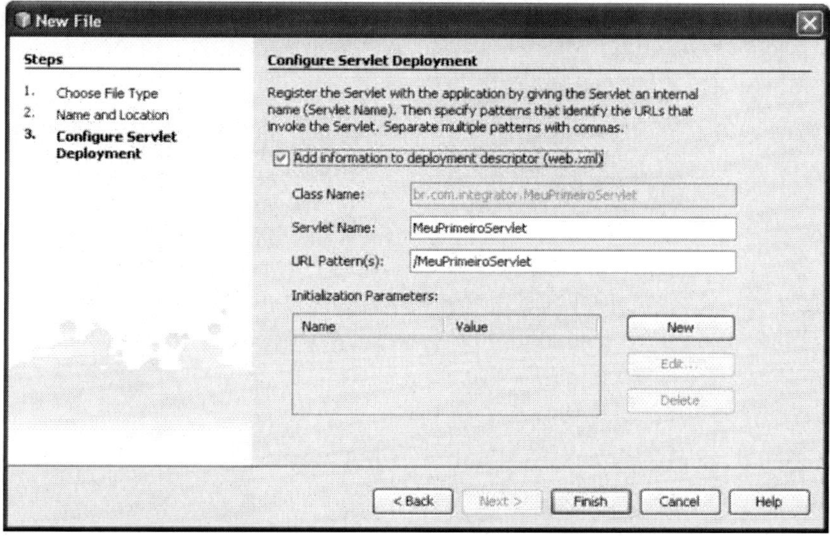

Figura 2.13 – Última etapa para a criação do Servlet

Perceba que o NetBeans criou para você um arquivo, baseado em seu template, com parte do desenvolvimento de um Servlet.

Vamos alterá-lo para que você o veja funcionando e então explicarei melhor como tudo funciona.

No Servlet pré-construído, altere como mostrado na **Listagem 2.1** a seguir, em destaque:

Listagem 2.1 – Código do arquivo MeuPrimeiroServlet.java

```
...
protected void processRequest(HttpServletRequest request,
        HttpServletResponse response)
         throws ServletException, IOException {
                String nome = request.getParameter("nome");
               response.setContentType("text/html;charset=ISO-8859-1");
```

```
        PrintWriter out = response.getWriter( );
        // /* TODO output your page here
        out.println("<html>");
        out.println("<head>");
        out.println("<title>Meu nome é "+nome+"</title>");
        out.println("</head>");
        out.println("<body>");
        out.println("<h1>Meu nome é " + nome + "</h1>");
        out.println("</body>");
        out.println("</html>");
        // */
        out.close( );
}
...
```

Os demais itens permanecerão exatamente como estão.

No arquivo **index.jsp**, você irá adicionar um formulário HTML. Para fazer isso, você possui duas formas: digitando ou utilizando a janela **Palette** como auxiliar. Vou ensinar pela janela **Palette** para simplificar sua digitação.

- Primeiramente, apague todo o conteúdo existente por entre as tags HTML <**body**> ... </**body**>.

- Mantenha o cursor por entre estas tags. Vá a janela Palette e dê um duplo clique em **Form**, na categoria **HTML Forms**. Alternativamente você pode arrastar desta janela para o Editor, por entre as tags HTML mencionadas.

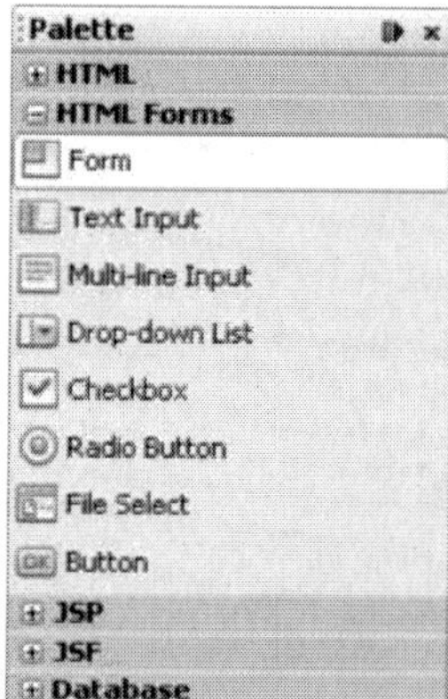

FIGURA 2.14 – O ITEM FORM SELECIONADO

- Na caixa de diálogo **Insert Form** digite em **Action** o nome do seu Servlet, que no caso é **MeuPrimeiroServlet**. Selecione em **Method** o método **POST** de envio de dados e em **Name** você pode dar um nome ao seu formulário, alternativamente. Confirme a caixa de diálogo clicando no botão **OK**.

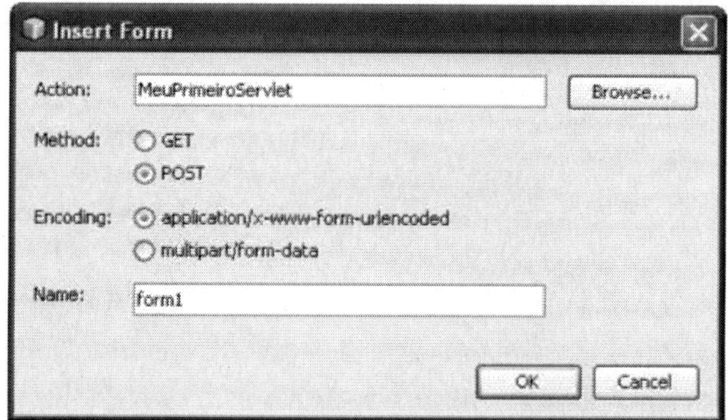

FIGURA 2.15 – A CAIXA DE DIÁLOGO INSERT FORM COM AS CONFIGURAÇÕES PREENCHIDAS

Perceba que o NetBeans construiu o formulário, através das tags HTML <form /> no seu código, por entre as tags <body />.

• Coloque seu cursor por entre as tags <**form**> ... </**form**>. Novamente na janela **Palette**, na categoria **HTML** Forms, dê um duplo clique no componente **Text Input**.

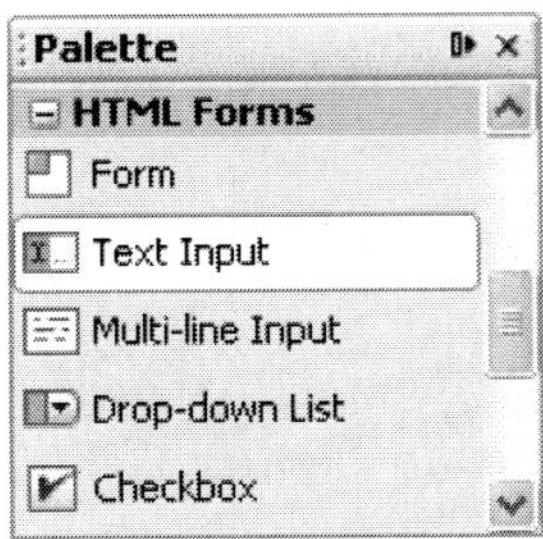

FIGURA 2.16 – COMPONENTE TEXT INPUT SELECIONADO

• Na caixa de diálogo **Insert Text Input** digite nome em **Name**. Mantenha **text** selecionado em **Type** e coloque **25** para a largura da sua caixa de texto, em **Width**. Confirme a caixa de diálogo clicando no botão **OK**.

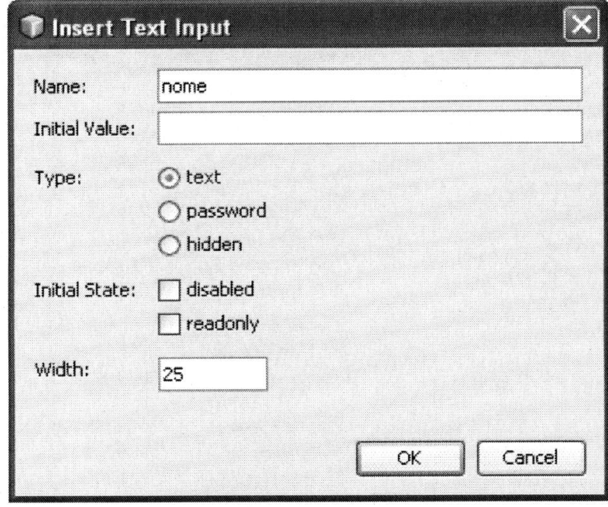

FIGURA 2.17 – CAIXA DE DIÁLOGO INSERT TEXT INPUT COM O CAMPO NOME CONFIGURADO

• Resta agora apenas adicionar um botão de envio (submissão) do formulário. Vá à janela **Palette** novamente, e dê um duplo clique no componente **Button**, ainda na categoria **HTML Forms**.

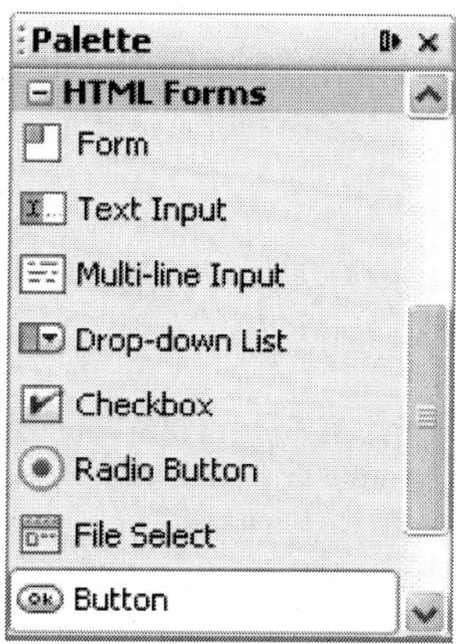

FIGURA 2.18 – COMPONENTE BUTTON EM DESTAQUE

• Na caixa de diálogo **Insert Button** digite **Enviar** em **Label** e mantenha selecionada a opção **submit** em **Type**. Dê um nome ao seu botão em **Name** e confirme a caixa de diálogo no botão **OK**.

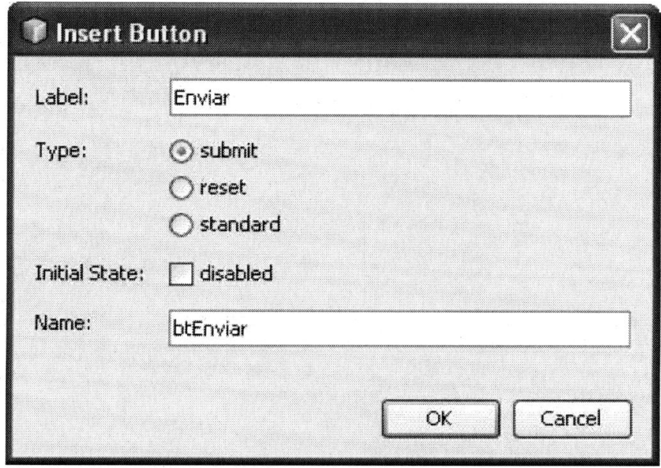

FIGURA 2.19 – BOTÃO ENVIAR CONFIGURADO NA CAIXA DE DIÁLOGO INSERT BUTTON

Neste ponto, o NetBeans deve ter criado todo o código necessário do formulário HTML para enviar seu nome ao Servlet desenvolvido.

Com o formulário construído e o Servlet alterado, vamos compilar e rodar a aplicação criada, de uma só vez.

Para compilar e rodar, você tem mais do que duas formas, na qual você pode escolher entre:

1. Clique no menu **Run** e selecione **Run Main Project**.

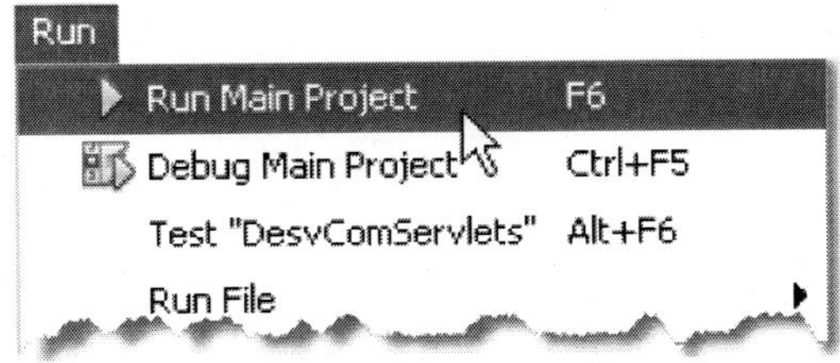

Figura 2.20 – Run Main Project do menu Run

2. Com o botão direito do mouse sobre o projeto, na janela **Projects** selecione no menu de contexto o item **Run**. Este modo de rodar seu projeto também é muito usado quando queremos um projeto que não seja o padrão do compilador e executor.

Figura 2.21 – Detalhe na seleção Run do menu de contexto na janela Projects

3. A terceira forma é clicando sobre o botão **Run Main Project,** na barra de ferramentas **Build**.

Figura 2.22 – Botão Run Main Project pressionado na barra de ferramentas Build

4. A quarta forma se encontra no atalho **F6**, que pode ser visto no menu **Run** quando você o abre, em **Run Main Project**.

Ao começar a rodar a sua aplicação, note a janela **Output** que surgiu logo abaixo de sua IDE, acima da barra de status. Ela contém três janelas. A primeira é a exibição da compilação da sua aplicação Java (ferramenta Ant), a segunda é o Java DB Database Process, que exibe a inicialização do banco de dados derby, embutido a IDE. O log do servidor de aplicações ou Container Servlet é a terceira janela, contendo no caso o nome GlassFish V2, juntamente com botões de controle. Veremos isto com detalhes mais adiante.

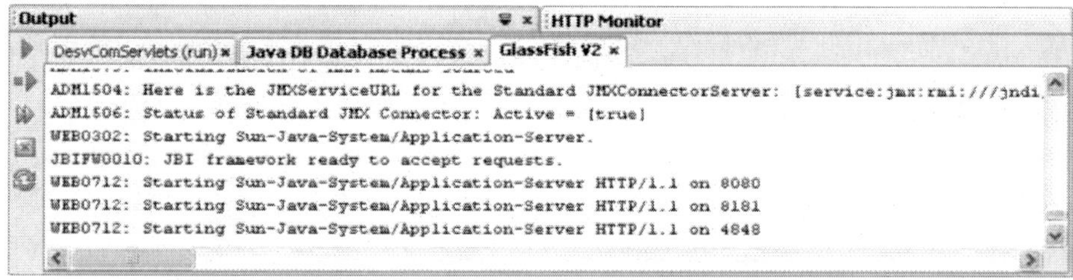

Figura 2.23 – Saídas encontradas na execução de uma aplicação Web

O navegador abrirá. O NetBeans usa o navegador padrão do seu sistema operacional para abrir a página principal, no caso o **index.jsp** primeiramente. No formulário, digite seu nome e clique no botão **Enviar**. O Servlet criado no exemplo, receberá esta informação e a imprimirá na tela, gerando um HTML.

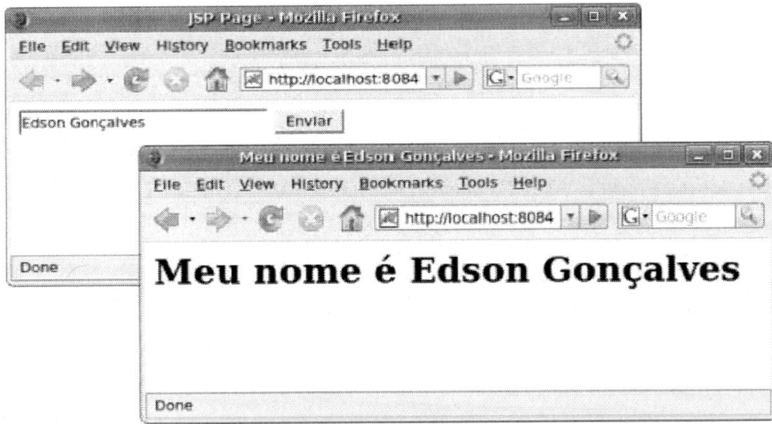

FIGURA 2.24 – FORMULÁRIO DE ENVIO E O RESULTADO IMPRESSO PELO SERVLET APÓS RECEBER OS DADOS

COMO ALTERAR O NAVEGADOR NO NETBEANS

Caso você queira alterar o navegador do NetBeans, vá ao menu **Tools** e clique em **Options**.

Na caixa de diálogo **Options**, em **General**, você seleciona em **Web Browser** o navegador de sua preferência para a exibição de suas páginas.

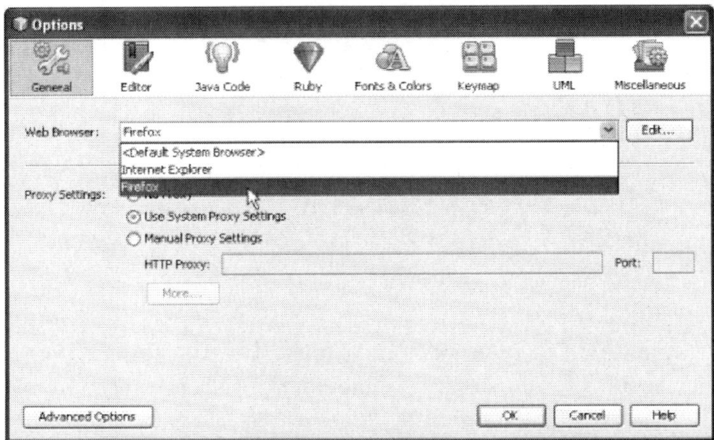

FIGURA 2.25 – SELECIONANDO UM NOVO WEB BROWSER COMO PADRÃO

Caso você queira adicionar um novo browser, que não esteja na lista, clique no botão **Edit**. Na caixa de diálogo **Web Browsers** clique no botão **Add**. Digite em **Name** o nome referente ao navegador que está adicionando, selecione em **Process** o executável deste browser e coloque em **Arguments** o argumento necessário para que a página da sua aplicação seja aberta quando o mesmo for chamado.

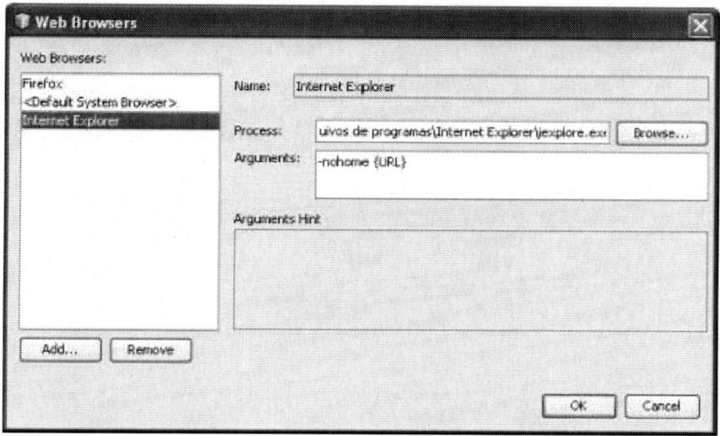

Figura 2.26 – Adicionando ou removendo um Web Browser

Ao preencher todos os itens necessários clique no botão **OK**.

Caso haja necessidade de configurar algum Proxy, em **Proxy Settings** você pode definir de três formas:

- **No Proxy** – Sem Proxy.
- **Use System Proxy Settings** – O padrão. Ele utiliza as configurações padrão do sistema para a configuração do Proxy.
- **Manual Proxy Settings** – Neste caso, você deve configurar manualmente o Proxy a ser utilizado.

Entendendo como funciona um Servlet

Agora que você já entende como se cria um projeto e um Servlet na IDE, basta apenas explicar como ele funciona e o que pode ser feito.

Vamos começar pela sua localização, na IDE. Expanda o nó de **Source Packages**, na janela **Projects** e você encontrará um pacote, que no exemplo dado será **br.com.integrator**, ou o nome que você deu, na geração do Servlet. Expanda o nó deste pacote e você verá o Servlet criado.

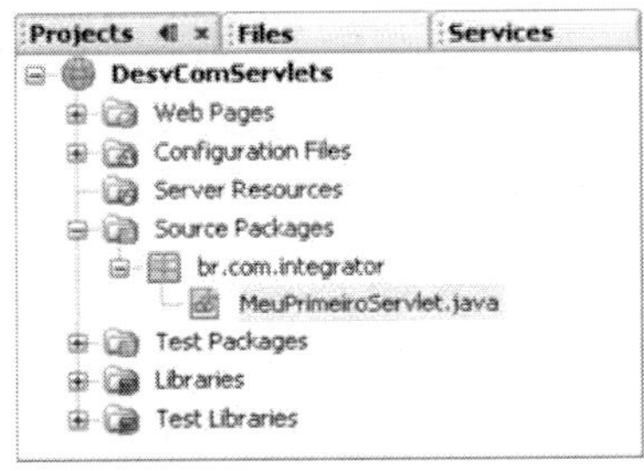

Figura 2.27 – O Servlet criado em Source Packages

Observe que o Servlet possui a extensão **.java**. Portanto, Servlets são classes Java, desenvolvidas de acordo com uma estrutura bem definida e que, quando instaladas junto a um Servidor que implemente um Servidor de Aplicações ou Servlet Container (um servidor que permita a execução de Servlets), podem tratar requisições recebidas de clientes.

Se você analisar o código, que foi gerado pela IDE, notará que contém dois métodos importantes: **doGet( )** e **doPost( )**. Ambos chamam **processRequest( )**, onde você alterou o código para receber os dados vindos do formulário.

Estes métodos possuem a habilidade de resgatar informações enviadas pelo usuário tanto pelo método **GET**, como pelo método **POST**. Na geração do formulário **HTML**, você criou a tag **<form/>** selecionando em **METHOD** o item **POST**, o que, portanto, é resgatado por este Servlet. Embora existam outros protocolos de envio, POST e GET são os mais usados.

Olhando atentamente a classe Servlet criada, notará que ela estende a classe **javax.servlet.http.HttpServlet,** uma classe abstrata que estende a **javax.servlet.GenericServlet**. A criação de Servlets exige as classes do pacote **javax.servlet** e **javax.servlet.http**, que pertencem a API Servlet do Java, que faz parte do Java EE. Perceba então que há dois **imports** de pacotes nesta classe.

A saída de informações, para serem impressas no HTML de retorno ao usuário, é feito pelo método **println**, de **java.io. PrintWriter**. Há também a importação desta biblioteca no Servlet criado pela IDE.

Para compilar um Servlet manualmente, você precisaria incluir no classpath o arquivo **servlet-api.jar**, que fica no diretório **lib** do Tomcat, o que o NetBeans faz para você, através do arquivo **Ant** pré-configurado **build.xml** (este arquivo só é visível através da janela **Files**). O **Ant** é uma ferramenta que o NetBeans usa para rodar comando relacionados ao projeto. Se você não conhece Ant e não possui nenhum interesse em conhecer, saiba que este pode ser ignorado em questão quase que completamente. **Ant** foi desenvolvido pela ***Apache Software Foundation*** para automatizar rotinas de desenvolvimento como compilar, testar e empacotar sua aplicação.

Expandindo o nó de **Configuration Files**, na janela **Projects**, você encontra o deployment descriptor, como já foi dito, chamado de **web.xml**. Este ***deployment descriptor*** é usado por Servlets Containers como o Tomcat e servidores de aplicação como o GlassFish. O GlassFish, utilizado no exemplo, utiliza também o **Sun Deployment Descriptor**, chamado de **sun-web.xml**.

O arquivo descritor de contexto (Deployment Descriptor) é o padrão de uma aplicação Web, segundo a especificação Java Servlet/Java EE, em um arquivo chamado de **web.xml**.

Em um Deployment Descriptor padrão, você verá as seguintes informações nele contidas, que detêm as configurações especificas da aplicação:

- Informações textuais de título (elemento <**display-name** />, nome para exibição no Manager) e comentário da descrição (<**description** />) do contexto, úteis para identificação e documentação.

- O elemento <**servlet** /> indica o nome do Servlet bem como sua classe.

No elemento <**servlet-mapping** /> você mapeia o Servlet para que seja melhor acessível no navegador.

Como ele possui muitos elementos, estes são separados por botões, pela IDE. Note que temos inicialmente **General**, para informações gerais, como o tempo de duração de uma sessão, **Servlets**, onde são mapeados os servlets da sua aplicação, **Pages** que indica o arquivo inicial, quando em produção no Servidor e **XML**, onde você pode visualizar toda a estrutura do arquivo web.xml.

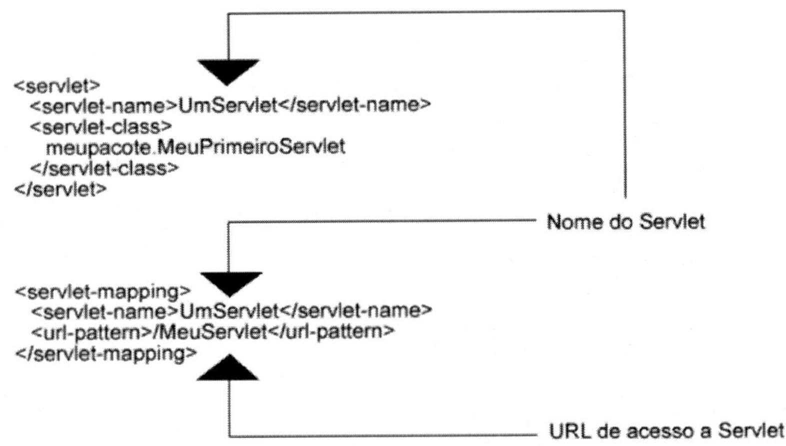

Figura 2.28 – O Deployment Descriptor aberto pelo NetBeans

Para compreender um pouco mais sobre os Servlets, vamos mapear um. Quando você criou o Servlet, você tinha como opção de digitação na construção pelo assistente o **URL Pattern(s)**, lembra?

Pois é, também possuía um nome para o Servlet. Estes são configurações que o deployment descriptor precisa para saber qual Servlet utilizar, mesmo porque, colocar o caminho do pacote mais o nome do Servlet não é muito inteligente.

Veja na **Figura 2.29** a seguir como é no arquivo web.xml:

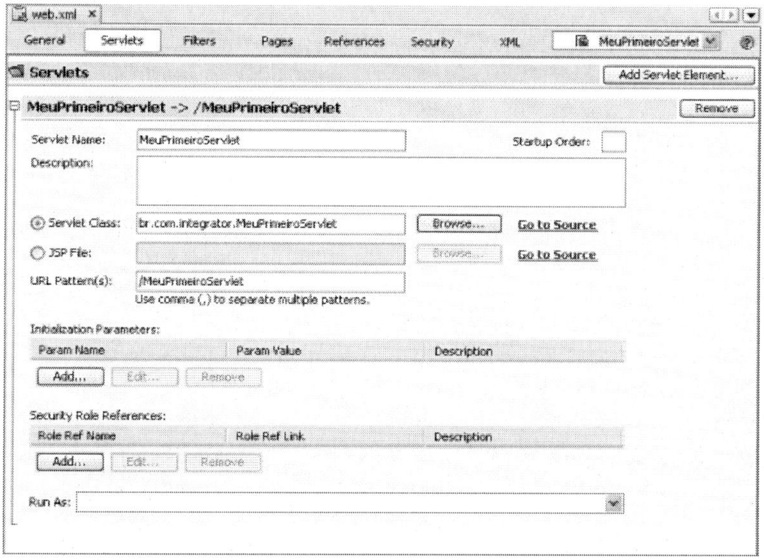

Figura 2.29 - Descrição do mapeamento encontrado no Deployment Descriptor

Perceba que o elemento **<servlet-name/>** (no caso da IDE, **Servlet Name**), dentro de **<servlet/>**, ganha um nome, onde também se encontra a classe e o seu respectivo pacote (que na IDE é **Servlet Class**) para depois mapeá-lo para sua aplicação Web através de **<servlet-mapping/>** (que na IDE é **URL Pattern(s)**).

Servidores de Aplicações Web

Ao desenvolver sua aplicação Web, você possuía mais de um servidor para utilizar no seu NetBeans, na criação do projeto. Nos pacotes de instalação do NetBeans, isso é comum, uma vez que, por padrão, o NetBeans embute o Tomcat e também o GlassFish. O JBoss também pode ser adicionado, assim como outros que sejam compatíveis com o NetBeans IDE 6.0.

O mais importante é saber controlar estes servidores pelo NetBeans e também alterá-los, caso seja necessário, em suas configurações.

O GlassFish e o Tomcat

O GlassFish é um servidor de aplicações Web open source, baseado no Sun Java System Application Server Platform Edition, sendo 100% compatível com as especificações Java EE 5 robusto, de padrão aberto, mantido pelo Projeto GlassFish, parte da comunidade OpenJava EE.

Poderoso, este servidor contém itens que um Servlet Container como o Tomcat não possui, incluindo suporte a EJB (Enterprise JavaBeans) e JMS (Java Message Service).

O Tomcat tem suas origens no início da tecnologia Servlet. A Sun Microsystems criou o primeiro Servlet Container, o Java Web Server, para demonstrar a tecnologia, mas não era um servidor robusto, para uso na Web como se necessitava. Ao mesmo tempo, o Apache Software Foundation (ASF) criou JServ, um servlet engine que integrava com o servidor Web Apache.

A versão Tomcat 6.x é a atual e é a RI de especificações Servlet 2.5 e JSP 2.1, pertencentes ao Java EE 5.

Trabalhando com os servidores pelo NetBeans

Na janela **Services**, expanda o nó do item **Servers**. Veja os servidores que existem configurados neste local.

Você pode iniciar o **GlassFish V2** ou o **Tomcat**, clicando com o direito do mouse sobre ele e selecionando **Start** no menu de contexto.

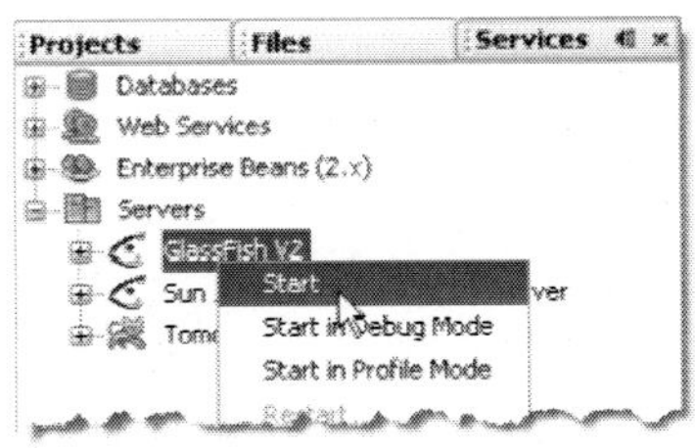

Figura 2.30 – Iniciando o GlassFish

O mesmo processo poderá ser feito para parar, selecionando **Stop**. Caso haja necessidade de apenas reiniciar, **Restart**. Quando em execução, a representação visual no NetBeans é de um triângulo verde apontando para o servidor.

Em todos os casos, na janela **Output** você tem a possibilidade de executar estas mesmas operações que são feitas com o direito do mouse, com relação ao Start, Stop e etc, utilizando um de seus ícones, vistos em detalhes na **Figura 2.31** a seguir:

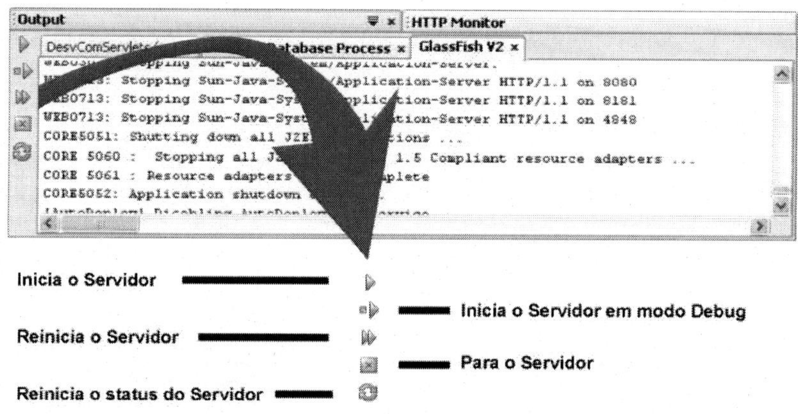

Figura 2.31 – Botões de manipulação do servidor pelo NetBeans

A janela **Output** informará da inicialização do mesmo. Esta janela é importante, pois ela possui informações cruciais tanto sobre o seu servidor, como também de eventuais falhas no seu desenvolvimento, que venha a lançar exceções.

Indo em **Properties** você tem as configurações do servidor, assim como ocorre com o Tomcat e outros. Já o administrador deste servidor contém uma conta diferente do Tomcat, caso tenha instalado junto ao NetBeans.

O usuário é **admin**, como pôde ver na instalação, e a senha é **adminadmin**, isso se estiver usando o padrão, claro. Ele se encontra no arquivo **.asadminpass**, no diretório do usuário, como já foi dito no princípio deste livro, na instalação.

O Tomcat possui o login e a senha em um arquivo chamado de **tomcat-users.xml**. Este arquivo está no diretório do seu usuário, em: **.netbeans/6.0/apache-tomcat-6.0.14_base/conf**.

O arquivo deste último caso é um simples XML, você encontrará a seguinte linha:

<user username="ide" password="**YKEDdTXw**" roles="**manager,admin**"/>

Caso desejar, pode alterar a senha, que está no atributo **password**. O usuário se encontra em **username**.

Se alterar, você precisará informar a ide o novo login e senha, indo até o item **Properties**, no menu de contexto, na janela **Services**.

Na caixa de diálogo **Servers** você seleciona o Tomcat, caso não esteja selecionado, e em **Username** você adiciona o novo usuário e a senha em **Password**. Perceba também que é neste local em que você pode alterar as portas do Tomcat. O padrão de uma instalação do Tomcat, fora da IDE é **8080**. Mas no NetBeans, vemos a porta **8084**. Após alterar basta clicar no botão **Close** para confirmar a caixa de diálogo.

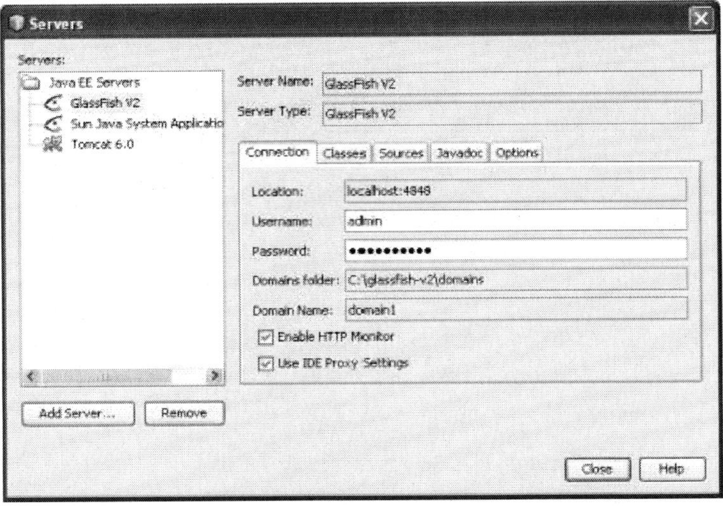

Figura 2.32 – Properties do servidor GlassFish

O **GlassFish** possui um Start mais lento que o Tomcat, pois precisa carregar muito mais coisas na memória em sua inicialização.

Basta selecionar **GlassFish** em **Runtime**, exibir a janela **Properties** (**Window > Properties**), que você poderá ter acesso as propriedades de log na janela.

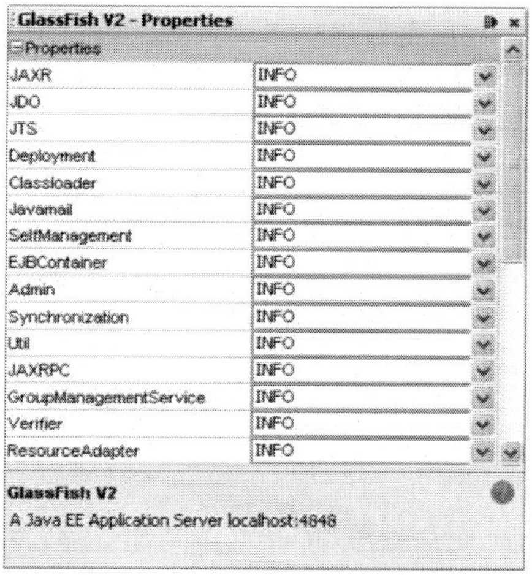

GlassFish V2 - Properties

Properties	
JAXR	INFO
JDO	INFO
JTS	INFO
Deployment	INFO
Classloader	INFO
Javamail	INFO
SelfManagement	INFO
EJBContainer	INFO
Admin	INFO
Synchronization	INFO
Util	INFO
JAXRPC	INFO
GroupManagementService	INFO
Verifier	INFO
ResourceAdapter	INFO

GlassFish V2
A Java EE Application Server localhost:4848

Figura 2.33 – Propriedades do GlassFish pela janela Properties

Como também se trata de um servidor de aplicações e não somente um Container Servlet, ele possui muito mais características a serem administradas pelo NetBeans. É importante dizer que o GlassFish é o servidor com maior integração com a IDE que os demais.

As aplicações Web básicas que você rodar nele ficará em **Web Applications**, dentro de **Applications**.

No Tomcat, suas aplicações Web ficam todas em **Web Applications**.

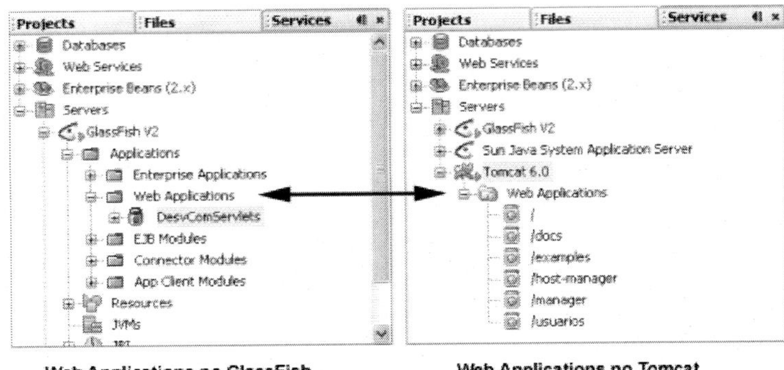

Figura 2.34 - Web Applications na janela Services do NetBeans do GlassFish e Tomcat

Algumas vezes, você precisará fazer o undeploy, retirar a aplicação do servidor. Isso ocorre porque o mesmo foi sobrescrito por outro ou até mesmo porque não existe mais um projeto dele, estando ocupando espaço desnecessariamente.

Para executar o undeploy, clique com o direito do mouse sobre a aplicação indesejada. No menu de contexto selecione **Undeploy**. É importante dizer que existem casos onde ocorrem erros na compilação. Nestes casos, o Undeploy é extremamente necessário, pois não ocorre um novo build.

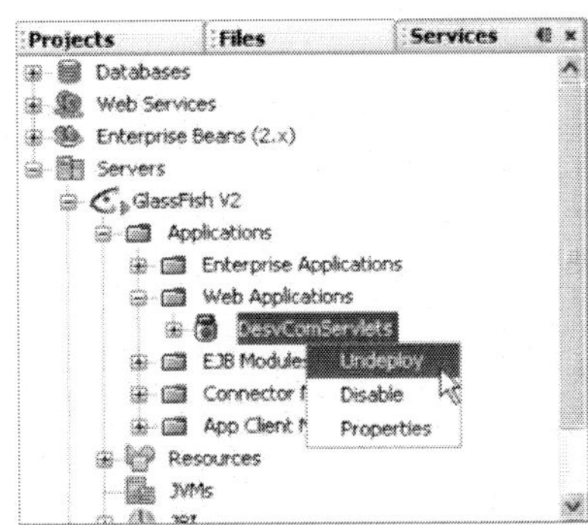

Figura 2.35 – Undeploy pelo NetBeans em uma aplicação Web

Acessando o Admin do GlassFish fora do NetBeans

Ocorre com o Tomcat, algumas vezes, e com mais freqüência no GlassFish, o undeploy de sua aplicação não funcionar, quando feitos pela IDE. Para isso, você terá que recorrer ao seu **Admin** diretamente. Com o direito do mouse sobre **GlassFish**, na janela **Services**, selecione no menu de contexto o item View Admin Console.

Admin Console pelo NetBeans

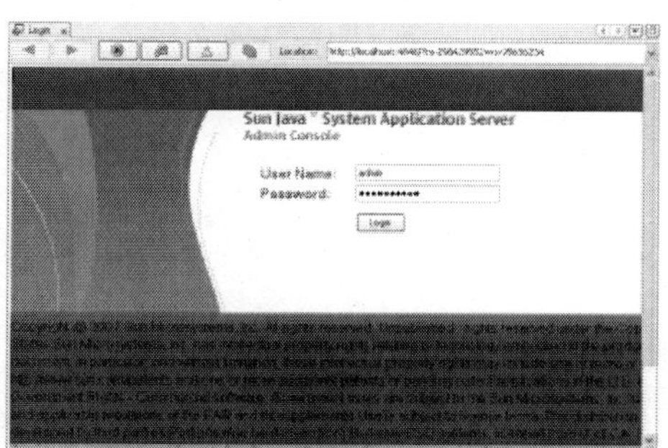

Admin Console pelo Navegador

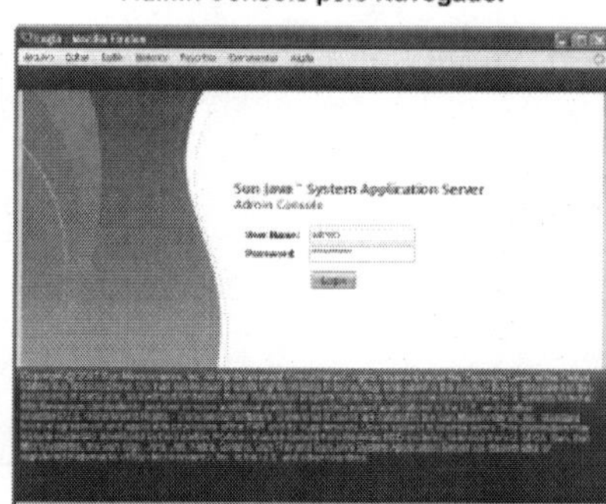

Figura 2.36 – Admin Console visto diretamente pela IDE e pelo Navegador

Com uma tela inicial típica do sistema administrativo, você coloca **admin** em **User Name** e **adminadmin** em **Password** (isso caso não tenha alterado em sua instalação).

> **Atenção:** As configurações realizadas no Admin Console serão feitas todas pelo navegador, uma vez que o NetBeans possui um navegador interno que renderiza as páginas com muita simplicidade.

Com uma interface muito intuitiva e um design nem um pouco simplório, você só precisa selecionar **Web Applications** no frame da esquerda, que ao lado surgirá às aplicações que existem no servidor. Basta checar a aplicação que não deseja mais e clicar no botão **Undeploy**.

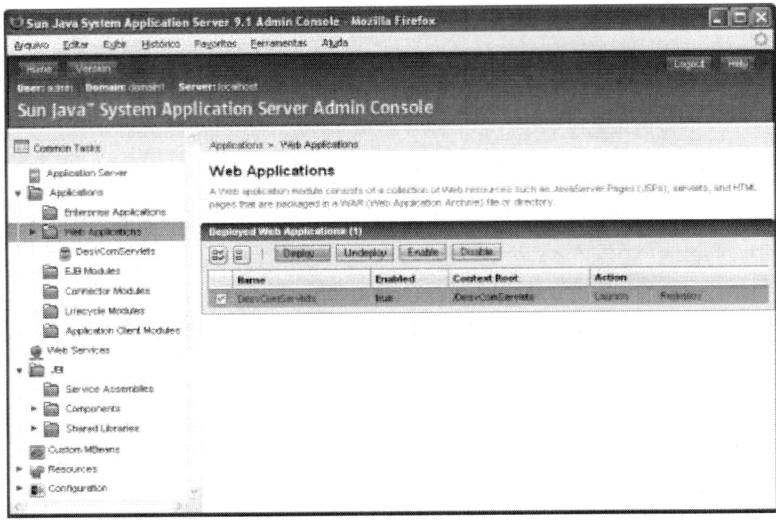

FIGURA 2.37 – VISUALIZANDO OS WEB APPLICATIONS PELO ADMIN CONSOLE

Retornando ao NetBeans, com o uso do direito sobre **GlassFish**, no menu de contexto, selecione **Refresh** para refletir a alteração no servidor.

ADMINISTRANDO APLICAÇÕES PELO TOMCAT FORA DO NETBEANS

Para acessar o administrador do Tomcat, abaixo da versão 6, **Administration Tool**, clique com o direito do mouse sobre o servidor, no NetBeans, janela **Services**, e selecione no menu de contexto o item **View Admin Console**.

> **ATENÇÃO:** No momento em que este livro é escrito, não havia aplicação Web administrativa do Tomcat 6.0.14 liberada pela Fundação Apache. Nos extras do livro, contido no CD-ROM anexo, você encontra um capítulo inteiro ensinando a trabalhar com a versão Admin do Tomcat 5.5.

Outra maneira de administrar as aplicações Web através do Tomcat é pelo **Manager**. O **Manager** possui uma estrutura mais simples, pois apenas administra as aplicações para o básico como ***deploy, undeploy, reload*** da aplicação e etc.

Para isso, no seu browser, seguindo a porta padrão, você digita:

http://localhost:8084/manager/html

Ao que surgirá uma caixa de diálogo pedindo o usuário e a senha. Após o preenchimento, você entrará no manager.

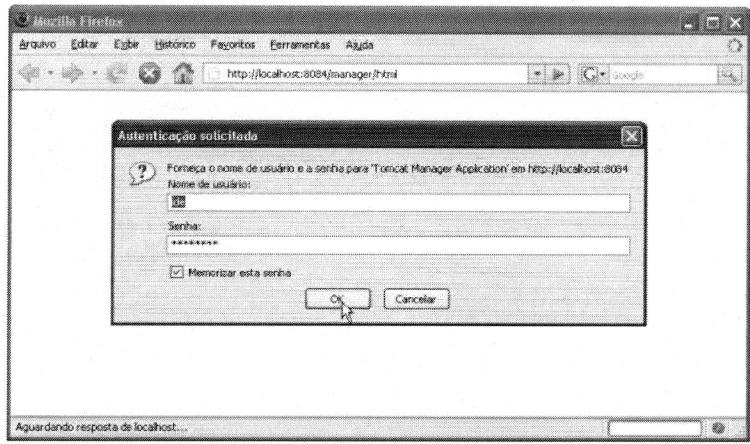

FIGURA 2.38 – ACESSANDO O MANAGER PELO BROWSER

O Manager é dividido em duas sessões principais: **Applications** e **Deploy**. Através de **Applications** você pode dar desde Start, Stop e Reload em sua aplicação, como até mesmo fazer o undeploy, simplesmente com um clique. Ele também exibe as Sessões em execução na aplicação, além de poder modificar o tempo de sessão e expirar com o botão **Expire sessions**. Ou seja, se houver um navegador visualizando uma de suas aplicações, ele conta uma sessão aberta. Clicando em **Path** você abre a aplicação no navegador.

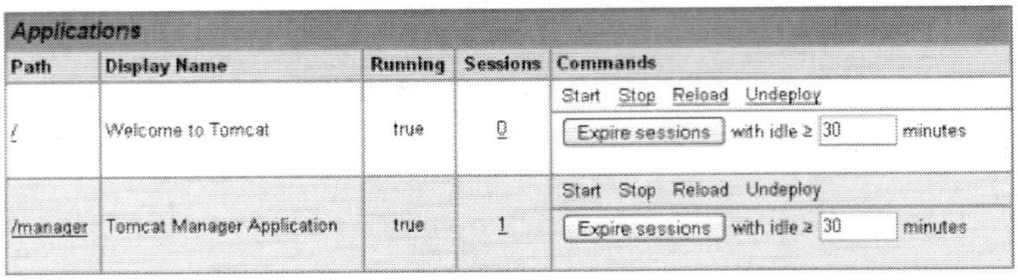

Applications

Path	Display Name	Running	Sessions	Commands
/	Welcome to Tomcat	true	0	Start Stop Reload Undeploy Expire sessions with idle ≥ 30 minutes
/manager	Tomcat Manager Application	true	1	Start Stop Reload Undeploy Expire sessions with idle ≥ 30 minutes

FIGURA 2.39 – APPLICATIONS NO MANAGER DO TOMCAT 6.0

Já em **Deploy** você pode pegar um arquivo **WAR** e simplesmente subi-lo através desta sessão. Para isso, basta ir a **WAR file to deploy**, selecionar o arquivo no botão e clicar depois de selecionado no botão **Deploy**. Mais adiante você verá o arquivo WAR que o NetBeans cria toda vez que você faz um deploy da sua aplicação.

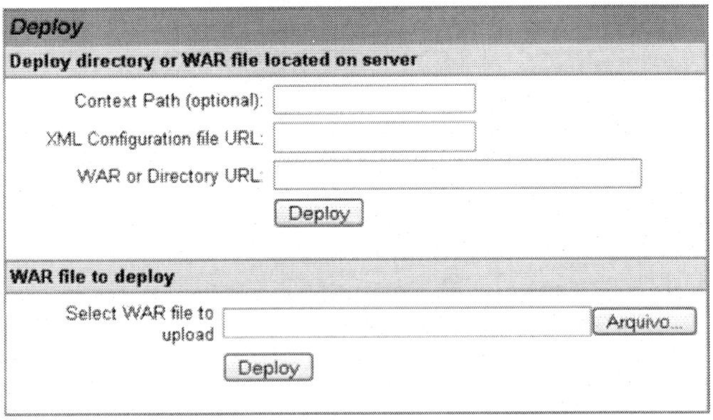

Deploy
Deploy directory or WAR file located on server
Context Path (optional):
XML Configuration file URL:
WAR or Directory URL:
Deploy
WAR file to deploy
Select WAR file to upload
Arquivo...
Deploy

FIGURA 2.40 – ÁREA DE DEPLOY NO MANAGER DO TOMCAT

ADICIONANDO UM NOVO SERVIDOR

Caso você trabalhe com outro servidor, diferente dos mencionados, você poderá adicioná-lo. Clique com o direito do mouse sobre o item **Servers**, na janela **Services**, e selecione o único item, **Add Server...**

FIGURA 2.41 – MENU DE CONTEXTO COM O ITEM ADD SERVER

Ao abrir a caixa de diálogo **Add Server Instance** selecione em **Server** o servidor que deseja adicionar. Após selecionar, em **Name** você tem o nome padrão dado. Caso queira alterar, basta digitar. Clique no botão **Next** para prosseguir com o assistente.

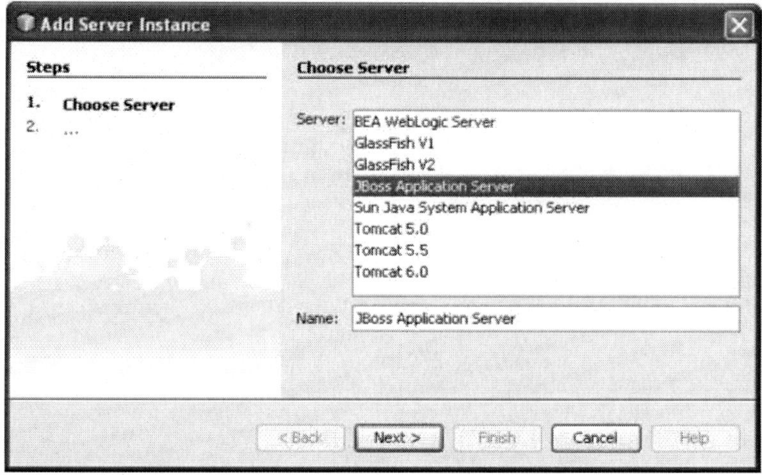

FIGURA 2.42 – ADICIONANDO UM SERVIDOR SUPORTADO PELO NETBEANS

Na próxima etapa você seleciona em **Installation Location** o local onde fora instalado seu servidor. Para isso, clique no botão **Browse**. Ao selecionar, clique no botão **Next** para ir até a última etapa do assistente.

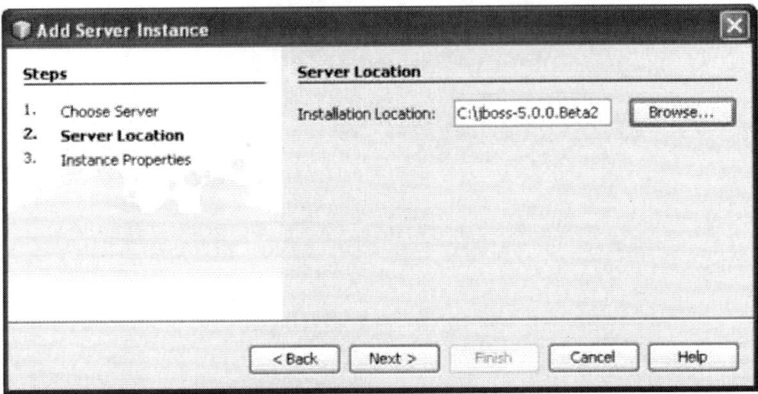

Figura 2.43 – Seleção do diretório onde se encontra o servidor instalado

Na terceira e última etapa você terá a confirmação do **Host** e **Port** para rodar o Servidor. Clique no botão **Finish** para concluir.

Após instalar o seu servidor, você já o tem disponível para trabalhar.

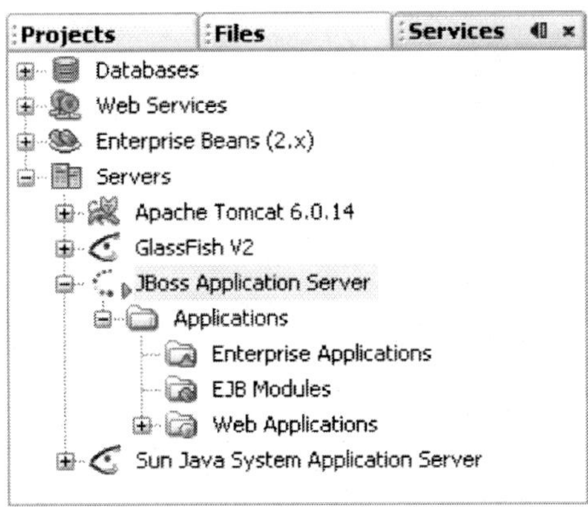

Figura 2.44 – Detalhe no JBoss adicionado ao NetBeans

Com isso, você tem a seguinte compatibilidade quanto aos servidores de aplicação:

- Sun Java System Application Server
- GlassFish V1 e V2
- Tomcat 5.x e 6
- JBoss 4 e 5
- BEA WebLogic Server 9 e 10
- IBM WebSphere Application Server V6.0 e 6.1 (NetBeans 6.1)
- Sailfin V1 (NetBeans 6.1)

Segundo as recomendações da equipe do NetBeans.org, o uso de versões do JBoss, BEA WebLogic ou qualquer outra não seja especificada nesta lista, pode alterar o funcionamento da IDE de forma imprevisível, uma vez que as interfaces externas não são controladas pela equipe do projeto.

Monitorando transações HTTP

O NetBeans fornece um Monitor HTTP embutido para ajudá-lo a isolar problemas com a fluência de dados de páginas JSP e execução de Servlets em um servidor Web. Quando a IDE é configurada com um container ou application server, ou é feito um deploy em uma aplicação web com o Monitor HTTP do NetBeans habilitado, este registrará todos os pedidos feitos neste container web. Para cada pedido HTTP que é processado pelo servidor, o Monitor HTTP registra não só o pedido, mas também registros com informações de estados mantidos no container Web.

Por usar o Monitor HTTP, você pode analisar pedidos HTTP feitos pelo método GET e POST para uma futura analise. Você também pode editar estes pedidos armazenados e também pode revê-los, em um replay.

Os pedidos são armazenados até que você encerre a IDE. Você também pode salva-los de forma que estejam disponíveis em sessões posteriores da IDE.

Com o HTTP Monitor (Monitor HTTP) você pode executar as seguintes ações:

- Analisar pedidos HTTP gravados
- Salvar pedidos HTTP gravados
- Editar pedidos HTTP gravados
- Reiniciar pedidos HTTP gravados
- Classificar pedidos HTTP gravados
- Excluir pedidos HTTP gravados
- Rever pedidos HTTP gravados

HABILITANDO O HTTP MONITOR

Nos servidores que possuem suporte, você pode habilitá-lo simplesmente indo até as propriedades do monitor (direito do mouse sobre o server, na janela **Services**, e selecionando **Properties** no menu de contexto) e marcando a opção **Enable HTTP Monitor** na caixa de diálogo **Servers**.

Assim que iniciar o servidor, ou reiniciá-lo, ele passa a entrar em ação.

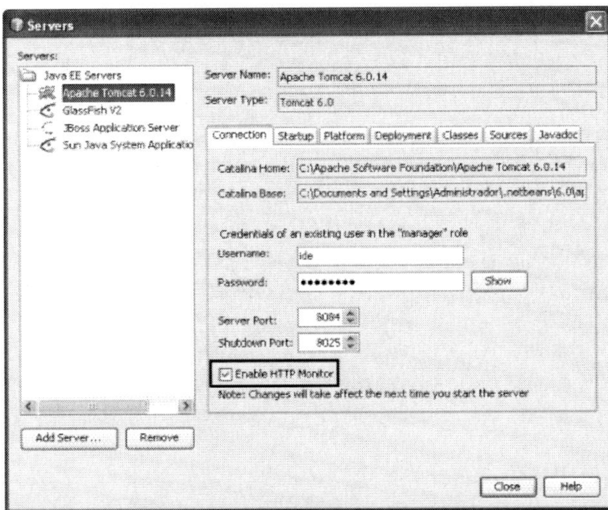

FIGURA 2.45 – CONFIGURAÇÃO DO SERVLET CONTAINER TOMCAT

Por padrão, o Tomcat e o GlassFish embutidos na IDE já contém esta opção habilitada.

Ao rodar uma aplicação, você notará a janela **HTTP Monitor**, em segundo plano, atrás de **Output**.

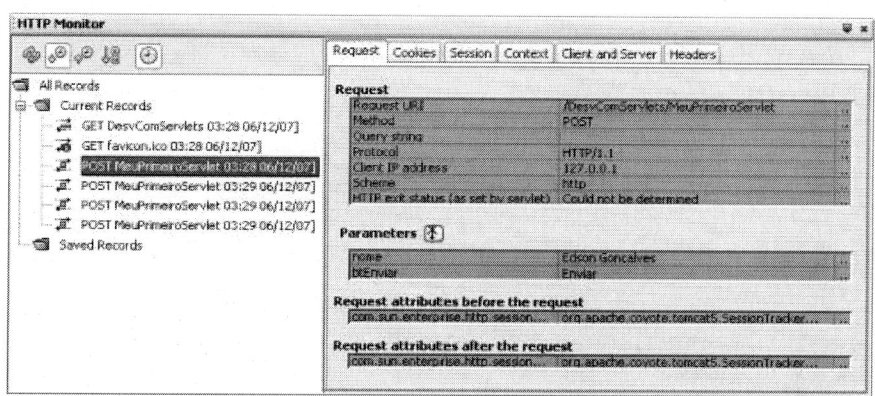

FIGURA 2.46 – MONITORAÇÃO DA APLICAÇÃO SERVLET MEUPRIMEIROSERVLET

Com o direito do mouse sobre o item gravado, ou itens, você pode salvar, em **Save**, rever a ação executada no navegador, em **Replay**, excluir a ação em **Delete** ou até mesmo editar e rever, em **Edit and Replay**.

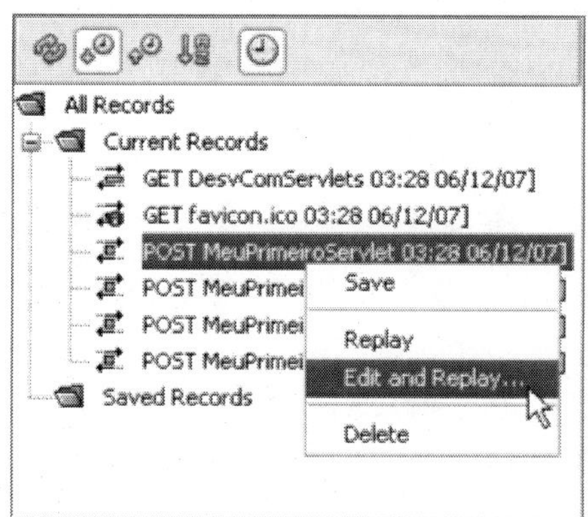

FIGURA 2.47 – EDITANDO E REVENDO UMA AÇÃO

Os pedidos gravados vão para **Saved Records.** Estes poderão ser revistos em sessões posteriores da IDE. Os demais serão eliminados simplesmente ao fechá-la.

Selecione a opção **Edit and Replay**. Na caixa de diálogo **Edit and Replay** você tem em **Query** o parâmetro postado. Como estou monitorando o exemplo feito com Servlet, tenho apenas o campo **nome** enviado. Como no exemplo você envia o seu nome, ao clicar em **nome**, em **Posted data**, você pode editar o valor. No caso, editei meu nome para **Alterei aqui**. Confirmo a alteração clicando no botão **Send HTTP Request**. Observe que o navegador é aberto e o texto é trocado.

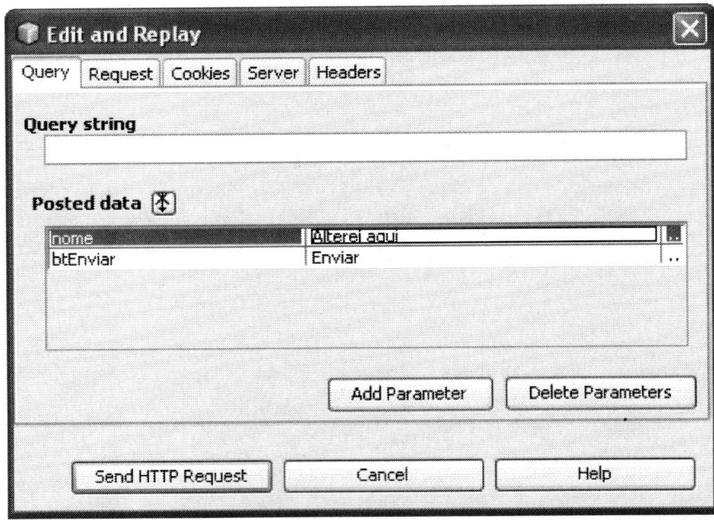

FIGURA 2.48 – ALTERANDO O ENVIO DO CAMPO NOME

DISTRIBUINDO SUA APLICAÇÃO EM ARQUIVOS WAR

Um arquivo Web Archive (**WAR**) é uma aplicação Web empacotada. Você pode usar arquivos WAR para importar uma aplicação Web em um servidor Web.

Web **AR**chive e é um formato compactado, baseado no mesmo formato de compactação de arquivos ZIP, para distribuir aplicações, ou bibliotecas, através de um só arquivo.

Em um arquivo WAR podem-se incluir quaisquer tipos de arquivos como: classes, imagens, configurações, entre outros.

O NetBeans possui a criação automática do arquivo WAR, através da compilação do projeto.

Na janela **Projects** clique com o botão direito do mouse sobre o seu projeto e selecione no menu de contexto **Properties**.

Ao surgir à caixa de diálogo **Project Properties**, no nó do item **Build** e selecione **Packaging**.

Em **Exclude From WAR File**, você possui as extensões que serão descartadas da criação do arquivo WAR. Caso deseje adicionar alguma das mostradas, basta apagá-las. Em uma adição, siga a regra de separar por vírgula, seguido de **/***.extensão.**

Ao clicar com o direito do mouse sobre o projeto, na janela **Projects**, e selecionar **Build** ou **Clear and Build**, você cria o arquivo WAR em um diretório chamado **dist**.

Na janela **Files** você visualiza **dist** contendo o arquivo **WAR** criado para distribuição da sua aplicação.

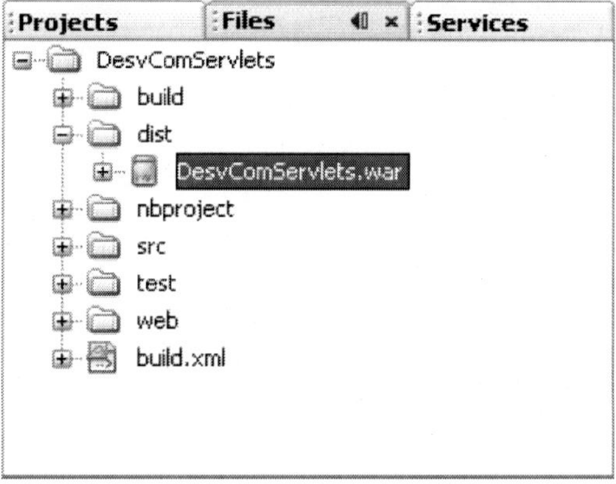

FIGURA 2.49 – WAR FILE CRIADO

Basta ir ao seu servidor e fazer o deploy deste arquivo que sua aplicação entrará em funcionamento imediatamente.

Capítulo 3
Desenvolvendo páginas dinâmicas no NetBeans

Seguindo os princípios de desenvolvimento Web usando Java, este capítulo é dedicado ao trabalho com páginas dinâmicas, envolvendo JSP, JSTL, configurações da aplicação e outros detalhes como:

- Trabalhar com páginas JSP
- Conhecer melhor o Deployment Descriptor
- Entender a estrutura de JavaServer Pages
- Utilizar o controle de erros configurado através da IDE
- Utilizar JSTL em suas páginas
- Criar Custom Tags

Trabalhando com páginas JSP

JavaServer Pages (JSP) são páginas Java embebidas em HTML. A página dinâmica é gerada pelo código JSP. A primeira vez que uma página JSP é carregada pelo container JSP, o código Java é compilado gerando um Servlet que é executado. As chamadas subseqüentes são enviadas diretamente ao Servlet, não havendo mais a recopilação do código Java.

Como você já sabe, o NetBeans, por padrão, ao criar um projeto Web, cria uma página **JSP** chamada de **index.jsp**.

Crie um novo projeto, chame-o de **DesvComJSP** e selecione o servidor desejado.

> **Observação:** Por padrão, o NetBeans IDE 6.0 já possui habilitado a opção de visualizar o número de linhas em seu editor. Caso deseje desativar isso, vá ao menu View e clique em **Show Line Numbers**.

Para começar, altere o código da página index.jsp como mostrado na **Listagem 3.1** seguinte, em destaque:

Listagem 3.1 – Fonte do arquivo index.jsp

```
<%@page contentType="text/html"
        pageEncoding="ISO-8859-1"%>

<!DOCTYPE HTML PUBLIC
"-//W3C//DTD HTML 4.01 Transitional//EN"
"http://www.w3.org/TR/html4/loose.dtd">

<html>
  <head>
    <meta http-equiv="Content-Type"
                    content="text/html; charset=ISO-8859-1">
    <title>Trabalhando com JavaServer Pages</title>
  </head>
  <body>
<%
        String s = "<h2>Esse é um código JSP embebido no HTML</h2>";
        out.write(s);
%>

  </body>
</html>
```

Escrever código Java em sua página JSP é bem simples, basta adicionar as tags <% e %>. A isto chamamos de **scriptlet**.

Existem variáveis já implícitas no código JSP, onde todo arquivo jsp já possui uma variável chamada **out** (do tipo **JspWriter**) que permite imprimir objetos através do método **write**, **print** ou **println**:

<% out.write(s); %>

UM POUCO MAIS SOBRE O DEPLOYMENT DESCRIPTOR

Se você rodar o projeto, perceberá que esta página, a **index.jsp** é a primeira a ser chamada. Isso ocorre devido a configuração feita no deployment descriptor. No capítulo anterior, você conheceu este arquivo e teve uma breve explicação de como ele funciona, através da utilização do Servlet. Agora, você vai conhecer como o arquivo **index.jsp** é chamado inicialmente.

Dê um duplo clique sobre o arquivo **web.xml** que se encontra no nó **Configuration Files**.

Indo em **Pages**, você possui em **Welcome Files** o item de mesmo nome, no qual, por padrão na IDE, se encontra apenas **index.jsp**. Caso você queira adicionar novas páginas, separe-as por vírgula, neste local.

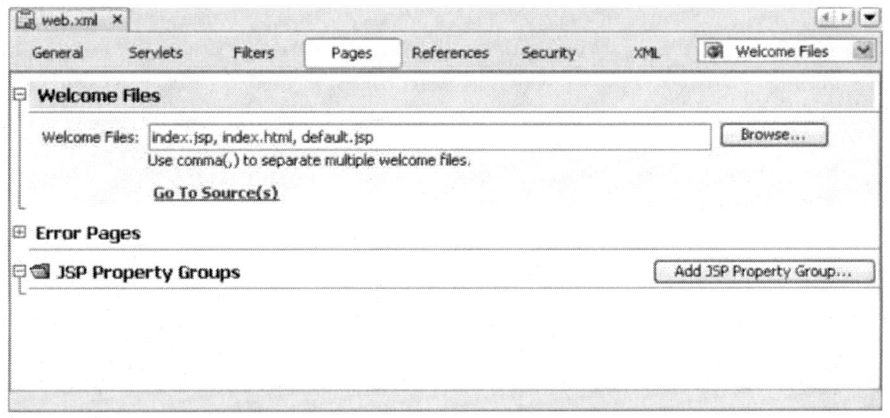

FIGURA 3.1 - DEPLOYMENT DESCRIPTOR VISUALIZADO PELO NETBEANS

Após digitar, confirme teclando **Enter** e clique em **XML**. Você verá algo similar ao mostrado na **Listagem 3.2** seguir:

LISTAGEM 3.2 - ARQUIVO WEB.XML ALTERADO

```
...

    <welcome-file-list>
        <welcome-file>index.jsp</welcome-file>
        <welcome-file>index.html</welcome-file>
        <welcome-file>default.jsp</welcome-file>
    </welcome-file-list>

...
```

Note a adição do elemento <**welcome-file-list** />, representado no NetBeans visualmente pelo editor como **Welcome Files**, que contém um sub-elemento <**webcome-file** />, indicando um ou mais nomes de arquivos que deverão ser carregados automaticamente caso você não digite o nome do arquivo na chamada da aplicação no navegador. Como você já deve ter notado, o primeiro da lista é o chamado para ser a página *default*, caso não seja encontrada, a segunda da lista é o arquivo inicial e assim por diante até o fim.

Mais adiante você conhecerá um pouco mais sobre o arquivo **web.xml** (Deployment Descriptor).

A ESTRUTURA DE JAVASERVER PAGES

Em páginas dinâmicas escritas em JSP você tem as tags de abertura **<%** e fechamento **%>**, como já dito anteriormente, para se adicionar o comando Java desejado.

As tags mais comuns são:

- Comentários: **<%-- esse é um comentário em JSP --%> e**

  <%

  /* **esse comentário tem**

  mais de uma linha */

  %>

- Declaração de atributos ou métodos: **<%! %>**
- Expressão de um resultado: **<%= %>**
- Tags Personalizadas: **<%@ taglib** %>

Exemplo de tag personalizada:

<%@taglib uri="http://java.sun.com/jsp/jstl/core" prefix="c"%>

Onde **uri** é o nome definido no arquivo **TLD** e **prefix** é o nome da tag que será utilizada na página JSP.

DIRETIVAS

Diretivas são usadas para fornecer informações especiais ditas ao container sobre a página JSP quando esta é compilada para Servlet.

Você tem três tipos de diretivas principais:

- **PAGE:** permite importação de classes, customização de super classes servlet entre outras;
- **INCLUDE:** permite que um conteúdo seja inserido de um arquivo no servlet.
- **TAGLIB:** permite que o ambiente JSP importe uma determinada biblioteca de tags.

Para cada um desses tipos de diretivas, existem conjuntos de atributos específicos utilizados para parametrizar a diretiva.

DIRETIVA PAGE

Conforme o próprio nome indica, a diretiva **page** serve para se definir diretivas da página. A diretiva page tem a seguinte sintaxe: <%@ **page** %>

Os atributos mais usados são:

- **LANGUAGE="JAVA"** – Especifica a linguagem que está sendo usada.
- **EXTENDS="PACOTE.CLASSE"** – Define se a super classe do servlet por herança.
- **IMPORT="PACOTE.CLASSE.*"** – Pacote que deve ser importado.
- **SESSION="TRUE | FALSE"** – Permite ou não variáveis de sessão.
- **BUFFER="NONE | 10KB"** – Tamanho do buffer em KB para o JspWriter out. O buffer padrão é definido pelo servidor.
- **INFO="MENSAGEM"** - Define uma string que pode ser recuperada pelo método getServletInfo( ). Com esse atributo o desenvolvedor pode adicionar uma documentação à página que resume sua funcionalidade.
- **ERRORPAGE="ERRO.JSP"** – Define a página de erro no qual será desviado caso isso ocorra.
- **ISERRORPAGE="TRUE | FALSE"** – Define se é uma página de controle de erro.
- **CONTENTTYPE="TEXT/HTML"** – Informações sobe a página, o MIME type do documento.

- **PAGEENCODING="ISO-8859-1"** – Define o conjunto de caracteres para a página JSP.

- **AUTOFLUSH="TRUE | FALSE"** - O valor true (padrão) indica se o buffer deve ser esvaziado quando estive cheio. Em false, indica que uma exceção deve ser mostrada quando ocorrer overflows.

> Observe que no início do seu arquivo JSP, gerado pelo NetBeans IDE, contém a diretiva **page** com os atributos **contentType** e **pageEncoding**.

O CONTROLE DE ERROS CONFIGURADO ATRAVÉS DA IDE

Durante a execução de uma aplicação Web escrita em Java, existe a possibilidade de acontecer vários erros durante o processamento de um recurso no servidor, onde, caso haja um erro do próprio servidor, este cuida da sua manipulação (ou não). Caso haja um erro da aplicação, o Container fornece meios para o desenvolvedor manipulá-lo.

Os erros de servidor podem ser considerados como exceções Java (em tempo de execução ou erros, ***ServletException*** ou subclasses, ***IOException*** e subclasses) ou pelos próprios códigos HTTP, chamado de status.

Controlar erros é simples em aplicações Web escritas em Java, não necessitando impor mudanças nas classes. Mais simples ainda quando configuramos os erros utilizando o NetBeans IDE.

Crie um novo arquivo (**Ctrl + N**). Selecione na caixa de diálogo **New File** o item **JSP** em **File Types**, na categoria **Web**. Clique no botão **Next** para prosseguir.

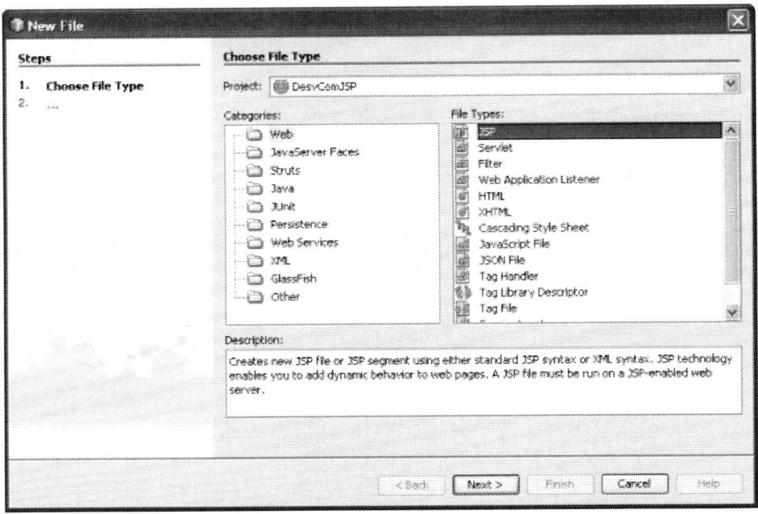

Figura 3.2 – Criando uma nova página JSP no NetBeans IDE

Na segunda etapa do assistente, digite **erro** em **JSP File Name** e clique no botão **Finish** para concluir o assistente.

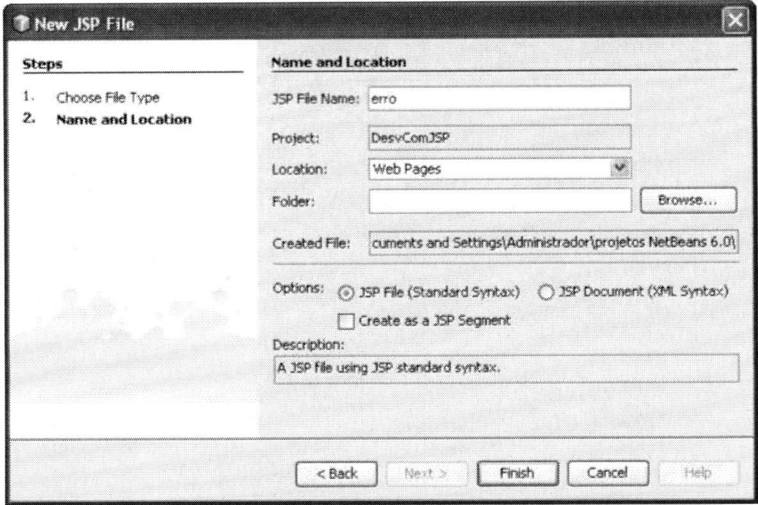

Figura 3.3 – Criação da página erro.jsp

Neste exemplo, você vai tratar do erro *404*, página não encontrada. Para que você entenda melhor, a página **erro.jsp** será a responsável por capturar este erro e exibi-lo ao usuário de forma personalizada. Personalização essa que fica por conta do desenvolvedor, que no caso é você.

Em **web.xml**, expanda o nó de **Error Pages** e clique no botão **Add**.

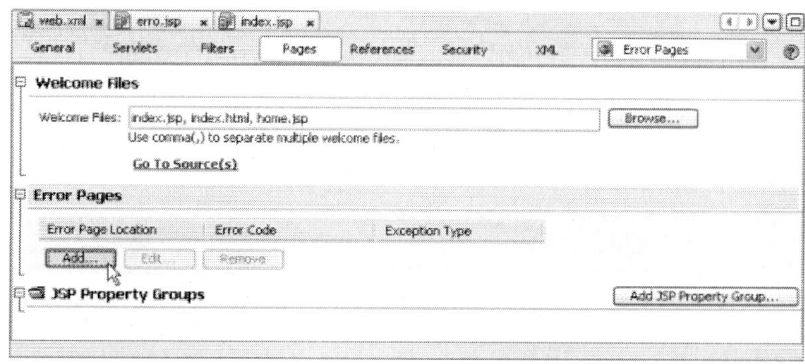

Figura 3.4 – Adicionando páginas de erros no deployment descriptor

Na caixa de diálogo **Add Error Page**, selecione em **Error Page Location** a página **erro.jsp** através do botão **Browse**. Em **Error Code** digite **404**. Confirme clicando no botão **OK**.

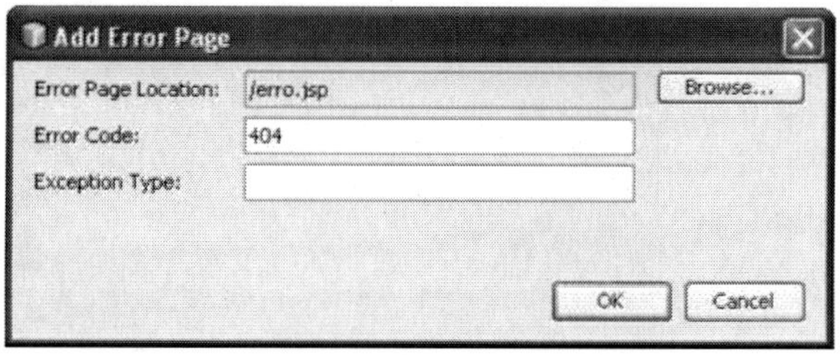

Add Error Page
Error Page Location: /erro.jsp Browse...
Error Code: 404
Exception Type:
OK Cancel

Figura 3.5 – Adição da página erro.jsp como exibição do erro de servidor 404 no web.xml

Se você analisar o deployment descriptor, em **XML**, verá que foram acrescentadas as linhas mostradas a seguir na **Listagem 3.3**:

LISTAGEM 3.3 – ALTERAÇÃO NO ARQUIVO WEB.XML

```
...
  <error-page>
    <error-code>404</error-code>
    <location>/erro.jsp</location>
  </error-page>
...
```

O erro **404** é o padrão para informar que o recurso que você está tentando acessar não existe no endereço indicado.

Primeiramente ao adicionar a página como erro, o NetBeans adicionou um elemento <**error-page** /> contendo o sub-elemento <**error-code** />, onde se tem a indicação do código do erro a ser tratado.

No elemento <**location** /> é determinado qual a página que tratará esse erro. A URI do recurso indicado deverá iniciar com /, significando ser relativo à raiz da aplicação. A página poderá ser dinâmica ou estática.

> **NOTA:** URI é cada recurso disponível na Web como documento HTML, imagens, vídeos, músicas, programas e etc., que tem um endereço que pode ser codificado por um Identificador Universal de Recursos, ou URI (sigla inglesa para Universal Resource Identifier).

Configure sua página **erro.jsp** para que fique similar ao mostrado na **Listagem 3.4** seguir, em destaque:

LISTAGEM 3.4 - A PÁGINA DE ERRO.JSP ALTERADA

```
<%@page contentType="text/html"
   pageEncoding="ISO-8859-1"
   isErrorPage="true"%>

<!DOCTYPE HTML PUBLIC
"-//W3C//DTD HTML 4.01 Transitional//EN"
"http://www.w3.org/TR/html4/loose.dtd">

<html>
   <head>
      <meta http-equiv="Content-Type"
                                   content="text/html; charset=ISO-8859-1">
      <title>Erro 404</title>
   </head>
   <body>

   <h1>Erro 404</h1>
   Se você está vendo essa mensagem é porque o endereço que
   você está tentando acessar ou não existe ou foi movido.<br />
   Caso queira mais informações a respeito, entre em contato com
   o administrador do site.

   </body>
</html>
```

Embora uma página estática dê conta do serviço, uma página dinâmica, claro que JSP, é muito mais interessante. Com o atributo **isErrorPage** da diretiva **page,** você indica que se trata de uma página de erro, como já explicado anteriormente, em **Diretiva page**.

Caso você queira testar, rode a aplicação e digite na barra de endereços do seu navegador um nome de página inválido.

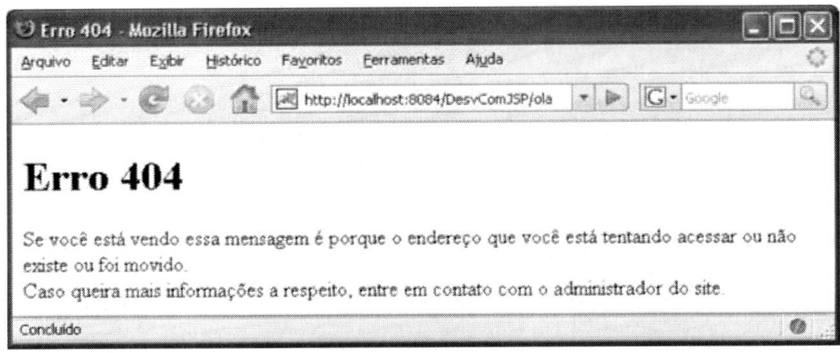

FIGURA 3.6 – ERRO APRESENTADO NO NAVEGADOR POR TENTATIVA DE ACESSO INVÁLIDO

RECEBENDO DADOS DE UM FORMULÁRIO COM JSP

Os métodos **doGet** e **doPost** não se encontram nas páginas JSP. Graças a isso você tem uma maior flexibilidade de qual método vai usar quanto ao seu recebimento.

A idéia aqui é demonstrar um pouco como o NetBeans cria páginas JSP, além de ensinar um pouco sobre a mesma.

Para fazer este exemplo, você simplesmente vai criar outra página neste mesmo projeto. Clique com o direito do mouse sobre o nome do projeto. Selecione no menu de contexto o item **JSP** em **New**.

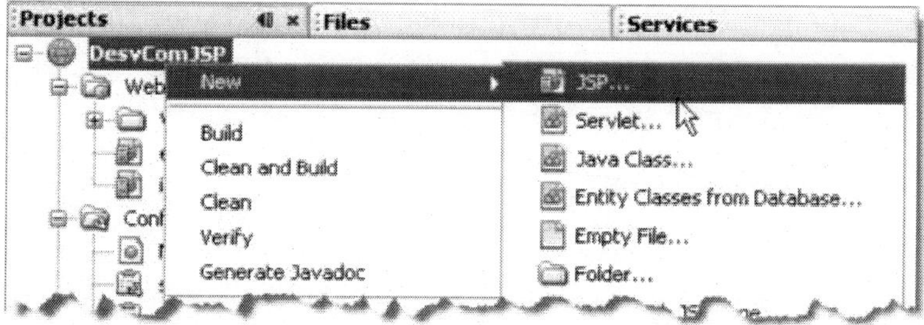

Figura 3.7 – Criando uma nova página JSP

Na caixa de diálogo **New JSP File** digite **pagina2** no campo **JSP File Name**.

Altere o arquivo criado, utilizando a janela **Palette** para a criação do formulário, deixando-o similar ao mostrado na **Listagem 3.5** a seguir:

Listagem 3.5 - A página pagina2.jsp alterada

```
<%@page
  contentType="text/html"
  pageEncoding="ISO-8859-1"%>

<!DOCTYPE HTML PUBLIC
"-//W3C//DTD HTML 4.01 Transitional//EN"
"http://www.w3.org/TR/html4/loose.dtd">

<html>
  <head>
    <meta http-equiv="Content-Type"
            content="text/html; charset=ISO-8859-1">
    <title>Entrada do usuário</title>
  </head>
  <body>
```

```
  <form action="adm/pagina3.jsp" method="POST">
    Usuário:<input type="text" name="usuario" /><br />
    Senha:<input type="password" name="senha" /><br />
    <input type="submit" value="Logar" />
  </form>

  </body>
</html>
```

Adicione um diretório clicando com o direito do mouse sobre o projeto e selecionando **Folder** em **New**. Crie uma terceira página chamada de **pagina3.jsp** dentro do diretório criado (adm). Adicione o código mostrado a seguir na **Listagem 3.6**, em destaque:

LISTAGEM 3.6 - ALTERAÇÃO DA PAGINA3.JSP

```
...
<body>

<%
        String usuario = request.getParameter("usuario");
        String senha = request.getParameter("senha");

        if(usuario.equals("edson") && senha.equals("123")){
            out.println( "Seja bem vindo Edson" );
        }
        else{
            out.println( "Usuário ou senha inválidos" );
        }

%>

</body>
...
```

No Servlet criado no capítulo anterior, você chamava o método **getParameter(String s)**, do objeto **HttpServletRequest** para pegar o resultado vindo de um formulário. Aqui isso não aconteceu, ou seja, você não precisou chamar um objeto para usar o método **getParameter(String s)**. Tudo que teve que ser feito foi utilizar o objeto implícito **request** para chamá-lo.

O AUTO-COMPLETAR DO EDITOR

Ao digitar um código no NetBeans IDE, perceba que ele possui um auto-completar no editor.

Assim que digitada a palavra **request**, ao adicionar o **ponto** ".", automaticamente o Editor do NetBeans aciona sua característica de auto-completar. Basta selecionar na lista o item desejado ou continua digitando, até que haja um filtro na lista e você possa selecionar o que pretende usar. Ao selecionar, tecle **Enter** para confirmar.

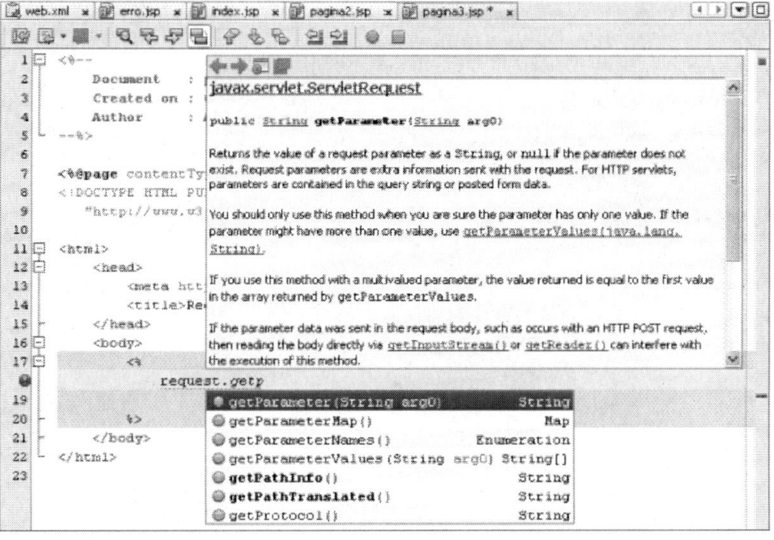

FIGURA 3.8 – AUTO-COMPLETAR DO EDITOR

Alternativamente você pode chamar esta caixa popup de auto-completar através do atalho **Ctrl + Space**.

O mesmo pode ser feito em tags HTML. A idéia é você a cada digitação teclar este atalho sempre.

RODANDO UMA PÁGINA OU SERVLET COMO INICIAL

O NetBeans pode, independente do que foi estabelecido no Deployment Descriptor, para testes, rodar o arquivo que desejar inicialmente. Uma das formas é clicar com o direito do mouse sobre o arquivo na janela **Projects** e selecionar **Run File** no menu de contexto. Você também pode ir ao menu **Run**, em **Run File** e clicar no item **Run "pagina2.jsp"**. Há também um atalho, o **Shift + F6**.

Agora, se você quiser rodar esta página inicialmente pelo **Run Main Project** mas, não quer alterar o **Welcome File** do seu deployment descriptor (web.xml), você também pode fazer.

Neste caso, clique com o direito do mouse sobre o projeto e selecione **Properties** no menu de contexto. Na caixa de diálogo **Project Properties** vá ao item **Run** em **Categories**. Adicione **/pagina2.jsp** em **Relative URL** e confirme a caixa de diálogo clicando no botão **OK**.

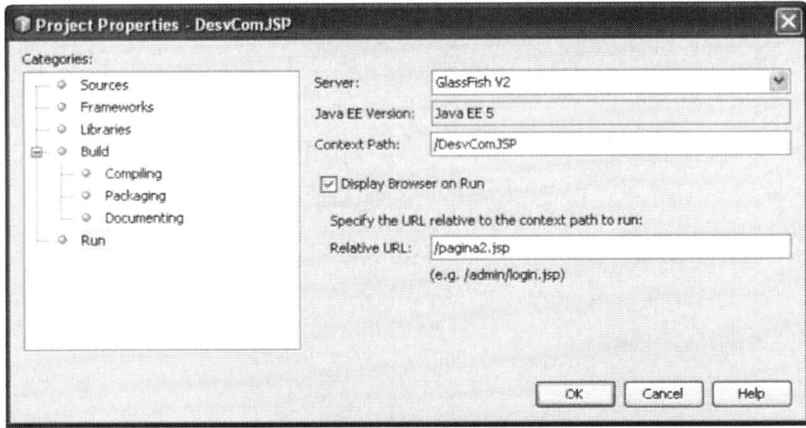

FIGURA 3.9 – ESPECIFICANDO UMA NOVA URL PARA RODAR INICIALMENTE PELA IDE

Teste a configuração teclando **F6** ou clicando no botão **Run Main Project**.

OBJETOS IMPLÍCITOS

Com a intenção de dar produtividade no desenvolvimento de aplicações Web usando a linguagem Java, a Sun Microsystems elaborou um conjunto de objetos que podem ser usados dentro de uma página JSP sem precisar de declaração. A esses objetos damos o nome de **Objetos Implícitos**.

Como acontece com todo objeto em Java, cada objeto implícito é uma instância de uma classe ou interface seguindo sua API correspondente.

Isso significa que ao começar a digitar uma destas palavras, mostradas a seguir no NetBeans IDE, tecle **Ctrl + Space** para que o popup se abra e você possa completar com apenas um **Enter**.

REQUEST

Um dos mais utilizados objetos implícitos, o objeto **request** é instanciado da interface *javax.servlet.http.ServletRequest*. Esse objeto provê acesso a todas as informações disponíveis requisitadas pelo usuário (como parâmetros de requisições e cabeçalhos) e pode ser usado exatamente da mesma forma que o parâmetro HttpServletRequest, usado no método service( ) de um Servlet.

RESPONSE

Assim como o objeto **request**, o objeto **response** é implícito e instanciado da interface *javax.servlet.http.HttpServletResponse*. Novamente, este objeto pode ser usado exatamente do mesmo modo que o parâmetro HttpServletResponse, usado no método **service( )** de um Servlet.

OUT

O objeto implícito **out** representa uma instância da classe *javax.servlet.jsp.JspWriter* e é usada para imprimir caracteres como a classe similar *java.io.PrintWriter.* Você tem em uso os métodos **print( ) , println( ) e write( )** para escrever dados como resposta.

SESSION

O objeto implícito **session** representa o objeto da classe *javax.servlet.http.HttpSession* e define a sessão do usuário, como feito na Servlet.

CONFIG

O objeto implícito **config** define uma referência ao objeto da interface *javax.servlet.ServletConfig* que representa o objeto de configuração do Servlet gerado para o JSP, podendo ser configurado pelo deployment descriptor (**web.xml**).

APPLICATION

O objeto implícito **application** provê uma referencia a interface *javax.servlet.ServletContext* que representa o contexto da aplicação. Com isso, você pode armazenar dados que serão compartilhados e visíveis a todas as sessões da aplicação.

PAGE

Esse objeto implícito se refere à própria página.

PAGECONTEXT

Uma referência de objeto *javax.servlet.jsp.PageContext* é diferente do restante de objetos implícitos avaliados. A instancia pageContext proporciona ao desenvolvedor JSP acesso a todos os escopos disponíveis no JSP e para vários atributos de página úteis, como o pedido atual e resposta, o ServletContext, HttpSession e ServletConfig.

EXCEPTION

O próprio objeto implícito **exception** é uma instância do objeto *java.lang.Throwable*, representando uma exceção e estará presente em páginas de erros na aplicação.

CRIANDO JAVABEANS

JavaBeans são classes que possuem o construtor sem argumentos e métodos de acesso **get** e **set**. Tecnicamente isso não é necessário, para uma classe ser considerada um JavaBean. JavaBeans são amplamente utilizados em conjunto com páginas JSP, tendo como principal característica separar a lógica do visual.

Esta classe pode realizar qualquer tipo de tarefa dentro de uma aplicação Java. O código de JavaServer Pages possui um conjunto de tags para definir o uso dos JavaBeans.

A action ***<jsp:useBean />*** é extremamente flexível e sua funcionalidade exata é controlada pelos atributos passados à ação.

Se usada corretamente, essa ação pode reduzir beneficamente a quantidade de código scriptlet que seria necessário em caso contrário.

> **CURIOSIDADE:** Os JavaBeans não existem apenas para o desenvolvimento Web, como é largamente usado. Sua concepção inicial era a reutilização de programação visual, os famosos "Beans" do Swing. Tecnicamente JavaBeans é o termo correto para a reutilização de partes de programas visuais, com certas funcionalidades, mas que passou a ser conhecida popularmente como **componentes**, na programação visual para desktop.

Antes de criar um JavaBeans, inicie um novo projeto chamado de **DesvComJavaBeans** e selecione o servidor a seu gosto. Em seguida, siga os passos mostrados a seguir:

1. Clique com o direito do mouse sobre um dos elementos que compõem seu projeto e selecione o item **Java Package** em New, no menu de contexto.

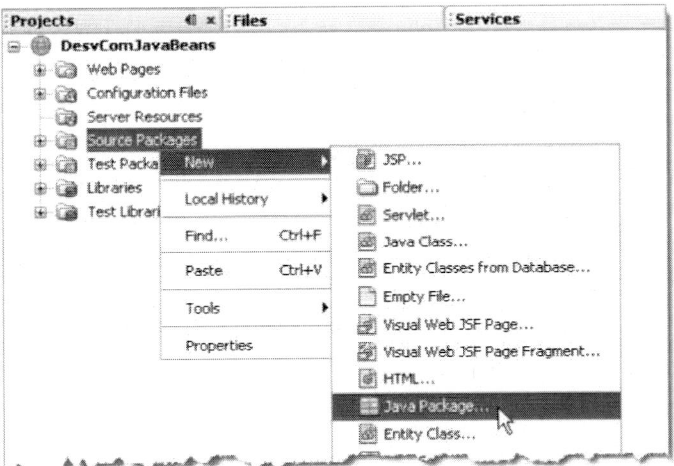

FIGURA 3.10 – CRIANDO UM JAVA PACKAGE PELO MENU DE CONTEXTO

2. Na caixa de diálogo **New Java Package** digite **br.com.integrator** no campo **Package Name**. Clique no botão **Finish** para confirmar.

3. Novamente, com o direito do mouse, mas desta vez sobre o pacote criado, no nó **Source Packages**, selecione **Java Class** em **New**, no menu de contexto.

4. Na caixa de diálogo **New Java Class** digite **MeuPrimeiroJavaBean** em **Class Name**. Verifique se em **Package** o pacote criado já está selecionado. Clique no botão **Finish** para confirmar a criação da classe.

Como um JavaBean possui atributos privados encapsulados por métodos públicos **get** e **set**, você criará apenas o atributo, como mostra a **Listagem 3.7**.

Listagem 3.7 – Adicionando o atributo ao arquivo MeuPrimeiroJavaBean.java

```
package br.com.integrator;

public class MeuPrimeiroJavaBean {

    public MeuPrimeiroJavaBean( ) {
    }

    private String mensagem="";

}
```

Selecionando o atributo **mensagem**, no editor de códigos do NetBeans, vá ao menu **Refactor** e clique em **Encapsulate Fields**.

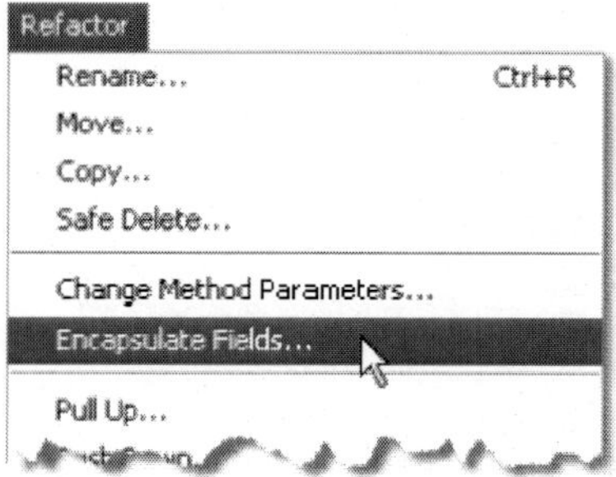

Figura 3.11 – Encapsulando atributos

Marque as opções de checagem: **Create Getter** e **Create Setter**. Clique no botão **Refactor** para confirmar.

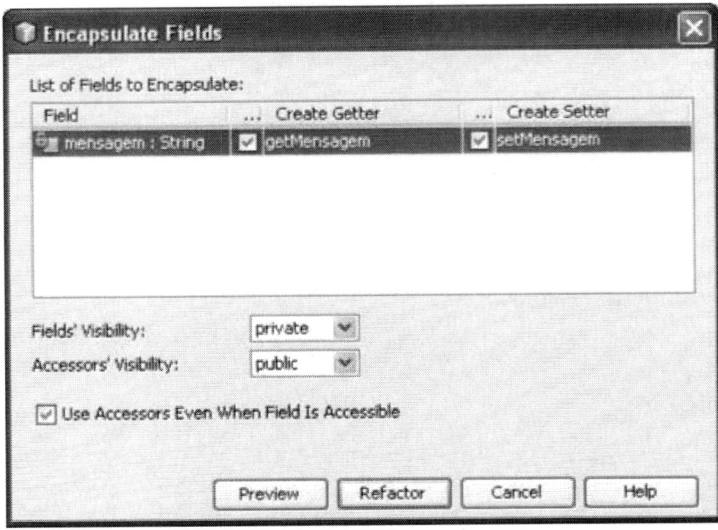

FIGURA 3.12 – ENCAPSULANDO O FIELD MENSAGEM

CHAMANDO O JAVABEAN PELA PÁGINA JSP

Através das actions **<jsp:setProperty** /> e **<jsp:getPropert** /> você pode enviar uma informação ao seu Bean e trazê-la.

Como o nome já sugere, a tag **<jsp:setProperty** /> é usada para alterar uma propriedade existente em seu JavaBean.

Já a action **<jsp:getProperty** /> captura o valor existente na propriedade chamada e a imprime na página JSP.

Na página **index.jsp**, coloque seu cursor entre as tags HTML **<body** /> vá à janela **Palette**. Dê um duplo clique no componente **Use Bean** na categoria **JSP**.

FIGURA 3.13 – COMPONENTE USE BEAN NA JANELA PALETTE

Na caixa de diálogo **Insert Use Bean** digite **mensagem** no campo **ID**. Em **Class** digite **br.com.integrator.MeuPrimeiroJavaBean**.

O campo **Scope** altere para **request** e clique no botão **OK** para confirmar a caixa de diálogo.

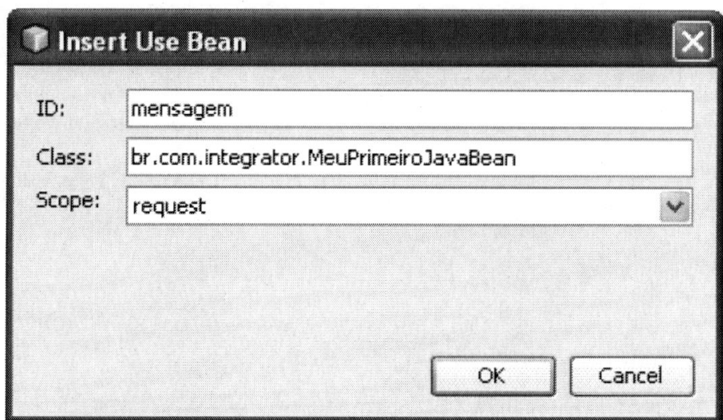

FIGURA 3.14 – INSERINDO UM <JSP:USEBEAN/>

O NetBeans adicionará a seguinte linha:

**<jsp:useBean id="mensagem" scope="request"
class="br.com.integrator.MeuPrimeiroJavaBean" />**

Alternativamente você pode usar um atalho. Digite **jspu** tecle Tab.

O Code Editor do NetBeans IDE adicionará a seguinte linha:

<jsp:useBean id="" type=""/>

No qual você deverá preencher como o mostrado anteriormente.

Para alterar o conteúdo do JavaBean, vá a janela **Palette** e arraste o componente **Set Bean Property** abaixo de **<jsp:useBean** /> adicionado anteriormente.

Figura 3.15 - Componente Set Bean Property

Na caixa de diálogo **Insert Set Bean Property** selecione em **Bean Name** o nome do ID que você colocou em **<jsp:useBean** />. No campo **Property Name** provavelmente já estará selecionado **mensagem**, pois este corresponde ao método público do seu JavaBean setMensagem( ).

Em **Property Value** digite um texto qualquer. Este campo representa o atributo do método **setMensagem( )**. Confirme clicando no botão **OK**.

Figura 3.16 – Inserindo um <jsp:setProperty/>

O NetBeans deverá ter adicionado a action como a mostrada a seguir:

```
<jsp:setProperty name="mensagem"
        property="mensagem" value="Meu primeiro JavaBean" />
```

Abaixo desta action, vá novamente à janela **Palette** e arraste o componente **Get Bean Property**.

Figura 3.17 – Componente Get Bean Property

Na caixa de diálogo **Insert Get Bean Property** selecione em **Bean Name** o ID da action **<jsp:useBean />**, que no caso é **mensagem**. Em **Property Name** provavelmente será selecionada automaticamente **mensagem**, o que representa o método do seu JavaBean **getMensagem( )**. Confirme no botão **OK**.

Figura 3.18 – Adicionando <jsp:getProperty/>

Outros atalhos do Editor de Códigos do NetBeans IDE

Caso você queira conhecer outros atalhos, a seguir existe a **Tabela 3.1** demonstrando-os. Aonde vir o símbolo "|" é a indicação do seu cursor intermitente. Para utilizá-los, você os digita, na **Abreviação**, e depois tecla **Tab**.

Tabela 3.1 - Abreviações JSP no Source Editor

Abreviação	Altera-se para (quando utilizado o Space)
ag	application.getAttribute("|")
ap	application.putAttribute("|")
ar	application.removeAttribute("|")
cfgi	config.getInitParameter("|")
oup	out.print("|")
oupl	out.println("|")
pcg	pageContext.getAttribute("|")
pcgn	pageContext.getAttributeNamesInScope(|)
pcgs	pageContext.getAttributesScope("|")
pcr	pageContext.removeAttribute("|")

<table>
<tr><td>pcs</td><td>pageContext.setAttribute(“|”,)</td></tr>
<tr><td>rg</td><td>request.getParameter(“|”)</td></tr>
<tr><td>sg</td><td>session.getAttribute(“|”)</td></tr>
<tr><td>sp</td><td>session.putAttribute(“|”)</td></tr>
<tr><td>sr</td><td>session.removeAttribute(“|”)</td></tr>
<tr><td>jspf</td><td><jsp:forward page="|"/></td></tr>
<tr><td>jspg</td><td><jsp:getProperty name="|" property=""/></td></tr>
<tr><td>jspi</td><td><jsp:include page="|"/></td></tr>
<tr><td>jspp</td><td><jsp:plugin type="|" code="" codebase="">
</jsp:plugin></td></tr>
<tr><td>jsps</td><td><jsp:setProperty name="|" property=""/></td></tr>
<tr><td>jspu</td><td><jsp:useBean id="|" type=""/></td></tr>
<tr><td>pg</td><td><%@page |%></td></tr>
<tr><td>pga</td><td><%@page autoFlush="false"%></td></tr>
<tr><td>pgb</td><td><%@page buffer="|kb"%></td></tr>
<tr><td>pgc</td><td><%@page contentType="|"%></td></tr>
<tr><td>pgerr</td><td><%@page errorPage="|"%></td></tr>
<tr><td>pgex</td><td><%@page extends="|"%></td></tr>
<tr><td>pgie</td><td><%@page isErrorPage="true"%></td></tr>
<tr><td>pgim</td><td><%@page import="|"%></td></tr>
<tr><td>pgin</td><td><%@page info="|"%></td></tr>
<tr><td>pgit</td><td><%@page isThreadSafe="false"%></td></tr>
<tr><td>pgl</td><td><%@page language="java"%></td></tr>
<tr><td>pgs</td><td><%@page session="false"%></td></tr>
<tr><td>tglb</td><td><%@taglib uri="|"%></td></tr>
</table>

Caso você queira adicionar um template de código ou remover algum que não deseja, vá ao menu **Tool** e clique no item **Options**. Na caixa de diálogo **Options** selecione o item **Editor** e clique na guia **Code Templates**. Você define em **Language** a linguagem que vai utilizar, o que no caso seria **JSP** e depois realiza as operações que deseja fazer (adicionar em **New** ou selecionar o template e remover em **Remove**). Abaixo, na guia **Expanded Text** há em detalhes o template.

> **ATENÇÃO:** Observe que o atalho utilizado, no caso o padrão **Tab**, pode ser alterado por outros pré-definidos em **Expand Template on**.

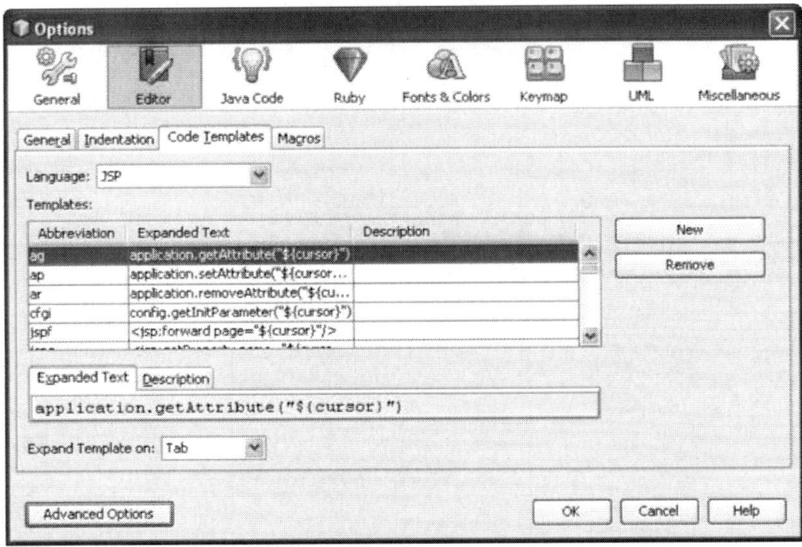

FIGURA 3.19 – ADICIONANDO OU REMOVENDO MODELOS DE CÓDIGOS

COMPREENDENDO OS JAVABEANS

Como você pode ter notado, um JavaBean nada mais é do que uma classe que obedece a um conjunto de regras, utilizando métodos "getters" e "setters". Mas essas regras são adotadas voluntariamente pelo desenvolvedor, onde se ele desejar, poderá iniciar seus métodos com outros nomes.

É claro que isso implicaria em outras situações que não estão em discussão nesse momento. O que realmente você deve entender é que, qualificar uma classe como sendo um JavaBean é uma situação exclusivamente sua. O compilador não lhe dirá: isso é um JavaBean. É você quem diz a ele.

As regras

Em uma situação técnica, você também tem que seguir algumas regras, para que o que você está desenvolvendo seja realmente um JavaBean.

Os JavaBeans, como já foi dito anteriormente, existem tanto para modelar sistemas gráficos criados para desktop ou também para aplicações Web em conjunto com páginas JSP. Isso, na prática, implica em duas diferenças iniciais básicas:

1. JavaBeans criados para trabalhar em desenvolvimento de aplicações gráficas desktop precisam implementar a interface **java.io.Serializable**. Isso acontece porque são armazenados em arquivos. Já no caso de páginas JSP, isso não é necessário, uma vez que, normalmente, só existem em memória.

2. Os JavaBeans desenvolvidos para aplicações desktop tem uma tendência dos nomes com métodos iniciando com **set** e **get** coincidirem com os nomes dos atributos da classe, pois esses representam, numa maioria das vezes, objetos visuais que necessitam ser configurados.

A **Tabela 3.2** a seguir demonstra as regras de trabalho com JavaBeans:

Tabela 3.2 – Regras para a criação de um JavaBean

Regra	Descrição da Regra
Construtor	Se o JavaBean não contiver nenhum construtor declarado explicitamente, o interpretador Java considerará, já faz parte da definição da linguagem, a existência de um construtor implícito sem argumentos e sem nenhuma utilidade.
Persistência	Os JavaBeans podem implementar a interface **java.io.Serializable**. Mas como já foi dito, essa regra não precisa ser obedecida. A não existência dessa implementação o impossibilita de ser salvo em arquivo ou ser enviado de um computador para outro em uma aplicação distribuída.
Atributos	Se o JavaBean criado possui um **atributo** que você deseja obter o seu valor, ele deve ser acessível por um método público que, de preferência, deve ter o mesmo nome, com o prefixo **get**. Por exemplo: um atributo chamado **teste** deve ser acessível externamente por um método **public getTeste( )**. Caso se queira alterar o valor do atributo, o mesmo deve ser feito por um outro método, também público, **void**, com o prefixo **set**; tendo também, um parâmetro de mesmo tipo para tal mudança. Por exemplo: seguindo o caso anterior, o atributo **teste** será alterado em seu valor através do método **public void setTeste(Tipo valor)**. Executando essa normativa, você tem os atributos encapsulados. Portanto esses mesmos atributos devem ser qualificados como **protected** ou **private**.

Os valores dos parâmetros enviados pelo cliente para o servidor são sempre do tipo String. Os valores String são convertidos para outros tipos de dados para serem utilizados pelas propriedades encontradas no JavaBean.

Essa conversão é mostrada pela **Tabela 3.3** a seguir:

TABELA 3.3 - A CONVERSÃO DO <JSP:SETPROPERTY />

TIPO DA PROPRIEDADE	O VALOR STRING É CONVERTIDO USANDO
boolean ou Boolean	java.lang.Boolean.valueOf(String s)
byte ou Byte	java.lang.Byte.valueOf(String s)
char ou Character	java.lang.Character.valueOf(String s)
double ou Double	java.lang.Double.valueOf(String s)
integer ou Integer	java.lang.Integer.valueOf(String s)
float ou Float	java.lang.Float.valueOf(String s)
long ou Long	java.lang.Long.valueOf(String s)

O ATRIBUTO SCOPE

Existe um atributo chamado **scope**, do qual ainda não foi visto, que aparece na tag <jsp:useBean />. O escopo dos JavaBeans indicam a utilização daquele objeto. Existem quatro valores possíveis para o escopo de um objeto: **page, request, session** e **application**. A seguir você tem a **Tabela 3.4** com a descrição de cada uma desses escopos:

TABELA 3.4 – DESCRIÇÃO DOS VALORES DO ATRIBUTO SCOPE

ESCOPO	DESCRIÇÃO
page	Objetos declarados com esse escopo são válidos até a resposta ser enviada ou o pedido ser encaminhado para outro programa no mesmo ambiente, ou seja, só podem ser referenciados nas páginas onde forem declarados e é removido no fim da execução da mesma. Objetos declarados com o escopo page são referenciados pelo objeto pageContext.
request	Objetos declarados com esse escopo são válidos durante o pedido e são acessíveis mesmo quando esse pedido é encaminhado a outro programa no mesmo ambiente. Somente está disponível durante a execução do request, ou seja, a cada novo pedido, um JavaBean é instanciado para atender a requisição. Objetos declarados com o escopo request são referenciados pelo objeto request.

session	Objetos declarados com esse escopo são válidos durante a sessão existente, desde que a página seja definida para funcionar em uma sessão e é removido quando a sessão expirar ou se for encerrada explicitamente. Objetos declarados com o escopo session são referenciados pelo objeto session.
application	Objetos declarados com esse escopo são acessíveis por páginas no mesmo servidor de aplicação e removido quando o servidor Web é parado ou quando a aplicação Web é reiniciada. Objetos declarados com o escopo application são referenciados pelo objeto application.

Utilizando JSTL em suas páginas

A **JavaServer Pages Standard Tag Library Actions**, conhecida também como JSTL, encapsula, em tags simples, as funcionalidades mais comuns em muitas aplicações JSP. JSTL consiste em uma coleção de bibliotecas, tendo cada uma um propósito bem definido, que permitem escrever páginas JSP's sem código Java, aumentando assim a legibilidade do código e a interação entre desenvolvedores e web designers, proporcionando assim maior rapidez no desenvolvimento de um web site.

Uma página JSTL é uma página JSP contendo um conjunto de tags JSTL's. Cada tag realiza um determinado tipo de processamento, onde cada tag JSTL, faz parte de uma biblioteca JSTL. Sendo assim, uma página JSTL pode utilizar várias bibliotecas JSTL's.

A primeira especificação JSTL foi libertada em junho de 2002, com o propósito exclusivo de fazer com que páginas JSP se tornassem mais fáceis de escrever.

O primeiro release de manutenção do JSTL (JSTL 1.1) foi completado em novembro de 2003. Um segundo release de manutenção, JSTL 1.2, foi iniciado em junho de 2004, que até o momento não fora finalizado.

JSTL trabalha em conjunto com JavaServer Pages Expression Language, mais conhecida como EL. A seguir você tem uma descrição do que significa EL.

A JavaServer Pages Expression Language

Expression Language ou EL, como é mais conhecida, são declarações que disponibilizam uma sintaxe mais simples para executar algumas das ações que os elementos de script JSP o fazem. A EL foi introduzida como parte do padrão JSP a partir da versão 2.0.

A EL simplifica certas características do desenvolvimento, principalmente onde JSP é mais complexo no que diz respeito de escrever aplicações Web sem usar vários scriptlets dentro de suas páginas. Na verdade, há muitos problemas com a utilização de código Java na forma de scriptlets em páginas JSP.

A SINTAXE

Antes de mais nada, não importa onde a EL é usada, ela sempre é invocada de uma maneira consistente, pela construção ***${expr}*** ou ***#{expr}***, onde expr é a expressão EL que você deseja avaliar. Na especificação EL 2.1, a sintaxe de **${expr}** e **#{expr}** são equivalentes e podem ser intercambiadas em seu uso. Porém, na utilização de outra API Java Platform, Enterprise Edition, pode ocorrer de terem restrições em seu uso. Especificamente, quando usadas em páginas JSP, as duas formas não podem ser usadas em conjunto.

Em uma página JSP, ${expr} é usada para expressões que são avaliadas imediatamente, no entanto #{expr} é usada para expressões para as quais seu resultado é adiado.

A seguir você tem um exemplo do uso de EL:

```
<jsp:useBean id="jbean" class="pacote.MeuJBean"/>
${jbean.nome}
```

Esse trecho chama o JavaBean e tem como saída à propriedade **nome**.

LITERALS

Da mesma maneira que em qualquer linguagem de programação, a EL fornece vários literals para os desenvolvedores usarem. Um literal pode ser de um valor Booleano, inteiro, ponto flutuante, String ou um valor nulo. A **Tabela 3.5** a seguir mostra os valores que são válidos por cada tipo de literal:

Tabela 3.5 – Valores válidos para cada tipo literal

Valor	Descrição
Booleano	Valores **true** ou **false**.
String	Qualquer string delimitada por aspas duplas ou simples. O backslash é usado como um caractere de escape para aspas e backslashes. Por exemplo: 'Este texto \'contém um valor entre aspas simples\', mas com caractere de escape\\' ou com o uso de diretórios como "c:\\Meus Documentos\\edson". Você precisa escapar aspas só quando elas estão inclusas por aspas do mesmo tipo; em outras palavras, '\' ' ou "\" ". Sendo assim, uma situação como: O valor de "marca d'água."; não precisa ser escapada.
Ponto Flutuante	Qualquer número de ponto flutuante positivo ou negativo (-1.3E-50, 3.13159, 4.00000000000001, .55, .66e2, e assim por diante)
Inteiros	Qualquer número de inteiro positivo ou negativo (–20, 10, 1250, e assim por diante).
Null	Um valor nulo

A seguir você tem alguns exemplos de expressões simples e o que eles avaliam em uma página JSP:

${true} <%--avalia para verdadeiro--%>

${"Aqui você tem uma marca d'água com aspas simples que não precisa de caracteres de escape"}

${5*4} <%--resulta no número 20--%>

Operadores

Você pode usar a maioria dos habituais operadores Java dentro das declarações EL. A **Tabela 3.6** a seguir mostra os operadores:

Tabela 3.6 – Operadores das declarações EL

Tipo	Operador
Aritméticos	+, -, *, /, div, %, mod
Comparação	== e eq != e ne < e lt > e gt <= e le >= e ge
Lógico	&& e and || e or ! e not
Outro	(), empty, [], . (ponto)

Observação: Estes operadores também são usados pelo framework JavaServer Faces.

Conversão de tipo automática

Não é necessário declarar o tipo de uma variável antes de usá-la. Isto é diferente do que você já conhece na utilização da linguagem de programação Java, onde o nome de cada variável deve ser declarada com o seu respectivo tipo antes de seu uso.

A vantagem de uma linguagem automaticamente tipada, como no caso da EL, está na facilidade de programar. O desenvolvedor JSP/EL não tem que se preocupar com a declaração de toda variável usada e seu tipo mais apropriado. Com maior facilidade de programar, o desenvolvedor, muitas vezes, não precisa chamar qualquer tipo de funções de coerção de tipo (converter um tipo para outro). Ao invés disso, o desenvolvedor pode confiar em um conjunto de regras embutidas na EL, regras de coerção de tipo neste caso.

A desvantagem dessa forma de programação é que, em algumas situações, você pode precisar de um melhor controle em cima do tipo de dados. Nestes casos, você precisará entender as diferentes regras definidas e como elas podem afetar seu resultado.

Boxing

A conversão de tipo básica está baseada em boxing. Boxing simplesmente é a ação de criar um objeto Java associado a um tipo primitivo. Na **Tabela 3.7** a seguir você tem tipos primitivos comuns em Java e a utilização do boxing:

Tabela 3.7 – Tipos primitivos associados ao Boxed Type

Tipos primitivos	Boxed Type
int	Integer
long	Long
double	Double
char	Character
boolean	Boolean

O boxing de uma variável do tipo **int** é embrulhado por um **Integer**. O boxing de um **long** é embrulhado em uma instância **Long**.

A ação de converter um valor embrulhado a seu valor primitivo associado é chamada de **unboxing**.

Coerção, ou conversão de tipo automática, acontece quando o tipo exigido não é igual ao tipo do valor ou variável entrante. Um exemplo disso é você enviar um valor inteiro de uma variável cuja necessidade seja de uma String ou vice-versa. Antes desta conversão acontecer, a EL sempre empacotará um tipo primitivo.

Criando seu primeiro exemplo em JSTL

O NetBeans IDE já possui um suporte a esta biblioteca, bastando apenas adicioná-la ao seu projeto.

Crie um projeto e chame-o de **DesvComJSTL**, ou o nome que preferir e selecione o servidor que desejar utilizar.

No seu projeto, janela **Projects**, clique com o direito do mouse sobre o item **Libraries** e selecione no menu de contexto o item **Add Library**.

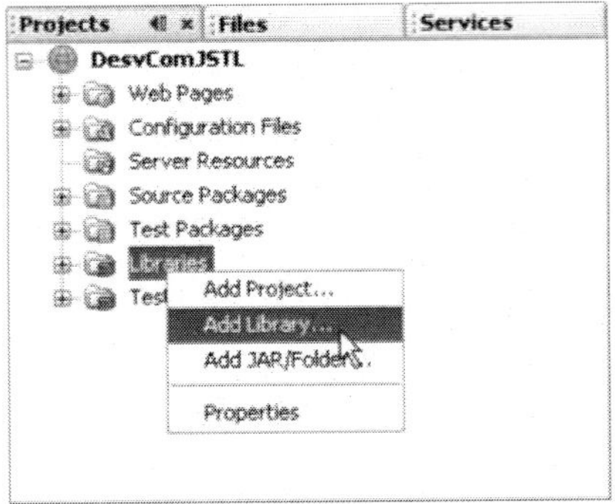

FIGURA 3.20 – ADICIONANDO LIBRARY PELO MENU DE CONTEXTO

Na caixa de diálogo **Add Library** selecione na lista a biblioteca **JSTL 1.1** e clique no botão **Add Library** para adicionar em seu projeto.

FIGURA 3.21 – SELECIONANDO A BIBLIOTECA JSTL 1.1

O NetBeans adiciona dois arquivos JAR na sua aplicação:

- **jstl.jar**
- **standard.jar**

> **Observação:** Em uma aplicação distribuída estes dois arquivos JARs ficam dentro do diretório **lib**, em **WEB-INF**.

Inicie com o sinal de menor "<" e tecle Ctrl+Space. Selecione, em **JSP Completion**, o code template **<%@ taglib ...%>**.

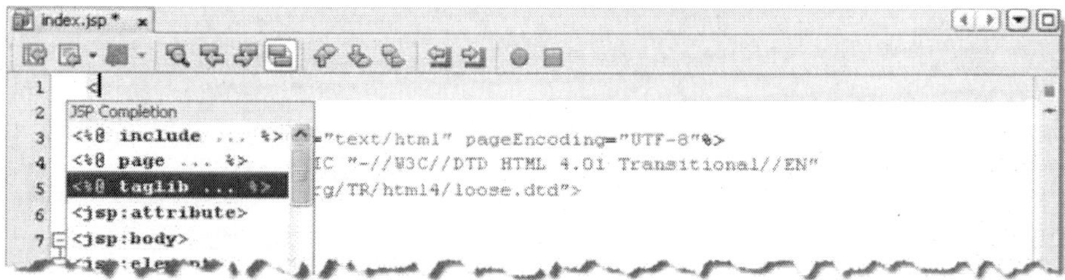

Figura 3.22 – Acionando a diretiva taglib pelo auto-completar do Editor

Dê um espaço e com **Ctrl+Space** selecione novamente no code template **uri** e nas aspas tecle novamente o atalho. Selecione a taglib do JSTL, como na **Figura 3.23** a seguir.

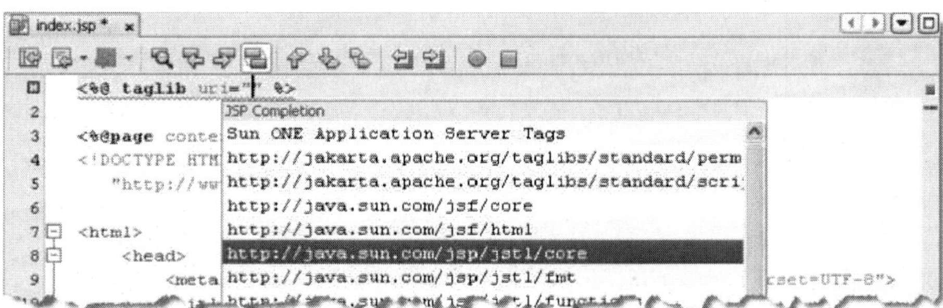

Figura 3.23 – Selecionando a diretiva taglib do JSTL

Continue com o code template e selecione **prefix**. Dentro das aspas digite a letra c. Ao final, sua diretiva taglib será semelhante a mostrada a seguir:

<%@taglib uri="http://java.sun.com/jsp/jstl/core" prefix="c"%>

Para usar o JSTL em uma página JSP, você precisa primeiro definir o cabeçalho. Esse cabeçalho é definido na diretiva **taglib**. A **URI** nesse caso é um endereço Web, que não se trata de uma requisição a ser feita no protocolo HTTP, mas sim para seja feita uma busca nos arquivos JAR's que se encontram no diretório **lib** da sua aplicação. No JSTL existem quatro API's básicas, sendo a CORE a que você está usando. O prefixo usado é a letra "c", que é um padrão definido pela Sun nesta biblioteca.

Por entre as tags HTML <body /> adicione a linha mostrada em destaque, na **Listagem 3.8**:

LISTAGEM 3.8 – ADICIONANDO A TAG JSTL EM INDEX.JSP

```
...
<body>
    <h1><c:out value="Meu primeiro exemplo usando JSTL"/></h1>
</body>
...
```

Ao ter o cabeçalho definido, a sua utilização é simples, uma vez que são tags que lembram o HTML, devido ao seu formato. Nesse caso você usou a tag out para imprimir o valor "**Meu primeiro exemplo usando JSTL**". O resultado é esse texto impresso na tela do seu browser.

Entendendo o JSTL

O JSTL é uma coleção de quatro bibliotecas de tags. Cada biblioteca de tags fornece ações úteis (ou tags) baseadas nas seguintes áreas funcionais:

- Core
- Internacionalização (I18n) e formatação
- Acesso a banco de dados relacional (tags SQL)
- Processamento de XML (tags XML)

A Core Tag Library

Esta biblioteca contém um centro de ações de propósito geral, que fornecem soluções simples, mas efetivas, a problemas comuns que os desenvolvedores experimentaram em quase toda aplicação JSP. Tarefas simples como exibir conteúdo, condições ou iterações em cima de uma coleção de itens e etc.

Esse grupo é o mais usado freqüentemente e inclui as tags:

- <**c:if** /> para condições
- <**c:forEach** /> e <**c:forTokens** /> para interação
- <**c:choose** />...<**c:when** />....<**c:otherwise** /> para um fluxo seletivo
- <**c:set** /> e <**c:remove** /> para trabalhar com escopo de variáveis
- <**c:out** /> para fazer a saída de valores de variáveis e expressões
- <**c:catch** /> para trabalhar com exceções Java
- <**c:url** /> para criar e trabalhar com URLs

INTERNACIONALIZANDO E FORMATANDO

Como a Internet é alcançada em todos os cantos do planeta, empresas em todo o mundo passaram e se preocupar em fornecer um conteúdo internacionalizado, muitas vezes com a língua nativa e em outros idiomas. O processo de construir uma aplicação de forma se possa adaptar a vários idiomas e regiões sem qualquer esforço de desenvolvimento adicional são conhecidas como a internacionalização, ou I18n ("internationalization" é uma palavra de 20 caracteres que começa com a letra "i" e termina com "n" , tendo 18 letras entre "i" e "n"). A biblioteca de Internacionalização e Formatação fornece uma série de ações que o ajudam no uso dos três componentes chaves associados com a internacionalização: locales, resource bundles e base names.

Este grupo inclui as seguintes tags como as mais usadas:

PARA INTERNACIONALIZAÇÃO

- <**fmt:setBundle** />: Carrega um pacote de recurso para um escopo específico, como as mensagens encontradas dentro de um arquivo .properties.
- <**fmt:setLocale** />: Determina o local (a língua a ser usada) na internacionalização do conteúdo.
- <**fmt:message** />: Para mostrar uma mensagem internacionalizada.

PARA FORMATAÇÃO

- <**fmt:formatNumber** />: Para formatar um valor numérico com a específica precisão ou formato.
- <**fmt:formatDate** />: Para formatar a data e a hora em um específico formato (de acordo com a convenção internacional do local especificado)

AS TAGS SQL

O JSTL contém tags para trabalhar com banco de dados relacional podendo desde armazenar informações como também manipulá-las. Embora seja preferível usar a arquitetura Model-View-Controller (MVC) para separar a lógica de negócios do acesso a banco de dados da camada de apresentação, às vezes você pode precisar acessar um banco de dados em páginas JSP.

O JSTL provê um conjunto de ações pela biblioteca de tags SQL para facilitar a interação com um banco de dados relacional usando comandos SQL como SELECT, INSERT, UPDATE e DELETE.

Em seu conjunto temos:

- <**sql:setDataSource** />: Essa tag cria um DataSource para a conexão com um banco de dados.
- <**sql:query** />: Executa instruções SQL do comando SELECT.
- <**sql:update** />: Executa instruções SQL como UPDATE, INSERT e DELETE.

AS TAGS QUE PROCESSAM XML

O uso de XML para representar e trocar dados está se tornando o padrão da indústria rapidamente. XML atualmente é visto com mais importância pelo desenvolvedor de páginas JSP. Era de se esperar que a biblioteca de tags JSTL fornecesse um conjunto de tags separadas para lidar com processo de XML. As ações de XML fornecidas suprem às necessidades básicas do XML e é provável que um desenvolvedor de páginas JSP necessite também de ações mais complexas para controle do XML e também para suas transformações.

A seguir você tem algumas tags do seu conjunto:

- <**x:forEach** />: Essa tag é usada para varrer coleções.
- <**x:if** /> e <**x:choose** />: Essas tags é usada para fornecer operação condicional e permite escolher entre opções mutuamente exclusivas.
- <**x:out** />: Essa tag é usada para fazer a saída, similar ao scriptlet <%= %>.

Conhecendo algumas tags

Alguns exemplos do uso de tags JSTL serão mostrados a partir deste ponto. Se desejar, altere o arquivo **index.jsp** ou crie um outra página.

Utilizando variáveis e condições

O exemplo mostrado exigirá a criação de uma tag condicional de JSTL. Dê uma olhada no código e crie a tag JSTL <**c:if** /> através da janela **Palette**, arrastando o componente **JSTL If**.

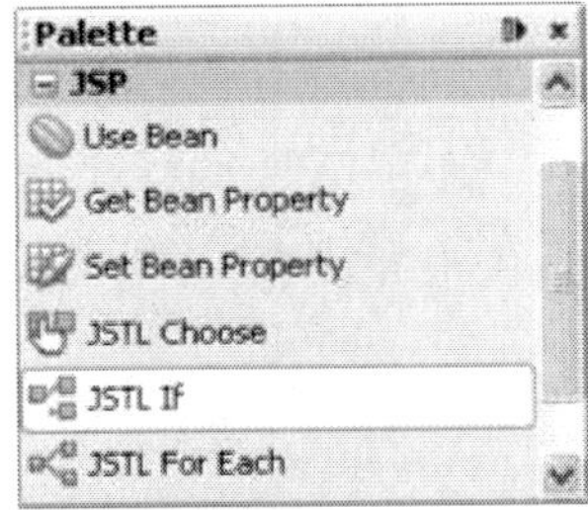

Figura 3.24 – Adicionando a tag JSTL <c:if />

Na caixa de diálogo **Insert JSTL If** preencha em **Condition** o EL mostrado a seguir:

${param.nome != null}

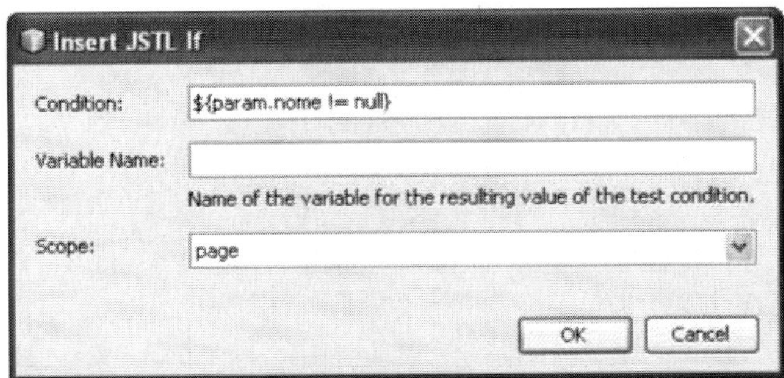

Figura 3.25 – Configurando a tag JSTL <c:if />

Claro que como alternativa você pode utilizar o popup do Editor para completar o código. Os demais itens contidos no exemplo estão mostrados no código da **Listagem 3.9** a seguir:

Listagem 3.9 – Alterações no arquivo index.jsp

```
...
<%@taglib uri="http://java.sun.com/jsp/jstl/core" prefix="c"%>
...

<body>
    <c:if test="${param.nome != null}">
        <c:set var="nome" value="${param.nome}" />
        Seu nome é: <c:out value="${nome}" />
        <br />
    </c:if>

        <form action="index.jsp" method="POST">
            Digite seu nome:
        <input type="text" name="nome" />
        <input type="submit" value="Enviar" />
    </form>

</body>
...
```

A tag <**c:if** /> é a condição IF conhecida da programação Java. Dentro de seu corpo (o que seria o bloco da condição).

Você pode usar a action <**c:set** /> para declarar uma variável em uma parte da aplicação Web (page, request, session ou application), e é freqüentemente usada junto com a action <**c:out** />.

Utilizando tag de repetição

No código mostrado a seguir, você faz uso da tag de repetição **<c:forEach />**. Na janela **Palette** dê um duplo clique em **JSTL For Each**.

Na caixa de diálogo **Insert JSTL For Each** você preenche em **Collection** a coleção e em **Current Item of the Iteration** o nome da variável que receberá o resultado do loop.

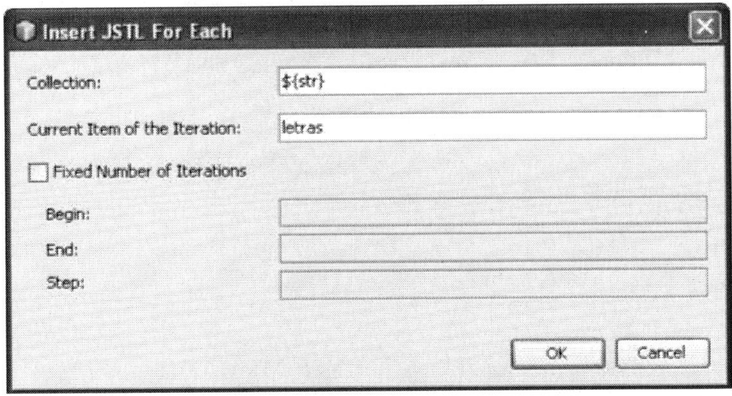

Figura 3.26 – Inserindo a tag JSTL <c:forEach/>

Para iterações numéricas, você marca a opção **Fixed Number of Iterations** e adiciona os valores numéricos em **Begin**, **End** e **Step**.

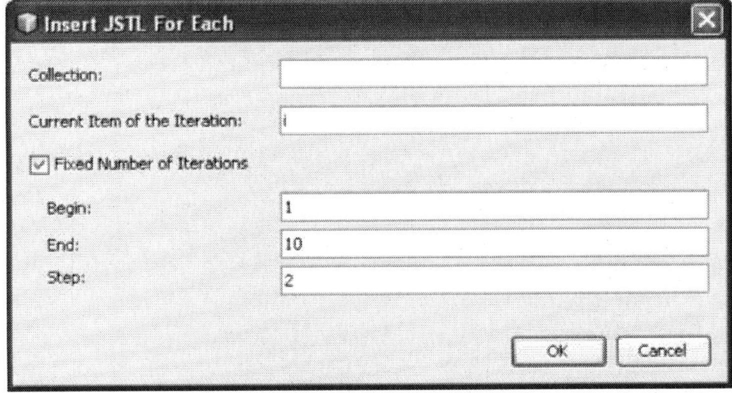

Figura 3.27 – For Each da biblioteca JSTL para iterações numéricas

Por fim, seu código ficará similar ao mostrado na **Listagem 3.10** a seguir:

LISTAGEM 3.10 - O BÁSICO SOBRE JSTL NO NETBEANS

```
...
<%@taglib uri="http://java.sun.com/jsp/jstl/core" prefix="c"%>
...

<body>

    <c:set var="str" value="A,B,C,D,E" />

    <strong>Usando forEach em uma coleção:</strong>
    <br />

    <c:forEach var="letras" items="${str}">
        <c:out value="${letras}" />
        <br />
    </c:forEach>

    <br />
    <strong>Usando forEach de 1 até 10:</strong>
    <br />

    <c:forEach var="i" begin="1" end="10">
        <c:out value="${i}" />
        <br />
    </c:forEach>

    <br />
    <strong>Usando forEach para números pares de 2 até 10:</strong>
    <br />
```

```
<c:forEach var='i' begin='2' end='10' step='2'>
    <c:out value='${i}'/>
    <br />
</c:forEach>

  </body>
...
```

Você pode usar a action <c:forEach /> de duas maneiras: para interação sobre um conjunto de valores inteiros ou para interagir em cima de um conjunto de informações contidas em uma estrutura de dados. Para realizar essas tarefas, a action <c:forEach /> oferece os seguintes atributos:

- **items:** O atributo **items** da action <c:forEach /> interage em cima de uma estrutura de dados válidos para este atributo. Este atributo não é necessário quando você interage sobre valores explicitamente inteiros.

- **var:** O nome de uma variável de escopo que referência o item atual da repetição. Se você interage sobre valores inteiros explícitos, aquela variável de escopo contém o valor inteiro atual. Caso a interação seja sobre um conjunto de dados, o valor contido será o objeto atual daquela estrutura.

- **varStatus:** O nome de uma variável de escopo que referência um objeto que tem propriedades correspondentes ao status da repetição. Esse objeto é do tipo *javax.servlet.jsp.jstl.core.**LoopTagStatus***.

- **begin:** Se estiver interagindo sobre valores inteiros, esse atributo especifica o valor inicial. Se estiver interagindo sobre um conjunto de dados, esse atributo especifica o índice do primeiro item acessado naquela estrutura. Se você especificar este atributo, seu valor deve ser maior que ou igual à zero.

- **end:** Interagindo sobre um valor inteiro, esse atributo especifica o valor final. Interagindo sobre um conjunto de dados, esse atributo especifica o índice do último item acessado naquela estrutura. Especificando esse atributo, seu valor deve ser maior que ou igual ao valor especificado para o atributo ***begin***.

• **STEP:** O valor que o loop deve incrementar durante todo o ciclo de uma repetição. Especificando esse atributo, seu valor deve ser maior que ou igual a ***um***.

INTERNACIONALIZANDO COM JSTL

Como o JSTL possui suporte a JSTL, você irá criar dois arquivos com a extensão **.properties**. Esses arquivos ficam dentro do diretório **classes**, junto aos seus pacotes, em **WEB-INF** de uma aplicação distribuída.

Primeiramente crie um pacote. Se preferir seguir o exemplo do livro, chame-o de **br.com.integrator**.

Para criar um arquivo do tipo **Properties**, clique com o direito do mouse sobre o pacote criado, na janela **Projects**, e no item New clique em **Properties File**, ou em **New File**, opção **Other**, selecionando **Properties Files**, na caixa **File Types**.

Dê o nome de **rotulos** (sem acento), em **File Name**, e confirme no botão **Finish**.

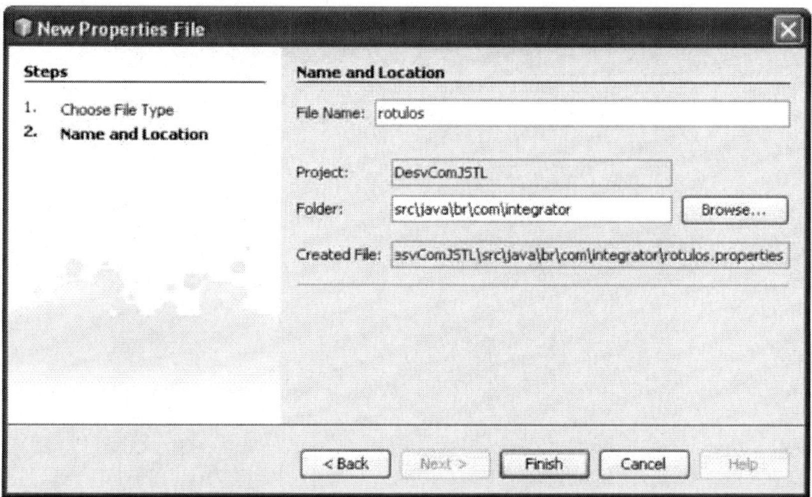

FIGURA 3.28 – ADICIONANDO UM NOVO ARQUIVO PROPERTIES

Digite neste arquivo as chaves e os textos conforme mostrado na **Listagem 3.11** a seguir:

Listagem 3.11 – O arquivo rotulos.properties

titulo=*Internacionalização*
ingles=*Inglês*
portugues=*Português*
nome=*Nome*
email=E-*mail*
enviar=*Enviar*

Seu arquivo deverá ficar similar a **Figura 3.29** mostrada a seguir, ao qual, em seu término deverá ser salvo e fechado.

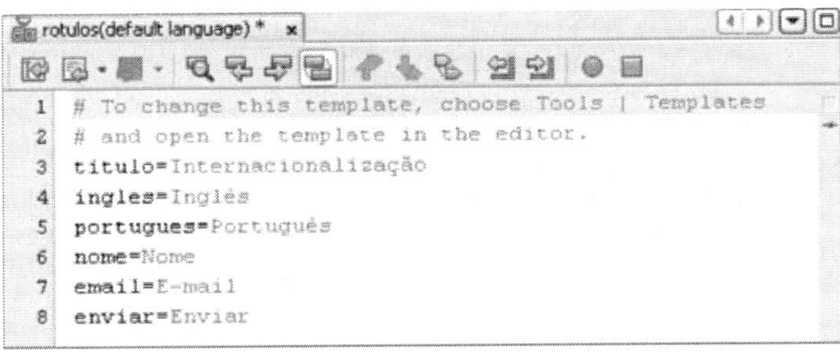

Figura 3.29 – Configuração do arquivo Properties

Para adicionar uma nova localidade, para um novo idioma, proceda da seguinte forma:

1 – Clique com o direito do mouse sobre o arquivo .properties criado.

2 – No menu de contexto selecione o item **Add Locale**.

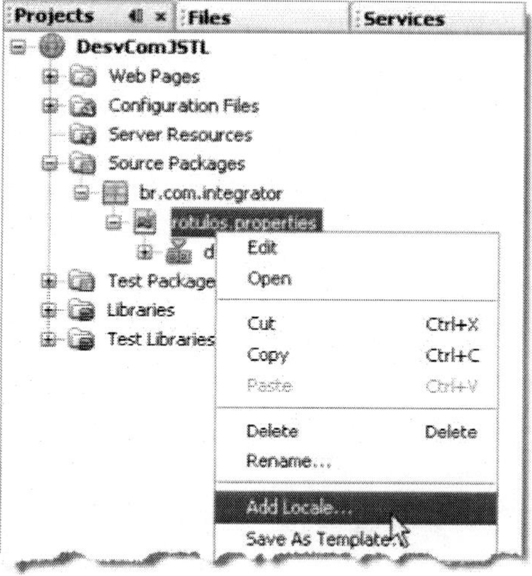

FIGURA 3.30 – ADICIONANDO UMA NOVA LOCALIDADE

3 – Na caixa de diálogo **New Locale** você pode selecionar a localidade diretamente em **Predefined Locales** e confirme no botão **OK**.

FIGURA 3.31 – LOCALES PRÉ-DEFINIDOS

Clique com o direito do mouse sobre o arquivo **rotulos.properties**, em **Projects**, e selecione **Open** no menu de contexto.

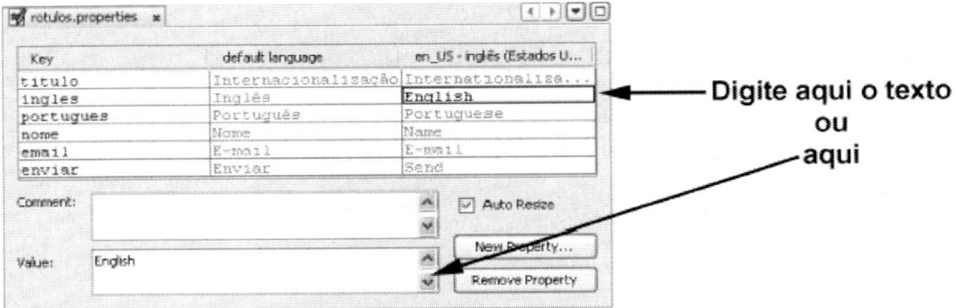

Figura 3.32 – Alterando os rótulos de textos para internacionalização

Crie uma página JSP e adicione o código como mostrado na **Listagem 3.12** a seguir:

Listagem 3.12 – Arquivo internacionalizando.jsp

```
...
<%@taglib uri="http://java.sun.com/jsp/jstl/core" prefix="c"%>
<%@taglib uri="http://java.sun.com/jsp/jstl/fmt" prefix="fmt"%>

<c:choose>
   <c:when test="${param105.locale eq 'en_US'}">
      <fmt:setLocale value="en_US" />
   </c:when>
   <c:otherwise>
      <fmt:setLocale value="pt_BR" />
   </c:otherwise>
</c:choose>

<fmt:setBundle basename="br.com.integrator.rotulos"/>
```

```
...

    <title><fmt:message key="titulo" /></title>
  </head>
  <body>

    <a href="?locale=en_US">
             <fmt:message key="ingles" />
       </a>
    <a href="?locale=pt_BR">
             <fmt:message key="portugues" />
       </a>

    <br />

    <form action="">
      <fmt:message key="nome" />:
             <input type="text" name="nome" />
      <br />

      <fmt:message key="email" />:
             <input type="text" name="email" /><br />
      <input type="submit" value="<fmt:message key="enviar" />" />
    </form>

  </body>
...
```

A tag *<c:choose />* também faz testes de condição, onde a condição está em *<c:when />*, que no caso verifica a variável **locale**. A tag *<c:otherwise />* entra em ação em caso contrário. Combinado as actions *<c:choose />*, *<c:when />* e *<c:otherwise />* você tem uma série de condições alternativas de uma maneira semelhante aos blocos *if, elseif* e *else* ou *switch/case* das linguagens de programação modernas.

> **Atenção:** Para adicionar a tag *<c:choose />*, se preferir, no NetBeans IDE, através da janela **Palette**, dê um duplo clique em **JSTL Choose**. Em **Number of When Conditions** apenas deixe **1** e confirme no botão **OK**. Perceba que estava marcada a opção **Generate Otherwise Statement**, que gera automaticamente a tag *<c:otherwise />*.

A action <fmt:setLocale />

Esta action pode ser usada para alterar o local do cliente especificado no processamento de uma página JSP.

Um exemplo de sua utilização:

<fmt:setLocale value ="en_US" scope="session" />

O local escolhido é armazenado em uma variável chamada **javax.servlet.jsp.jstl.fmt.locale** e pode ser armazenado em qualquer extensão escolhida.

O atributo **value** especifica um código de duas partes que representa o código de idioma ISO-639 e o código do país ISO-3166.

Exibindo os textos no idioma definido

Com local definido, ou pela configuração do browser do cliente ou através de uso da action <**fmt:setLocale** />, o JSTL precisa usar os textos pré-definidos no idioma escolhido para exibir o conteúdo no browser com o idioma identificado por seu local.

Para isso, é necessário que você, como desenvolvedor, forneça uma coleção de recursos (normalmente Strings) para cada local que você pretende aderir. Você utiliza uma coleção de recursos que é conhecida como ***resource bundle*** e é implementada por padrão de uma **chave = valor** em um arquivo de propriedades (com a extensão **.properties**). Para mais informações, dê uma olhada no javadoc da classe *java.util.ResourceBundle*.

A ACTIONS <FMT:BUNDLE /> E <FMT:SETBUNDLE />

Para habilitar o uso de textos no idioma definido, você precisa especificar o pacote de recursos exigido que forneçam as mensagens localizadas.

Sendo assim, você usa a action <**fmt:bundle** /> ou <**fmt:setBundle** /> para especificar um recurso. Uma vez declarado, o pacote do recurso pode ser usado para fornecer os textos no idioma definido.

Embora sejam semelhantes, as actions <**fmt:bundle**> e <**fmt:setBundle**> são usadas de diferentes modos para fornecer mensagens localizadas em páginas JSP.

A action <**fmt:bundle** /> é usada para declarar uma localização de contexto I18n para usar por tags dentro de seu corpo:

```
<fmt:bundle basename="Rotulos">
    <fmt:message key="rotulos.nome"/>
    <fmt:message key="rotulos.email"/>
</fmt:bundle>
```

O resource bundle com o nome rotulo é declarado para fornecer recursos localizados para as actions <**fmt:message** />.

Como a action <**fmt:bundle** /> é projetada para trabalhar com aninhamento da action <**fmt:message** />, um atributo opcional também pode ser usado:

```
<fmt:bundle basename="Rotulos" prefix="rotulos">
    <fmt:message key="nome"/>
    <fmt:message key="email"/>
</fmt:bundle>
```

O atributo opcional prefix habilita a colocação de um prefixo pré-definido que é fundamental para qualquer action <**fmt:message** /> aninhada tornando seu uso mais simplificado.

A action <**fmt:setBundle** /> também fornece funcionalidade semelhante à action <**fmt:bundle** />, mas com uma diferença sutil. Em vez de ter que aninhar qualquer action <fmt:message/> como conteúdo de corpo, a action <**fmt:setBundle** /> habilita um pacote de recursos a serem armazenados na variável de configuração **javax.servlet.jsp.jstl.fmt.localizationContext**, assim qualquer action <**fmt: message** /> que aparecer, em qualquer parte da página JSP, pode acessar o pacote sem ter que ser declarada continuamente:

```
<fmt:setBundle basename="Rotulos" />
<fmt:message prefix="rotulos.nome" />
```

A ACTION <FMT:MESSAGE />

Já mencionado anteriormente, a action <**fmt:message** /> usa um parâmetro fundamental, ***key***, para extrair a mensagem do pacote de recursos e imprimir com JspWriter.

Outro parâmetro opcional, **var**, habilita a mensagem localizada a ser armazenada em um parâmetro em vez de ser impresso pelo JspWriter. Como a maioria das tags JSTL, a extensão desta variável pode ser fixada usando o atributo ***scope***.

Desenvolvendo tags customizadas

As Custom Tags (Tags Customizadas ou Personalizadas) possibilitam encapsular funcionalidade reutilizáveis em páginas JSP. Uma das desvantagens principais de ambientes de scripting como JSP é o quanto se torna fácil de reunir um conjunto de repetidas ações em páginas diferentes e, muitas vezes, sem pensar em como será mantido e acrescido no futuro.

Custom Tags e Biblioteca de Tags, qual a diferença?

Uma biblioteca de tags simplesmente é uma coleção de uma ou mais tags customizadas ou personalizadas. Uma biblioteca de tags pode ser usada novamente em uma única página, em várias páginas em uma aplicação, ou por várias páginas em aplicações diferentes. A biblioteca de tags JSTL Core contém todas as tags que ajudam você a resolver os problemas comuns encontrados na construção de páginas JSP, como interagir com coleções ou simplesmente adicionar lógica condicional a página.

Tags Clássicas e Tags Files

Antes, construir tags exigia um conhecimento nas bibliotecas necessárias para o seu desenvolvimento, eram complicadas e difíceis de manter. Estas tags são conhecidas como Tags "Clássicas" e não serão abordadas neste livro. As tags Files são tags personalizadas simples de se desenvolver, exigindo poucas linhas de códigos, que existem a partir da versão 2.0 das especificações JSP. É exatamente sobre estas tags que você terá uma breve abordagem neste livro, utilizando claro, o NetBeans IDE.

Inicie criando um novo projeto. Se desejar seguir o livro, chame-o de **DesvTags-Customizadas**. Selecione o servidor que desejar, pois até o momento, nenhum servidor específico é necessário.

Crie um novo arquivo. Selecione na caixa de diálogo **New File** o item **Tag Library Descriptor** em **File Types** na categoria **Web**. Clique no botão **Next** para prosseguir.

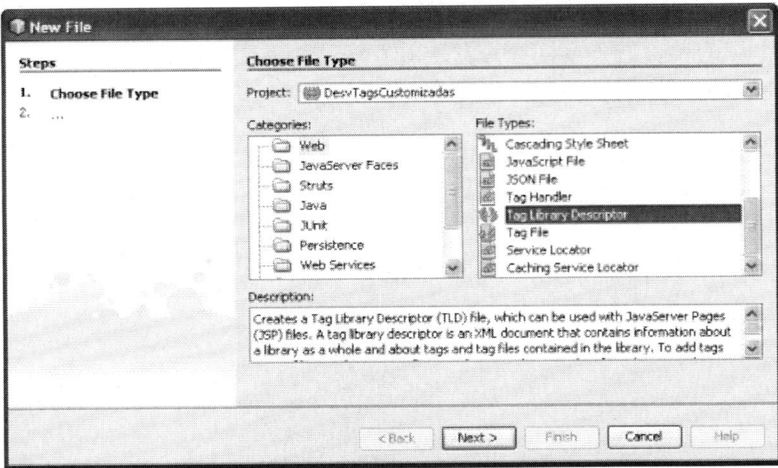

FIGURA 3.33 – CRIAÇÃO DA TAG LIBRARY DESCRIPTOR

Na segunda etapa da caixa de diálogo, em **TLD Name** digite **UtilTagFiles**. Repare que o assistente do NetBeans já preencheu os demais campos. O arquivo **TLD** será criado no diretório **WEB-INF/tlds**.

Altere somente a **URI** que passará a ter um nome personalizado, que no caso do livro será **http://www.integrator.com.br/tagfiles/input**. Será proposital seu nome, devido à semelhança com o visto em JSTL. No campo **Prefix** altere para **tagi** e clique no botão Finish para concluir o assistente.

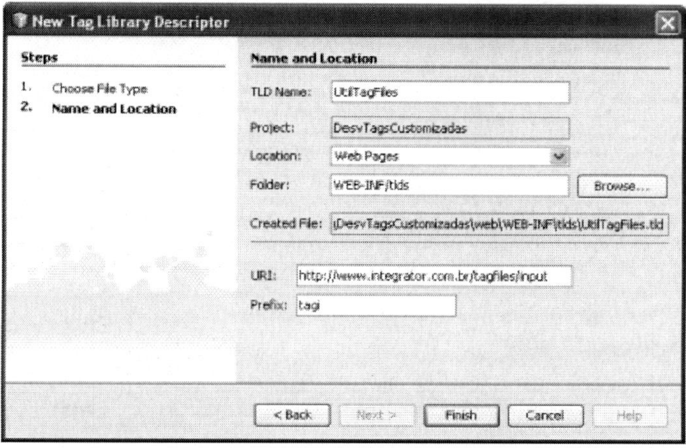

Figura 3.34 – Configurando a Tag Library Descriptor

O assistente criará um arquivo com a extensão **tld** já contendo as configurações transmitidas pelo assistente.

Listagem 3.13 – Detalhe do arquivo UtilTagFiles.tld

```
...

  <tlib-version>1.0</tlib-version>
  <short-name>tagi</short-name>
  <uri>http://www.integrator.com.br/tagfiles/input</uri>
</taglib>
```

O que faz o arquivo TLD?

O TLD serve para dois propósitos:

1. Ele contém informações necessárias para auxiliar as ferramentas de autoria JSP, que por sua vez, analisam, utilizam e exibem estas informações .

2. Ele contém todos os dados sintáticos necessários pelo mecanismo de runtime durante a tradução pelo JSP. Para que você entenda como esse mecanismo usa isso, na hora da execução, o runtime traduz o arquivo JSP em um Servlet (isso você já sabe), primeiro carregando o TLD para cada uma das bibliotecas de tags associadas com a página. Em seguida, analisa e preenche algumas classes auxiliares com as informações contidas dentro do arquivo e, finalmente, quando o runtime encontra uma tag personalizada no JSP, ele consulta os dados armazenados nessas classes auxiliares, validando a sintaxe da tag e criando stubs Java para as tags.

Criando a tag Personalizada

Crie novamente um novo arquivo. Selecione na caixa de diálogo **New File** o item **Tag File** em **File Type**, na categoria **Web**. Clique no botão **Next** para prosseguir.

Na segunda etapa do assistente, digite **inputag** em **Tag File Name**. Em **Folder** o assistente colocará dentro do diretório **tags** em **WEB-INF**. Repare que em **Created File** o assistente cria o arquivo com a extensão **.tag**. Marque a opção **Add Tag File to Tag Library Descriptor**. Clique no botão **Browse** e selecione na caixa de diálogo **Browse File** o TLD criado anteriormente e confirme no botão **Select File**.

Digite **inputag** em **Tag Name** e confirme clicando no botão **Finish**.

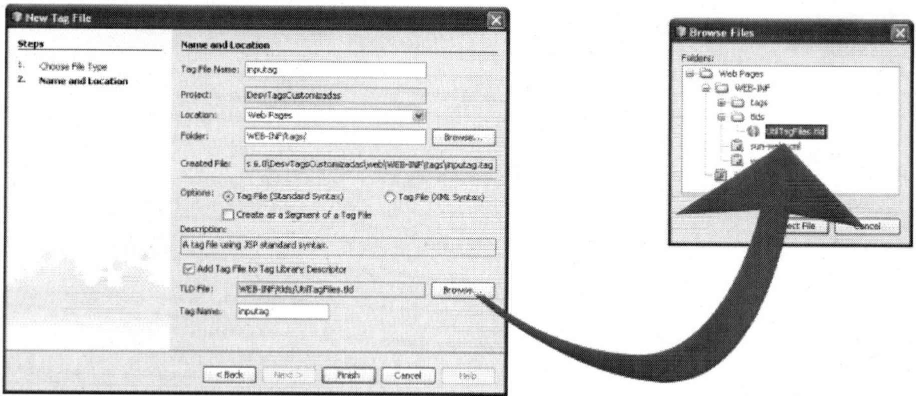

FIGURA 3.35 – CRIANDO UMA NOVA TAG FILE PELO NETBEANS

Altere o arquivo como o mostrado na **Listagem 3.14** a seguir:

LISTAGEM 3.14 - ARQUIVO INPUTAG.TAG FINAL

```
<%@tag description="Tag Input personalizada"
    pageEncoding="ISO-8859-1"
    body-content="empty"
    %>
<%@attribute name="rotulo" required="true" %>
<%@attribute name="nome" required="true" %>
<%@attribute name="tipo" required="true" %>

<label for="${nome}">${rotulo}</label>
<input type="${tipo}" name="${nome}" id="${nome}" />
```

A tag que você está criando conterá atributos. Graças a isto, a diretiva **attribute** é usada. O atributo **name** determina o nome dos atributos da sua tag. Se você quiser que seja obrigatório o seu uso, basta adicionar o atributo **required** com o valor **true**.

Utilizando a tag Inputag

Volte a página **index.jsp**. Adicione à diretiva **taglib** e deixe com que o Editor do NetBeans IDE o auxilie na digitação da URI, com o **Ctrl + Space**. Deixe como mostrado a seguir:

```
<%@taglib
uri="http://www.integrator.com.br/tagfiles/input"
prefix="tagi"%>
```

Por entre as tags HTML <body /> adicione sua tag como mostrado na **Listagem 3.15** a seguir:

Listagem 3.15 – Adição da tag personalizada no arquivo index.jsp

```
...
<body>

    <tagi:inputag nome="nome" rotulo="Nome:" tipo="text" />

</body>
...
```

O resultado desta simples tag personalizada é a geração de uma tag HTML <label/>, com a tag <input type/>.

Dinamizando Tag Files

Suas tags personalizadas também podem incluir JSTL, dando maior poder ao desenvolvimento de suas características.

Adicione suporte a **JSTL** (Add Library) em seu projeto e altere o arquivo **inputag.tag** como mostrado a seguir, em destaque, na **Listagem 3.16**:

LISTAGEM 3.16 – ALTERAÇÃO DO ARQUIVO INPUTAG.TAG

```
...
<%@ taglib uri="http://java.sun.com/jsp/jstl/core" prefix="c" %>
<%@attribute name="rotulo" required="false" %>
<%@attribute name="valor" required="false" %>
<%@attribute name="nome" required="true" %>
<%@attribute name="tipo" required="true"  %>
<c:if test="${rotulo != null}">
  <label for="${nome}">${rotulo}</label>
</c:if>
<input type="${tipo}" name="${nome}" id="${nome}" value="${valor}"
/>
```

Com a adição da condição criada com a utilização de JSTL, você pode ter o atributo rótulo como não obrigatório, possibilitando não só criar tags HTML <input type="text"/> mas outras como um botão de envio.

Em sua página **index.jsp**, altere como mostrado na **Listagem 3.17** a seguir:

LISTAGEM 3.17 – ALTERAÇÃO FINAL DO ARQUIVO INDEX.JSP

```
...
<body>

    <tagi:inputag nome="nome" rotulo="Nome:" tipo="text" />
        <br />
    <tagi:inputag nome="email" rotulo="E-Mail:" tipo="text" />
        <br />
    <tagi:inputag nome="btEnviar" tipo="submit" valor="Enviar" />

</body>
...
```

O resultado final pode ser visto na **Figura 3.36** mostrada a seguir.

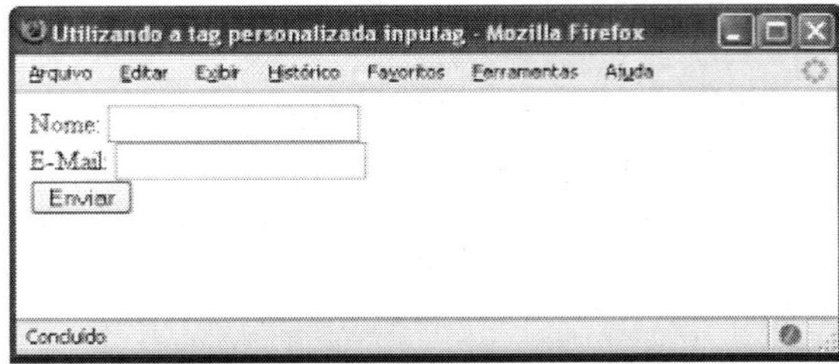

FIGURA 3.36 – O RESULTADO FINAL DAS TAGS PERSONALIZADAS

Capítulo 4
Trabalhando com Banco de Dados

O trabalho com banco de dados utilizando o NetBeans se desenvolveu ao longo das últimas versões. O usuário pode criar desde suas tabelas como até mesmo instruções SQL de forma visual. Este capítulo tratará do uso de banco de dados em aplicações Web com Servlets e páginas JSP, utilizando o NetBeans IDE.

Ao longo deste capítulo será apresentado:

- A instalação, configuração e acesso ao banco de dados MySQL;
- Como utilizar o NetBeans IDE para criar e modificar tabelas e instruções SQL;
- O trabalho com os padrões MVC e DAO em suas aplicações;
- A utilização de refactor do código e do histórico do NetBeans;
- Como criar testes usando JUnit;
- A criação de páginas JSP com uso de JSTL para acessar dados via JDBC;

Introdução ao JDBC

JDBC é uma API incluída dentro da linguagem Java para o acesso a banco de dados. Consiste em um conjunto de classes e interfaces escritas em Java que oferecem uma completa API para a programação com banco de dados, por tanto é uma solução 100% Java.

JDBC é uma especificação formada por uma coleção de interfaces e classes abstratas, que devem implementar todos os fabricantes de drivers que queiram realizar uma implementação de seu driver 100% Java e compatível com JDBC.

Devido ao JDBC ser escrito completamente em Java também passa a ter a vantagem de ser independente de plataforma. Sendo assim, não será necessário escrever um programa para cada tipo de banco de dados, uma mesma aplicação escrita utilizando JDBC poderá trabalhar com banco de dados como Oracle, Sybase, SQL Server, MySQL, Firebird, PostgreSQL e etc. Para que isso aconteça, basta alterar o JDBC referente ao banco de dados usado e o seu sistema passará a se comunicar com o banco de dados configurado.

MYSQL E O JDBC

Sendo um dos sistemas de gerenciamento de bancos de dados mais usados do mundo, sua velocidade e capacidade de ser multiplataforma só poderiam chamar a atenção de quem desenvolve em Java.

O driver JDBC escolhido para fazer os exemplos neste livro foi o ***Connector/J***, suportado oficialmente pela mantenedora do MySQL. Usando o driver Connector/J, todos os tipos de aplicações Java podem acessar um banco de dados e seus dados, desde que seja em MySQL, é claro.

A INSTALAÇÃO E UTILIZAÇÃO DO MYSQL

O MySQL tem diferentes formas de instalação quando se trata de sistemas operacionais. No caso do Windows, você pode baixar a última distribuição através do site:

http://www.mysql.com/downloads

INSTALANDO NO WINDOWS

Procure pelo formato executável. O arquivo vem compactado no formato **.zip**.

Descompacte e instale. A instalação, como não poderia deixar de ser, é feita por um assistente. Siga os passos até a finalização.

Caso sua máquina tenha o sistema operacional Windows pertencente à família NT(NT, 2000 ou XP), o MySQL é instalado como serviço. Então basta iniciar ou parar o serviço, encontrado no **Painel de Controle>Ferramentas Administrativ as>Serviços**.

Você também pode utilizar o comando pelo prompt, desde que você saiba o nome do serviço do seu MySQL:

Para iniciar o serviço

net start mysql

Para parar o serviço

net stop mysql

INSTALANDO O MYSQL NO LINUX

O MySQL Server pode ser instalado no Linux de várias formas. Você pode baixar no formato tarball:

mysql-[versão]-linux-i686.tar.gz

Descompactar e instalar. Uma outra forma é a que está em formato RPM.

Você deve baixar dois arquivos para instalar o MySQL na sua máquina. Esses arquivos são:

MySQL-server-[versão].i686.rpm – para instalar o servidor mysqld no Linux

MySQL-client-[versão].i686.rpm – para instalar o cliente mysql para executar os comandos no Linux.

A instalação poderá ser feita através do comando rpm, no Shell do seu Linux. Um exemplo seria:

shell> **rpm –ivh MySQL-server-5.0.45.i686.rpm MySQL-client-5.0.45.i686.rpm**

A versão RPM já vem com pré-configurações e assim que ocorrer a instalação, para iniciar ou parar o servidor, a seguinte sintaxe poderá ser feita:

shell>**/etc/init.d/./mysql start** – para iniciar o servidor MySQL

shell>**/etc/init.d/./mysql stop** – para parar o servidor MySQL

> **Nota:** Se o seu sistema operacional for Linux e sua distribuição for o Debian ou baseados nesta distro, você pode compilar os fontes ou converter em .deb usando o Alien. O Alien permite converter pacotes .rpm, que originalmente seriam destinados a distribuições como o Fedora, Red Hat Enterprise em .deb.

Comandos básicos de utilização do MySQL

Esta seção foi escrita para que você possa se familiarizar com o MySQL, caso não conheça. Se já utilizar este banco de dados, poderá pular os comandos básicos e iniciar seu trabalho diretamente com a IDE.

Acessando o banco de dados MySQL

No Windows

Se você estiver usando o sistema operacional Windows e utilizou a instalação padrão do programa, abra o prompt de comando e digite a seqüência:

>cd\mysql\bin

Onde **mysql** é o local de instalação. Digitando o comando a seguir você entra no MySQL.

mysql –u root -p

Tecle ENTER e receberá o pedido de senha:

password

Digite a senha que você configurou na instalação e tecle ENTER novamente.

> **Nota:** Versões mais modernas do MySQL para o sistema operacional Windows não necessitam de tantos passos para iniciar, bastando ir até o atalho encontrado no menu Iniciar do sistema e clicando no atalho do MySQL para iniciar o prompt de comando encontrado neste local.

No Linux

Se você utilizou a instalação binária, em rpm (por exemplo), basta abrir o terminal e digitar a seqüência:

shell>**mysql –u root**

Se já estiver logado como **root**, no seu sistema operacional, não há necessidade de colocar o **–u root** depois do comando **mysql**.

O comando CREATE

Há muitas maneiras diferentes de criar banco de dados no MySQL (assim como há em outros bancos de dados da mesma categoria). Ao criar um banco de dados, você normalmente terá o layout inteiro pronto. Normalmente adicionaria as tabelas imediatamente depois de criar o banco de dados, mas, teremos uma etapa por vez.

A primeira etapa para criar um banco de dados no MySQL é inserir o comando ***CREATE DATABASE nome_banco_de_dados*** da SQL (Structured Query Language) no monitor MySQL, onde **nome_banco_de_dados** é o nome do banco de dados que você está criando.

No prompt de comando, no monitor do MySQL, insira o seguinte comando:

***mysql*> CREATE DATABASE livraria;**

Note que não foi utilizado acentuação e em casos de palavras compostas não insira espaços, se for o caso insira sublinhado " _ ".

O comando USE

Depois de confirmado a criação do banco de dados, você deverá utilizar o comando **USE** para utilizar o banco de dados **livraria**.

mysql> **USE livraria;**

Um ponto importante é que o MySQL não torna ativo o banco de dados que você criou, isso deve ser implícito.

Criando tabelas

Criar tabela no MySQL é uma tarefa relativamente fácil. Para se criar uma tabela basta usar a seqüência mostrada a seguir em destaque. Observe os passos:

1- Logar no sistema:

*shell>***mysql –u root -p**

2- Entrar no banco de dados criado:

mysql> **USE livraria;**

3- Criar a tabela livros:

mysql> **CREATE TABLE livros(**

-> **id INT NOT NULL AUTO_INCREMENT,**

-> **titulo VARCHAR(50),**

-> **edicao TINYINT(2),**

-> **publicacao INT,**

```
-> descricao VARCHAR(500),
-> PRIMARY KEY(id)
-> );
```

O comando SHOW

Assim que criada sua primeira tabela. Para ver o resultado basta digitar a seqüência:

SHOW TABLES FROM livraria;

Para ver as colunas que existem na sua tabela digite:

SHOW COLUMNS FROM livros;

Configurando usuários

O comando GRANT é utilizado para fornecer direitos aos usuários do MySQL. Ele pode ser concedido nos seguintes níveis:

- Global
- Banco de dados
- Tabela
- Coluna

O comando para criar um usuário com privilégios é como mostrado a seguir:

```
mysql> grant all
    -> on livraria.*
    -> to edson identified by 'integrator';
```

Com isso você concede todos os privilégios de manipulação do banco de dados livraria somente ao usuário **edson**, com a senha **integrator**.

CONFIRMANDO O NOVO USUÁRIO

Para confirmar a criação do novo usuário, você deve executar a instrução a seguir:

mysql> **flush privileges;**

INSERINDO UM REGISTRO

Para inserir um registro, execute a seguir a instrução SQL:

mysql> **INSERT INTO livros (titulo, edicao,**

-> **publicacao, descricao)**

-> **VALUES ('Dominando NetBeans',2,2008,'NetBeans IDE 6.0');**

BAIXANDO O DRIVER JDBC

O driver JDBC é a ponte necessária para a conexão com o MySQL. Esse arquivo está compactado em JAR e é chamado de **Connector/J**, que você poderá baixar no site **http://www.mysql.com/downloads**. No momento em que escrevo, o driver que estou utilizando é o **mysql-connector-java-5.1.5-bin.jar**. O arquivo pode ser baixado em formato **.zip** ou formato **.tar.gz**.

> **ATENÇÃO:** O NetBeans IDE 6.0 já possui internamente o suporte ao driver JDBC do MySQL. Mas por razões óbvias, há leitores que são usuários de outros bancos de dados não suportados "nativamente" pela IDE. Por este motivo, será apresentada a adição do driver JDBC ao NetBeans.

UTILIZANDO O DRIVER JDBC NO NETBEANS

Na janela **Services** expanda o nó do item **Databases**. Clique com o direito do mouse sobre o item **Drivers** e selecione no menu de contexto o único item: **New Driver**.

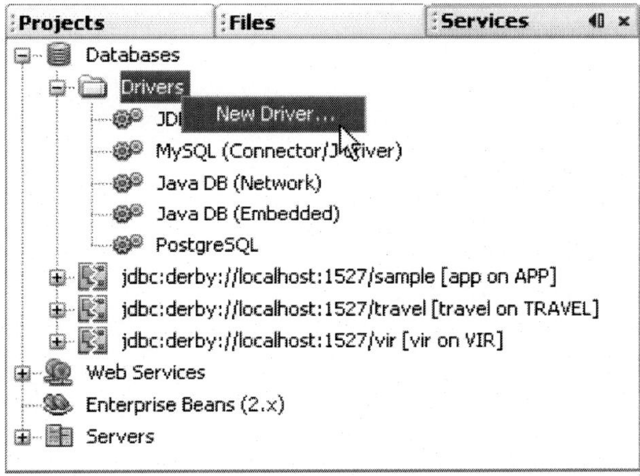

FIGURA 4.1 – MENU DE CONTEXTO PARA ADIÇÃO DE UM NOVO DRIVER

Na caixa de diálogo **New JDBC Driver** clique no botão **Add** e selecione no local onde você descompactou o arquivo **mysql-connector-java-5.1.5-bin.jar**.

Ao selecionar, note que os campos **Driver Class** e **Name** ficam preenchidos. Confirme a caixa de diálogo clicando no botão **OK**.

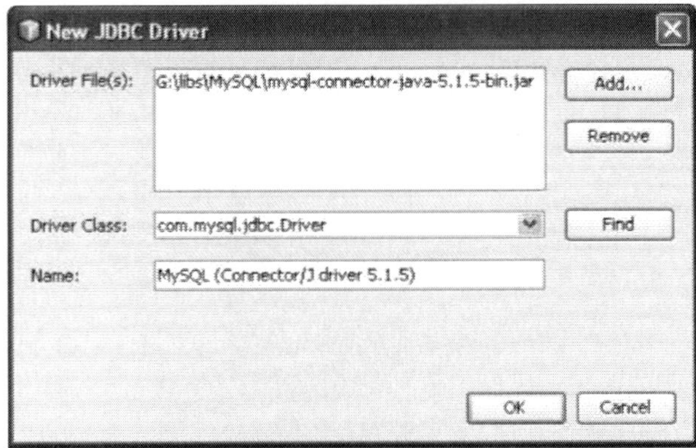

FIGURA 4.2 – CONFIGURAÇÃO DO NOVO DRIVER JDBC

SE CONECTANDO AO BANCO DE DADOS

O NetBeans possibilita a conexão ao banco de dados pela IDE, tornando acessível sua manipulação. Na janela **Services** clique com o direito do mouse sobre o item **Databases** e selecione no menu de contexto o item **New Connection**.

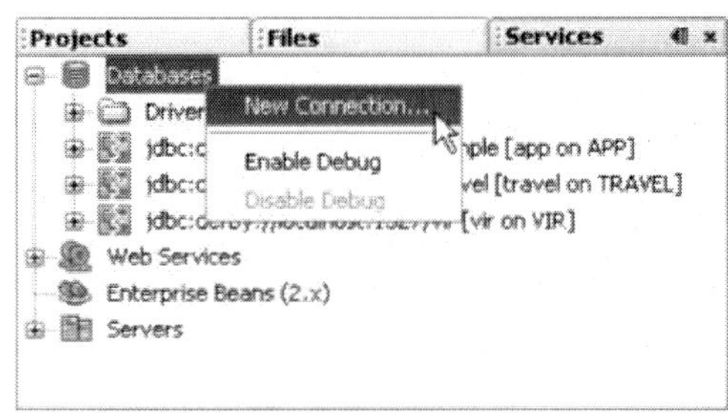

FIGURA 4.3 – CRIANDO UMA NOVA CONEXÃO

Na caixa de diálogo **New Database Connection**, na aba **Basic setting**, selecione em **Name** o driver do MySQL adicionado. No campo **Driver** aparecerá à classe de conexão.

No campo **Database URL** perceba que por parte já está preenchido. Digite o restante como mostrado a seguir:

jdbc:mysql://localhost:3306/livraria

No campo **User Name** use o usuário que você adicionou ao criar o banco de dados e em **Password** a senha.

Marque a opção **Remember password** se você desejar manter a senha durante a execução do NetBeans. Confirme clicando no botão **OK**.

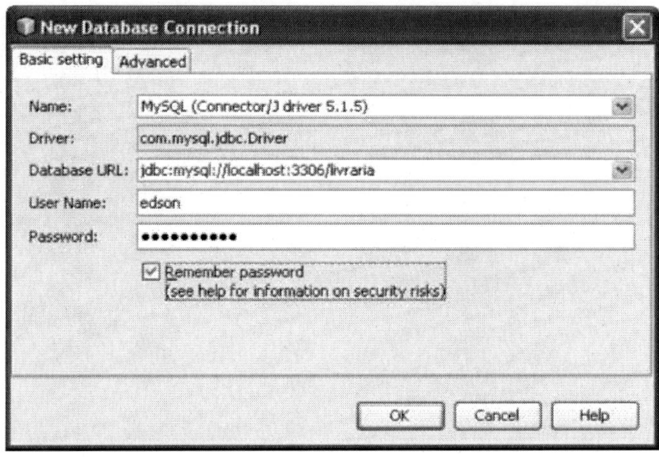

FIGURA 4.4 – BANCO DE DADOS LIVRARIA CONFIGURADO

A caixa de diálogo mudará o foco para a aba **Advanced**, onde no final aparecerá uma mensagem - **Connection established**. Isso significa que a conexão foi estabelecida com sucesso. Confirme novamente no botão **OK**.

Visualizando a estrutura e os dados das tabelas

Após se conectar, expanda o nó do banco de dados. Veja que você tem acesso a tabelas (Tables), visões (Views) e procedimentos armazenados (Procedures). Ao expandir o nó de **Tables** você vê a tabela criada.

Figura 4.5 – Visualizando as tabelas encontradas dentro do banco de dados

Clique com o direito do mouse sobre a tabela **livros**. Selecione no menu de contexto **(Figura 4.6) View Data**.

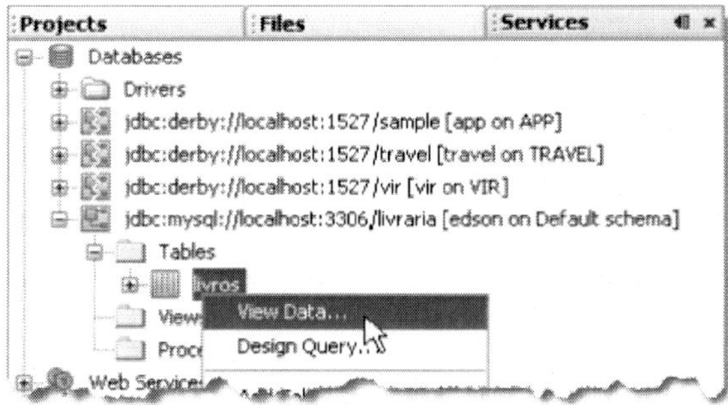

Figura 4.6 – Acessando View Data pelo menu de contexto sobre a tabela livros

A janela do **SQL Command** (Editor SQL) surgirá, preenchendo com a query para exibir todos os itens contidos na tabela em questão. Na parte inferior aparecem os resultados obtidos pela instrução.

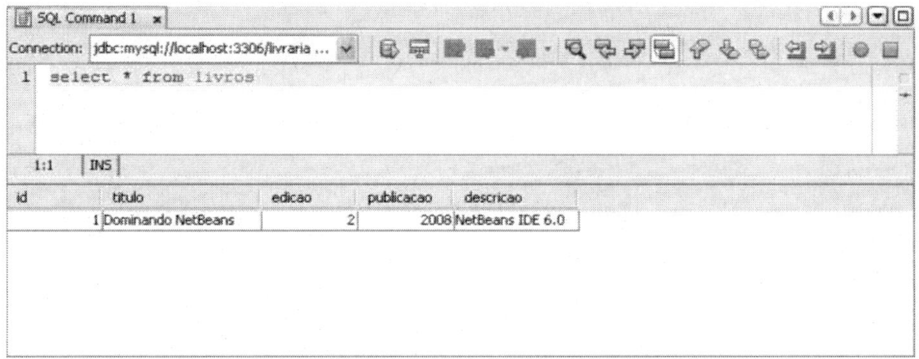

FIGURA 4.7 – SQL COMMAND COM A INSTRUÇÃO CRIADA E EXECUTADA

REMOVENDO E CRIANDO UMA TABELA

Clique novamente com o direito do mouse sobre a tabela **livros** e selecione no menu de contexto o item **Delete**. Alternativamente você também pode teclar **Delete**.

Clique novamente com o direito do mouse, mas desta vez sobre **Tables**, na janela **Services**. Selecione no menu de contexto o item **Create Table**.

Na caixa de diálogo **Create Table** altere **Table name** para **livros**. Os campos são adicionados através do botão **Add column**. O de remoção é **Remove**. Em **Column name** você digita o nome da coluna, marca **Key** quando for chave primária. Em **Data typ**e você seleciona o tipo de dados que serão armazenados e no item **Size** o tamanho. Você criará a tabela como mostra a **Figura 4.8** a seguir. Confirme a criação com o botão **OK**.

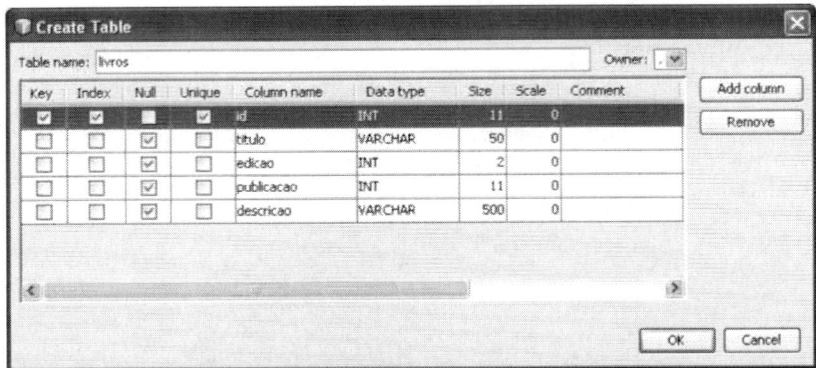

FIGURA 4.8 – CRIAÇÃO DA TABELA LIVROS PELA IDE

Você deve ter percebido que alguns tipos de dados (em **Data type**) não existem como os do MySQL. Por isso, para completar a criação da tabela, você vai colocar os comandos a seguir, em **SQL Command** (menu de contexto, **Execute Command**):

alter table livros modify id int auto_increment;

Para confirmar a execução, clique no botão **Run SQL (Ctrl+Shift+E)**.

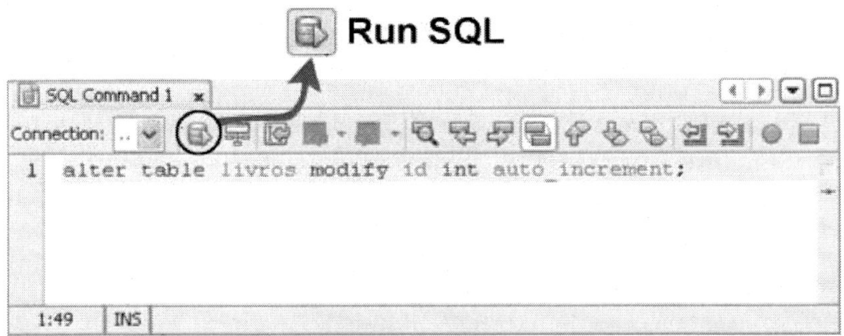

FIGURA 4.9 – EXECUTANDO A INSTRUÇÃO PARA MODIFICAR A COLUNA ID

Você também pode exportar a estrutura. Com o direto do mouse sobre a tabela *livros* selecione o item *Grab Structure*. A caixa de diálogo **Grab Table** surgirá, com o nome do arquivo como a tabela, contendo a extensão **grab**.

Para recriar a tabela, direito do mouse sobre o item **Tables** e no menu de contexto clique sobre **Recreate Table**. Selecione o arquivo exportado e clique em **Open**, na caixa de diálogo **Recreate Table**.

DESCONECTANDO E ALTERANDO O USUÁRIO DE UMA CONEXÃO

Quando você se conectou no banco de dados através do NetBeans, havia sido selecionado o item **Remember password**.

Clicando com o direito do mouse sobre a conexão, selecione o item **Disconnect**.

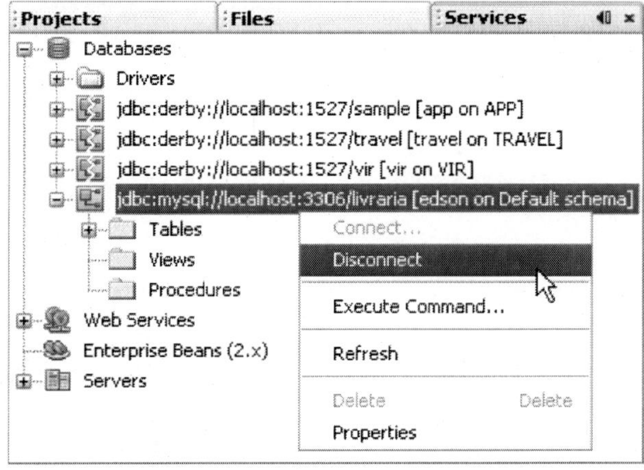

FIGURA 4.10 – DESCONECTANDO UM BANCO DE DADOS

Se executar novamente o procedimento, e selecionar **Connect**, perceba que não haverá novamente o pedido de usuário e senha. Isso porque você pediu para que a sessão fosse mantida. Mas como mudar o usuário?

Clicando sobre o mesmo item, na conexão JDBC, com esta desconectada, você pode ir até a janela **Properties**. Se preferir, clique com o direito do mouse sobre a mesma e selecione **Properties** no menu de contexto.

Você terá o item **Remember password**. Como está marcado, desmarque e se conecte.

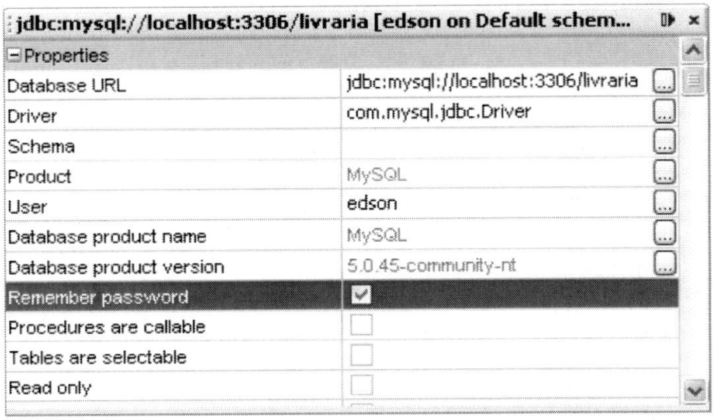

jdbc:mysql://localhost:3306/livraria [edson on Default schem...

Properties	
Database URL	jdbc:mysql://localhost:3306/livraria
Driver	com.mysql.jdbc.Driver
Schema	
Product	MySQL
User	edson
Database product name	MySQL
Database product version	5.0.45-community-nt
Remember password	☑
Procedures are callable	☐
Tables are selectable	☐
Read only	☐

Figura 4.11 – Desativando ou ativando a opção Remember password em Properties

Perceba que a caixa de diálogo **Connect** surgirá. Basta alterar o usuário e a senha agora e confirmar no botão **OK**.

As APIs JDBC

As APIs JDBC consistem em diversos pacotes que possibilita ao desenvolvedor de aplicativos vários serviços.

A versão 2.0 da API JDBC contém duas partes principais: o JDBC 2.1 Core API (representado através de classes nos pacotes java.sql) e o JDBC 2.0 Optional Package API (representado através das classes nos pacotes javax.sql). Na versão 3.0 da API JDBC, as duas partes principais foram combinadas em uma, o JDBC API; porém em sua versão 3.0, permanece o pacote original que ainda nomeia todas as classes. O JDBC API 4.0 busca melhorar a aplicação Java ao acesso a dados SQL, com o intuito de otimizar o desenvolvimento, aproveitando os recursos do Java SE 5, como os Generics e Annotations, além de adicionar novas classes utilitárias.

O PACOTE JAVA.SQL

Este pacote contém as classes core e interfaces que são necessárias para lidar com o bancos de dados.

Esses elementos relacionam as tarefas como às mostradas a seguir:

- Fazer uma conexão ao banco de dados pelo **DriverManager**;
- Enviar declarações SQL para um banco de dados, inclusive elementos como **Statement, PreparedStatement e Connection**;
- Lidar com respostas e atualizações via **ResultSet**;
- Mapeamento padrão de tipos SQL para classes e interfaces na linguagem Java, inclusive elementos como ***Array, Blob, Clob, Date, Time e Timestamp***,
- Obter metadados de um banco de dados por **DatabaseMetaData**, colunas em um *ResultSet* via **ResultSetMetaData**
- Lidar com exceções tal como o **SQLException**.

O JAVAX.SQL

Este pacote contém as classes e interfaces que são usadas pelo acesso do lado servidor de fonte de dados.

A principal inclusão como parte de javax.sql é o **DataSource** que possibilita uma alternativa para **DriverManager**. Também inclui coisas como pool de conexões, transações distribuídas, e a implementação de RowSet.

O ACESSO AO BANCO DE DADOS E A CONEXÃO JDBC

A **Tabela 4.1** a seguir descreve algumas das classes mais comuns e interfaces usadas para conexões de banco de dados e para execução de queries no banco de dados.

TABELA 4.1 – DESCRIÇÃO DAS CLASSES E INTERFACES USADAS PARA CONEXÕES

CLASSE	DESCRIÇÃO
java.sql.DriverManager	Provê um serviço básico para administrar drivers JDBC. Em JDBC 2.0, este foi cedido pelo uso de javax.sql.DataSource.
javax.sql.DataSource	Permite localizar o objeto que provê uma interface para a atual conexão de banco de dados. O DataSource é implementado pelo autor do driver JDBC e pode ter os seguintes resultados quando o método getConnection( ) é invocado: Basic: Chamadas devolverão um objeto standard Connection. Connection pooling: As chamadas produzirão um objeto Connection que automaticamente participa em um pool de conexões. Transação distribuída: As chamadas produzirão um objeto Connection que pode ser usado em uma transação distribuída, e na maioria dos casos será capaz de participar em um pool conexões.
java.sql.Statement	Um Statement é usado para executar uma declaração SQL estática e devolver os resultados. Apenas um único ResultSet pode estar aberto para um Statement por vez. Aplicações que necessitam de múltiplos ResultSets abertos tem que criar objetos Statements separados.
java.sql.PreparedStatement	Um PreparedStatement é uma sub-interface de Statement e isso representa uma declaração SQL pré-compilada. Esta declaração SQL pode incluir parâmetros que podem ser mudados a cada chamada, sem re-especificar a declaração. Uma declaração parametrizada, por exemplo, pode ser "**SELECT * FROM LIVROS WHERE ID=?**".
java.sql.CallableStatement	Uma sub-interface de PreparedStatement, CallableStatement, provê um modo padrão para chamar procedimentos armazenados (stored procedure) pelo JDBC de maneira independente de banco de dados. Um CallableStatement pode devolver um ou mais objetos ResultSet.
java.sql.ResultSet	Um ResultSet contém as linhas retornadas de um Statement (incluindo Prepared e Callable) examinando o banco de dados. ResultSet tem um cursor que pode ser usado para interagir através dos resultados. Dependendo do ResultSet, pode ser navegável em direções mais de uma direção, além de pode ser atualizável.

OS TIPOS DE DADOS NO JAVA E NA SQL

Como a linguagem Java é diferente da linguagem SQL, tanto em suas estruturas como em tipo de dados, você pode desenvolver classes Java que usam comandos SQL, podendo traduzir de um modelo para o outro. Para que isso seja possível, o desenvolvedor precisa mapear os tipos de dados do Java para os tipos de dados da SQL. A **Tabela 4.2** a seguir mostra os tipos de objeto Java e seus similares no tipo JDBC:

TABELA 4.2 - TIPOS DE OBJETO JAVA MAPEADOS PARA TIPOS JDBC

TIPO DE OBJETO JAVA	TIPO JDBC
String	CHAR, VARCHAR ou LONGVARCHAR
java.math.BigDecimal	NUMERIC
Boolean	BIT
Integer	INTEGER
Long	BIGINT
Float	REAL
Double	DOUBLE
byte[]	BINARY, VARBINARY ou LONGVARBINARY
java.sql.Date	DATE
java.sql.Time	TIME
java.sql.Timestamp	TIMESTAMP
Clob	CLOB
Blob	BLOB
Array	ARRAY
Struct	STRUCT
Ref	REF
Java class	JAVA_OBJECT

Para ajudá-lo a compreender o mapeamento no uso do banco de dados MySQL, o método *ResultSet.getObject( )* usa as conversões de tipo entre MySQL e tipos Java, seguindo a especificação de JDBC onde apropriado. O valor devolvido por *ResultSetMetaData.GetColumnClassName( )* também é mostrado a seguir, na **Tabela 4.3:**

TABELA 4.3 - TIPOS MYSQL PARA TIPOS JAVA EM RESULTSET.GETOBJECT( )

TIPOS MYSQL	VALOR RETORNADO DE GETCOLUMN-CLASSNAME	RETORNADO COMO CLASSE JAVA
BIT(1) (MySQL 5.0)	BIT	*java.lang.Boolean*
BIT(> 1) (MySQL 5.0)	BIT	*byte[]*
TINYINT	TINYINT	*java.lang.Boolean* se TINYINT se a configuração da propriedade ***tinyInt1isBit*** é definida como true (o padrão) e é armazenado um tamanho de 1 ou *java.lang.Integer* para mais.
BOOL, BOOLEAN	TINYINT	Veja TINYINT, como TINYINT(1) para valores booleanos
SMALLINT[(M)] [UNSIGNED]	SMALLINT [UNSIGNED]	*java.lang.Integer* (indiferentemente se UNSIGNED ou não)
MEDIUMINT[(M)] [UNSIGNED]	MEDIUMINT [UNSIGNED]	*java.lang.Integer*, se UNSIGNED é *java.lang.Long*
INT,INTEGER[(M)] [UNSIGNED]	INTEGER [UNSIGNED]	*java.lang.Integer*, se UNSIGNED *java.lang.Long*
BIGINT[(M)] [UNSIGNED]	BIGINT [UNSIGNED]	*java.lang.Long*, se UNSIGNED *java.math.BigInteger*
FLOAT[(M,D)]	FLOAT	*java.lang.Float*
DOUBLE[(M,B)]	DOUBLE	*java.lang.Double*
DECIMAL[(M[,D])]	DECIMAL	*java.math.BigDecimal*
DATE	DATE	*java.sql.Date*
DATETIME	DATETIME	*java.sql.Timestamp*
TIMESTAMP[(M)]	TIMESTAMP	*java.sql.Timestamp*
TIME	TIME	*java.sql.Time*

YEAR[(2 ou 4)]	YEAR	Se a configuração da propriedade ***yearIsDateType*** é definida para false, então o tipo de objeto retornado é *java.sql.Short*. Se for true (o padrão) então o tipo é *java.sql.Date* (com a data fixada em 1º de Janeiro, à meia noite). Exemplo, um ano armazenado como 2006, retorna 2006-01-01.
CHAR(M)	CHAR	*java.lang.String* (a menos que o caractere fixado para a coluna seja BINARY, então byte[] é retornado)
VARCHAR(M) [BINARY]	VARCHAR	*java.lang.String* (a menos que o caractere fixado para a coluna seja BINARY, então byte[] é retornado)
BINARY(M)	BINARY	*byte[]*
VARBINARY(M)	VARBINARY	*byte[]*
TINYBLOB	TINYBLOB	*byte[]*
TINYTEXT	VARCHAR	*java.lang.String*
BLOB	BLOB	*byte[]*
TEXT	VARCHAR	*java.lang.String*
MEDIUMBLOB	MEDIUMBLOB	*byte[]*
MEDIUMTEXT	VARCHAR	*java.lang.String*
LONGBLOB	LONGBLOB	*byte[]*
LONGTEXT	VARCHAR	*java.lang.String*
ENUM('valor1','valor2',...)	CHAR	*java.lang.String*
SET('valor1','valor2',...)	CHAR	*java.lang.String*

Atenção: Caso você seja um usuário principiante no desenvolvimento com banco de dados, dê uma olhada nos capítulos extras contidos no CD-ROM, em especial sobre o uso de instruções SQL em exemplos simples diretamente em uma página JSP.

Utilizando o Design Query

Na sexta versão do NetBeans, o Design Query foi adicionado nativamente a IDE graças a incorporação do Visual Web JavaServer Faces. Agora, você pode criar instruções SQL visuais pelo Design Query antes de adicionar em suas aplicações. Para acessar o Design Query, clique com o direito do mouse sobre a tabela **livros**. Selecione no menu de contexto o item **Design Query.**

Nesta janela podemos criar instruções SQL para seleção de dados visualmente, o que garante uma velocidade maior no desenvolvimento de queries mais complexas.

Mais adiante veremos com mais detalhes o seu uso.

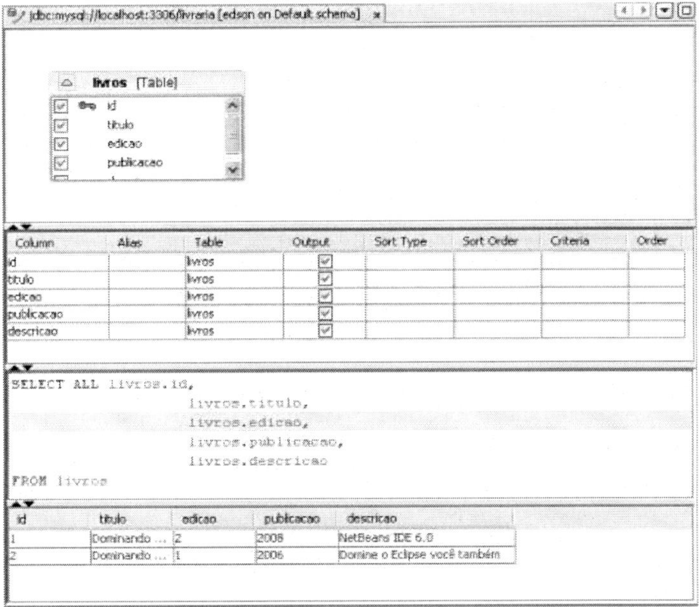

Figura 4.12 – Design Query

Utilizando padrões de desenvolvimento

Em uma página JSP o correto é conter apenas o mínimo possível de scriptlets. A essa forma de desenvolver aplicações chamamos de Padrões de Desenvolvimento (Design Patterns). Um padrão muito praticado no desenvolvimento de aplicações Web escritas em Java é o Model 2, baseado no paradigma MVC (Model-View-Controller). Quanto ao acesso a banco de dados temos um padrão popularmente usado, chamado de DAO (Data Access Object).

O que é MVC?

MVC é um conceito (paradigma) de desenvolvimento e design que tenta separar uma aplicação em três partes distintas. Uma parte, a Model, está relacionada ao trabalho atual que a aplicação administra, outra parte, a View, está relacionada a exibir os dados ou informações dessa aplicação e a terceira parte, Controller, em coordenar os dois anteriores exibindo a interface correta ou executando algum trabalho que a aplicação precisa completar.

A arquitetura MVC foi desenvolvida para ser usada no projeto de interface visual em Smalltalk.

Estas partes são respectivamente:

- **Model:** O Model (Modelo) é o objeto que representa os dados do programa. Maneja esses dados e controlam todas suas transformações. Esse modelo não tem conhecimento específico dos controladores (controller) e das apresentações (views), nem sequer contém referência a eles. Portanto, o Model são as classes que trabalham no armazenamento e busca de dados. Por exemplo, um cliente pode ser modelado em uma aplicação, e pode haver vários modos de criar novos clientes ou mudar informações de um relativo cliente.

- **View:** A View (Apresentação) é o que maneja a apresentação visual dos dados representados pelo Model. Em resumo, é a responsável por apresentar os dados resultantes do Model ao usuário. Por exemplo, uma Apresentação poderá ser um local administrativo onde os administradores se logam em uma aplicação. Cada administrador poderá visualizar uma parte do sistema que outro não vê.

- **CONTROLLER:** O Controller (Controlador) é o objeto que responde as ordens executadas pelo usuário, atuando sobre os dados apresentados pelo modelo, decidindo como o Modelo devera ser alterado ou devera ser revisto e qual Apresentação devera ser exibida. Por exemplo, o Controlador recebe um pedido para exibir uma lista de clientes interagindo com o Modelo e entregando uma Apresentação onde esta lista poderá ser exibida.

O modelo MVC é uma forma de desenvolvimento que ajuda na manutenção do sistema, um padrão muito aceito no desenvolvimento de aplicações Java, principalmente no de aplicações escritas para a Web.

A separação lógica da aplicação nestas partes assegura que a camada Modelo não sabe nada praticamente do que é exibido; restringida por representar as partes de componentes do problema que é resolvido pela aplicação. Igualmente, a camada de Apresentação só está relacionada a exibir os dados e não com o implementar lógica de negócios que é controlada pela camada Modelo. O Controlador, como um gerenciador de tráfego, dirige as apresentações a serem exibidas e com as devidas mudanças de dados e recuperações vindas da camada Modelo.

O MODEL 1

A primeira arquitetura, conhecida como Model 1, é muito comum no desenvolvimento de aplicações Web, chamada de page-centric. Esta arquitetura fornece o modo mais fácil de reunir uma aplicação Web. Envolve simplesmente a construção de uma aplicação como um conjunto de páginas JSP.

A sucessão de eventos explicada neste exemplo é simples:

1. O usuário pede uma página de Web—por exemplo, a página principal, index.jsp.

2. O container Servlet executa a lógica contida na página index.jsp como também inclui páginas para que se possa apontar. Esta execução pode incluir a recuperação de dados de um banco de dados ou outras funções que satisfaçam à lógica de negócios. Os JavaBeans fornecem as representações de dados dentro da página JSP.

3. Unido junto à lógica de negócios da página, serão confeccionadas e apresentadas o HTML ao usuário.

4. Como resultado do processo, é construído o HTML final e exibido ao usuário.

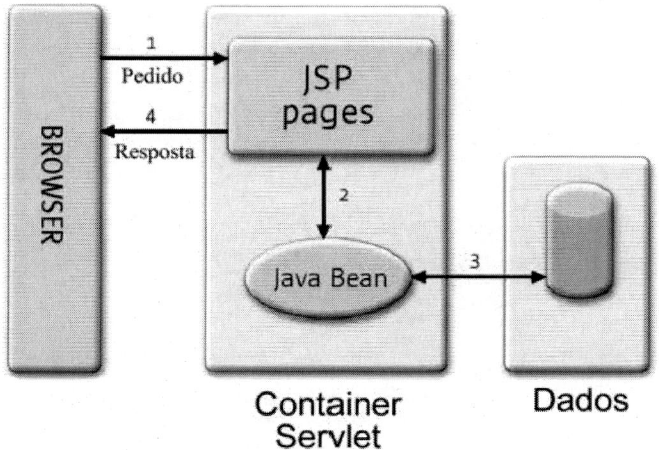

FIGURA 4.13 - ARQUITETURA MODEL 1

O MODEL 2

O Model 1, é indicada para uma aplicação pequena, que contém um limitado número de usuários e possui pouca lógica de negócios, principalmente por ser simples e efetiva. Porém, em uma aplicação mais complexa, onde a lógica de negócios não só é mais detalhada, mas a lógica de exibição necessária também é significantemente grande, uma arquitetura de desenvolvimento baseada no Modelo 1 fará com que seja um tanto bagunçado o montante de códigos desenvolvidos. Quando você coloca a lógica de negócios em um modelo simples de desenvolvimento, uma repetição de código acaba ocorrendo (isso é muito comum no desenvolvimento de outras linguagens de programação Web cujos conceitos de desenvolvimento não estão fortemente agregados). Isso impossibilita uma rápida manutenção e evidentemente, em um crescimento da aplicação, não haverá uma possível extensão. E isso porque não estamos contando com o fator de testes.

Desafiado por estas desvantagens óbvias, os desenvolvedores identificaram uma arquitetura mais sofisticada que usa Servlets e páginas JSP. Esta arquitetura fora batizada de Model 2 (Modelo 2), que está baseada em uma adaptação da arquitetura MVC. Nessa implementação, um Servlet é usado como um *Controlador*, recebendo pedidos do usuário, enquanto efetuando mudanças no *Modelo*, e fornecendo a *Apresentação* ao usuário.

As apresentações ainda implementadas nesta arquitetura usam páginas JSP, mas a lógica que elas contêm é só a de exibir a interface ao usuário. A camada de Modelo foi encapsulada em objetos Java.

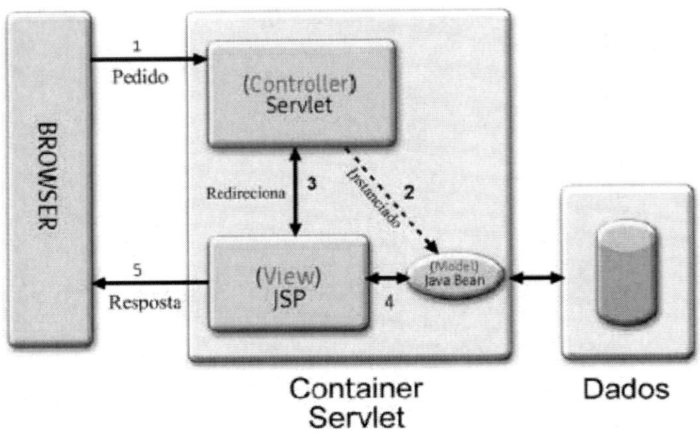

Figura 4.14 - Arquitetura Model 2

A seguir você tem uma explicação do que acontece nesse modelo de desenvolvimento:

1. Um pedido é feito a um Servlet através da URL. No pedido há uma indicação do trabalho a ser executado. Por exemplo, na URL você pode ter algo como: /Livraria?action=mostrarAutores, onde **action** representa o trabalho que a camada Controlador deve empreender.

2. A camada *Controlador* recebe o pedido e determina o trabalho baseando-se no pedido. Essa camada executa chamadas à camada *Modelo* que empreende a lógica de negócios exigida.

3. A camada *Modelo* é instruída a fornecer uma lista de objetos de Livros pelo *Controlador*. Este, por sua vez, pode acessar algum tipo de camada persistente, como um banco de dados.

4. Para a camada *Controlador* é proporcionada a lista de objetos de Livros para serem exibidos na camada de *Apresentação*. A camada *Controlador* também determina a apresentação apropriada para fornecer ao usuário. Usando um

despachante de pedidos, o Servlet pode fornecer a lista de objetos Livros à camada de *Apresentação* selecionada (página JSP mais indicada).

5. A camada de *Apresentação* tem uma referência agora aos dados fornecidos e faz a exibição da lista conforme sua lógica definida.

O HTML gerado no resultado desse processo é fornecido em resposta ao usuário.

Embora esta explicação técnica possa parecer complexa ou confusa a um iniciante, utilizar o Model 2 para desenvolvimento é de simples compreensão e traz muita vantagem no momento da manutenção.

O Padrão DAO (Data Access Object)

O padrão DAO (Data Access Object) é o padrão mais utilizado para acesso a dados contidos em um banco de dados.

Sempre que você precisa acessar um banco de dados que está mantendo seu modelo de objetos, é melhor empregar o padrão DAO. O Padrão DAO fornece uma interface independente, no qual você pode usar para persistir objetos de dados. A idéia é colocar todas as funcionalidades encontradas no desenvolvimento de acesso e trabalho com dados em um só local, tornando simples sua manutenção.

Tipicamente um DAO inclui métodos para inserir, selecionar, atualizar e excluir objetos de um banco de dados. Dependendo de como você implementa o padrão DAO, você poderá ter um DAO para cada classe de objetos em sua aplicação ou poderá ter um único DAO que é responsável por todos os seus objetos.

Criando um projeto com padrões

Crie um novo projeto no NetBeans IDE. Chame-o de **TrabComPadroes**. Adicione as bibliotecas: JDBC **MySQL** e **JSTL**.

Vá à janela **Services**, conecte-se a livraria e crie uma tabela chamada autores, como mostra a **Figura 4.15** a seguir:

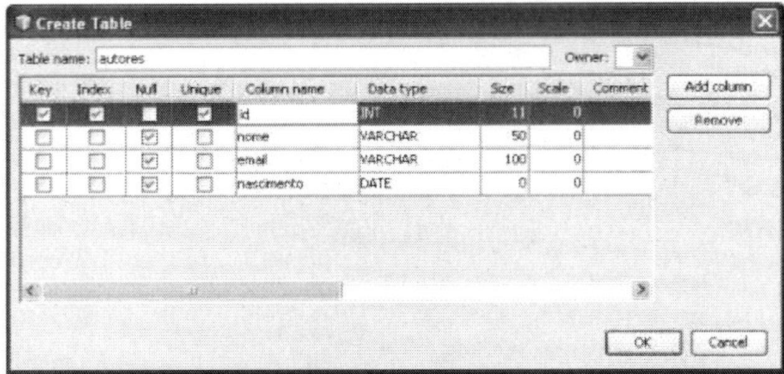

Figura 4.15 – Estrutura da tabela autores

Após a criação da tabela, com o direito do mouse sobre **Tables**, clique em **Execute Command**.

Digite a query SQL mostrada a seguir, no SQL Editor e execute:

alter table autores modify id int(11) auto_increment;

Repare se na janela **Output** o comando foi executado com sucesso, como apresenta a **Figura 4.16**.

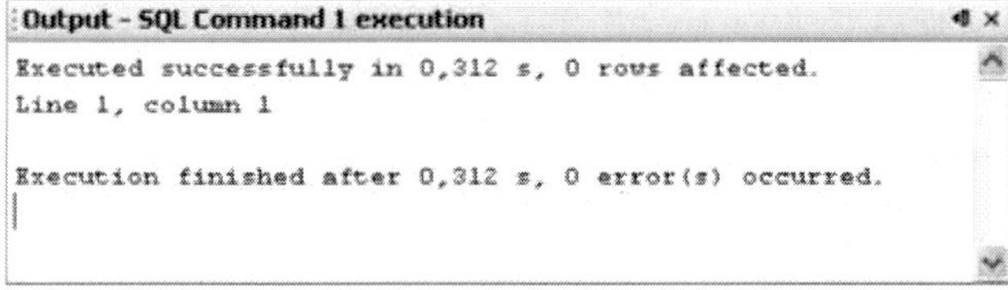

Figura 4.16 – Exibição de saída do comando bem sucedido

A FÁBRICA DE CONEXÃO

Você vai começar a construir a classe de conexão, no qual acessará o banco de dados criado.

Com o direito do mouse sobre o projeto, vá a **New** e clique em **Java Class**. Se preferir, **Ctrl + N** e na caixa de diálogo **New File** selecione **Java Classes** em **Categories** e clique em **Java Class** em **File Types**.

Digite **ConnectionFactory** em **Class Name** e **br.com.integrator.util** em **Package**. Clique no botão **Finish** para confirmar.

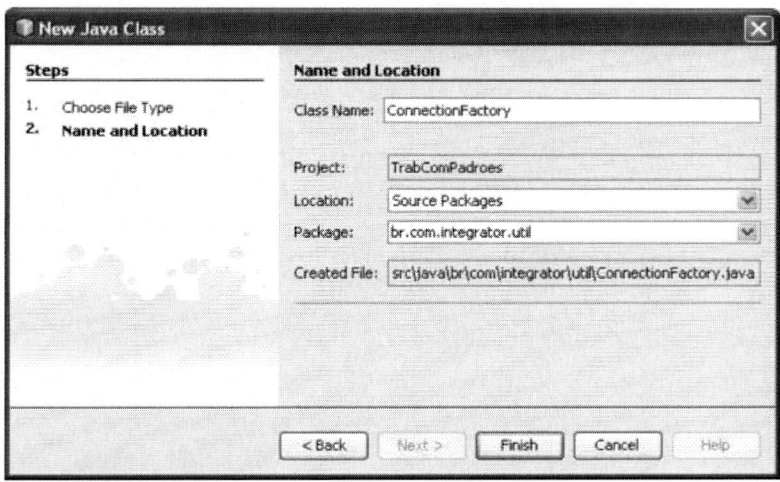

FIGURA 4.17 – CRIAÇÃO DA CLASSE CONNECTIONFACTORY

Altere a classe como mostrado na **Listagem 4.1** a seguir:

LISTAGEM 4.1 – A CLASSE CONNECTIONFACTORY.JAVA

```
...
public class ConnectionFactory {

  public static Connection getConnection( ) throws Exception {
    try {
      Class.forName("com.mysql.jdbc.Driver");
      return DriverManager.getConnection(
          "jdbc:mysql://localhost/livraria", "edson", "integrator");
    } catch (Exception e) {
      throw new Exception(e.getMessage( ));
    }
  }

  public static void closeConnection(Connection conn,
      Statement stmt, ResultSet rs) throws Exception {
    close(conn, stmt, rs);
  }

  public static void closeConnection(Connection conn, Statement stmt)
  throws Exception {
    close(conn, stmt, null);
  }

  public static void closeConnection(Connection conn)
  throws Exception {
    close(conn, null, null);
  }
```

```
  private static void close(Connection conn,
        Statement stmt, ResultSet rs)
        throws Exception {
     try {
        if (rs != null) rs.close( );
        if (stmt != null)stmt.close( );
        if (conn != null)conn.close( );
     } catch (Exception e) {
        throw new Exception(e.getMessage( ));
     }
  }

}
```

Para as importações dos objetos encontrados na **Listagem 4.1**, utilize o atalho **Ctrl + Shift + I** (**Source > Fix Imports**). Ao surgira à caixa de diálogo **Fix All Imports**, altere como mostrado na **Figura 4.18** a seguir e confirme.

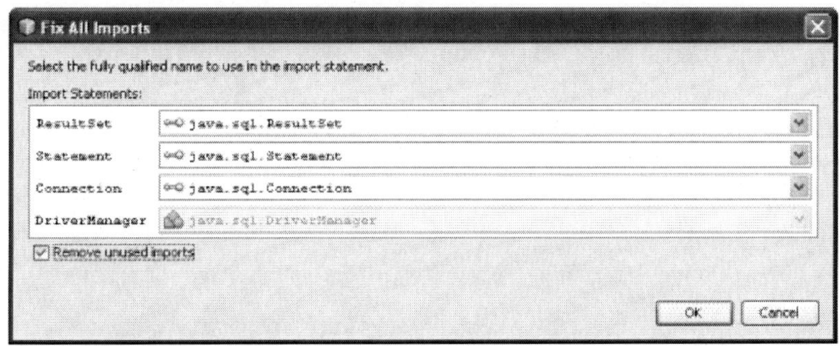

FIGURA 4.18 – IMPORTANDO AS CLASSES PARA CONNECTIONFACTORY

Esta classe bem simples cria apenas uma conexão e retorna o resultado para quem a chamar.

Métodos chamados de **closeConnection( )** são criados para fechar a conexão, o ResultSet ou o Statement. Isso ocorre com a chamada do método privado **close( )**.

O JavaBean Autor, Source e Refactor

O JavaBean **Autor** será desenvolvido para ser acessado por sua aplicação, conforme você viu na explicação técnica dada no padrão ***Model 2***. Este Bean receberá os dados vindos do banco de dados para transmitir a sua página JSP. Da sua página JSP, ele também receberá dados, para transmiti-los ao banco de dados, no que, como você pode ver, é um intermediário nas transações de dados.

Crie uma classe Java (Java Class) com o nome de **Autor** no pacote **br.com.integrator**. Adicione o código mostrado na **Listagem 4.2** a seguir:

Listagem 4.2 - O bean Autor.java

```
package br.com.integrator;

import java.util.Date;

public class Autor {

   private Integer id;

   private String nome;

   private String email;

   private Date nascimento;


}
```

Source

Com o direito do mouse no Editor, no menu de contexto, selecione o item **Insert Code (Alt+Insert)**.

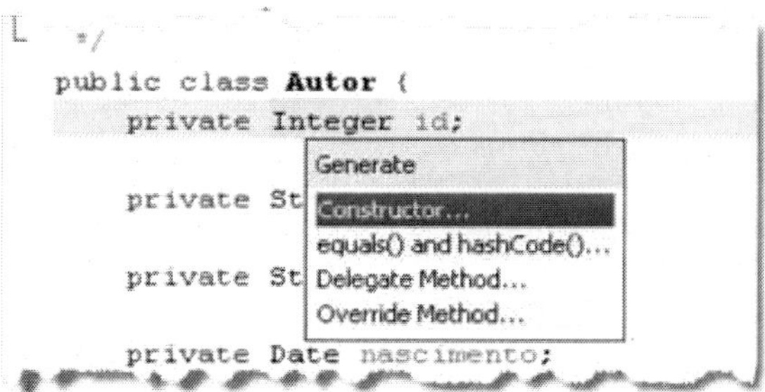

Figura 4.19 – Selecionando o recurso Generate Constructor

Como o construtor da classe possuirá atributos que serão inicializados, você vai selecionar todos que estão sendo mostrados na caixa de diálogo **Generate Constructor.**

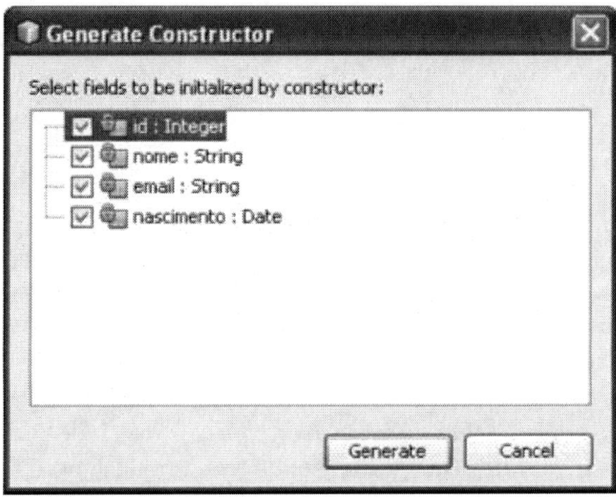

Figura 4.20 – Selecionando os atributos que serão inicializados

Repita o mesmo processo, mas desta vez não adicione nenhum atributo como parâmetro. Por fim, você terá dois construtores criados como mostra a **Listagem 4.3** a seguir.

Listagem 4.3 – Alteração do construtor de Autor.java

```
...
public Autor(Integer id, String nome, String email, Date nascimento)
{
        this.id = id;
        this.nome = nome;
        this.email = email;
        this.nascimento = nascimento;
}

public Autor() {
}
...
```

Refactor

O Refactor foi visto rapidamente no começo do **Capítulo 3**, com apenas um atributo. Com a sua classe sendo exibida no Editor, vá ao menu **Refactor** e clique em **Encapsulate Fields**. Se preferir, clique com o direito do mouse sobre a seleção, no Editor e selecione **Refactor**, clicando em **Encapsulate Fields** no menu de contexto.

Na caixa de diálogo **Encapsulate Fields** você verá todos os atributos, onde existem métodos **getters** e **setters** para serem gerados. A visibilidade dos atributos é mostrada abaixo, em **Fields' Visibility** e a visibilidade dos assessores em **Accessors' Visibility.** Marque todos os Getters e Setters. Existem duas formas de usar refactor no NetBeans. Uma delas é simplesmente alterar a classe ou fazer um "Preview" antes de confirmar. Para este caso, simplesmente vamos confirmar no botão **Refactor**.

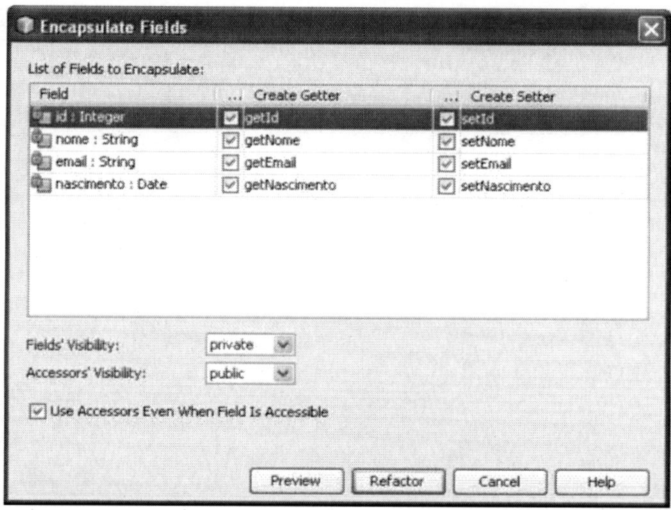

FIGURA 4.21 – ENCAPSULANDO OS ATRIBUTOS DA CLASSE AUTOR

Caso você prefira um **Preview**, a janela **Refactoring** surgirá, onde os métodos continuam sendo mostrados. Como opção, assim como na caixa de diálogo anterior, você tem os métodos que serão gerados em caixas de checagem. Se desmarcar, aquele método ou métodos não serão gerados. Para confirmar a geração, clique no botão **Do Refactoring**.

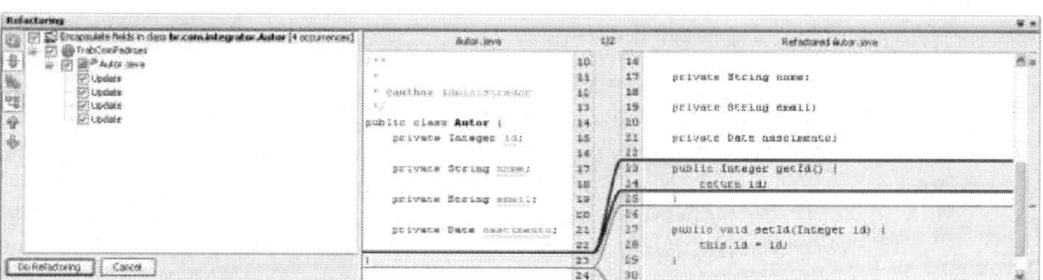

FIGURA 4.22 – OBSERVAÇÃO DAS JANELAS EXIBINDO ANTES E APÓS O REFACTORING

Se houver um erro, você pode desfazer o refactor. Basta ir ao menu Refactor e acessar em seu final o item **Undo**. Se precisar refazer, o **Redo** ficará ativo.

Figura 4.23 – Opção de desfazer selecionada após refactor

Olhando para o passado

Caso você precise desfazer alguma destas operações, feitas a mais tempo, sem interferência do Undo, há a possibilidade de acessar o histórico.

O histórico de ações no NetBeans IDE auxilia o usuário a buscar erros ocorridos em uma determinada operação, seja ela feita no dia ou em dias atrás. O histórico guarda as ações com a data e a hora da operação efetuada. Para acessar o histórico, clique com o direito do mouse sobre a classe **Autor**, na janela **Projects**, e selecione no menu de contexto o item **Show Local History** em **Local History**. Alternativamente você pode ir ao menu **Versioning**, em **Local History** e clicar em **Show Local History**.

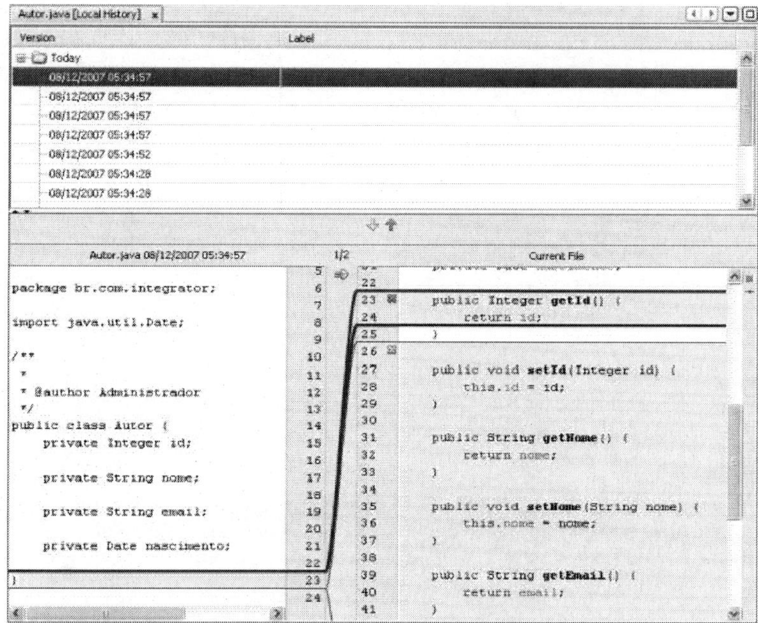

FIGURA 4.24 – HISTÓRICO DA CLASSE AUTOR

Ao surgir o histórico das ações executadas na classe, na parte superior, você visualiza a data e hora de cada uma armazenada. Se desejar retirar uma do histórico, clique com o direito do mouse sobre ela e selecione **Delete from History**. Esta ação remove do histórico de ações sem retorno. Na parte inferior, a janela se divide em duas partes. A primeira a esquerda define o estado anterior a operação executada na classe e a direita após. Se você clicar com o direito do mouse e selecionar o item **Revert from History**, o retorno ao estado anterior ocorre na classe. Isso não é possível depois de desfazer.

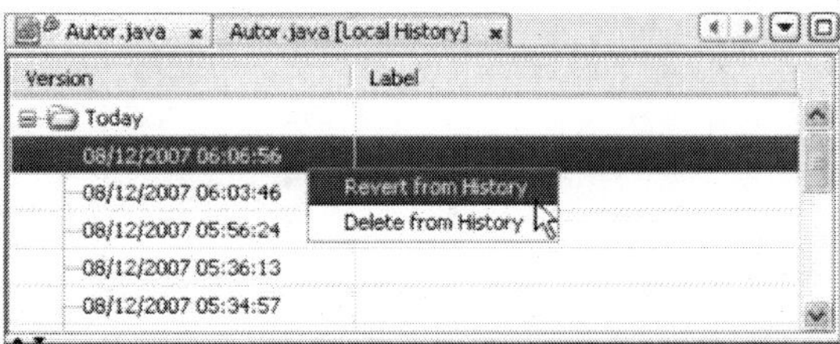

FIGURA 4.25 – REVERTENDO UMA AÇÃO ENCONTRADA NO HISTÓRICO

Você pode também remover um determinado ponto ocorrido no histórico clicando sobre o "X" (Remove) que existe na parte inferior direita. O elemento removido é retirado da classe. Esta ação é totalmente reversível com desfazer.

Manipulando a tabela autores

Agora, o problema é criar os métodos necessários para encapsular as cláusulas SQL, isolando assim em um ponto, gerando uma camada.

O DAO com os métodos necessários para a comunicação com o banco de dados será gerado por uma nova classe chamada **AutorDAO** no pacote **br.com.integrator.dao** (ou no pacote de sua preferência).

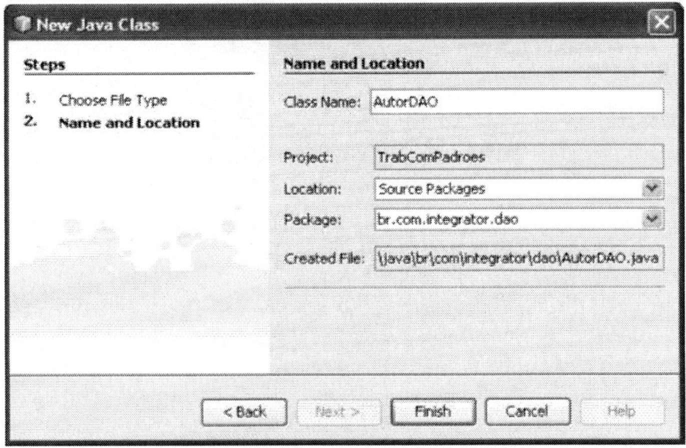

Figura 4.26 – Criação da classe AutorDAO

Altere a classe AutorDAO como mostrada na **Listagem 4.4** a seguir.

LISTAGEM 4.4 – A CLASSE AUTORDAO.JAVA

```
...
public class AutorDAO {

  private Connection conn;

  public AutorDAO( ) throws Exception{
    try {
      this.conn = ConnectionFactory.getConnection( );


    } catch( Exception e ) {
      throw new Exception( "Erro: " +
            ":\n" + e.getMessage( ) );
    }
  }

  public void salvar(Autor autor)  throws Exception{
    PreparedStatement ps = null;
    Connection conn = null;
    if (autor == null)
      throw new
            Exception("O valor passado não pode ser nulo");

    try {
      String SQL = "INSERT INTO autores (nome, email, nascimento) "+
              "values (?, ?, ?)";
      conn = this.conn;
      ps = conn.prepareStatement(SQL);
```

```
        ps.setString(1, autor.getNome( ));
        ps.setString(2, autor.getEmail( ));
        ps.setDate(3,
                new java.sql.Date(autor.getNascimento( ).getTime())
                  );

        ps.executeUpdate( );

    } catch (SQLException sqle) {
        throw new
                Exception("Erro ao inserir dados "+ sqle);
    } finally {
        ConnectionFactory.closeConnection(conn, ps);

    }
}


public void atualizar(Autor autor) throws Exception {
    PreparedStatement ps = null;
    Connection conn = null;

    if (autor == null)
        throw new
                Exception("O valor passado não pode ser nulo");

    try {
        String SQL = "UPDATE autores SET nome=?, " +
                " email=?, " +
                "nascimento=? " +
                "where id=?";
        conn = this.conn;
```

```
        ps = conn.prepareStatement(SQL);
        ps.setString(1, autor.getNome( ));
        ps.setString(2, autor.getEmail( ));
        ps.setDate(3,
                    new java.sql.Date(autor.getNascimento( ).getTime())
                );
        ps.setInt(4, autor.getId( ));

        ps.executeUpdate( );

    } catch (SQLException sqle) {
        throw new
            Exception("Erro ao atualizar dados: "+ sqle);
    } finally {
        ConnectionFactory.closeConnection(conn, ps);

    }
}

public List todosAutores( ) throws Exception{
    PreparedStatement ps = null;
    Connection conn = null;
    ResultSet rs = null;

    try {
        conn = this.conn;
        ps = conn.prepareStatement("select * from autores");
        rs = ps.executeQuery( );
        List<Autor> list = new ArrayList<Autor>( );
        while( rs.next( ) ) {
            Integer id = rs.getInt( 1 );
            String nome = rs.getString( 2 );
```

```
            String email = rs.getString( 3 );
            Date nascimento = rs.getDate( 4 );

            list.add( new Autor(id,nome,email,nascimento) );

        }
        return list;

    } catch (SQLException sqle) {
        throw new Exception(sqle);
    } finally {
        ConnectionFactory.closeConnection(conn, ps, rs);
    }
}

public Autor procurarAutor(Integer id)
throws  Exception {
    PreparedStatement ps = null;
    Connection conn = null;
    ResultSet rs = null;

    try {
        conn = this.conn;
        ps =
              conn.prepareStatement("select * from autores where id=?");
        ps.setInt(1, id);
        rs = ps.executeQuery( );
        if( !rs.next( ) ) {
            throw new
                  Exception( "Não foi encontrado nenhum" +
                  " registro com o ID: " + id );
        }
```

```
        String nome = rs.getString( 2 );
        String email = rs.getString( 3 );
        Date nascimento = rs.getDate( 4 );

        return new Autor(id, nome, email, nascimento) ;

    } catch (SQLException sqle) {
        throw new  Exception(sqle);
    } finally {
        ConnectionFactory.closeConnection(conn, ps, rs);

    }
}

public void excluir(Autor autor) throws Exception {
    PreparedStatement ps = null;
    Connection conn = null;

    if (autor == null)
        throw new
            Exception("O valor passado não pode ser nulo");

    try {
        conn = this.conn;
        ps =
                 conn.prepareStatement("delete from autores where id=?");
        ps.setInt(1, autor.getId( ));
        ps.executeUpdate( );


    } catch (SQLException sqle) {
```

```
            throw new
                Exception("Erro ao excluir dados:" + sqle);

        } finally {
            ConnectionFactory.closeConnection(conn, ps);
        }

    }

}
```

Perceba que o desenvolvimento do DAO é simplesmente isolar todas as formas de acessar os dados em uma classe, concentrando assim a facilidade de manutenção. Os métodos criados na classe DAO desenvolvida são:

- **AutorDAO( )** - O construtor que inicia a conexão com o banco de dados;
- **salvar( )** - A inserção de dados passados pelo JavaBean **Autor**;
- **excluir( )** - A exclusão de dados passados pelo id do autor determinado;
- **atualizar( )** - A atualização de dados passados pelo JavaBean **Autor**;
- **todosAutores( )** - O método que retorna todos os dados encontrados na tabela autores, retornando um **List**;
- **procurarAutor( )** - O método que retorna os dados de um **Autor** apenas, utilizando-se do Bean criado.

Fixe agora as importações, com **Ctrl + Shift + I** ou pelo menu **Source > Fix Imports**. A sua caixa de diálogo **Fix Imports** deve estar similar a **Figura 4.27** mostrada a seguir:

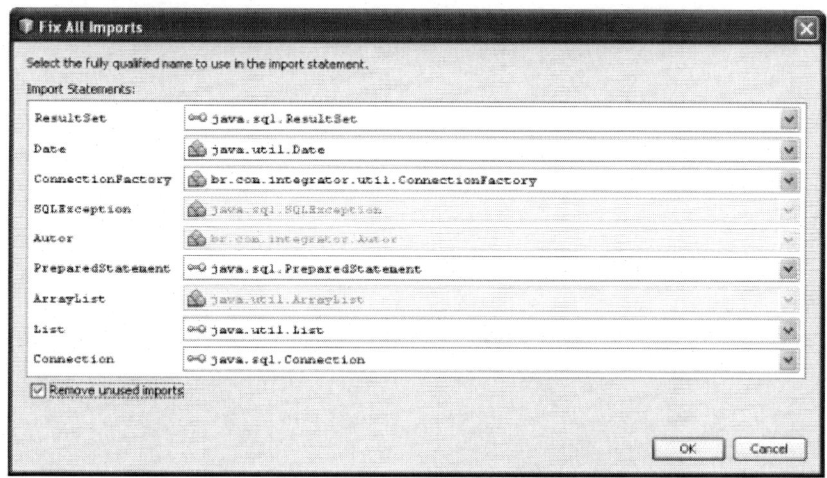

Figura 4.27 – Adicionando importações a classe

A interface com Refactor

É uma boa prática de programação criar uma interface dos métodos desenvolvidos na classe **AutorDAO**. Para criar a interface desta classe desenvolvida, vá ao menu **Refactor** e clique no item **Extract Interface**. Se preferir, clique com o direito do mouse no Editor ou sobre a classe em Projects e no item **Refactor** selecione **Extract Interface** no menu de contexto.

Na caixa de diálogo **Extract Interface** marque todos os membros (métodos) que serão participantes da interface. Dê o nome de **DAO** em **Interface Name** e clique no botão **Refactor** para confirmar.

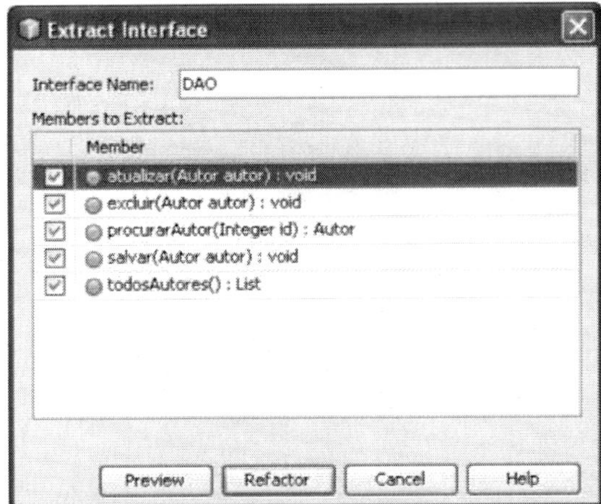

Figura 4.28 – Criação da interface DAO

Perceba que a sua classe **AutorDAO** agora implementa **DAO**. Para facilitar a localização de uma classe que implementa uma interface, costumamos colocar um nome com **Imp** ao seu final. Por exemplo, **AutorDAO** ficaria **AutorDAOImp**. A ferramenta **Refactor** também nos auxilia em renomear classes. Clique com o direito do mouse sobre a classe na janela **Project**, selecione **Rename**, em **Refactor**, ou utilize o atalho **Ctrl + R** com a classe selecionada.

Na caixa de diálogo **Rename Class** altere para **AutorDAOImp** em **New Name** e clique no botão **Refactor** para confirmar.

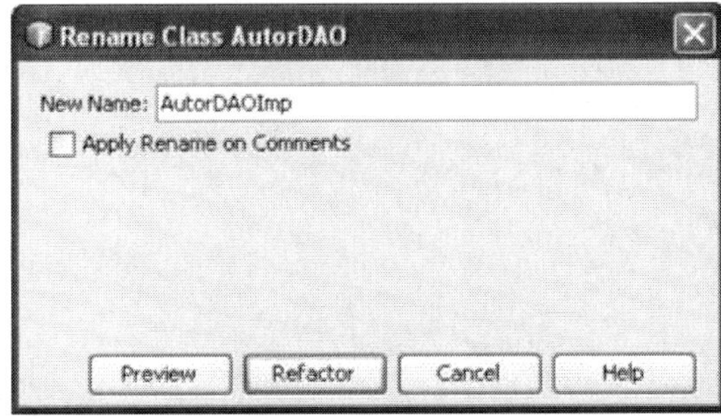

Figura 4.29 – Renomeando a classe AutorDAO para AutorDAOImp

Observe que ao renomear a classe, o construtor também foi renomeado automaticamente, o que é altamente recomendável utilizar sempre esta ferramenta para tais situações.

Testando seu DAO

Uma boa prática no desenvolvimento é testar classes para verificar a assertividade e conseqüentemente evitar erros futuros por falhas ocorridas em etapas preliminares. A classe DAO desenvolvida faz o que chamamos de CRUD (Create – Read – Update – Delete), ou seja, ela opera em quatro situações no banco de dados. Estas operações devem ser testadas para saber se estão corretamente funcionais ou se há pequenas falhas não percebidas pelo desenvolvedor.

O exemplo que será feito é simples, apenas para testar a funcionalidade do DAO, sem a intenção de obter uma biblioteca de terceiros não suportada nativamente pelo NetBeans.

Quando você cria um projeto, automaticamente o NetBeans adiciona em sua árvore um diretório chamado de **Test Libraries** contendo duas bibliotecas: **JUnit 3.x** e **JUnit 4.x**. A biblioteca mais moderna possui suporte a annotations (Java SE 5 ou superior e Java EE 5).

JUnit, para quem não conhece, é um framework open source, criado para fazer testes automatizados, chamados de **test cases**.

Este framework foi idealizado por Erich Gamma, um dos autores dos populares padrões de projeto e Kent Beck, pai do XP (Extreme Programming). Para desenvolvê-lo, usaram o conceito de testes unitários (unit tests) em Java criando uma ferramenta chamada JUnit, baseada em SUnit, do SmallTalk.

Para iniciar a criação da classe de testes, selecione a classe **AutorDAOImp** e vá até o menu **Tools** e clique no item **Create JUnit Tests (Ctrl+Shif+U)**. O mesmo pode ser feito com o direito do mouse sobre a classe, na janela **Projects**, e no menu de contexto selecionar o item Tools e clicar em **Create JUnit Tests**.

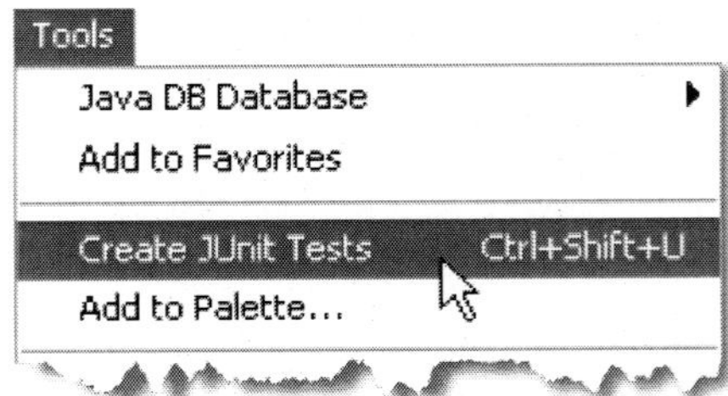

FIGURA 4.30 - SELEÇÃO DA OPÇÃO CREATE JUNIT TESTS NO MENU PRINCIPAL TOOLS

Como o projeto possui duas versões do JUnit, haverá uma pergunta ao criar o teste unitário, para escolha da versão desejada. Para o exemplo, você vai escolher o JUnit 4.x

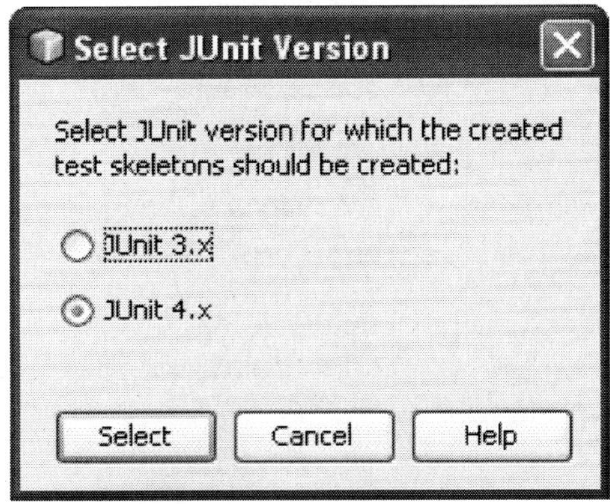

FIGURA 4.31 – SELECIONANDO A VERSÃO DO JUNIT A SER USADA

O NetBeans mantém em Test Libraries apenas a versão escolhida, removendo a anterior. Outra caixa de diálogo surgirá, **Create Tests**, onde no campo **Class Name** haverá o nome da classe e o pacote que será criado. Se desejar, pode alterá-los (o que para o caso seria desperdício de tempo). Em Location é mostrado o local onde será criada a classe, que na janela **Projects** ficará em **Test Packages**.

Em **Code Generation** deixe marcada apenas as opções mostradas na **Figura 4.32** e confirme.

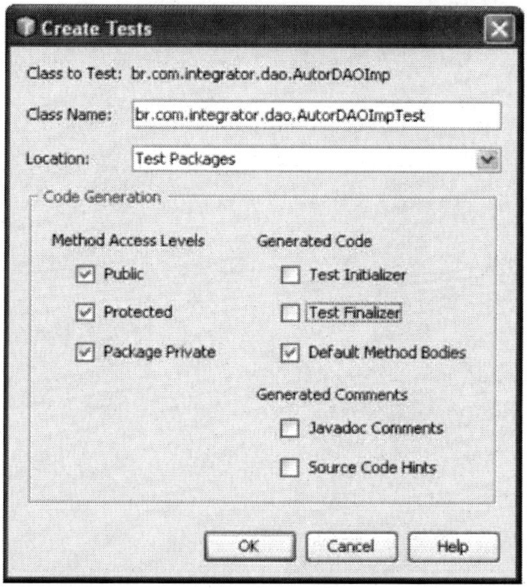

FIGURA 4.32 – DETERMINANDO A GERAÇÃO DE CÓDIGOS PARA TESTES

Com o intuito de manter o máximo possível do que já foi gerado pela IDE, adicionando o mínimo necessário para o teste, altere a classe como mostrado na **Listagem 4.5** a seguir:

LISTAGEM 4.5 – ALTERAÇÃO DA CLASSE DE TESTES AUTORDAOIMPTEST

```
...
public class AutorDAOImpTest {

...

    @Test
    public void salvar() throws Exception {
```

```
    System.out.println("salvar");
    Autor autor = new Autor(null,"Edson","edson@integrator",new Date());
    AutorDAOImp instance = new AutorDAOImp();
    instance.salvar(autor);
    assertNotNull("autor", autor);
        //pesquisa pelo id numero 1, já que foi o primeiro registro
    assertEquals("nome", "Edson", pesquisarId(1).getNome());
}


@Test
public void atualizar() throws Exception {
    System.out.println("atualizar");
    Autor autor = new Autor(1,"Edson Gonçalves","",new Date());
    AutorDAOImp instance = new AutorDAOImp();
    instance.atualizar(autor);
    assertEquals("Edson Gonçalves",pesquisarId(1).getNome() );
}

public Autor pesquisarId(Integer id) throws Exception{
    AutorDAOImp instance = new AutorDAOImp();
    return instance.procurarAutor(id);
}


@Test
public void procurarAutor() throws Exception {
    System.out.println("procurarAutor");
    Integer id = 1;
    assertNotNull(pesquisarId(id));
}
```

```
    @Test
    public void excluir() throws Exception {
        System.out.println("excluir");
        Autor autor = new Autor();
        Integer id = 1;
        autor.setId(id);
        AutorDAOImp instance = new AutorDAOImp();
        instance.excluir(autor);

        try{
          autor= pesquisarId(id);
        }catch(Exception ex){
          return;
        }
        fail("O autor não poderia ter sido encontrado");
      }

}
```

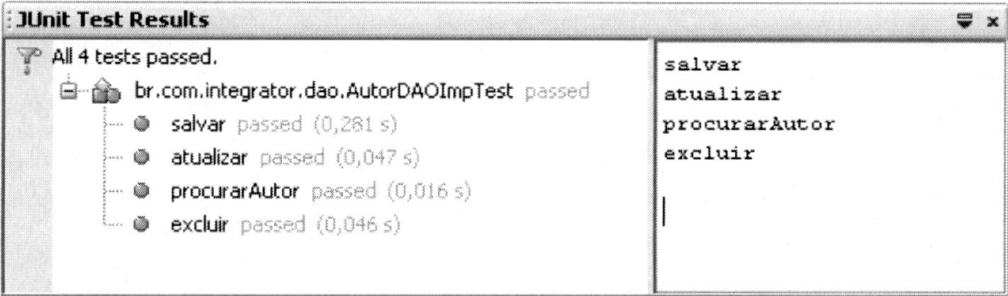

FIGURA 4.33 – RESULTADOS DO TESTE UNITÁRIO REALIZADO

O NetBeans criará uma classe de testes baseando-se nas informações contidas em seu DAO. Cada um dos métodos criados servem para testar cada método do DAO. Com pequenas alterações, você pode determinar que resultado deseja obter em seus testes. No caso, todos os métodos deverão passar no teste, retornando verdadeiro.

JUnit é projetado para testar seu código e é composto por métodos assertivos que podem testar várias condições. É possível construir testes com JUnit usando os seguintes métodos:

- **assertEquals(a, b)** - Testa se **a** é igual **b**. (a e b são valores primitivos ou tem que ter um método **equals** para propósitos de comparação).
- **assertFalse(a)** - Testa se **a** é *false*, onde **a** é um valor booleano.
- **assertNotNull(a)** - Testa se **a** é *not null*, onde **a** é um objeto qualquer ou *null*.
- **assertNotSame(a, b)** - Testa se ambos, **a** e **b**, não se referem a um objeto idêntico.
- **assertNull(a)** - Testa se **a** é *null*, onde **a** é um objeto qualquer ou *null*.
- **assertSame(a, b)** - Testa se **a** e **b** se referem a um objeto idêntico.
- **assertTrue(a)** - Testa se **a** é *true*, onde **a** é um valor booleano.

Utilizando o DAO

Para utilizar este padrão, o DAO, você irá criar um sistema simples, com a possibilidade de SELECIONAR, INSERIR, ATUALIZAR e EXCLUIR dados da tabela autores.

Primeiro, crie um Servlet que acessará o DAO, chamado de **ServletAutores**. Coloque no pacote **br.com.integrator.web**.

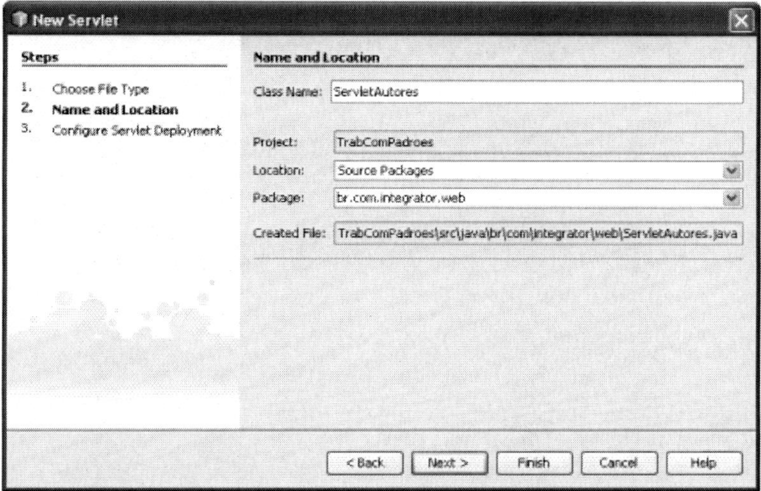

FIGURA 4.34 – CRIAÇÃO DO SERVLET SERVLETAUTORES

Altere o Servlet criado como o mostrado na **Listagem 4.6** a seguir:

LISTAGEM 4.6 – A CLASSE SERVLETAUTORES.JAVA

```
...
public class ServletAutores extends HttpServlet {

   private  Date strToDate(String data) throws Exception {
      if (data == null)
         return null;

      Date dataF = null;
      try {
         DateFormat dateFormat =
               new SimpleDateFormat("dd/MM/yyyy");
         long timestamp = dateFormat.parse(data).getTime( );
         dataF = new Date(timestamp);
      } catch (ParseException pe) {
```

```
        throw pe;
    }
    return dataF;
}

protected void processRequest(HttpServletRequest request,
            HttpServletResponse response)
throws ServletException, IOException {

    String cmd = request.getParameter( "cmd" );

    if(cmd==null)
        cmd = "principal";

    DAO dao;
    Autor autor = new Autor( );
    if(cmd!=null || !cmd.equalsIgnoreCase("principal")){
        try {
            String id = request.getParameter("id");
            if(id!=null)
             autor.setId(Integer.parseInt(id));

            autor.setNome(request.getParameter("nome"));
            autor.setEmail(request.getParameter("email"));
            autor.setNascimento(
                        strToDate(request.getParameter("nascimento"))
            );
        } catch (Exception ex) {
            ex.printStackTrace( );
        }
```

```
}

try {

   dao = new AutorDAOImp( );
   RequestDispatcher rd = null;
   if(cmd.equalsIgnoreCase("listar")){

      List autoresList = dao.todosAutores( );
      request.setAttribute( "autoresList", autoresList );
      rd = request.getRequestDispatcher( "/mostrarAutoresCads.jsp" );

   } else if( cmd.equalsIgnoreCase( "adc" ) ){

      dao.salvar( autor );
      rd = request.getRequestDispatcher( "ServletAutores?cmd=listar" );

   } else if( cmd.equalsIgnoreCase( "exc" ) ){

      dao.excluir( autor );
      rd = request.getRequestDispatcher( "ServletAutores?cmd=listar" );

   } else if( cmd.equalsIgnoreCase( "atu" ) ){

      autor = dao.procurarAutor(autor.getId( ));
      HttpSession session=request.getSession(true);
      session.setAttribute( "autor", autor );
      rd = request.getRequestDispatcher( "/formAtuAutor.jsp" );

   } else if( cmd.equalsIgnoreCase( "atualizar" ) ){
```

```
            dao.atualizar( autor );
            rd = request.getRequestDispatcher( "ServletAutores?cmd=listar" );

        } else if( cmd.equalsIgnoreCase( "principal" ) ){

            rd = request.getRequestDispatcher( "/index.jsp" );

        }
        rd.forward( request, response );
    } catch( Exception e ) {
        e.printStackTrace( );
        throw new ServletException( e );
    }

  }

...
}
```

Fixe as importações com o atalho **Ctrl + Shift + I (Source > Fix Imports)**.

O Servlet utiliza a estrutura criada pelo template do assistente do NetBeans IDE. No começo do Servlet, você tem um método chamado de **strToDate( ).** Este método converte uma String recebida pelo parâmetro em um tipo **java.util.Date** e o retorna.

Esse Servlet criado tem que captar o comando (representado pelos caracteres **cmd**) para que seja decidida qual ação tomar de acordo com a chamada.

String cmd = request.getParameter("cmd");

Caso o valor seja nulo, o comando é alterado para uma String chamada **principal**.

if(cmd==null)

cmd = "principal";

A interface do DAO criada é chamada, assim como o Bean **Autor**, no trecho a seguir:

DAO dao;

Autor autor = new Autor( );

Fazendo isso, você pode utilizar o DAO para executar a ação desejada, assim como utilizar o Bean para modificar alguma informação existente no banco de dados ou transmitir alguma informação passada pelos formulários que você ainda irá criar. De qualquer forma, os dados passados deverão ser recuperados. Isso é feito usando o já conhecido **request.getParameter(String s)**.

Na condição de não ser nulo o comando e ser diferente de **principal**, os **setters** são chamados do Bean **Autor** e atribuídos a eles valores transmitidos, seja via formulário ou não.

Listagem 4.7 – Detalhe da condição transmitida ao Servlet

```
if(cmd!=null || !cmd.equalsIgnoreCase("principal")){
        try {
          String id = request.getParameter("id");
          if(id!=null)
           autor.setId(Integer.parseInt(id));

          autor.setNome(request.getParameter("nome"));
          autor.setEmail(request.getParameter("email"));
          autor.setNascimento(
                 strToDate(request.getParameter("nascimento"))
          );
        } catch (Exception ex) {
          ex.printStackTrace( );
        }
}
```

Dentro de um bloco **try/catch**, o **dao** é instanciado à classe **AutorDAOImp( )**, tornando-o pronto para uso de seus métodos.

```
    try
       {
        dao = new AutorDAOImp( );
...
```

O comando inicial do Servlet é o **listar** (veja **Listagem 4.8**). Caso você transmita a variável **cmd** com o valor **listar**, você dispara o bloco **if** existente em **try/catch**, chamando o método **todosAutores( )** , responsável por retornar um **List** contendo todos os dados existentes na tabela **autores**.

Este List é armazenado em um atributo requerido, e não uma session, no qual se chamará **autoresList**.

Quando um comando é executado com sucesso, uma página é redirecionada. No primeiro caso a página **mostrarAutoresCads.jsp** é chamada pelo Servlet para exibir os dados pedidos.

Listagem 4.8 – Detalhe da condição para mostrar todos os autores

```
if(cmd.equalsIgnoreCase("listar")){
   List autoresList = dao.todosAutores( );
   request.setAttribute( "autoresList", autoresList );
   rd = request.getRequestDispatcher( "/mostrarAutoresCads.jsp" );
}
```

O segundo comando listado é o de adicionar dados (**Listagem 4.9**). Nesse caso, os dados serão transmitidos para serem inseridos no banco de dados. Os **setters** criados anteriormente serão os responsáveis por capturar os dados vindos do formulário. Ao transmitir o formulário, esse, além de chamar o Servlet, deverá enviar a query string **cmd=adc**.

Ao ser verificado que é para adicionar os dados, o Servlet chamará o método **salvar(Autores autor)**, que transmitirá os dados enviados por esse formulário. Mais uma vez, após a chamada desse método, uma página é redirecionada para mostrar os resultados dados pela inserção:

Listagem 4.9 – Detalhe da condição para adicionar o autor

```
else if( cmd.equalsIgnoreCase( "adc" ) ){

	dao.salvar( autor );
	rd = request.getRequestDispatcher( "ServletAutores?cmd=listar" );

}
```

O terceiro comando listado no Servlet é o de **excluir** (**Listagem 4.10**). Caso o Servlet receba a query string **cmd=exc**, o método **excluir(Autores autor)** é chamado para eliminar uma linha no banco de dados. Neste caso, o **Id** do autor, tido como chave primária, é enviado para a chamada da exclusão.

Listagem 4.10 – Detalhe da condição para excluir o autor

```
else if( cmd.equalsIgnoreCase( "exc" ) ){

	dao.excluir( autor );
	rd = request.getRequestDispatcher( "ServletAutores?cmd=listar" );

}
```

O quarto comando listado no Servlet é o utilizado para atualização de dados (**Listagem 4.11**). Nesta ação, a primeira coisa a fazer é trazer os dados para um formulário, preenchendo-o com os dados atuais e então, após sua submissão, enviá-los para atualização. A situação ocorre da seguinte maneira:

Você enviará a query string **cmd=atu**, que retornará uma session chamada **autor**, contendo os dados do autor transmitido pelo método **procurarAutor(Integer id)**. A página **formAtuAutor.jsp** recuperará essa session e preencherá o formulário.

LISTAGEM **4.11** – DETALHE DA CONDIÇÃO PARA TRANSMITIR OS DADOS ATUAIS DO AUTOR

```
else if( cmd.equalsIgnoreCase( "atu" ) ){

        autor = dao.procurarAutor(autor.getAutorId( ));
        HttpSession session=request.getSession(true);
        session.setAttribute( "autor", autor );
        rd = request.getRequestDispatcher( "/formAtuAutor.jsp" );

}
```

O formulário de atualização enviará a query string **cmd=atualizar** (**Listagem 4.12**), transmitindo todos os dados do formulário e chamando o método **atualizar(Autor autor)**.

LISTAGEM **4.12** – DETALHE DA CONDIÇÃO PARA ATUALIZAR O AUTOR

```
else if( cmd.equalsIgnoreCase( "atualizar" ) ){

        dao.atualizar( autor );
        rd = request.getRequestDispatcher( "ServletAutores?cmd=listar" );

}
```

Em todo caso, se não houver o envio de uma query string, a página **index.jsp** é chamada (**Listagem 4.13**).

LISTAGEM 4.13 – COMANDO PADRÃO

```
else if( cmd.equalsIgnoreCase( "principal" ) ){

        rd = request.getRequestDispatcher( "/index.jsp" );

}
```

O método **forward**(HttpServletRequest **request**, HttpServletResponse **response**) é utilizado para redirecionar a página sempre que solicitada.

```
rd.forward( request, response );
```

AS VIEWS

As páginas de resposta ao usuário é o controle que esse tem sobre a aplicação desenvolvida. As páginas a seguir farão à manipulação dos dados existentes na tabela **autores** utilizando a lógica exercida pelo Servlet criado.

MOSTRANDO OS AUTORES CADASTRADOS

Para trazer os autores cadastrados, você criará a página da **Listagem 4.14** a seguir:

LISTAGEM 4.14 – A PÁGINA MOSTRARAUTORESCADS.JSP

```
<%@taglib uri="http://java.sun.com/jsp/jstl/core" prefix="c"%>
<%@taglib uri="http://java.sun.com/jsp/jstl/fmt" prefix="fmt"%>

<!DOCTYPE HTML PUBLIC
"-//W3C//DTD HTML 4.01 Transitional//EN"
"http://www.w3.org/TR/html4/loose.dtd">

<html>
```

```
<head>
   <title>Trabalhando com DAO e Model 2</title>
</head>
<body>
   <table border="1" cellpadding="2" cellspacing="0">
      <tr>
         <th>ID - Atualizar</th>
         <th>Nome</th>
         <th>E-mail</th>
          <th>Nascimento</th>
         <th>Excluir Autor</th>
      </tr>

   <c:forEach var="lista" items="${ requestScope.autoresList }">
      <tr>
         <td>
            <a href="ServletAutores?cmd=atu&id=${lista.id}">
               ${lista.id}
            </a>
         </td>
         <td>${lista.nome}</td>
         <td>${lista.email}</td>
         <td><fmt:formatDate value="${lista.nascimento}"
                     type="DATE"
                     pattern="dd/MM/yyyy"/>
         </td>
         <td>
            <a href="ServletAutores?cmd=exc&id=${lista.id}">
               Excluir
            </a>
         </td>
      </tr>
```

```
        </c:forEach>
        </table>
        <br />
        <a href="formInserindoDados.jsp">Adicionar um novo Autor</a>
        <br />
        <a href="index.jsp">Página Principal</a>
    </body>
</html>
```

Duas taglibs são adicionadas nesta página, uma vez que utiliza JSTL.

A **URI** do primeiro cabeçalho chama as tags CORE e o segundo cabeçalho são as tags de formatação.

A tag <c:forEach /> varre o List enviado pelo Servlet através de **requestScope**.

<c:forEach var="lista" items="${ requestScope.autoresList }">

A primeira coluna terá a exibição do ID do autor, contendo um link ao Servlet com a query string: **cmd=atu&id=NÚMERO DO ID** . Clicando nesse link, você submete ao Servlet o ID do autor que deseja atualizar, junto ao comando **atu**, que representa a chamada do formulário de atualização.

A impressão do ID, assim como os demais campos, são feitos pelos métodos **getters**, já dito anteriormente, como **getId( )**.

Na impressão do campo publicação, você terá que converter a data, para que a mesma seja exibida no seu formato correto (dd/MM/yyyy).

A action <**fmt:formatDate** /> fornece uma flexível formatação de zona de tempo utilizando objetos de **java.util.Date** de forma que a data e a hora depende do modo da zona de tempo do cliente. Em sua forma mais simples, a action <**fmt:formatDate** /> aplica o formato padrão da zona de tempo atual e tem a saída com JspWriter.

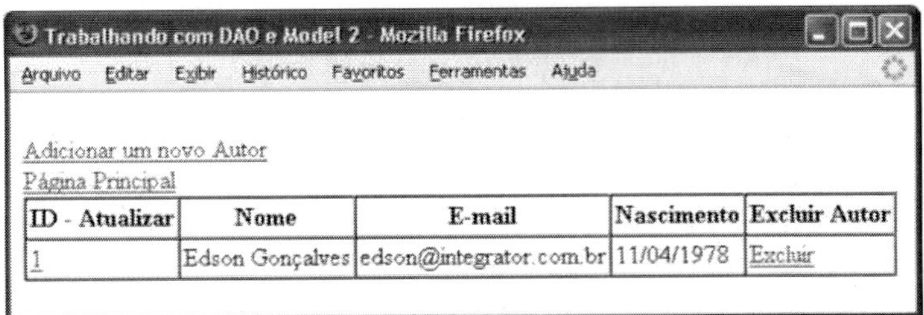

Figura 4.35 – Exibição dos autores cadastrados

A **Tabela 4.4** a seguir demonstra seus atributos:

Tabela 4.4 - *Atributos da action <fmt:formatDate />*

Atributos	Descrição
type	Pode ser time, date ou both. Usado para imprimir somente a hora, data ou ambos.
dateStyle	Pode ser usado short, medium, long ou full (ou default). Usado para imprimir a data.
timeStyle	Pode ser short, medium, long ou full (ou default). Usado para imprimir a hora.
value	Um valor do tipo java.util.Date usado para renderizar à data e à hora.

Para excluir um autor, o Servlet novamente deve ser chamado, enviando dois comandos: **exc** e o **ID** do autor que deseja remover do banco de dados. Para executar essa ação, a query string **cmd=exc&id=ID do autor** é transmitida para o Servlet para que esse execute o determinado.

Cadastrando novos Autores

Aproveitando o DAO, você vai criar um formulário (**Listagem 4.15**) que irá cadastrar os dados do novo autor que deseja armazenar:

Listagem 4.15 – A página formInserindoDados.jsp

```
...
<form action="ServletAutores?cmd=adc" method="post">
    <table>
        <tr>
            <td>Nome:</td><td><input type="text" name="nome" /></td>
        </tr>
        <tr>
                <td>E-mail:</td>
                <td><input type="text" name="email" /></td>
            </tr>
            <tr>
                <td>Nascimento (dd/mm/aaaa):</td>
                <td><input type="text" name="nascimento" /></td>
            </tr>
            <tr>
                <td colspan="2">
                    <input type="submit" name="btCadastrar" value="Enviar" />
                </td>
            </tr>
    </table>
</form>
...
```

Note no detalhe do atributo **action** da tag HTML <**form** /> que o mesmo Servlet será chamado, mas que dessa vez com um parâmetro.

ServletAutores?cmd=adc

O comando **adc** indicará ao Servlet que a ação a ser tomada será a de inserir os dados.

Atualizando o Autor

Na listagem para mostrar todos os autores cadastrados, o ID tem um link que possibilita atualizar as informações da sua aplicação. Mas antes será necessário um formulário preenchido com os dados anteriores. O formulário a seguir (**Listagem 4.16**) demonstra exatamente isso:

Listagem 4.16 – A página formAtuAutor.jsp

```
...
<%@taglib uri="http://java.sun.com/jsp/jstl/fmt" prefix="fmt"%>
...
<jsp:useBean id="autor" scope="session"
        class="br.com.integrator.Autor" />

<form action="ServletAutores?cmd=atualizar" method="post">
    <table>
        <tr>
            <td>ID:</td>
            <td>
                <input type="text" name="id"
                        value="${autor.id}" readonly="readonly" />
            </td>
        </tr>
        <tr>
            <td>Nome:</td>
            <td>
                <input type="text" name="nome" value="${autor.nome}" />
            </td>
        </tr>
```

```
        <tr>
            <td>E-mail:</td>
            <td>
                <input type="text" name="email" value="${autor.email}" />
                </td>
            </tr>
            <tr>
                <td>Nascimento (dd/mm/aaaa):</td>
                <td>
                        <input type="text" name="nascimento"
                            value="
                            <fmt:formatDate value="${autor.nascimento}"
                                type="DATE" pattern="dd/MM/yyyy"/>
                        " />
                </td>
            </tr>
            <tr>
                <td colspan="2">
                <input type="submit" name="btAtualizar" value="Atualizar" />
                </td>
            </tr>
    </table>
</form>
...
```

Este formulário captura as informações transmitidas pelo Servlet e as distribui pelo atributo **value** de cada campo HTML. Para que essa página pegue os valores resultantes na session armazenada pelo Servlet, basta chamar **<jsp:useBean** /> para trazer os dados encontrados no Bean **Autor** em um escopo de sessão. Com a query string **cmd=atualizar** você diz ao Servlet que deseja atualizar os dados que estão sendo enviados deste formulário. De resto, o Servlet se encarrega de chamar o método da classe DAO e atualizar os dados enviados e depois retornar aos autores listados.

Outro detalhe é que novamente JSTL é usado aqui para simplificar a formatação da data de nascimento do autor.

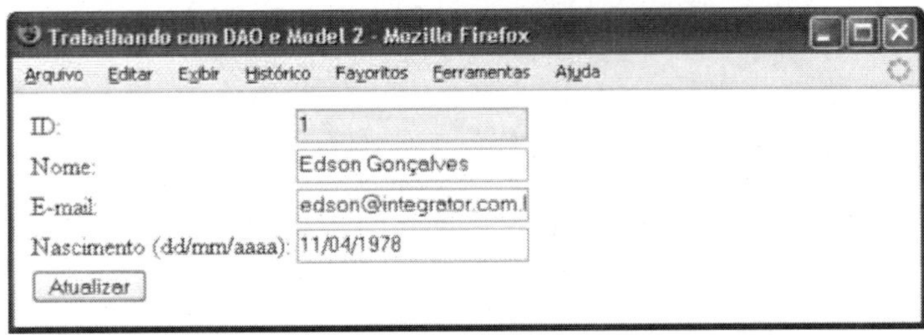

FIGURA 4.36 – FORMULÁRIO DE ATUALIZAÇÃO PREENCHIDO

POOL DE CONEXÕES

Quando uma aplicação Web acessa um banco de dados remoto, esse acesso pode ser feito por uma conexão JDBC, como visto anteriormente. Tipicamente, uma conexão de JDBC física é estabelecida entre a aplicação cliente e o servidor de banco de dados por uma conexão TCP/IP.

Pool de conexões reduzem expressivamente o tempo de conexões estabelecidas criando uma conexão física no início do sistema.

Quando uma aplicação requerer uma conexão, uma destas conexões físicas é fornecida a esta aplicação. Em um sistema comum, sem o pool de conexão, quando a aplicação termina de usar a conexão, este a desconecta, como feito anteriormente usando o método **close( )**. Porém, no caso de uma conexão física, essa é devolvida somente para o pool de conexões, onde espera o próximo pedido da aplicação para um novo acesso ao banco de dados.

CONFIGURANDO POOL DE CONEXÕES

No NetBeans IDE, você pode também configurar Pool de conexões. Para o exemplo, você vai configurar um no **GlassFish**.

No NetBeans, na janela **Services**, com o servidor de aplicações **GlassFish** rodando, clique com o direito do mouse e selecione o item **View Admin Console**. Entre com seu login e senha na área administrativa.

Na área administrativa, no frame esquerdo, expanda o nó de **Resources > JDBC** e clique em **Connection Pools**.

No frame direito, ao surgir **Connection Pool**, clique no botão **New**.

FIGURA 4.37 - CRIAÇÃO DE UM NOVO CONNECTION POOL NO GLASSFISH

A criação de um **Connection Pool** possui um assistente de duas etapas. Na primeira, você digita no campo **Name** e digita o nome do seu pool.

Em **Resource Type** selecione **javax.sql.DataSource** e em **Database Vendor** selecione **MySQL**. Clique no botão **Next**.

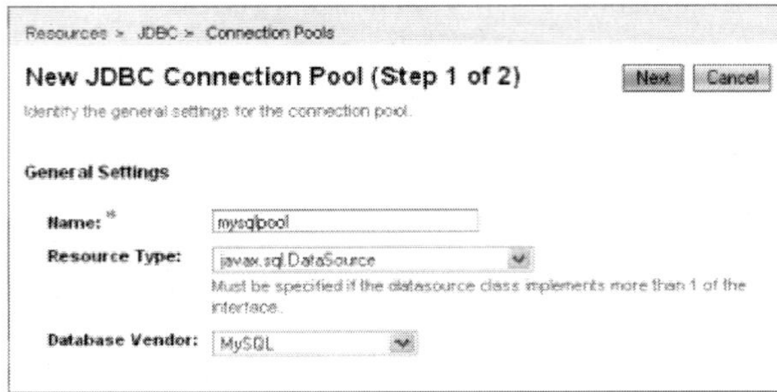

Figura 4.38 – Primeiro passo para a criação do Connection Pool

Na última etapa você apenas precisa alterar o item **Properties**. Em **Additional Properties**, altere as propriedades como mostradas na **Figura 4.39** a seguir e clique no botão **Finish**.

Additional Properties (5)

Add Property | Delete Properties

Name	Value
databaseName	livraria
password	integrator
portNumber	3306
serverName	localhost
user	edson

Figura 4.39 – Propriedades do banco de dados para a criação do Connection Pool

Voltando no frame da lateral esquerda, clique em **JDBC Resources**. No frame direito, em **JDBC Resources** clique no botão **New**.

Em **New JDBC Resource** digite no campo **JNDI Name** o nome do seu recurso e em **Pool Name** selecione o **Connection Pool** criado anteriormente. Confirme no botão **OK**.

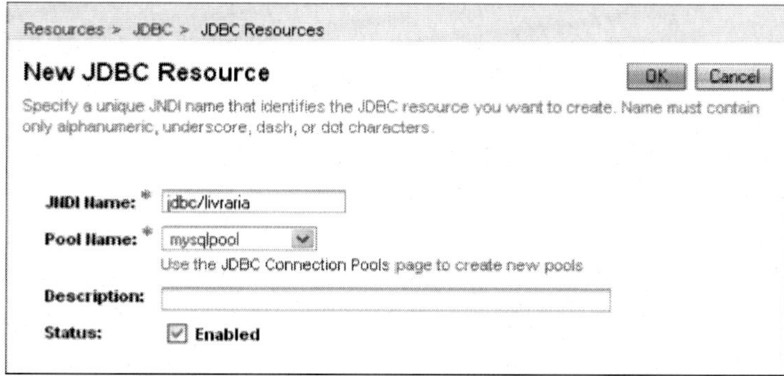

FIGURA 4.40 – CRIAÇÃO DE UM NOVO RECURSO JDBC

Voltando ao NetBeans você poderá expandir o nó do servidor **GlassFish V2** e depois os nós **Resources > JDBC > JDBC Resources**. Para visualizar o **JDBC Resource** criado, clique com direito do mouse sobre o item **JDBC Resources** e selecione no menu de contexto o item **Refresh**.

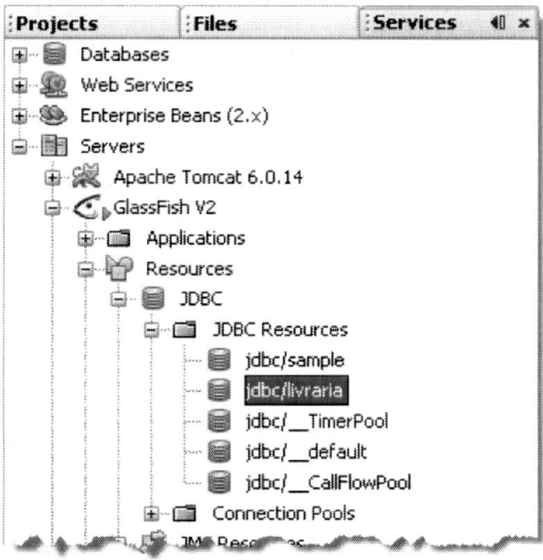

FIGURA 4.41 – O JDBC RESOURCE CRIADO SELECIONADO

CONFIGURANDO O POOL DE CONEXÕES NO DEPLOYMENT DESCRIPTOR

Voltando ao NetBeans, em sua aplicação, vá na janela **Projects** e expanda o nó de **Configuration Files**. Dê um duplo clique sobre o deployment descriptor (web.xml). Clique no botão **References**. Expanda **Resources References** e clique no botão **Add**.

Na caixa de diálogo **Add Resource Reference**, digite **jdbc/livraria** no campo **Resource Name** e selecione **javax.sql.DataSource** em **Resource Type**. Mantenha **Container** em **Authentification**. Confirme a caixa de diálogo.

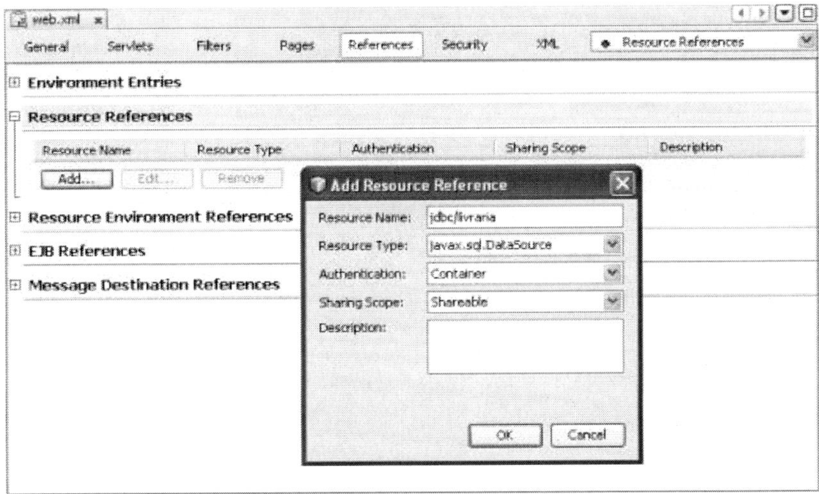

FIGURA 4.42 – ADICIONANDO RESOURCE REFERENCE NO DEPLOYMENT DESCRIPTOR

Vá até sua classe **ConnectionFactory** e altere o trecho mostrado na **Listagem 4.17** a seguir:

Listagem 4.17 – Alteração na classe ConnectionFactory

```
...
public static Connection getConnection( ) throws Exception {
        try {
          /*
           Class.forName("com.mysql.jdbc.Driver");
           return DriverManager.getConnection(
                   "jdbc:mysql://localhost/livraria", "edson", "integrator");

          */
           InitialContext ctx = new InitialContext( );
           DataSource ds =
                   (DataSource) ctx.lookup("java:comp/env/jdbc/livraria");
           return ds.getConnection( );

        } catch (Exception e) {
           throw new Exception(e.getMessage( ));
        }
}
...
```

Nota que o nome do seu JNDI que é o **jdbc/livraria** com um prefixo adicionado **java:comp/env/**. Este prefixo indica ao recipiente que este é recurso interno.

O restante do código pode ser mantido como está. Fixe as importações necessárias (**Ctrl + Shift + I**).

Na caixa de diálogo **Fix Imports** selecione **javax.sql.DataSource** em **DataSource**. Apenas confirme no botão **OK**.

COMO SUBIR SUA APLICAÇÃO EMPACOTADA AO SERVIDOR

Uma característica do Tomcat e também agora do GlassFish a partir da versão 2 (V2), o arquivo **context.xml** auxilia na geração automática de pool de conexões e nome de aplicações. Este arquivo deve ficar no diretório **META-INF** dentro de seu arquivo **WAR**.

A seguir você tem o exemplo de um **context.xml**, na **Listagem 4.18**:

LISTAGEM 4.18 – EXEMPLO DE UM ARQUIVO CONTEXT.XML

```
<?xml version="1.0" encoding="UTF-8"?>
<Context path="/TrabComPadroes">
    <Resource name="jdbc/livraria"
        auth="Container" type="javax.sql.DataSource"
        description="Banco Livraria"/>
</Context>
```

No Tomcat, por exemplo, você pode configurar da forma como a **Listagem 4.19** mostra:

LISTAGEM 4.19 – ARQUIVO CONTEXT.XML NO TOMCAT

```
<?xml version="1.0" encoding="UTF-8"?>
<Context path="/TrabComPadroes">
  <Resource auth="Container"
        driverClassName="com.mysql.jdbc.Driver"
        maxActive="20" maxIdle="10" maxWait="-1"
        name="jdbc/dataSource"
        password="integrator"
        type="javax.sql.DataSource"
        url="jdbc:mysql://localhost:3306/livraria"
        username="edson"/>
</Context>
```

O aperfeiçoamento

Embora você possa achar muito mais trabalhoso fazer um sistema dessa maneira, é com certeza, muito mais organizado e simples de ser aplicado depois. Perceba o quanto mais simples se tornou o desenvolvimento das páginas. Com o aperfeiçoamento pessoal em lógica, o código pode se tornar menor, e com certeza muito mais lógico se adotado um bom padrão de desenvolvimento unido a um framework, que é exatamente o que você vai aprender nos próximos capítulos, em conjunto com o NetBeans IDE.

PARTE 2

Java EE5: Avançando no desenvolvimento de aplicações Web

Capítulo 5
JavaServer Faces

JavaServer Faces é um framework desenvolvido pela Sun Microsystems, e é parte integrante da tecnologia do mundo de Java EE.

O framework JavaServer Faces foi desenhado para facilitar o desenvolvimento de aplicações Web através de componentes de interface de usuário (GUI) e conecta estes componentes a objetos de negócios.

O JavaServer Faces utiliza o paradigma MVC para trabalhar com sua apresentação e navegação de dados. Sua utilização é recomendada pela Sun Microsystems para o desenvolvimento Web com Java na atualidade.

Neste capítulo será apresentado:

- Os princípios de JavaServer Faces no NetBeans IDE;
- Como desenvolver aplicações JSF com acesso a banco de dados;
- Como validar erros e criar navegação por entre as páginas;
- A alteração das mensagens padrões de JSF.

UM PROJETO JAVASERVER FACES

Para que você se acostume com o desenvolvimento de páginas JSF, seu primeiro exemplo será pequeno e simples. Com este exemplo, você vai aprender a base característica do desenvolvimento de JavaServer Faces utilizando o NetBeans IDE.

Inicie a criação de um projeto Web. Digite o nome do seu projeto. Se quiser seguir o livro, chame-o de **PrimProjJSF**. Escolha seu servidor e clique no botão **Next** para prosseguir.

Na terceira etapa, marque a opção **JavaServer Faces** em **Select the frameworks you want to use in your web application**.

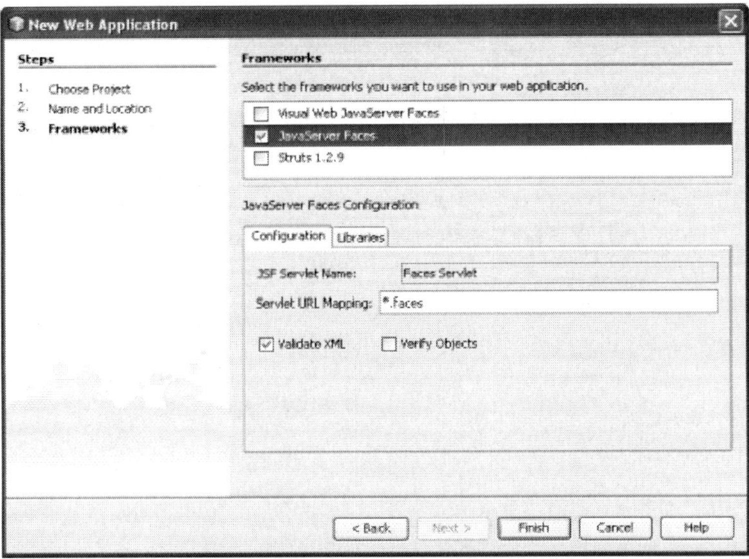

FIGURA 5.1 – CONFIGURANDO A TERCEIRA ETAPA DO ASSISTENTE DE CRIAÇÃO

Em **Servlet URL Mapping** você tem por padrão a configuração /**faces**/*, indicando que o acesso às aplicações escritas em JSF serão antecipadas da palavra **faces**/, o que teríamos, por exemplo, um link como o mostrado a seguir:

http://localhost:8080/PrimProjJSF/**faces**/pagina.jsp

Para este caso, você vai mudar para ***.faces**, ou seja, no acesso a suas aplicações escritas em JavaServer Faces, as páginas conterão a extensão **.faces**, como o link de exemplo mostrado a seguir:

http://localhost:8080/PrimProjJSF/pagina**.faces**

Ao terminar a configuração, basta clicar no botão **Finish**. O NetBeans IDE cria duas páginas JSP (forwardToJSF.jsp e welcomeJSF.jsp), onde a segunda contém um pequeno trecho de JavaServer Faces.

Se você estiver usando o Tomcat, expandindo o nó de **Libraries** você verá que o NetBeans IDE colocou todas as bibliotecas necessárias para o desenvolvimento de JSF. No caso do GlassFish, tais bibliotecas já estão embutidas no servidor, o que não será necessário esta adição.

Em uma aplicação que utilize o framework JavaServer Faces na versão 1.2, há a necessidade de oito arquivos do tipo JAR (bibliotecas) para que sejam acessados pelo servidor ou pela aplicação Web:

Quatro JARs Commons:

1. **commons-beanutils.jar**
2. **commons-collections.jar**
3. **commons-digester.jar**
4. **commons-logging.jar,**

Dois JARs JSF:

1. **jsf-api.jar**
2. **jsf-impl.jar**

Dois JARs JSTL:

1. **jstl.jar**
2. **standard.jar**

Em uma um ambiente de produção, estas bibliotecas devem estar disponíveis em sua aplicação no diretório **lib**, encontrado em **WEB-INF,** caso o servidor não as disponibilize nativamente.

> **Observação:** O JavaServer Faces atualmente está na versão 1.2, suportado apenas pelos servidores Java EE 5. Se o usuário tiver disponível um Servlet Container como o Tomcat versão 5.5, que implementa Java EE 1.4 (J2EE 1.4), será necessária a configuração do JavaServer Faces n a versão 1.1 (anterior a atual).

Trabalhando com JavaServer Faces

Assim que configurado, você apenas precisa criar um exemplo para começar a entender como funciona o JavaServer Faces.

O primeiro exemplo terá apenas um campo para o envio de nomes. Este exemplo contará com uma validação, para o caso do usuário entrar com um valor inválido, não alfabético, retornando um erro.

Caso retorne o erro, além de manter preenchido o campo digitado, também mostrará uma mensagem, solicitando a alteração.

Criando o JavaBean

O JavaBean mostrado a seguir será o responsável pela comunicação entre a página inicial, que o usuário digitará o nome, em um formulário, e a página que resultará na mensagem de boas vindas, caso esta seja submetida com sucesso.

No NetBeans IDE, crie uma nova classe e chame-a de **NomeBean**. Coloque no pacote **br.com.integrator** e clique no botão **Finish** para confirmar.

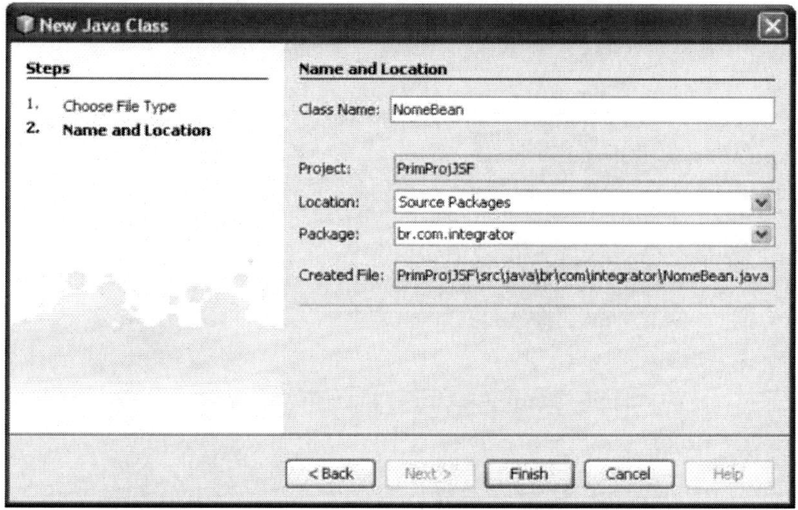

FIGURA 5.2 – CRIAÇÃO DA CLASSE NOMEBEAN

Altere o seu Bean como mostrado na **Listagem 5.1** a seguir:

LISTAGEM 5.1 – CLASSE NOMEBEAN

```
...
public class NomeBean {

   private String nome = null;

   public void setNome(String nome) {
      this.nome = nome;
   }

   public String getNome( ) {
      return nome;
   }
   public String acao( ) {
```

```
        boolean sucesso = true;
        FacesContext context =
            FacesContext.getCurrentInstance( );
        if (nome != null) {
          for (int i = 0; i < nome.length( ); i++) {
            char c = nome.charAt(i);
            if (!Character.isLetter(c) &&
                !Character.isSpaceChar(c)) {
              String msg=
                  "Digite somente caracteres alfabéticos.";
              FacesMessage message =
                  new FacesMessage(msg);
              context.addMessage("formulario", message);
              sucesso = false;
              break;
            }
          }
        } else {
          sucesso = false;
        }
        return (sucesso ? "sucesso" : "falha");
    }

}
```

Para as importações, fixe com o atalho **Ctrl+Shift+I** (**Source > Fix Imports**). Este Bean, tem um método especial chamado de **acao( )**, que possui duas responsabilidades:

1 - Verificar se o valor transmitido (no caso o nome), não é um caractere literal – através do método **isLetter( )** - e também não se trata de um espaço – através do método **isSpaceChar( )**.

```
if (!Character.isLetter(c) &&
        !Character.isSpaceChar(c)) { ...
```

Com a instância de **FacesContext** você obtém todas as informações de estado por requisição usadas para o processamento de um pedido JSF. O método **getCorrentInstance( )** obtém a instância atual da classe **FacesContext**.

```
FacesContext context =
        FacesContext.getCurrentInstance( );
```

Para adicionar uma mensagem, a classe **FacesMessage** representa uma única validação ou mensagem que é tipicamente associada à um componente particular na view. Neste caso, o método **addMessage( )**, da instância **FacesContext**, é chamado. A mensagem anexada está associada ao componente UI, se este não for nulo.

```
FacesMessage message =new FacesMessage(msg);
context.addMessage("formulario", message);
```

Resumindo, se o valor transmitido não estiver correto, uma mensagem é retornada. Note o **return** no final do método, onde uma String é transmitida em caso de **sucesso** ou em caso de **falha**. Esta String é o objeto de navegação do exemplo, que é feita pelo arquivo **faces-config.xml** (que veremos a seguir).

CONFIGURANDO A NAVEGAÇÃO DA SUA APLICAÇÃO

Como sabe, toda a navegação da sua aplicação passa pelo arquivo de configuração **faces-config.xml**. Desta forma, este arquivo já deve ter sido adicionada pela IDE, uma vez que o projeto tem uma pré-configuração para JavaServer Faces.

Expanda o nó de **Configuration Files**, em **Projects**, e dê um duplo clique em **faces-config.xml**. Observe que o NetBeans mostra graficamente as duas páginas existentes no projeto. Na parte superior, existem duas opções de visualização: **PageFlow** (a padrão) e **XML**.

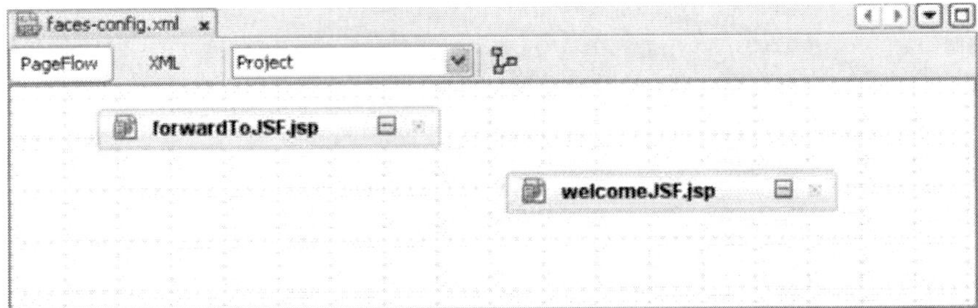

FIGURA 5.3 – DEMONSTRAÇÃO VISUAL DO ARQUIVO FACES-CONFIG.XML

Clique na opção de visualização XML, e com o direito do mouse por entre os elementos **<faces-config />**, selecione no menu de contexto o item **Add Managed Bean** em **JavaServer Faces**.

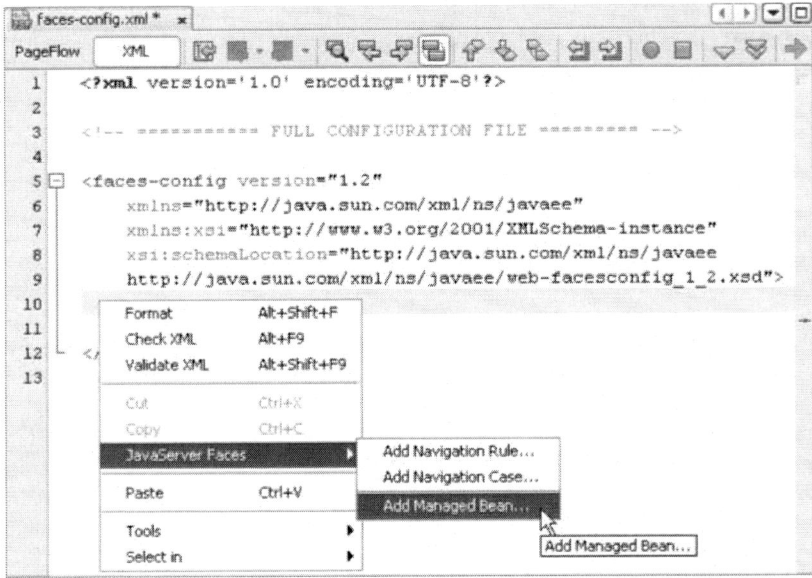

FIGURA 5.4 – SELEÇÃO DA OPÇÃO ADD MANAGED BEAN

Na caixa de diálogo **Add Managed Bean** digite **NomeBean** em **Bean Name**. Em **Bean Class**, clique no botão **Browse** e selecione o bean **NomeBean**. Selecione **session** em **Scope** e clique no botão **Add** para confirmar.

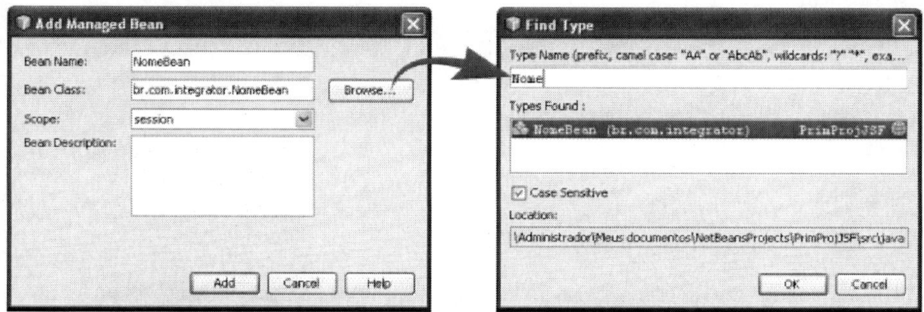

Figura 5.5 – Configuração visual de <managed-bean-name> de faces-config.xml

O NetBeans IDE irá gerar no editor, dentro do arquivo **faces-config.xml**, os elementos mostrados na **Listagem 5.2** a seguir:

Listagem 5.2 – Configuração de <managed-bean-name />

```
...
  <managed-bean>
    <managed-bean-name>NomeBean</managed-bean-name>
    <managed-bean-class>
          br.com.integrator.NomeBean
    </managed-bean-class>
    <managed-bean-scope>session</managed-bean-scope>
  </managed-bean>
</faces-config>
```

Com o elemento <**managed-bean** /> é configurado o nome do Bean, a classe e o escopo (no caso **session**).

O Bean será o responsável por enviar e trazer os dados. O escopo, encontrado no elemento <**managed-bean-scope** />, é o que determina se os dados serão persistidos através de uma requisição (request) ou por uma sessão (session), sendo estes os mais comuns.

Mas a navegação das páginas ainda não está definida. Por entre os elementos <**faces-config**/>, clique novamente com o direito do mouse. No menu de contexto selecione **Add Navigation Rule**, em **JavaServer Faces**. Na caixa de diálogo **Add Navigation Rule**, clique no botão **Browse**, em **Rule from View**, e selecione a página **welcomeJSF.jsp**. Confirme no botão **Add**.

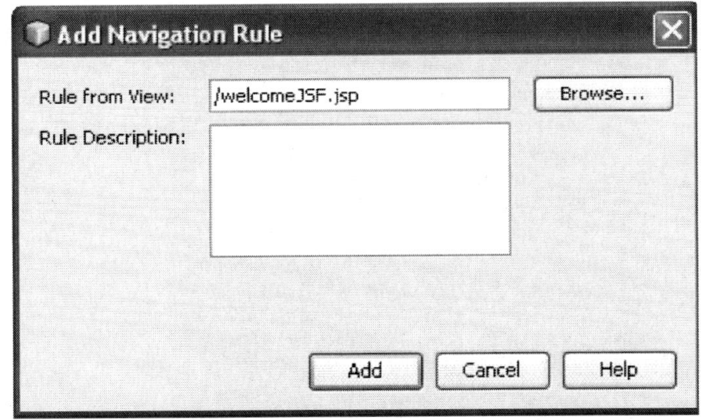

FIGURA 5.6 – CONFIGURANDO A REGRA DE NAVEGAÇÃO

O NetBeans IDE desta vez adicionará mais elementos de configuração ao arquivo **faces-config.xml**. Estes elementos serão semelhantes ao mostrado na **Listagem 5.3** a seguir:

Listagem 5.3 – Adição de <navigation-rule/>

```
...
  <navigation-rule>
    <from-view-id>/welcomeJSF.jsp</from-view-id>
  </navigation-rule>
...
```

No elemento <**navigation-rule** />, você tem um elemento chamado de <**from-view-id**/>, que determina a página vista inicialmente na sua aplicação. Adicionalmente, você também pode ter o elemento <**description**/> - que foi omitido pelo não preenchimento do campo ***Rule Description*** na criação da regra de navegação - é determinado para comentários.

Restam duas configurações para completar a navegação: uma para o caso de sucesso e a outra em caso de falha do envio dos dados.

Para o caso de sucesso, você vai criar uma página JSP simples, que conterá uma mensagem ao final. Para fazê-la, você pode ir até a opção **PageFlow**, clicar com o direito do mouse e selecionar o único item **New File**. Na caixa de diálogo **New File**, selecione **JSP** e prossiga. Coloque em seu nome **boasVindas** e confirme. Esta página não possuirá conteúdo, ao menos por enquanto.

Retornando à **faces-config.xml**, agora você possui três páginas sendo representadas graficamente em **PageFlow**. No canto direito da imagem que representa a página **welcomeJSF.jsp**, há um quadrado. Arrastando deste quadrado, você faz uma linha de navegação, ao qual pode apontar para a mesma página ou para outra. Arraste de **welcomeJSF.jsp** até a imagem que representa **boasVindas.jsp** e solte.

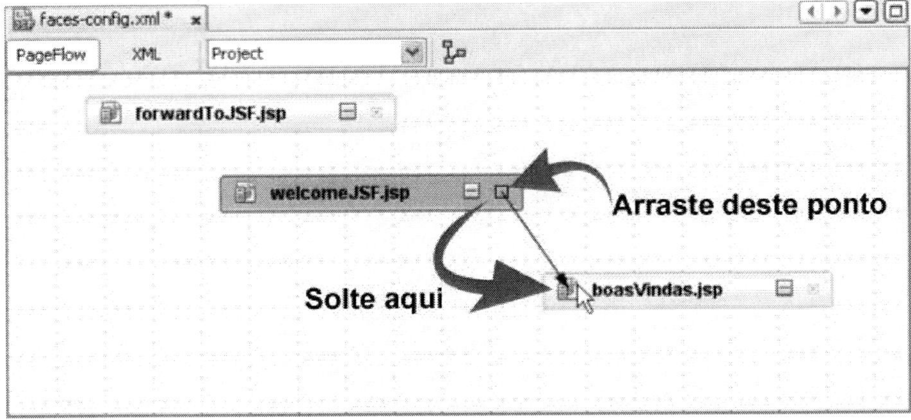

Figura 5.7 – Adicionando a navegação por entre as páginas

Ao soltar, observe que uma linha contendo o texto **case1** fora criada. Selecione esta linha com um clique. Na janela **Properties**, digite sucesso em **Outcome**. Observe que o texto da linha foi modificado.

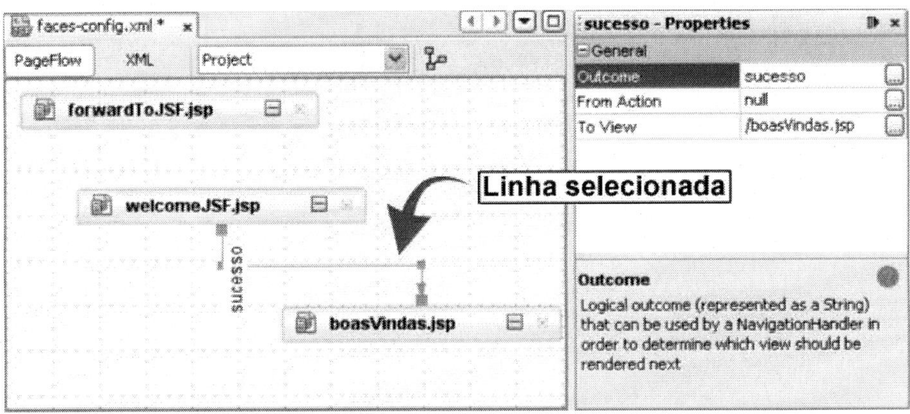

Figura 5.8 – Alterando a string de navegação

Para a falha de envio, refaça todo o processo de arrastar, começando pelo **welcomeJSF.jsp** e soltando sobre o mesmo. Altere em **Outcome** para falha.

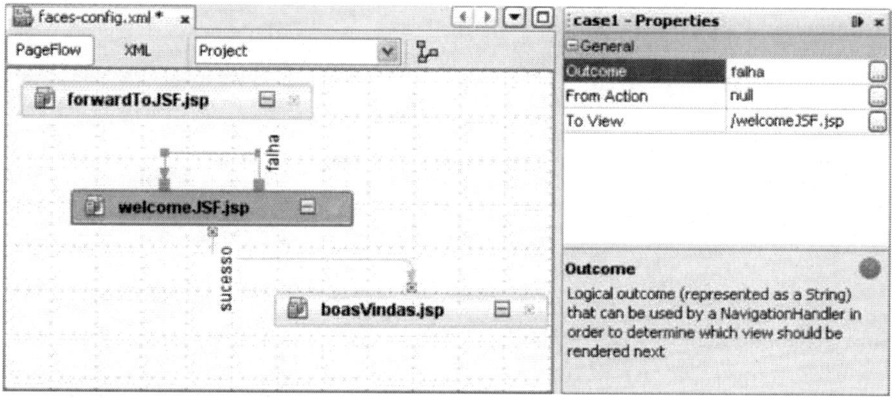

Figura 5.9 – A regra de navegação em caso de falha

O NetBeans IDE, dentro do elemento <**navigation-rule**/>, em **faces-config.xml**, adicionará dois elementos <**navigation-case**/>, como demonstra a **Listagem 5.4**.

Listagem 5.4 – Adição de <navigation-case />

```
...
<navigation-rule>
    <from-view-id>/welcomeJSF.jsp</from-view-id>
    <navigation-case>
      <from-outcome>sucesso</from-outcome>
      <to-view-id>/boasVindas.jsp</to-view-id>
    </navigation-case>
    <navigation-case>
      <from-outcome>falha</from-outcome>
      <to-view-id>/welcomeJSF.jsp</to-view-id>
    </navigation-case>
</navigation-rule>
...
```

O elemento <**navigation-case** /> determina qual página deverá ser exibida, dependendo da string enviada pelo Bean. Caso receba uma string, seja de sucesso ou falha, o elemento <**from-outcome** /> é acionado, direcionando o navegador do usuário a página encontrada no elemento <**to-view-id** />.

AS PÁGINAS DA SUA APLICAÇÃO JSF

Para que as regras definidas no Bean e no arquivo **faces-config.xml** funcionem, primeiro você tem que criar a página que submeterá os dados digitados e exibirá a mensagem de erro. Esta página será a já existente, criada com o projeto, **welcomeJSF.jsp**. Altere esta página como apresentado na **Listagem 5.5**.

> **DICA:** No arquivo **faces-config.xml**, se estiver em **PageFlow**, dê um duplo clique na página que deseja abrir ou jogar o foco (menos em cima do texto). No caso de estar em **XML**, pressione **Ctrl** e dê um clique onde aparecer o nome da página.

LISTAGEM 5.5 – ALTERAÇÃO DA PÁGINA WELCOMJSF.JSP

```
...
<body>
        <f:view>

                <h:form id="formulario">
                Digite seu nome:
                <h:inputText id="nome"
                        value="#{NomeBean.nome}"
                        required="true" />

                <h:commandButton
                        action="#{NomeBean.acao}"
                        value="Enviar"
                        id="submit" />
```

```
                <br />

                <h:messages />
            </h:form>

        </f:view>
</body>
...
```

Assim como ocorre com outras bibliotecas de tags, o JavaServer Faces é configurado através da diretiva **taglib**, onde existem as bibliotecas que manipulam o **HTML** e a **Core**.

Para usar as tags personalizadas que representam componentes JavaServer Faces, você precisa das duas diretivas **taglib**, encontradas no início da página **welcomeJSF.jsp.**

```
<%@ taglib uri="http://java.sun.com/jsf/html"
                                prefix="h"%>

<%@ taglib uri="http://java.sun.com/jsf/core"
                                prefix="f"%>
```

Todas as tags personalizadas, que representam os componentes JSF, devem estar incluídas nas tags <**f:view** /> da biblioteca **Core**.

Dentre as tags JSF adicionadas na página, a tag <**h:form** />, representa um componente **UIForm** e cria um formulário para envio de dados pelo JSF. Note o atributo **id** com o valor **formulário**. Este é usado no método **acao( )** do JavaBean, criado para determinar o local onde será exibida a mensagem de erro, quando houver.

A tag <**h:inputText** /> , representa o componente **UIInput**, ao qual aceita valores de entrada, é a responsável pela geração da caixa de texto que receberá o nome a ser digitado. O atributo **id**, com o valor **nome**, determina o nome desse componente que, na renderização, se torna o nome da caixa de texto. No atributo **value** você tem o EL referente ao Bean criado, dando assim a você o retorno garantido do valor digitado em caso de erro, ou melhor, o valor enviado é retornado à caixa de texto preenchendo o atributo **value** do HTML gerado. Através do atributo **required**, possuindo o valor booleano **true**, torna obrigatório o preenchimento deste campo.

Com a tag **<h:commandButton />** , representando o componente **UICommand**, você cria o botão de envio. Sua execução ocorre através do atributo **action**, que chama o método **acao( )** existente no JavaBean **NomeBean**. Com isso, a página direciona seus dados conforme o trabalho deste método. O atributo **value** determina o rótulo para o botão (como ocorre no HTML).

Por último há uma tag **<h:messages />**, que resulta em mensagens trazidas pela API do JSF ou pelo JavaBean configurado.

A página de sucesso no envio

A página **boasVindas.jsp** é a responsável, pelo que foi determinado em **faces-config.xml**, através da nossa regra de navegação, a ser direcionada caso o envio seja feito com sucesso. Esta página será responsável por mostrar o nome que o usuário enviou. Na **Listagem 5.6** a seguir, altere como determinado.

Listagem 5.6 – Alterações do arquivo boasVindas.jsp

```
...
<%@ taglib uri="http://java.sun.com/jsf/html" prefix="h"%>
<%@ taglib uri="http://java.sun.com/jsf/core" prefix="f"%>

<!DOCTYPE HTML PUBLIC
"-//W3C//DTD HTML 4.01 Transitional//EN"
"http://www.w3.org/TR/html4/loose.dtd">

<html>
   <head>
      <title>Trabalhando com JSF no NetBeans</title>
   </head>
```

```
    <body>
        <f:view>
            Olá <h:outputText value="#{NomeBean.nome}"/><br />
        </f:view>
    </body>
</html>
```

A saída do nome, como resultado positivo, vindo do Bean, é feito pela tag <**h:outputText** />.

A página **forwardToJSF.jsp** poderá ser alterada a seu gosto, embora ela esteja pronta com um redirecionamento para **welcomeJSF.jsp**. Rode a aplicação e tente enviar um texto contendo um caractere numérico. Em seguida, corrija e envie os dados corretamente, conforme as regras estabelecidas no Bean.

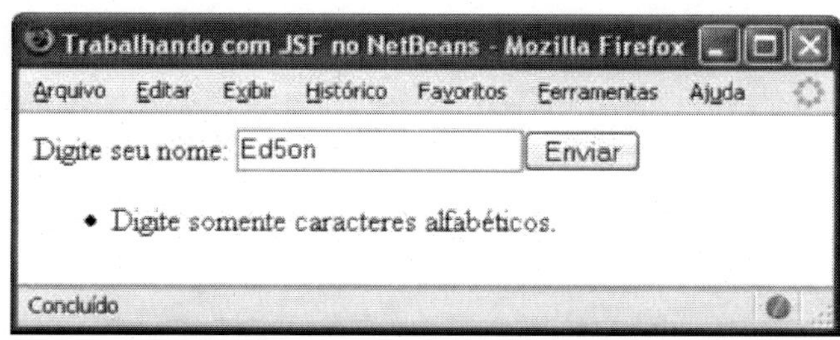

Figura 5.10 – Erro apresentado pelo envio incorreto de dados

Conhecendo melhor o JavaServer Faces

Agora que você já fez sua primeira aplicação em JSF, é mais fácil de entender os serviços que o framework JSF oferece ao desenvolvedor. Como você pôde ver, o framework JSF é responsável por interagir com o usuário (cliente), e fornece ferramentas para criar uma apresentação visual, a parte lógica e a lógica de negócios de uma aplicação Web. Porém, o escopo de JSF é restringido à camada de apresentação. A persistência de banco de dados e outras conexões de back-end estão fora do escopo de JSF.

Para melhor compreensão, a seguir você tem um resumo de como funciona as páginas JavaServer Faces:

A ARQUITETURA MODEL-VIEW-CONTROLLER

JSF conecta a apresentação e ao modelo. Como você viu, um componente de apresentação pode ser unido a uma propriedade Bean de um objeto modelo, como o de uma tag JSF <**h:outputText/**>.

<h:outputText value="#{NomeBean.nome}"/>

Além disso, JSF opera como o controlador (controller) que reage ao usuário processando a ação e os eventos de alteração de valores, enquanto dirige o código para atualizar o modelo ou a apresentação. Por exemplo, você invocou o método **acao( )** para conferir se um usuário havia digitado apenas caracteres alfabéticos, através da tag JSF

<**h:commandButton/**>.

```
<h:commandButton
        action="#{NomeBean.acao}"
        value="Enviar"
        id="submit" />
```

Quando o botão é clicado e o formulário é enviado (submetido) ao servidor, a implementação JSF invoca o método para checar o bean do usuário. Aquele método pode entrar em ação arbitrária para atualizar o modelo e devolver para a navegação o ID da próxima página a ser exibida.

CONVERSÃO DE DADOS

Usuários entram com os dados em um formulário Web como texto. Os objetos de negócios querem dados como números, datas ou outros tipos de dados. JavaServer Faces pode personalizar a regra de conversão.

Validação e manipulação de erros

JavaServer Faces faz isto com regras de validação para campos como "este campo é obrigatório". Claro que, quando os usuários entrarem com dados inválidos, você precisa exibir mensagens de erros mais apropriadas. Como já fora feito anteriormente no exemplo mostrado, através do uso de **FacesMessage**, enviando o resultado através do contexto.

```
String msg = "Digite somente caracteres alfabéticos.";
FacesMessage message =
        new FacesMessage(msg);
    context.addMessage("formulario", message);
```

Internacionalização

O suporte à internacionalização como codificações de caractere e a seleção de pacotes de recursos são fornecidos por JavaServer Faces.

Componentes customizados

O desenvolvedor de componentes pode criar componentes sofisticados que são chamados pelos designers simplesmente arrastando para suas páginas, desde que haja uma ferramenta GUI para isso.

Além disso, por padrão, JSF produz HTML em sua saída, mas é extensível o suficiente para produzir outros tipos de saídas.

As tags padrões de JavaServer Faces

Desenvolver em JavaServer Faces requer conhecimento em suas tags, o que determina sua utilização. A seguir você terá um resumo das tags encontradas em suas bibliotecas e o que estas produzem.

AS TAGS JSF HTML

A biblioteca de tags HTML contém elementos de ação que representam componentes de JSF associados com renderers que trabalham como os elementos HTML. A maioria das ações nesta biblioteca representa um componente HTML padrão, que fornece uma interface com método assessor para a combinação das propriedades do tipo de componente genérico e os atributos suportados pelo renderer associado.

Essas tags podem ser chamadas através da diretiva **taglib** existente em uma página JSP, como a mostrada a seguir:

```
<%@ taglib uri="http://java.sun.com/jsf/html" prefix="h"%>
```

A biblioteca HTML do JSF é chamada pela URI:

http://java.sun.com/jsf/html

Que por sua vez contém o prefixo padrão **h**.

A **Tabela 5.1** a seguir demonstra as tags HTML de JSF:

TABELA 5.1 - TAGS HTML DO JSF

TAG	DESCRIÇÃO
form	Um formulário HTML
inputText	Um caixa de texto de entrada: <input type="text" />
inputTextarea	Uma caixa de texto de múltiplas linhas: <textarea />
inputSecret	Uma caixa de texto de senha: <input type="password" />
inputHidden	Campo oculto: <input type="hidden" />
outputLabel	Rótulo de um determinado campo: <label />
outputLink	Âncora HTML: <a />
outputText	A saída de texto em uma única linha
outputFormat	Como outputText, mas com formatos
commandButton	Botão (submit, reset, or pushbutton): <input type="submit" />
commandLink	Link com ação como um pushbutton
message	Mostra a mensagem para um componente
messages	Mostra todas as mensagens

graphicImage	Mostra uma imagem: <img />
selectOneListbox	Caixa de listagem
selectOneMenu	Menu de seleção
selectOneRadio	Botão de rádio
selectBooleanCheckbox	Checkbox
selectManyCheckbox	Multiplos checkboxes
selectManyListbox	Multi-seleção da caixa de listagem
selectManyMenu	Multi-seleção de menu
panelGrid	Tabela HTML: <table />
panelGroup	Dois ou mais componentes que são dispostos como um
dataTable	Tabela preenchida com informações vindas de uma persistência de dados
column	Coluna em um dataTable

Atributos suportados pertencentes ao HTML

As tags HTML JSF suportam a maioria dos atributos que a especificação do HTML 4.01 possui. A **Tabela 5.2** a seguir demonstra os atributos suportados.

Tabela 5.2 - Atributos suportados mas pertencentes também ao HTML

Nome do atributo	Tipo no Java	Descrição
accept	String	Uma lista separada por vírgula de content types que diz ao servidor como processar corretamente o controle do formulário.
acceptcharset	String	Corresponde ao atributo HTML accept-charse. Um espaço e /ou uma lista separado por vírgulas de caracteres aceitos pelo servidor no processamento do formulário.
alt	String	Texto alternativo mostrado pelo browser quando não é possível mostrar o elemento.
border	String	O número em pixels do quadro ao redor da tabela.
cellpadding	String	A quantidade de espaço entre o limite da célula e o conteúdo seu conteúdo, em pixels ou em porcentagem.
cellspacing	String	A quantidade de espaço entre as células, em pixels ou em porcentagem.
charset	String	O encode de caracteres.
coords	String	Uma lista de valores separados por vírgula indicando a posição do elemento na tela.
dir	String	A direção do texto: ltr (left-to-right) ou rtl (right-to-left).
disabled	boolean	Se true, o elemento é desabilitado.

enctype	String	O content type usado para o formulário no envio de dados POST.
frame	String	Pode ser um: void, above, below, hsides, lhs, rhs, vsides, box, ou border. Especifica os lados visíveis de um quadro.
hreflang	String	Usado somente com o atributo href. Especifica a linguagem do recurso referido.
lang	String	A linguagem base.
longdesc	String	A descrição de uma imagem.
onblur	String	Evento executado ao perder o foco do elemento no lado cliente que.
onchange	String	Evento executado no elemento quando há uma alteração no lado cliente. Somente válidos para <input/>, <select/> e <textarea/>.
onclick	String	Evento executado quando o elemento (objeto HTML) é clicado no lado cliente.
ondblclick	String	Evento executado quando o elemento recebe um duplo-clique no lado cliente.
onfocus	String	Evento executado quando o elemento ganha o foco. Válido para <a/>, <area/>, <label/>, <input/>, <select/>, <textarea/>e <button/>.
onkeydown	String	Evento executado quando o elemento detém o foco e uma tecla é pressionada e mantida; no lado cliente.
onkeypress	String	Similar ao onkeydown, com a diferença que é apenas pressionada.
onkeyup	String	Evento executado quando o elemento detém o foco e uma tecla foi pressionada e é solta no lado cliente.
onmousedown	String	Evento executado quando o elemento é clicado e se mantém pressionado no lado cliente.
onmousemove	String	Evento executado quando um arraste é feito pelo mouse sobre o elemento no lado cliente.
onmouseout	String	Evento executado quando o ponteiro do mouse sai do elemento no lado cliente.
onmouseover	String	Evento executado quando o ponteiro do mouse está sobre o elemento no lado cliente.
onmouseup	String	Evento executado quando o mouse foi pressionado e é solto no lado cliente
onreset	String	Evento somente válido para formulários no lado cliente. Executa reiniciando seus valores padrão.
onselect	String	Evento executado quando há uma seleção no lado cliente. Para campos <input /> e <textarea />.
onsubmit	String	Evento no lado cliente executado quando o formulário é submetido.
readonly	boolean	Se true, o elemento contém um conteúdo somente para leitura.
rel	String	Uma lista espaços separada de tipos de links, descrevendo a relação do documento atual e do documento referenciado.
rev	String	Uma lista de espaços separados por tipos de links, descrevendo o link reverso para o documento referido.
rules	String	Pode ser: none, groups, rows, cols ou all. Especifica a regra de visibilidade entre células em uma tabela.
shape	String	Pode ser: default, rect, circle ou poly. Especifica a forma de uma região.

size	String	A largura de um campo input em números de caracteres visíveis ou número visível de opções em uma lista de seleção.
style	String	Folhas de Estilo (CSS) explícito.
styleClass	String	Um ou mais nomes de classes de folhas de estilo separadas por espaço. No HTML o atributo para isso é class, mas que infelizmente não pode ser usado por uma tag personalizada (customizada) do JSP (palavra reservada). O atributo class, no HTML, é utilizado para chamar um estilo.
summary	String	Um resumo do propósito de uma tabela.
tabindex	String	A posição do elemento ordenando em tabulação, um número entre 0 e 32767.
target	String	O nome do quadro que devera exibir a resposta resultante do pedido disparado pelo elemento.
title	String	Usado como tool-tip (dica de tela) do elemento.
type	String	Quando usado com um elemento <a />, uma sugestão sobre o content type do recurso referenciado.
width	String	A largura de uma tabela, em pixels ou em porcentagem sobre o espaço avaliado na página em questão.

No JavaServer Faces 1.2 é possível adicionar uma mensagem diretamente a tag de um <h:inputText />, por exemplo, através do atributo **requiredMessage** para exibir caso o campo não tenha sido preenchido.

```
<h:inputText id="nome"
        value="#{NomeBean.nome}"
        required="true"
      requiredMessage="Este campo é obrigatório"/>
```

Há também o **validatorMessage** que exibe mensagens caso haja um erro no validador ou **converterMessage**, para exibir mensagens vindas de um conversor.

As Tags JSF Core

A biblioteca de tags Core contém elementos de ação que representam objetos JSF, que são independentes da linguagem de marcação da página, como conversores e validadores.

Estas tags podem ser chamadas através da diretiva **taglib** existente em uma página JSP, como a mostrada a seguir:

<%@ taglib uri="http://java.sun.com/jsf/core" prefix="f"%>

A biblioteca Core do JSF é chamada pela **URI**:

http://java.sun.com/jsf/core

Esta contém o prefixo padrão **f** (evitando-se a letra c por conflitos a biblioteca Core de JSTL).

A **Tabela 5.3** a seguir demonstra as tags Core de JSF:

TABELA 5.3 - JSF TAGS CORE

TAG	DESCRIÇÃO
view	Cria uma view de nível superior
subview	Cria uma subview de uma view
facet	Adiciona um facet para um componente
attribute	Adiciona um atributo (key/value) para um componente
param	Adiciona um parâmetro para um componente
actionListener	Adiciona uma ação ouvinte para um componente
valueChangeListener	Adiciona um ouvinte para verificar mudanças nas propriedades de um componente
converter	Acrescenta um conversor arbitrário a um componente
convertDateTime	Adiciona um conversor para data e hora em um componente
convertNumber	Adiciona um conversor numérico para um componente
validator	Adiciona um validador para um componente
validateDoubleRange	Valida um intervalo double para o valor de um componente
validateLength	Valida a largura de um componente
validateLongRange	Valida um intervalo long para o valor de um componente
loadBundle	Carrega um pacote de recursos, armazena propriedades como um Map
selectitems	Especifica itens para uma seleção ou seleciona muitos componentes
selectitem	Especifica um item para uma seleção ou seleciona muitos componentes
verbatim	Adiciona markup para uma página JSF

Ciclo de Vida do JSF

Todos os pedidos devem ser controlados pelo FacesServlet. O FacesServlet é a parte Controller do padrão MVC. Controla roteando o tráfico e administrando o ciclo de vida dos beans e componentes de interface do usuário (UI).

Os componentes UI são organizados em uma estrutura em árvore. O componente raiz é o UIViewRoot e são representados em uma página JSP através da tag **<f: view />**, como visto no exemplo desenvolvido. Cada componente pode ser associado com os métodos e atributos de um bean. Cada componente também pode ser associado com uma função de validação ou classe.

Em outras palavras, um ciclo de vida do JSF é composto por várias fases. Numa requisição podemos passar por todas essas fases ou por nenhuma, dependendo do tipo de pedido, de erros que ocorrem durante as validações, conversões e do tipo de resposta.

Uma requisição e uma resposta são consideradas **faces request/response** se contiverem tags JSF, assim como as que não as contém são chamadas de **non-faces request/response**. Uma **non-faces request** pode vir de um clique em um link, por exemplo.

Como dito, toda requisição é recebida pelo FacesServlet e prossegue a passagem pelas fases até uma resposta ser retornada ao cliente. O FacesServlet recupera uma instância de FacesContext do FacesContextFactory, fornecendo uma implementação de LifeCycle. O processamento do ciclo de vida é então delegado a interface LifeCycle a partir da chamada ao método execute. A implementação de LifeCycle inicia as fases do ciclo de vida. Se existir algum validador associado a algum campo do formulário este é inicializado nessa primeira fase. A árvore é armazenada pelo contexto e será utilizada nas fases seguintes. O estado do formulário também é salvo automaticamente.

Criando um exemplo utilizando banco de dados e JSF

A idéia neste exemplo é demonstrar as principais características encontradas em uma página JavaServer Faces acessando um banco de dados. Este exemplo acessará o banco de dados MySQL, executando o famoso CRUD (Create, Read, Update and Delete).

Além disso, o código de acesso ao banco de dados não será necessário refazer, uma vez que ele será o DAO criado no **Capítulo 4** deste livro.

Crie um novo projeto web. Se desejar, chame-o de **UtilJSFComDAO**. Não se esqueça de selecionar o framework JavaServer Faces na terceira etapa do assistente. Quanto ao **Servlet URL Mapping**, você pode alterar ou manter como está. No caso do livro, alterei para ***.jsf**.

Adicione a biblioteca JDBC do MySQL ao projeto. Do projeto que utiliza o padrão DAO, feito no capítulo anterior, copie as classes e seus respectivos pacotes.

O Bean de comunicação com as páginas JSF

Para a comunicação com as páginas JavaServer Faces que serão construídas, um bean será construído, um controlador com o intuito de se comunicar com as classes já existentes.

Para desenvolver este controlador, crie uma classe chamada de **AutorController** em um pacote chamado de **br.com.integrator.controller**. Altere esta classe como mostrado na **Listagem 5.7** a seguir.

Listagem 5.7 – Alteração em AutorController.java

```
...
public class AutoresController {

    private Autor autor;

    private DataModel model;
```

```
public String novoAutor( ) {
   this.autor= new Autor( );
   return "novo";
}

public Autor getAutor( ) {
   return autor;
}

public void setAutor(Autor autor) {
   this.autor = autor;
}

public DataModel getTodos( )
throws Exception {
   DAO dao = new AutorDAOImp( );
   model =
         new ListDataModel(dao.todosAutores( ));
   return model;

}
public Autor getAutorFromEditOrDelete( ) {
   autor =
         (Autor) model.getRowData( );
   return autor;
}
public String editar( ){
   autor = getAutorFromEditOrDelete( );
   setAutor(autor);
   return "editar";
}
```

```
    public String excluir( )
    throws Exception {
        DAO dao = new AutorDAOImp( );
        autor = getAutorFromEditOrDelete( );
        dao.excluir(autor);
        return "sucesso";

    }

  public String salvar( )
    throws Exception {
        DAO dao = new AutorDAOImp( );
        if(autor.getId()==null)
            dao.salvar(autor);
        else
            dao.atualizar(autor);
        return "sucesso";
    }


}
```

A classe **AutorController** terá acesso ao JavaBean **Autor**, onde girará em torno de toda a manipulação dos campos existentes no JavaServer Faces. Vários métodos são criados nesta classe. Estes métodos acessam a classe DAO desenvolvida anteriormente, executando as operações de CRUD, mais as necessárias para o trabalho com as tags JavaServer Faces.

O método **novoAutor( )** chama o Bean Autor para limpar todos os dados existentes neste bean, principalmente quando houve antes uma atualização de dados, por exemplo. O retorno deste método é uma String chamada **novo**. Esta String será utilizada pelo arquivo **faces-config.xml** para chamar o formulário para cadastro de autores.

Com o método **getTodos( )**, você acessa todos os autores cadastrados no banco de dados. Esse método acessa o método **todosAutores( )** existentes na classe DAO e armazena estas informações dentro de um DataModel, através da classe **ListDataModel( )**. O retorno deste **DataModel** tem o propósito de criar uma tabela de dados no JSF. Esse DataTable terá dois links: um para atualizar e outro para excluir. Estas informações trafegarão por entre o DataModel, ou seja, o DataTable irá transmitir qual a linha está sendo colocada para edição ou exclusão.

O método **getAutorFromEditOrDelete( )** retorna os dados encontrados no DataModel, através do método **getRowData( )**, em forma do Bean Autor (por isso a coerção).

O método **salvar( )** é usado tanto para adicionar dados como para atualizá-los. Para adicionar, há uma validação para saber se o bean Autor está preenchido com dados. Isso é possível, chamando um de seus métodos assessores. Se este estiver vazio, significa que foi limpado para adição de novos dados. Após você preencher o formulário, a inserção é feita pelo método **salvar( )** da classe DAO, enviando os dados preenchidos do formulário de cadastro JSF.

A edição começa com uma etapa diferente. Através do retorno dado pelo método **getAutorFromEditOrDelete( )**, o método **editar()** pode chamar o formulário de edição de autores (o mesmo que é usado para cadastro), feito em JSF, preenchendo-o totalmente para uma atualização pelo Bean Autor e os transmite para o método **atualizar()** criado na classe DAO, através do também método **salvar()**. A diferença neste caso se encontra no campo **ID** verificado para o cadastro ou atualização. Se estiver nulo, significa cadastro novo, caso contrário, atualização de dados existentes.

O método **excluir( )**, assim como o método **editar( )**, utiliza o retorno dado pelo método **getAutorFromEditOrDelete( )** para saber exatamente qual linha deve ser excluída do banco de dados. O método **excluir( )** chama o método de mesmo nome na classe DAO.

Você pôde notar que os métodos **novoAutor( )**, **editar( )**, **salvar( )** e **excluir()** tem como retorno uma String. Esta String determina o rumo dado pelo navegador através do arquivo **faces-config.xml**.

Configurando o Bean criado

Inicialmente você vai configurar apenas o Bean Controller para que ele seja reconhecido nas páginas desenvolvidas mais adiante.

Expanda o nó de **Configuration Files**, na janela **Projects**, e dê um duplo clique no arquivo **faces-config.xml**.

Visualize o **XML** e, com o direito do mouse, selecione **Add Managed Bean** em **JavaServer Faces**, no menu de contexto.

Na caixa de diálogo **Add Managed Bean** digite **autorC** em **Bean Name**. Em **Bean Class**, clique no botão **Browse** e selecione a classe criada, chamada de **AutorController**. Em **Scope** selecione **session** e clique no botão **Add** para confirmar.

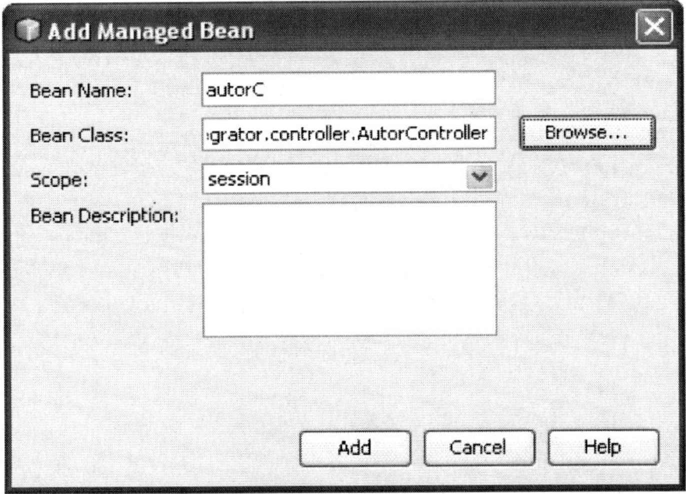

Figura 5.11 – Adição do bean AutorController

As páginas JSF

As páginas JSF mostradas a seguir serão as responsáveis por executar o famoso CRUD da sua aplicação.

O arquivo inicial da aplicação

A página **forwardToJSF.jsp** tem um redirecionamento para a página **welcomeJSF.jsp** (com a extensão .jsf mapeada), renomeada agora de **menu.jsp**. Veja na **Listagem 5.8** esta alteração:

Listagem 5.8 – Alteração do arquivo forwardToJSF.jsp

```
...
        <jsp:forward page="menu.jsf"/>
...
```

O menu da aplicação

O menu é uma página simples contendo dois links: um para mostrar todos os cadastros de autores existentes e outro para adicionar um novo registro.

Renomeie a página **welcomeJSF.jsp** para **menu.jsp** (direito do mouse sobre ela, em **Projects**, **Rename** no menu de contexto). Na **Listagem 5.9** você tem o código em destaque que deverá ser adicionado a sua página.

Listagem 5.9 – Alteração do arquivo menu.jsp

```
...
 <body>
      <f:view>
          <h:form>
              <h:commandLink action="#{autoresC.novoAutor}"
                       value="Cadastro de Autores"/>
              <br />
              <h:commandLink action="mostrar"
                       value="Mostrar Autores Cadastrados"/>
          </h:form>
      </f:view>
</body>
...
```

O cadastro de um novo Autor exige a chamada do método **novoAutor( )** existente na classe **AutorController**.

No caso de mostrar todos os autores cadastrados, haverá a necessidade de apenas enviar uma String, o que explica a ausência de chamada a um método na segunda tag <h:commandLink/>.

EXIBINDO TODOS OS AUTORES CADASTRADOS

A exibição de todos os autores cadastrados será feita através de um DataGrid. Crie uma nova página JSP e a chame de **mostrarAutores**. No DataGrid que será gerado, haverá dois links importantes: o primeiro levará ao formulário de atualização e o outro simplesmente excluirá os dados.

Para criar o JavaServer Faces DataTable, o componente que cria uma tabela com os dados vindos do banco, deixe seu cursor no Editor, entre as tags <body/> do arquivo criado (mostrarAutores.jsp) e vá há janela **Palette**. Execute um duplo clique sobre **JSF Data Table**, na categoria **JSF**.

Na caixa de diálogo **Insert JSF Data Table** mantenha como está e apenas confirme no botão **OK**.

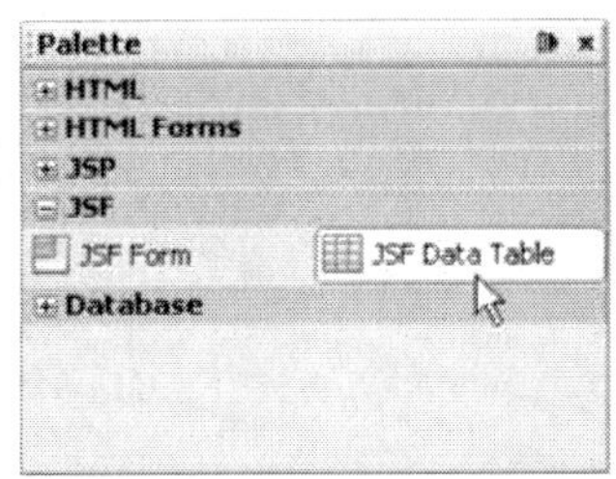

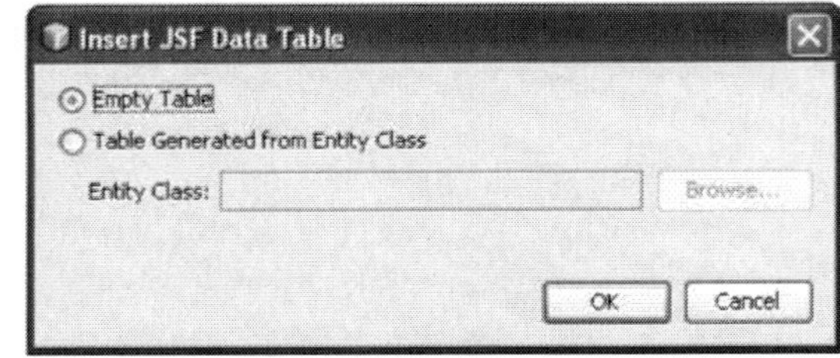

FIGURA 5.12 – ACESSANDO JSF DATA TABLE NA JANELA PALETTE E O DIÁLOGO INSERT JSF DATA TABLE

Altere a tag <h:dataTable/>, de modo que esta receba o método correto dos dados e os distribua em colunas, como exibe a **Listagem 5.10** a seguir:

Listagem 5.10 – Alteração da página mostrarAutores.jsp

```
...
<%@taglib uri="http://java.sun.com/jsf/core" prefix="f" %>
<%@taglib uri="http://java.sun.com/jsf/html" prefix="h" %>
...
<body>
    <f:view>

      <h:messages />

       <h:form>
         <h:dataTable value='#{autorC.todos}'
                  var='item' border="1"
                  cellpadding="2" cellspacing="0">
           <f:facet name="header">
             <h:outputText value="Mostrar Autores"/>
           </f:facet>
           <h:column>
             <f:facet name="header">
               <h:outputText value="ID do Autor"/>
             </f:facet>
             <h:commandLink
               action="#{autorC.editar}"
               value="#{item.id}"
               title="Clique aqui para atualizar"
               />
           </h:column>
           <h:column>
             <f:facet name="header">
```

```
            <h:outputText value="Nome"/>
        </f:facet>
        <h:outputText value="#{item.nome}"/>
    </h:column>
    <h:column>
        <f:facet name="header">
            <h:outputText value="E-mail"/>
        </f:facet>
        <h:outputText
            value="#{item.email}"
            />
    </h:column>
    <h:column>
        <f:facet name="header">
            <h:outputText value="Nascimento"/>
        </f:facet>
        <h:outputText
            value="#{item.nascimento}">
            <f:convertDateTime pattern="dd/MM/yyyy" />
        </h:outputText>
    </h:column>
    <h:column>
        <f:facet name="header">
            <h:outputText value="Excluir Autor"/>
        </f:facet>
        <h:commandLink
            action="#{autorC.excluir}"
            value="Excluir"/>
    </h:column>
</h:dataTable>
<h:commandLink
    action="#{autorC.novoAutor}"
```

```
value="Cadastrar novo Autor"/>
</h:form>

</f:view>

</body>
...
```

O datagrid desenvolvido utiliza a tag JSF **<h:dataTable/>**, que recebe todos os dados existentes na tabela autores do banco de dados através do método **getTodos( )**, da classe AutorController, no atributo **value**. Com a tag **<h:commandLink/>** você pode chamar os métodos **editar( )** ou **excluir( )**.

A tag JSF **<f:convertDateTime/>**, adicionada a tag JSF **<h:outputText/>** é responsável por renderizar corretamente a formatação da data, trazida do banco de dados.

O último link criado pela tag <h:commandLink/> está fora do dataTable, por não interagir diretamente sobre a mesma, chamando o método **novoAutor( )** para criar um novo cadastro de Autores.

O resultado desta página será como mostrado na **Figura 5.13** a seguir:

Mostrar todos os autores cadastrados - Mozilla Firefox

Arquivo Editar Exibir Histórico Favoritos Ferramentas Ajuda

Mostrar Autores				
ID do Autor	Nome	E-mail	Nascimento	Excluir Autor
1	Edson Gonçalves	edson@integrator.com.br	11/04/1978	Excluir

Cadastrar novo Autor

Figura 5.13 – JavaServer Faces DataTable renderizado com os dados

Cadastrando um novo autor

O cadastro de um novo autor ocorre pela chamada ao método **novoAutor( )**, existente na classe **AutorController**, como já sabe. Esse método chama o Bean **Autor** e depois envia uma string de valor **novo** para o JSF. O arquivo **faces-conf. xml** recebe esta String e direciona a um formulário. Este formulário será a página **formAutor.jsp**, usada tanto para o cadastro como para a atualização, que será criada e alterada conforme o código mostrado a seguir, na **Listagem 5.11**:

Listagem 5.11 – Criação de formAutor.jsp

```
...
<body>
    <f:view>
      <h:form id="form1">
        <h:panelGrid columns="3">
          <f:facet name="header">
            <h:outputText value="Formulário de Autor"/>
          </f:facet>
          <h:outputText value="Nome:" />
          <h:inputText size="15" id="nome"
                  value="#{autorC.autor.nome}"
                  required="true"
                  requiredMessage="Campo obrigatório"/>
          <h:message for="nome"/>

          <h:outputText value="E-mail:" />
          <h:inputText size="30" id="email"
                  value="#{autorC.autor.email}"
                  required="true"
                  requiredMessage="Campo obrigatório" />
          <h:message for="email"/>

          <h:outputText value="Nascimento:" />
```

```
            <h:inputText size="10" id="nascimento"
                    value="#{autorC.autor.nascimento}"
                    title="Utilize o formato dd/mm/aaaa"
                    required="true"
                    requiredMessage="Campo obrigatório">
              <f:convertDateTime pattern="dd/MM/yyyy" />
            </h:inputText>
            <h:message for="nascimento"/>
          </h:panelGrid>

          <h:commandButton value="Salvar"
                action="#{autorC.salvar}" />
          <h:commandButton value="Limpar" type="reset" />

          <h:commandLink value="Cancelar"
                action="mostrar" immediate="true" />
        </h:form>
      </f:view>
</body>
...
```

Todos os campos do formulário, são feitos com a tag <**h:inputText/**>. Observe que todos os campos, por serem obrigatórios o preenchimento, há o atributo **required** com o valor booleano true, seguido de **requiredMessage**, contendo uma string com o texto a ser exibido caso o campo não seja preenchido e submetido ao servidor.

O atributo **value** de cada campo tem como valor o seu correspondente no Bean **Autor**. Essa é a razão da classe **AutorController** conter uma chamada ao JavaBean **Autor**, com métodos assessores, getters e setters:

```
public Autor getAutor( ) ...
public void setAutor(Autor autor) ...
```

A tag <**h:commandButton**/> representa os botões padrão HTML. No caso, o botão aqui tem a mesma característica que a tag <**h:commandLink**/>. Você coloca no atributo **action** a chamada ao método que acionará o comando dado. Observe atentamente a tag JSF <**h:commandButton** /> adicionada para reiniciar o formulário. Em vez de um atributo **action** existe um atributo **type**. O link adicionado para cancelar o envio, no atributo **action** contém apenas a String **mostrar**, contendo também um atributo chamado **immediate** com o valor booleano **true**. É necessário este atributo toda vez que você precisar submeter um formulário independentemente do envio executado pelo botão de Salvar os dados. Seria o mesmo que adicionar uma nova tag <h:form/> exclusivamente para este link.

Para que uma mensagem apareça, e isso você já pôde presenciar no primeiro exemplo deste capítulo, basta adicionar a tag <**h:messages**/>. Agora se você quiser uma mensagem por campo, pode adicionar a tag <**h:message**/>. A diferença é que um tem o intuito de mostrar mensagens globais e o outro, uma mensagem por campo. Para mensagens como a validação de um campo requerido, basta utilizar o atributo **requiredMessage** diretamente.

Para o caso da data, o formato precisa ser alterado para os nossos padrões, o que implica em utilizar a tag JSF <**f:convertDateTime**/> novamente, como no Data Table criado anteriormente, onde o atributo **pattern** contém o formato necessário para o preenchimento correto. O preenchimento incorreto deste campo acarretara em um erro.

O painel que segura o layout do formulário é uma tabela HTML gerada pela tag JSF <**h:panelGrid**/>. Caso deseje personalizar, não há problema em criar uma tabela HTML manualmente, em sua substituição. Esta tag contém o atributo **columns** que você utiliza para indicar o número de colunas que haverá neste painel de formulário.

Por fim, um atributo chamado **title**, que pode ser usado em botões, links, rótulos e também na caixa de texto, pode ser útil para explicar uma situação ao usuário. No exemplo, na caixa de preenchimento da data de nascimento, o atributo avisa o usuário do formato correto a ser preenchido.

O resultado é a página com o formulário similar ao mostrado na **Figura 5.14** a seguir:

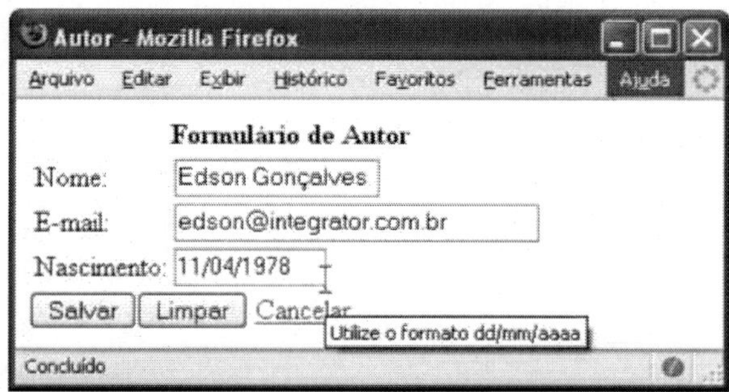

Figura 5.14 – Formulário de cadastro e atualização de dados

Atualizando um Autor cadastrado

Na página onde contém todos os autores cadastrados existe na primeira coluna o ID do autor com um link. Este link, gerado pela tag JSF <**h:commandLink**/> contém a chamada ao método **editar( )** da classe AutorController. Este método, na sua classe de origem, chama outro método, o **getAutorFromEditOrDelete( )**, responsável pela captura da linha em questão no DataModel. Essa linha é pega pelo método **getRowData( )**, explicado anteriormente.

Assim que pego a linha em questão, escolhida na hora do clique sobre o link, o método **editar( )** se responsabiliza de preencher o JavaBean **Autor** com os valores captados e envia a String **editar** para que a navegação entre as páginas ocorram.

Configurando a navegação

A maior dificuldade neste exemplo será na criação da navegação do aplicativo. Não que esta complicação seja por causa do que foi feito, mas sim por poder causar confusão, na construção da navegabilidade das páginas. No arquivo **faces-config.xml** o resultado final da navegação necessária da aplicação será como mostrada a **Figura 5.15** a seguir.

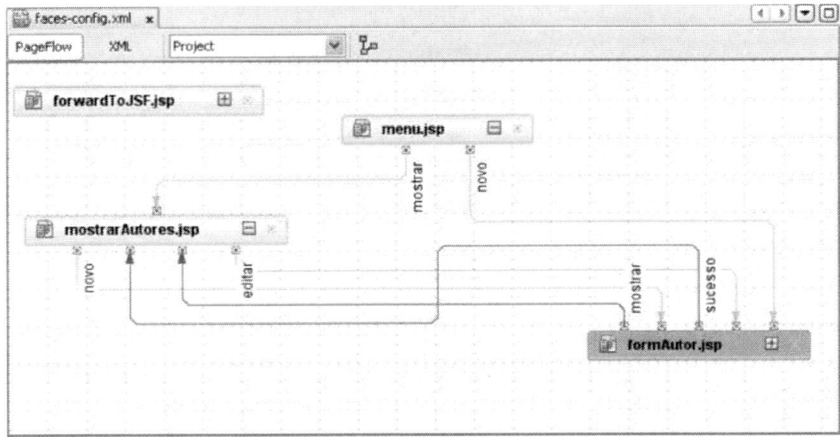

Figura 5.15 – Navegação final configurada em faces-config.xml

A seguir você tem a **Listagem 5.12** de como deverá ficar sua navegação no formato XML.

Listagem 5.12 – Resultado final da navegação em faces-config.xml

```
...
   <!-- Cria um novo cadastro ou edita,
     atraves de mostrarAutores.jsp -->
   <navigation-rule>
      <from-view-id>/mostrarAutores.jsp</from-view-id>
      <navigation-case>
         <from-outcome>novo</from-outcome>
         <to-view-id>/formAutor.jsp</to-view-id>
      </navigation-case>
      <navigation-case>
         <from-outcome>editar</from-outcome>
         <to-view-id>/formAutor.jsp</to-view-id>
      </navigation-case>
```

```
</navigation-rule>

<!-- Cria um novo cadastro ou edita,
  atraves de menu.jsp -->
<navigation-rule>
  <from-view-id>/menu.jsp</from-view-id>
  <navigation-case>
    <from-outcome>novo</from-outcome>
    <to-view-id>/formAutor.jsp</to-view-id>
  </navigation-case>
  <navigation-case>
    <from-outcome>mostrar</from-outcome>
    <to-view-id>/mostrarAutores.jsp</to-view-id>
  </navigation-case>
</navigation-rule>

<!-- Apos o cadastro, atualizacao ou cancelamento,
  retorna para mostrarAutores.jsp -->
<navigation-rule>
  <from-view-id>/formAutor.jsp</from-view-id>
  <navigation-case>
    <from-outcome>mostrar</from-outcome>
    <to-view-id>/mostrarAutores.jsp</to-view-id>
  </navigation-case>
  <navigation-case>
    <from-outcome>sucesso</from-outcome>
    <to-view-id>/mostrarAutores.jsp</to-view-id>
  </navigation-case>
</navigation-rule>
...
```

EXCLUINDO UM AUTOR

Por fim, a exclusão de um autor cadastrado. Para excluir um autor, você tem apenas um link existente no arquivo **mostrarAutores.jsp**. Ao clicar no link, gerado pela tag JSF <**h:commandLink**/>, o atributo **action** chama o método **excluir( )** da classe **AutorController**. O método **excluir( )**, assim como ocorria com o método **editar( )**, chama o método **getAutorFromEditOrDelete( )**, que retorna a linha pelo método **getRowData( )**.

Assim que a linha é retornada, o método **excluir( )**, existente na classe DAO, é chamado e a exclusão da linha no banco de dados é efetuado. Assim que excluído, uma string é retornada, mas por não haver configuração de navegação, a mesma página é retornada.

PERSONALIZANDO MENSAGENS PADRÃO DO JAVASERVER FACES

O JavaServer Faces possui uma série de mensagens padrões que podemos modificar. Uma delas, por exemplo, aparece quando você diz que um determinado campo é obrigatório em seu preenchimento sem adicionar **requiredMessage**. Um exemplo de sua aplicação seria digitar uma data inválida no campo de **Nascimento**. Ao tentar enviar o formulário, uma mensagem pertencente ao JavaServer Faces avisará o usuário do formato aceito.

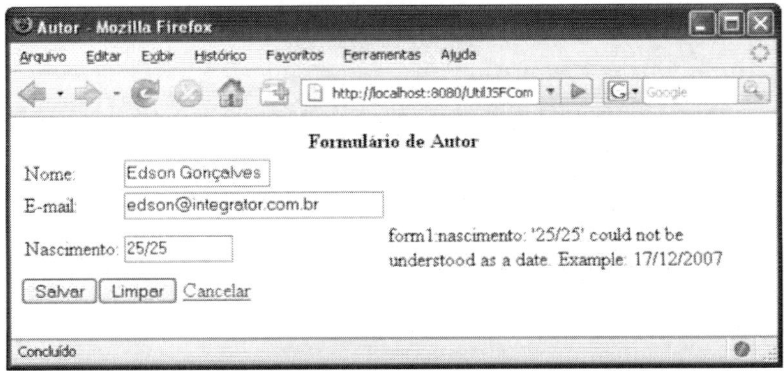

FIGURA 5.16 – MENSAGEM PADRÃO DO JAVASERVER FACES PARA O FORMATO ACEITO DE DATA

Para alterar esta e outras mensagens, dentro do arquivo **jsf-imp.jar** existe um pacote chamado **javax.faces**. Dentro deste pacote existem as mensagens configuradas para as aplicações JSF em arquivos **.properties**.

Se você descompactar essa biblioteca, verá diversos arquivos **Messages.properties**. O padrão do JSF é não ter um em nosso idioma.

Além do mais, podem existir mensagens no qual você não se agrada. Por esses e outros motivos que não vem ao caso, você vai aprender a modificar essas mensagens.

No NetBeans IDE, crie um pacote. Poderá ser chamado de **br.com.integrator.bundle**. Dentro deste pacote crie um arquivo **Properties** com o nome de **Mensagens**.

Em **Libraries**, na janela **Projects**, expanda o arquivo JAR chamado **jsf-impl.jar**. Vá até o pacote **javax.faces** e expanda este nó. Dê um duplo clique no arquivo **Messages.properties**. Copie todo o seu conteúdo e cole em **Mensagens.properties** que você acabara de criar.

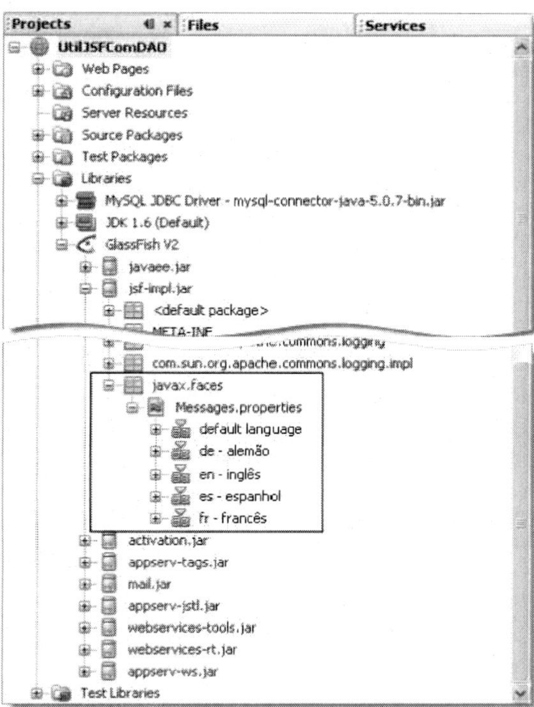

FIGURA 5.17 – DESTAQUE DOS ARQUIVOS MESSAGES.PROPERTIES SENDO EXIBIDOS PELO NETBEANS

Você pode traduzir ele inteiro ou apenas alterar as mensagens do qual você necessita para esta aplicação. A razão do qual você escolherá uma ou outra forma não vem ao caso. O importante é que neste exemplo, precisamos traduzir apenas um item. A **Listagem 5.13** a seguir demonstra o conteúdo do arquivo Mensagens.properties.

Listagem 5.13 – Arquivo Mensagens.properties

```
...
javax.faces.converter.DateTimeConverter.DATE_detail= Data incorreta. Utilize o formato {1}
...
```

Depois de traduzidas às devidas mensagens, vá ao arquivo faces-config.xml e adicione o caminho para **Mensagens.properties**. A **Listagem 5.14** mostra a modificação deste arquivo.

Listagem 5.14 – Alterações do arquivo faces-config.xml

```
...
<!-- Alterando as mensagens padrao do JSF -->
<application>
        <message-bundle>
                br.com.integrator.bundle.Mensagens
        </message-bundle>
</application>
...
```

Facelets e Web 2.0

JavaServer Faces é muito bom para desenvolver aplicações Web, principalmente se você puder contar com uma boa ferramenta como o NetBeans IDE. Mas infelizmente, ainda assim, exige-se do desenvolvedor o conhecimento das tags JSF, o que atrapalha o designer de páginas em sua construção. A saída seria utilizar um sistema de templates simples que não exigisse mudanças no uso de (X)HTML e se integrasse ao framework sem maiores mudanças.

Eis que temos Facelets, um framework de templates JavaServer Faces, baseado em alguns simples princípios:

- Criação de uma árvore de objetos UIComponent e conteúdo entrelaçado completamente com o processo de ciclo de vida do JavaServer Faces;
- É mais rápido, pois não utiliza o engine do JSP para transformar em Servlets;
- Suporte a templates reutilizáveis, aumentando a produtividade na criação de numerosas páginas, criando uma base padrão;
- Integração com os processos Faces e com as tags (X)HTML (usa diretamente o XHTML como tecnologia view do JSF) como membros da árvore de componentes. Isso possibilita a injeção de componentes JSF com um simples atributo **jsfc**;
- Erros mais amigáveis e com maior precisão;
- Eliminação de tags JSF como **<f:view/>** e **<f:subview/>**.

Graças a estas integrações, as aplicações podem ser escritas para serem visualizadas em uma interface Web 2.0.

Para quem não conhece a Web 2.0, é um novo paradigma em torno do desenvolvimento de páginas Web, que a torna mais leve com o uso intensivo de folhas de estilos (CSS), menos tabelas (tabless) e seguindo as especificações W3C, não se prendendo a somente um browser.

INSTALANDO UM PLUGIN COM SUPORTE A FACELETS

Para que o NetBeans IDE possa reconhecer Facelets, o site **https://nbfaceletssupport.dev.java.net/** possui um plugin que agiliza o processo integrando templates a IDE.

No momento em que este livro é escrito, o arquivo **nbfaceletssupport-0-6.zip** é o suportado pela versão 6.0 do NetBeans IDE. Após baixá-lo, descompacte-o em um local desejado. Vá ao menu **Tools** e clique em **Plugins**. Na caixa de diálogo **Plugins**, vá até a guia **Downloaded** e clique em **Add Plugins**. Selecione os arquivos descompactados e os abra. Para instalar, clique no botão **Install**.

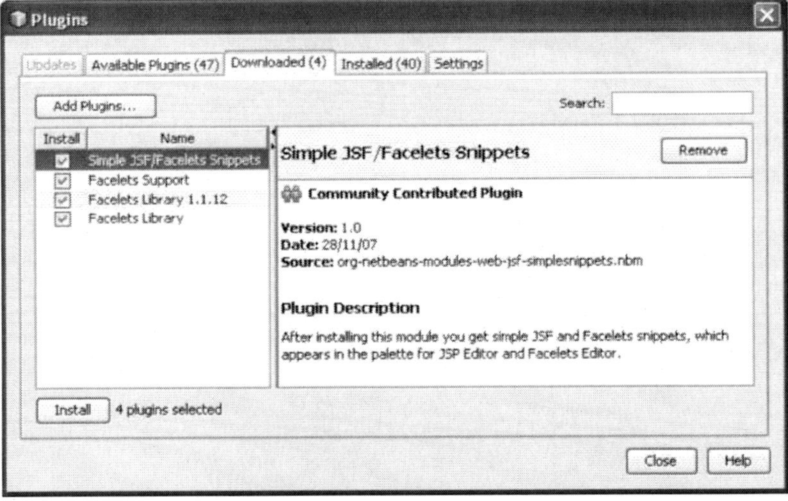

FIGURA 5.18 – PLUGIN FACELETS PARA INSTALAÇÃO

Na caixa de diálogo **NetBeans IDE Installer,** clique no botão **Next** após a apresentação dos plugins que serão instalados e na segunda etapa, marque a opção **I accept the terms in all of the license agreements** para aceitar a licença de uso. Clique no botão **Install**. Na caixa de diálogo **Validation Warning**, clique no botão **Continue**.

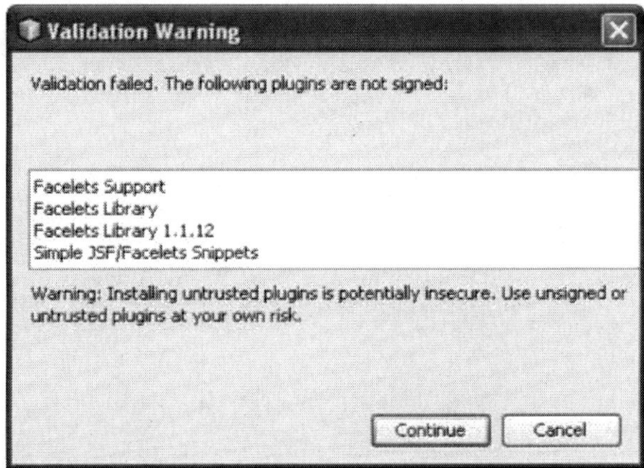

Figura 5.19 – Diálogo de alerta sobre a validação de plugins não assinados

Criando um projeto com Facelets

Para aprender Facelets, o exemplo criado será similar ao feito com banco de dados para o cadastro de autores.

Crie um novo projeto Web e o chame de **TrabComFacelets**. Na última etapa, selecione **Facelets** em **Frameworks**. Mantenha as demais opções selecionadas. Observe que **Faces Sufix** possui uma extensão **.xhtml** para suas páginas. E o **Servlet Mapping** será **.jsf**.

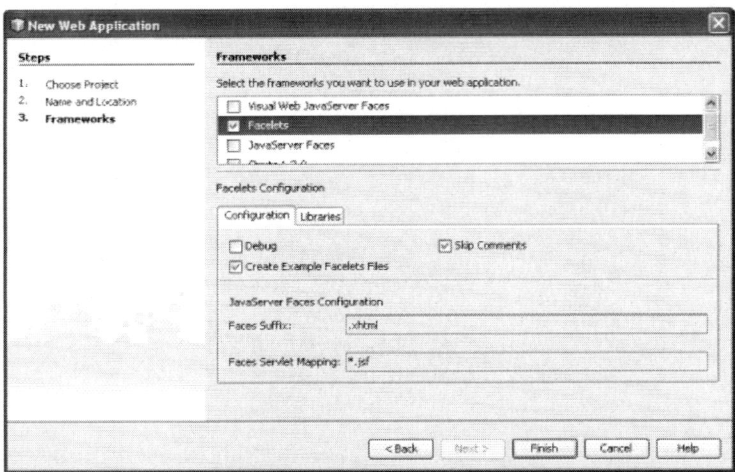

FIGURA 5.20 – CRIANDO UM PROJETO FACELETS

> **ATENÇÃO:** O plugin já possui as bibliotecas necessárias para o trabalho com Facelets. Caso haja necessidade de atualizá-los, vá até a guia **Libraries**, na última etapa do assistente de criação e selecione o diretório das bibliotecas Facelets (**Facelets Directory**) em **Create New Library**.

Observe que no projeto, você possui duas páginas com a extensão .xhtml. Nas bibliotecas, há os arquivos JARs para trabalhar com Facelets:

- **jsf-facelets.jar**
- **el-api.jar**
- **el-ri.jar**

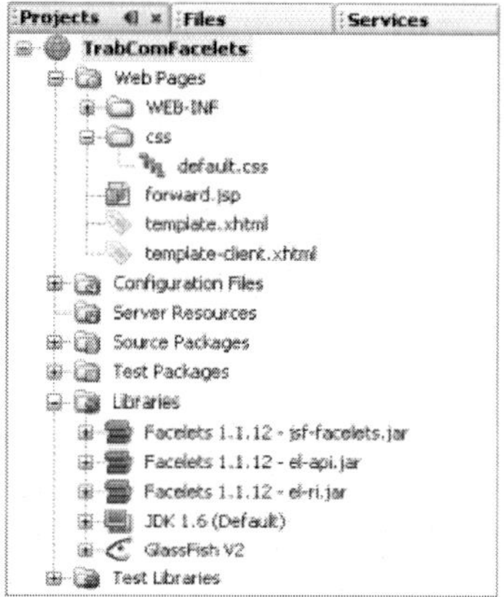

FIGURA 5.21 – O PROJETO FACELETS

A CONFIGURAÇÃO DE FACELETS

Para ter uma aplicação Web utilizando Facelets, além das bibliotecas, são necessárias algumas linhas adicionais nos arquivos **web.xml** e **faces-config.xml**.

Em **web.xml**, é necessário adicionar a instrução mostrada na **Listagem 5.15**:

LISTAGEM 5.15 – CONFIGURAÇÃO DE FACELETS EM WEB.XML

```
...
<context-param>
        <param-name>
                javax.faces.DEFAULT_SUFFIX
        </param-name>
        <param-value>.xhtml</param-value>
</context-param>
...
```

Com o elemento <context-param/>, em web descriptor (**web.xml**), é feita a declaração padrão para a extensão das views Faces. Os demais itens neste arquivo seguem o padrão de JavaServer Faces.

Para o arquivo **faces-config.xml**, há também a necessidade de adicionar instruções para que Facelets funcione corretamente. Na **Listagem 5.16** você tem o trecho necessário que foi adicionado automaticamente pelo assistente do plugin Facelets do NetBeans:

Listagem 5.16 – Configuração de Facelets em faces-config.xml

```
...
<application>
      <view-handler>
         com.sun.facelets.FaceletViewHandler
      </view-handler>
</application>
...
```

O passo seguinte foi configurar os Facelets como o JSF ViewHandler no configuration file (**faces-config.xml**). Uma das grandes características de JavaServer Faces é a sua flexibilidade. Ele é desenhado com um número de interfaces plugáveis, e uma delas é **ViewHandler**. Então é necessário adicionar um elemento <application/>, contendo o elemento <view-handler/> para que Facelets seja "plugado" ao JavaServer Faces.

A classe principal para compilar o documento Facelets é a **SaxCompiler**, encontrada no pacote **com.sun.facelets.compiler**. Quando o FaceletViewHandler é inicializado, este instancia esta classe e usa como argumento para o construtor da classe DefaultFaceletFactory (com.sun.facelets.impl). Embora existam muitas classes em **com.sun.facelets.compiler**, basicamente, Facelets usa o SAXParser para analisar gramaticalmente os documentos XHTML.

Criando um CRUD nos padrões de Facelets

O pequeno CRUD utilizando Facelets seguirá o padrão utilizado no exemplo anterior deste capítulo (para cadastrar, atualizar, visualizar e excluir autores), portanto copie suas classes e a biblioteca MySQL.

Criando um template com Facelets

O template é à base do aplicativo, onde as características padrões do site web serão definidas neste local para uma repetição em todos os lugares que o incluírem.

Abra o arquivo **template.xhtml** e altere como mostrado na **Listagem 5.17** a seguir:

Listagem 5.17 – O template padrão da aplicação

```
...
<html xmlns="http://www.w3.org/1999/xhtml"
    xmlns:ui="http://java.sun.com/jsf/facelets"
    xmlns:h="http://java.sun.com/jsf/html"
    xmlns:f="http://java.sun.com/jsf/core">
  <head>
    <meta http-equiv="Content-Type"
      content="text/html; charset=UTF-8" />

    <title><ui:insert name="titulo"></ui:insert></title>

    <link href="./css/default.css" rel="stylesheet" type="text/css" />
  </head>

  <body>

    <form jsfc="h:form">
```

```
      <div id="menu">
        <h4>Menu Principal</h4>
        <ul>
         <li>
           <a href="#" jsfc="h:commandLink"
              action="#{autorC.novoAutor}"
              immediate="true" >
              Cadastrar novo Autor
           </a>
         </li>
         <li>
           <a href="#" jsfc="h:commandLink"
              action="mostrar" immediate="true">
              Exibir todos os autores
           </a>
         </li>
        </ul>
      </div>
      <div id="conteudo">
        <ui:insert name="conteudo"></ui:insert>
      </div>
    </form>

  </body>
...
```

A **Listagem 5.17** demonstra a configuração de um template. Este template será usado para todas as páginas do aplicativo, simulando uma página completa e configurada, nos padrões Web 2.0.

Com a declaração da tag Facelets **<ui:insert />** um elemento é trocado no layout. O atributo name cria um identificador para este elemento.

O formulário com Facelets

O formulário base utilizado para atualizar e inserir cadastros será todo definido com Facelets. Crie um novo arquivo. Selecione o item **Facelets Template Client** em **File Types**, na categoria **Web**.

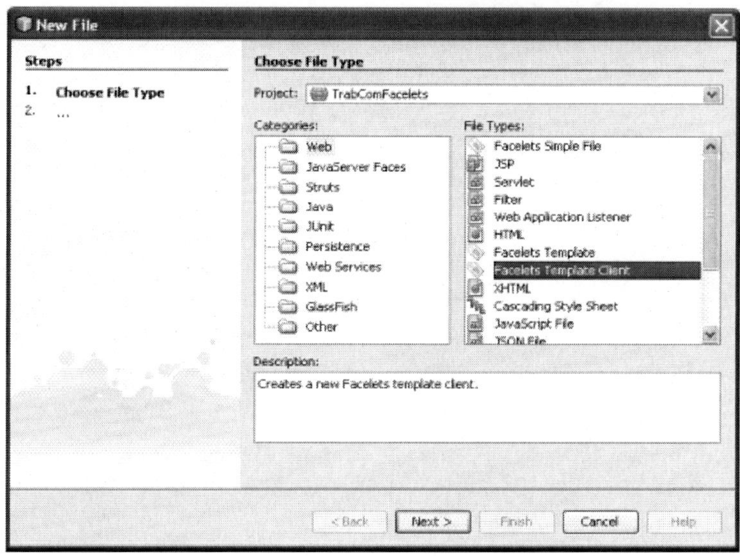

Figura 5.22 – Criando uma página cliente baseada no template

Na segunda etapa, coloque o nome **form** em **File Name** e selecione em **Template**, clicando no botão **Browse**, o arquivo **template.xhml**.

Marque <**ui:composition**> em **Generated Root Tag** e clique no botão **Finish**.

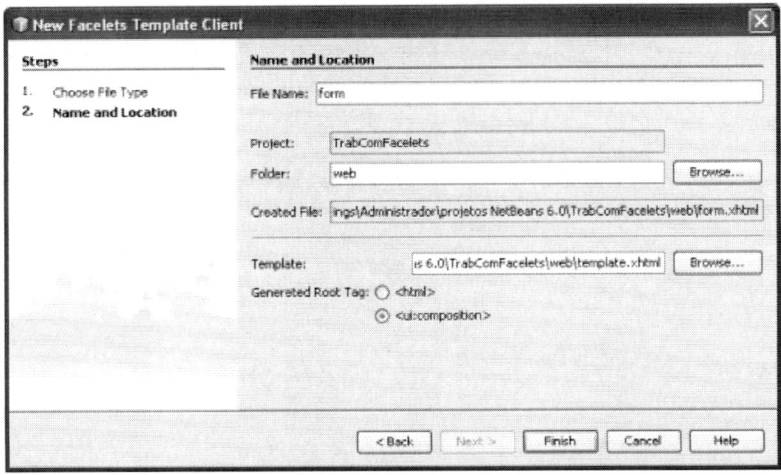

Figura 5.23 – Definição do nome do arquivo e template a ser usado

O assistente usará como base os locais definidos em seu template para gerar o arquivo **form.xhtml**.

Altere o arquivo **form.xhtml** como mostrado na **Listagem 5.18** a seguir:

Listagem 5.18 – Alteração do arquivo form.xhtml

```
...
<ui:composition xmlns="http://www.w3.org/1999/xhtml"
        xmlns:ui="http://java.sun.com/jsf/facelets"
        template="template.xhtml"
        xmlns:h="http://java.sun.com/jsf/html"
        xmlns:f="http://java.sun.com/jsf/core">

  <ui:define name="titulo">
    Formulário do Autor
  </ui:define>
```

```
<ui:define name="conteudo">
  <div id="formulario">

  <fieldset>
   <legend>Formulário do Autor</legend>

   <h:messages />

    <p><label>Nome:</label>
    <input name="nome" type="text" id="nome"
      value="#{autorC.autor.nome}"
      jsfc="h:inputText"  required="true"
      requiredMessage="O campo Nome é obrigatório"
      class="campo"/>
    <br />
     <label>E-mail:</label>
    <input name="email" type="text" id="email"
      value="#{autorC.autor.email}"
      jsfc="h:inputText" required="true"
      requiredMessage="O campo E-mail é obrigatório"
      class="campo"/>
    <br />
    <label>Nascimento:</label>
    <input name="nascimento" type="text"
      value="#{autorC.autor.nascimento}"
      id="nascimento" size="8" jsfc="h:inputText"
      required="true" title="Utilize o formato dd/mm/aaaa"
      requiredMessage="O campo Nascimento é obrigatório"
      class="campo">
       <f:convertDateTime pattern="dd/MM/yyyy" />
     </input>
    <br /><br />
```

```
      </p>
      <p>
        <input type="submit" name="submit"
          value="Salvar" jsfc="h:commandButton"
          action="#{autorC.salvar}" />
        <input type="submit" name="submit"
          value="Cancelar" jsfc="h:commandButton"
          action="mostrar" immediate="true" />
      </p>
    </fieldset>
  </div>

  </ui:define>

</ui:composition>
```

Para invocar o template, os clientes do modelo utilizam a tag **<ui:composition/>**. Nesta tag, encontram-se as declarações para a chamada de cada conjunto de tags encontradas tanto no Facelets como em JSF, além de haver o atributo **template**, que faz referência ao arquivo **template.xhtml** (o template no caso).

A tag **<ui:define />** chama a determinada área do template (que foi definida por **<ui:insert/>**) através do atributo **name**.

Em vez de colocar tags JSF, foram adicionadas tags (X)HTML normalmente. As funcionalidades JavaServer Faces são alcançadas graças ao uso do atributo **jsfc**. O Facelets permite, através deste atributo, incluir trechos de código JSF nas tags (X)HTML.

Com adição de CSS, você pode ter uma página similar ao da **Figura 5.24** a seguir:

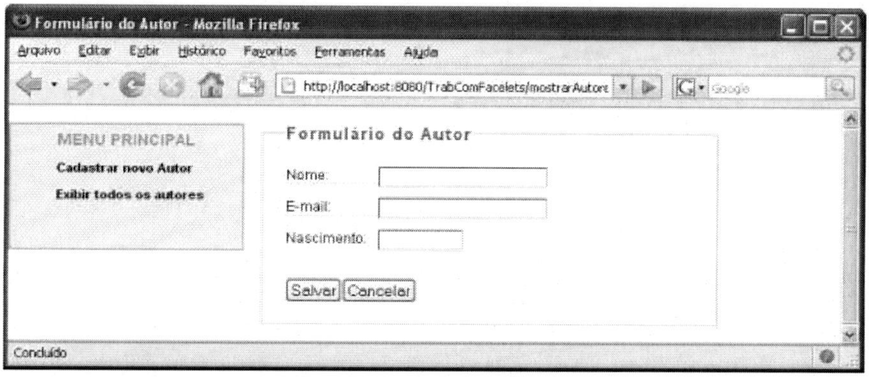

Figura 5.24 – Formulário utilizando Facelets com formatação CSS

Exibindo os autores com Facelets

Crie uma nova página Facelets, em **Facelets Template Client**. Chame-a de **mostrarAutores.xhtml** e selecione em **Template**, clicando no botão **Browse**, o arquivo **template.xhml**. Marque **<ui:composition>** em **Generated Root Tag** e clique no botão **Finish**.

Adicione em <ui:composition/> as chamadas as bibliotecas JavaServer Faces. Altere os demais itens como mostrado na **Listagem 5.19** a seguir:

Listagem 5.19 – Alterações no arquivo mostrarAutores.xhtml

```
...
<ui:define name="titulo">
    Autores Cadastrados
</ui:define>

<ui:define name="conteudo">
    <div id="autores">
        <h:dataTable value='#{autorC.todos}'
```

```
        var='item' border='0'
        cellpadding="0" cellspacing="0">
    <f:facet name="header">
      <h:outputText value="Mostrar Autores"/>
    </f:facet>
    <h:column>
      <f:facet name="header">
        <h:outputText value="ID do Autor"/>
      </f:facet>
      <h:commandLink
        action="#{autorC.editar}"
        value="#{item.id}"
        title="Clique aqui para atualizar"
        />
    </h:column>
    <h:column>
      <f:facet name="header">
        <h:outputText value="Nome"/>
      </f:facet>
      <h:outputText value="#{item.nome}"/>
    </h:column>
    <h:column>
      <f:facet name="header">
        <h:outputText value="E-mail"/>
      </f:facet>
      <h:outputText
        value="#{item.email}"
        />
    </h:column>
    <h:column>
      <f:facet name="header">
        <h:outputText value="Nascimento"/>
```

```
            </f:facet>
            <h:outputText
              value="#{item.nascimento}">
              <f:convertDateTime pattern="dd/MM/yyyy" />
            </h:outputText>
          </h:column>
          <h:column>
            <f:facet name="header">
              <h:outputText value="Excluir Autor"/>
            </f:facet>
            <h:commandLink
              action="#{autorC.excluir}"
              value="Excluir"/>
          </h:column>
        </h:dataTable>
    </div>
</ui:define>
...
```

O resultado poderá ser algo similar a **Figura 5.25** a seguir:

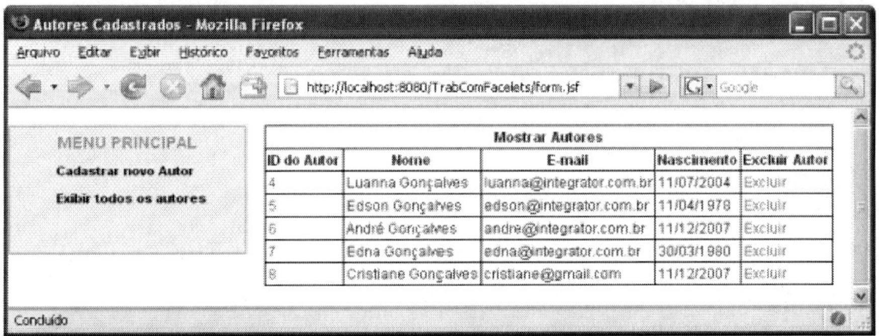

Figura 5.25 – Página mostrarAutores.xhtml formatada com CSS

A NAVEGAÇÃO DAS PÁGINAS

Na exibição **XML** do arquivo **faces-config.xml** será necessária a adição manual das páginas.

A **Listagem 5.20** a seguir demonstra a navegação definida em faces-config.xml:

LISTAGEM 5.20 – A NAVEGAÇÃO EM FACES-CONFIG.XML

```
...
  <!-- Cria um novo cadastro ou edita,
    atraves de mostrarAutores.jsp -->
  <navigation-rule>
    <from-view-id>/mostrarAutores.xhtml</from-view-id>
    <navigation-case>
      <from-outcome>novo</from-outcome>
      <to-view-id>/form.xhtml</to-view-id>
    </navigation-case>
    <navigation-case>
      <from-outcome>editar</from-outcome>
      <to-view-id>/form.xhtml</to-view-id>
    </navigation-case>
  </navigation-rule>
  <!-- Apos o cadastro, atualizacao ou cancelamento,
    retorna para mostrarAutores.jsp -->
  <navigation-rule>
    <from-view-id>/form.xhtml</from-view-id>
    <navigation-case>
      <from-outcome>mostrar</from-outcome>
      <to-view-id>/mostrarAutores.xhtml</to-view-id>
    </navigation-case>
    <navigation-case>
      <from-outcome>sucesso</from-outcome>
      <to-view-id>/mostrarAutores.xhtml</to-view-id>
    </navigation-case>
  </navigation-rule>
...
```

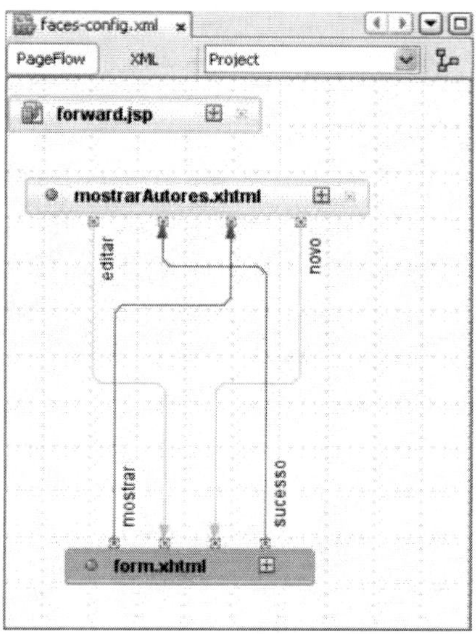

Figura 5.26 – A navegação definida em faces-config.xml

O Editor CSS

Uma das melhorias no NetBeans IDE 6.x foi o seu editor CSS. O usuário agora conta com a possibilidade de digitar o código CSS ou modificá-lo visualmente na parte inferior. Os estilos foram distribuídos em guias, para um agrupamento. Na lateral direita há uma janela **Preview** para mostrar como ficará a formatação.

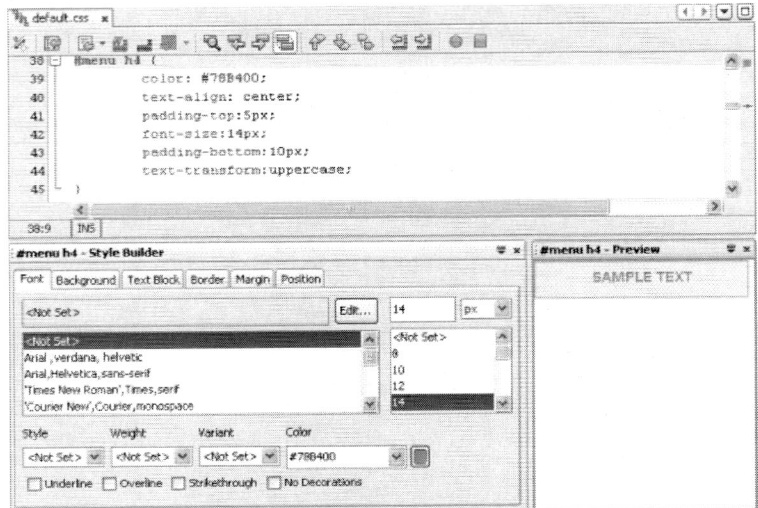

FIGURA 5.27 – O EDITOR CSS

INOVAÇÕES NO NETBEANS IDE

Há um upgrade no NetBeans ao qual passa a contar com uma paleta de componentes arrastáveis no editor de códigos do NetBeans IDE. É uma boa alternativa a digitação.

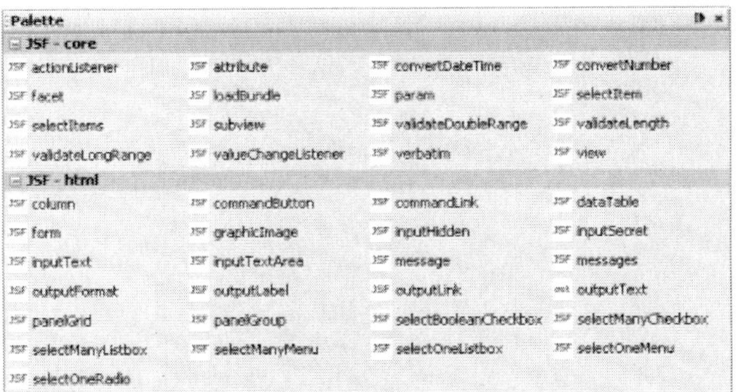

FIGURA 5.28 – COMPONENTES JSF ARRASTÁVEIS NO NETBEANS

> **ATENÇÃO:** Abra o projeto referente a este exemplo no CD-ROM anexo ao livro e utilize as CSS's existentes para o exemplo com Facelets.

Capítulo 6
EJB 3 e Java Persistence API

Enterprise JavaBeans, ou somente EJB, é uma das peças-chaves da plataforma Java EE, com uma arquitetura de componentes para aplicações de negócios distribuídos, que roda em um servidor de aplicações. Definido pela Sun Microsystems, as aplicações escritas usando a arquitetura EJB são escalonáveis, portáteis, transacionais e seguras. Além disso, garantem alta disponibilidade e neutralidade do tipo de cliente.

Com a especificação do EJB3, na introdução da JPA (Java Persistence API), ficou muito popular o uso de JPQL, Java Persistence Query Language, onde o mapeamento de objeto/relacional foi padronizado na plataforma Java.

Neste Capítulo será apresentado as facilidades do NetBeans IDE no desenvolvimento com EJB 3, utilizando seus assistentes através de exemplos.

Os seguintes tópicos serão apresentados:

- Desenvolvimento de aplicações Enterprise;
- Gerando EJB 3;
- Como funciona a API de persistência do Java EE 5 (JPA);
- O significado das anotações;
- A linguagem JPQL;
- Acessando EJB através de páginas JavaServer Faces.

CRIANDO UM PROJETO JAVA EE 5

O desenvolvimento de um projeto de Enterprise Application roda em torno do servidor de aplicações GlassFish. Embora o JBoss, no momento em que escrevo este livro, possua suporte oficialmente ao EJB 3, o GlassFish é o mais indicado para uso com a IDE. Inicie criando um novo projeto no NetBeans. Na caixa de diálogo **New Project**, vá em **Enterprise**, em **Categories** e selecione **Enterprise Application**, em **Projects**. Clique em **Next** para prosseguir.

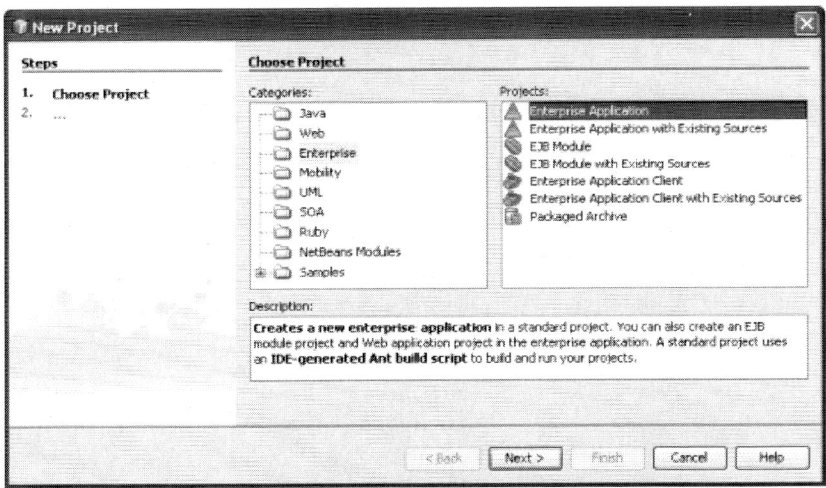

FIGURA 6.1 – INICIANDO UM PROJETO ENTERPRISE APPLICATION

Na segunda etapa, chame o projeto de **EALivraria**. O servidor será o **GlassFish** (por implementar o Java EE 5). Observe que estão selecionadas duas opções: **Create EJB Module** e **Create Web Application Module**.

Clique no botão **Finish** para terminar.

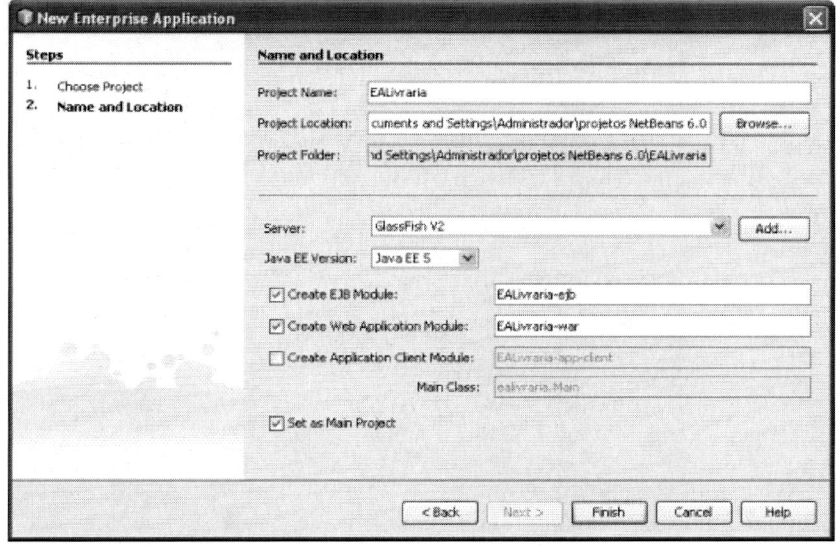

Figura 6.2 – Definição do nome e servidor do projeto

O resultado ao final do assistente é a criação de uma estrutura de três projetos: **EALivraria-ejb**, que gerará o EJB-JAR; o **EALivraria-war**, que gera o WAR e o **EA-Livraria** que gera o **EAR**.

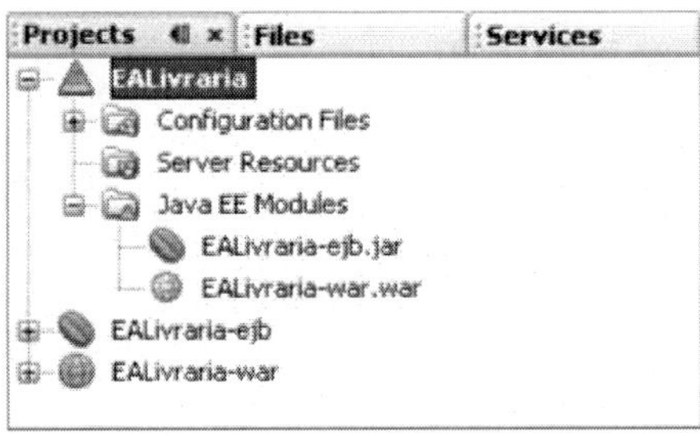

Figura 6.3 – Resultado final do projeto gerado pelo NetBeans

Compreendendo o Empacotamento da aplicação

Os componentes Java EE são empacotados separadamente e agrupados em uma aplicação para implantação. Cada componente, seus arquivos relacionados ou classes utilitárias do lado servidor, e um descritor de implantação, são montados em um módulo e adicionados à Enterprise Application . Uma aplicação Enterprise é composta por módulos de componentes do cliente da aplicação, Enterprise JavaBean ou Web. A solução empresarial final pode usar uma aplicação Enterprise ou ser composta de duas ou mais aplicações Java EE, dependendo do projeto.

Uma aplicação Java EE com todos os seus módulos é entregue em um arquivo **E**nterprise **AR**chive (EAR). Um arquivo EAR é do tipo Java Archive (JAR) só que com uma extensão **.ear**. Dentro deste arquivo EAR, normalmente você adiciona arquivos **W**eb **AR**chive (WAR) e **JAR**.

Cada arquivo JAR EJB contém um deployment descriptor, arquivos do Enterprise JavaBeans e outros relacionados. Os arquivos JAR do cliente da aplicação contêm também um deployment descriptor, os arquivos das classes e outros relacionados. Os arquivos WAR contêm um deployment descriptor, arquivos do componente Web e outros recursos relacionados.

Benefícios de utilizar EJB

Na versão 3, os Enterprise JavaBeans simplificam o desenvolvimento de aplicações grandes e distribuídas, possibilitando desde injeção de dependências até na concentração em resolver problemas na camada de negócios. O container EJB se torna o responsável por serviços em nível de sistema gerenciando as transações e a autorizações de segurança. Outro detalhe está em que os EJBs contêm a lógica do negócio da aplicação, dando ao desenvolvedor, do lado cliente, a possibilidade de focar somente na apresentação do aplicativo (seja ele Web ou não). Em outras palavras, o desenvolvedor no lado cliente não tem que se preocupar com as rotinas que executam as regras de negócios ou acesso ao banco de dados.

QUANDO UTILIZAR EJB

O uso de EJBs em uma aplicação pode ser usado quando alguns pré- requisitos ocorrerem, tais como:

1. A aplicação deve ser escalável, de modo a acomodar o crescimento do número de usuários, onde há uma necessidade em distribuir os componentes de uma aplicação em múltiplas máquinas. Neste caso, as localizações dos EJBs permanecerão transparentes para os clientes (eles não precisarão saber onde estão).

2. A aplicação precisa de controle de transações para assegurar a integridade dos dados, onde os EJBs controlam o acesso concorrente de objetos compartilhados.

3. A aplicação terá inúmeros clientes, mas não quer perder um tempo demasiadamente longo para acesso. Com EJBs, bastam apenas algumas linhas do código e os clientes remotos podem facilmente encontrá-los. Estes clientes podem ser enxutos (thin client), variados e em grande número.

SEU PRIMEIRO EJB 3

Para o primeiro exemplo, um simples EJB 3 será criado para que o leitor se acostume com o desenvolvimento Enterprise utilizando a IDE.

Clique com o direito do mouse sobre **EALivraria-ejb** e selecione **Session Bean** em **New**, pelo menu de contexto. Alternativamente, o item **New File**, do menu **File** pode ser acessado. Neste último caso, na caixa de diálogo **New File**, selecione o item **Session Bean** na categoria **Enterprise**.

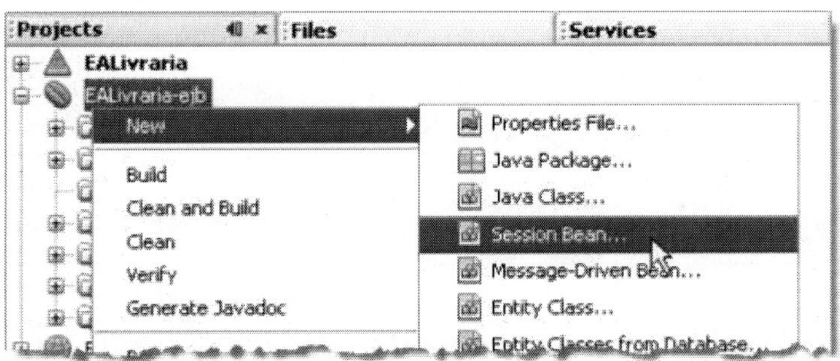

FIGURA 6.4 – OPÇÃO SESSION BEAN NO MENU DE CONTEXTO

Na caixa de diálogo **New Session Bean**, em **EJB Name**, digite o nome do Session Bean. Se desejar seguir o livro, chame de **PrimeiraSession**. Em **Package**, digite o nome do seu pacote (ex.: ***br.com.integrator.ejb***). Os demais itens mantenha como está e clique no botão **Finish**.

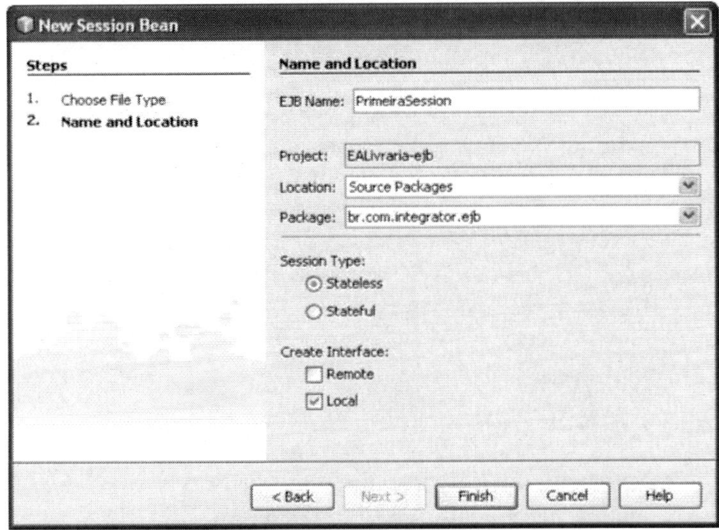

Figura 6.5 – Criando uma Session Bean

O NetBeans criará dois arquivos, um sendo a classe **PrimeiraSessionBean** e outro sua interface: **PrimeiraSessionLocal**. Para o momento, é tudo que precisa saber.

O assistente, através de seu template, também deixa um comentário de como o usuário deve proceder para adicionar um ***Business Method*** ou ***Web Services***. No caso, vamos criar um Business Method.

Clique com o direito do mouse sobre o Editor, dentro da classe **PrimeiraSessionBean** e selecione no menu de contexto o item **Add Business Method** em **EJB Methods**.

Na caixa de diálogo **Add Business Method** digite **primeiroBusinessM** em **Name** e **String** em **Return Type**. Abaixo, na guia **Parameters**, clique no botão **Add**. Ao surgir a linha, em **parameter** substitua por **nome** e clique no botão **OK**. Esta caixa de diálogo adiciona métodos e parâmetros, a sua classe, com o intuito de serem acessados por suas aplicações Web.

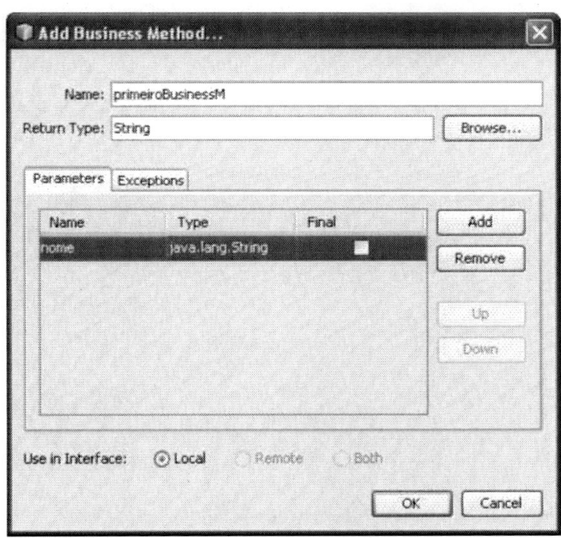

FIGURA 6.6 – ADICIONANDO BUSINESS METHOD

Altere a classe PrimeiraSessionBean como mostrado na **Listagem 6.1** a seguir:

LISTAGEM 6.1 – ALTERAÇÃO NA CLASSE PRIMEIRASESSIONBEAN

```
...
public String primeiroBusinessM(String nome) {
    return "Seu nome é: "+nome;
}
...
```

ACESSANDO SEU EJB

Clique com o direito do mouse sobre **EALivraria-war** e no menu de contexto selecione **Servlet**, em **New**. Chame este Servlet de **AcessaEJB** e coloque um pacote (br.com.integrator.web).

Após a criação do Servlet, clique com o direito do mouse dentro no Editor, e selecione no menu de contexto o item **Call Enterprise Bean**, em **Enterprise Resources**.

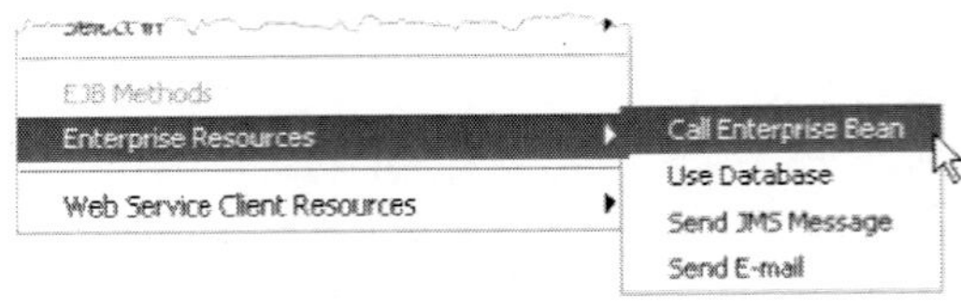

FIGURA 6.7 – CHAMANDO UM ENTERPRISE BEAN PELO MENU DE CONTEXTO

Na caixa de diálogo **Call Enterprise Bean**, selecione seu EJB. Confirme a caixa de diálogo.

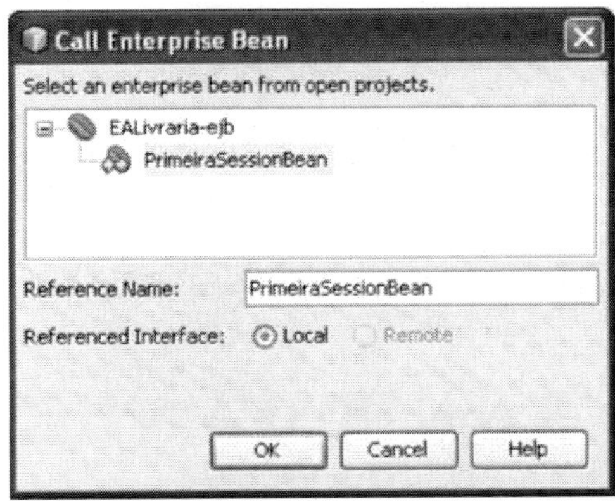

FIGURA 6.8 – INVOCANDO SEU EJB

Observe que em seu Servlet, o NetBeans adicionará as seguintes linhas, mostradas na **Listagem 6.2**:

LISTAGEM 6.2 – ANOTAÇÃO EJB NO SERVLET ACESSAEJB

```
...
@EJB
private PrimeiraSessionLocal primeiraSessionBean;
...
```

O NetBeans adicionou a anotação **@EJB**, de ***javax.ejb.EJB***, para a sua Session Bean, o que possibilita a injeção de dependências. Graças a esta declaração, a aplicação pode acessar a Session Bean, o que fora feito através da variável **primeiraSessionBean**.

Altere o Servlet gerado para o mostrado na **Listagem 6.3** a seguir:

LISTAGEM 6.3 – ALTERAÇÃO DO SERVLET ACESSAEJB

```
...
protected void processRequest(HttpServletRequest request,
HttpServletResponse response)
   throws ServletException, IOException {
      response.setContentType("text/html;charset=ISO-8859-1");
      PrintWriter out = response.getWriter();
      //recupera o campo nome enviado de um formulario
      String nome = request.getParameter("nome");

      try {

         out.println("<html>");
         out.println("<head>");
         out.println("<title>Servlet AcessaEJB</title>");
```

```
        out.println("</head>");
        out.println("<body>");

        /* recupera o valor retornado pelo metodo
         * acessado do EJB para ser impress
         *junto a outros valores gerados pelo Servlet
         */
        out.println("<h1>" +
            primeiraSessionBean.primeiroBusinessM(nome) +
            "</h1>");
        out.println("</body>");
        out.println("</html>");
    } finally {
        out.close();
    }
}
...
```

Na **Listagem 6.3**, você alterou o Servlet ***AcessaEJB*** para receber um parâmetro chamado de **nome**, vindo de um formulário qualquer (POST ou GET).

Esse parâmetro é passado ao método **primeiroBusinessM()**, do EJB, ao qual retornará o valor contido neste. O resultado retornado é impresso pelo Servlet.

```
out.println("<h1>" +
        primeiraSessionBean.primeiroBusinessM(nome) +
        "</h1>");
```

Para chamar este Servlet, altere a página **index.jsp, Listagem 6.4**, adicionando um formulário com um campo de entrada chamado **nome**.

LISTAGEM 6.4 – ALTERAÇÃO DO ARQUIVO INDEX.JSP

```
...
<form name="form1" action="AcessaEJB" method="POST">
        Nome: <input type="text" name="nome" value="" />
        <input type="submit" value="Enviar" />
</form>
...
```

Rode o projeto e veja o resultado.

FIGURA 6.9 – RESULTADO EXIBIDO DO VALOR RETORNADO PELO EJB

SESSION BEAN

Uma Session Bean é a representação de um único cliente dentro de um servidor Java EE. O acesso a uma aplicação, instalada no application server, é invocada por clientes através dos métodos encontrados na Session Bean. Esta por sua vez executa o trabalho para seu cliente, deixando-o de fora da complexidade executada de tarefas de negócios encontradas no servidor.

Chamamos de Session porque cada Bean é único a cada cliente (como uma sessão a um e-mail). Esta Session não é persistente, sendo finalizada quando o cliente encerra sua invocação, o que indica que não está associada definitivamente ao cliente.

Session Beans são utilizadas para conter as regras de negócios da aplicação. Estes beans podem acessar outros Session Beans ou outros tipos de beans, como Entity Beans e Message Drive Beans.

Tipos de Session Bean

As Session Beans são divididas em dois tipos: **Stateless** e **Stateful**. O estado de um objeto (State) consiste nos valores de suas variáveis de instância. No assistente de criação da Session Bean, há estas opções em **Session Type**, sendo a padrão **Stateless** no assistente da IDE.

- **Stateless** – Esta Session Bean não mantém um estado de conversação com o cliente. Quando um cliente invoca o método de um bean Stateless, as variáveis deste bean podem conter um estado, mas somente para a duração da chamada. O estado é encerrado assim que finalizado o método. Todas as instâncias de um bean Stateless são equivalentes somente durante a chamada do método, permitindo assim com que o container EJB atribua uma instância a qualquer cliente. Por poderem suportar múltiplos clientes, estes oferecem melhor escalabilidade para aplicações que possuem um grande volume de acesso. O bean é tido como Stateless quando há a anotação **@Stateless**, de ***javax.ejb.Stateless***, antes do nome da classe.

- **Stateful** - Nesta Session Bean, as variáveis de instância representam o estado de uma sessão original do cliente. Como o cliente interage com seu bean, ele mantém o chamado "estado de conversação". Este estado é retido para a duração da sessão no cliente-bean. A sessão termina e o estado desaparece quando o cliente remove o bean ou o finaliza. O bean é tido como Stateful quando há a anotação **@Stateful**, de ***javax.ejb.Stateful***, antes do nome da classe.

AS INTERFACES EJB

Um EJB pode oferecer acesso remoto ou local. Um cliente pode acessar um Session ou Entity Bean somente com os métodos definidos nas interfaces. Aspectos como execuções de métodos, esquemas de abstração, acesso a banco de dados e ajustes no deployment descriptor, são escondidos do cliente.

Em uma aplicação Java EE, primeiramente deve-se definir o tipo de acesso ao EJB que o cliente fará: Local ou Remoto. Para procurar, ou até mesmo criar, um EJB, uma interface deve ser utilizada, sendo a própria a que realiza o papel de fábrica de EJBs.

Na criação da Session Bean pelo NetBeans IDE, você percebe que na segunda e última etapa, onde era definido o nome, havia duas opções em **Create Interface** (veja **Figura 6.5**), onde o padrão da IDE marcava **Local**.

A INTERFACE LOCAL DE EJB

Para a geração do EJB, foi utilizada a interface Local. Ela é usada para clientes que executam na mesma JVM. Como as chamadas serão acessadas localmente, estas serão mais rápidas que a outra interface, que é Remota. Esta interface Local é anotada por **@Local**, de ***javax.ejb.Local***. Observe esta anotação no arquivo **PrimeiraSessionLocal.java** criado pelo NetBeans.

A INTERFACE REMOTE DE EJB

Criadas para permitir acesso remoto aos EJBs, em um modelo de arquitetura distribuída este tipo de acesso é importante, pois possibilita um cliente em uma máquina diferente ao EJB (JVM diferente). Outra situação é a de ter um EJB transparente ao cliente remoto. Esta interface Remote é anotada por **@Remote**, de ***javax.ejb.Remote***. Assim como no caso da interface Local, o NetBeans oferece esta opção na criação do Session Bean.

EJB 3 COM ACESSO A DADOS

Utilizando o mesmo projeto, desta vez será criado um EJB mais sofisticado, com acesso ao banco de dados livraria. Para o caso, Entity Beans e de Java Persistence API (JPA) serão trabalhados. Com o uso de assistentes do NetBeans IDE, a curva de aprendizado destes dois itens será bem menos penosa.

CRIANDO ENTITY BEANS NO NETBEANS IDE

Com o direito do mouse sobre **EALivraria-ejb**, vá em **New** e clique no item **Entity Classes from Database**. Alternativamente, pela caixa de diálogo **New**, selecione a categoria **Persistence** e clique no item **Entity Classes from Database**.

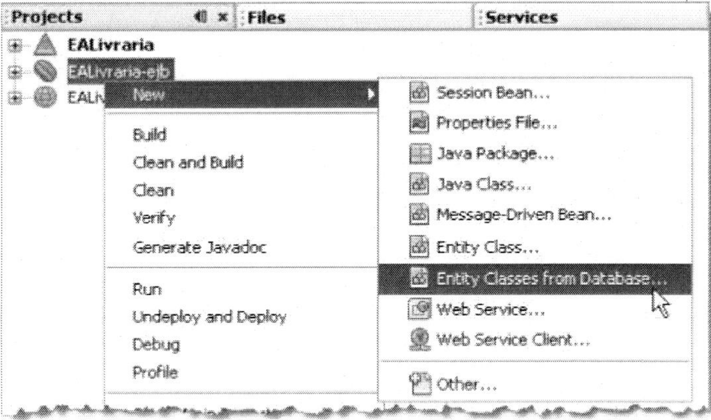

FIGURA 6.10 – OPÇÃO ENTITY CLASSES FROM DATABASE DE NEW, NO MENU DE CONTEXTO

Na segunda etapa do assistente, em **Database Tables**, escolha em **Data Source** um JNDI criado ou crie um novo em **New Data Source**.

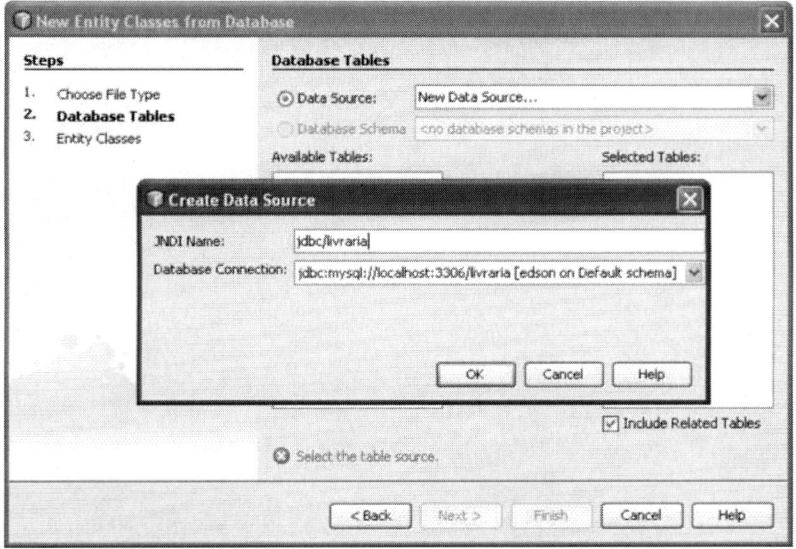

FIGURA 6.11 – CRIANDO UM DATA SOURCE

Neste caso, em **JNDI Name** digite **jdbc/livraria** e em **Database Connection** selecione a conexão criada para o banco de dados **livraria**.

Quando há tabelas existentes no banco de dados, o assistente exibe em **Available Tables**. Para selecionar uma tabela, clique sobre ela em **Available Tables** e em seguida no botão **Add**. Se desejar criar todas as entidades, basta usar o botão **Add All**. As tabelas selecionadas passam a ser exibidas em **Selected Tables**. Clique no botão **Next** para prosseguir.

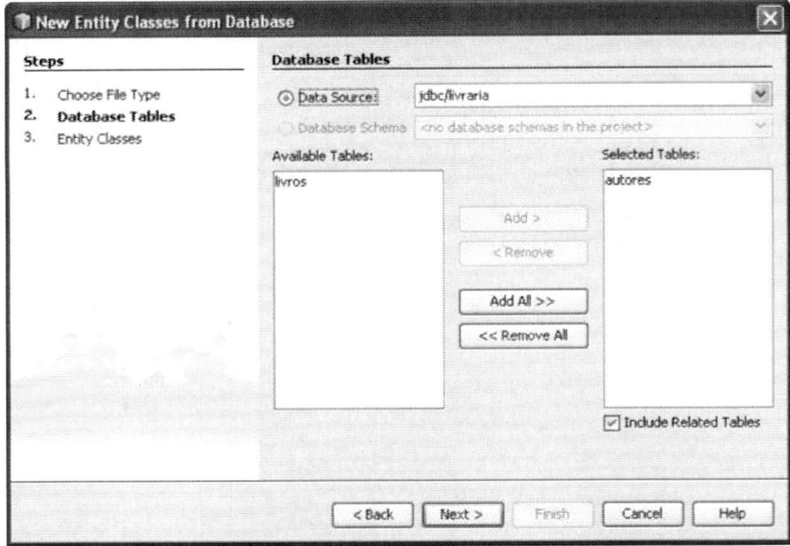

Figura 6.12 – Seleção de tabelas existentes no banco de dados

Na terceira e última etapa do assistente, haverá a visualização dos nomes das classes que serão geradas, em **Entity Classes**.

As entidades que serão geradas utilizam o nome da tabela através do assistente, colocando a primeira letra em maiúsculo, para seguir a norma de classes Java. Isso significa que a tabela **autores** do banco de dados **livraria** ficará com a entidade (Entity Bean) chamada **Autores** e assim por diante.

Na linha, em **Class Name** dê um duplo clique e digite **Autor**. Digite também o nome do pacote que será utilizado, que no caso do livro será **br.com.integrator.ejb.livraria.entity**.

Para completar o assistente você precisa criar o **Persistence Unit**. Clique no botão **Create Persistence Unit**.

Na caixa de diálogo **Create Persistence Unit** há um nome pré-definido em **Persistence Unit Name**. Altere se desejar.

Em **Persistence Provider**, há a possibilidade de selecionar o gerenciador de persistência que deseja trabalhar. O padrão é **TopLink**, utilizado no servidor Java EE GlassFish. O mais popular é o **Hibernate**. Além desses, você pode escolher entre **OpenJPA** e **KODO**. Estas escolhas não são definitivas e podem ser alteradas mais adiante. Em **Table Generation Strategy**, há três opções, sendo a padrão **None**. Confirme no botão **Create**.

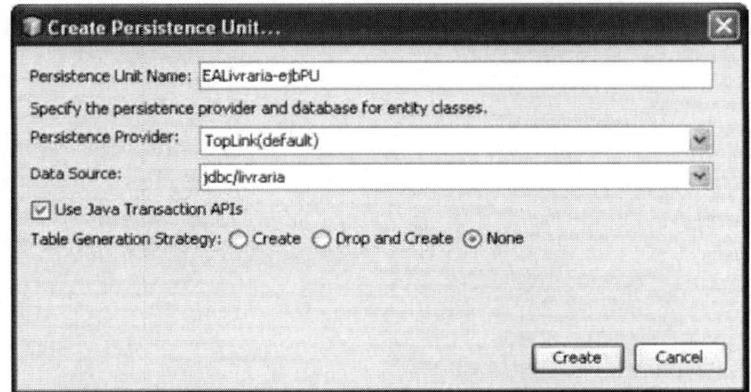

FIGURA 6.13 – CONFIGURAÇÃO PARA A CRIAÇÃO DO PERSISTENCE UNIT

Ao retornar a caixa de diálogo do assistente, clique no botão **Finish** para gerar a entidade.

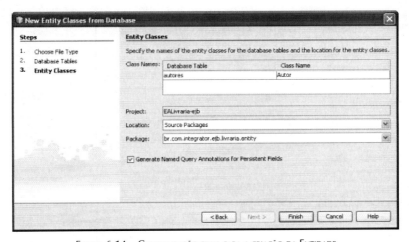

FIGURA 6.14 – CONFIGURAÇÃO FINAL PARA A CRIAÇÃO DA ENTIDADE

Após o término do assistente, em seu projeto, na janela **Projects**, expanda o nó de **Source Packages** e do pacote **criado**.

Perceba que o assistente gerou a classe definida de acordo com a tabela encontrada no banco de dados **livraria**. Dê um duplo clique no arquivo **Autor.java**. Ao abri-lo, perceba que é um JavaBean, mas com a adição de Java Annotations.

Sobre Java Annotations

As Java Annotations - Anotações Java - são tipos especialmente definidos com o intuito de simplificar tarefas em Java com uma simples anotação, colocada em frente à (ou acima de) elementos de programa Java como classes, métodos, campos e variáveis.

Quando um elemento do programa é anotado, o compilador lê a informação contida nessa anotação e pode reter essa informação nos arquivos de classe ou dispor disso de acordo com o que foi especificado na definição de tipo da anotação. Quando retiver nos arquivos de classe os elementos contidos na anotação podem ser examinados em runtime por uma API baseada em reflexão. Dessa forma, o JVM (Java Virtual Machine) ou outros programas podem olhar esse metadata para determinar como interagir com os elementos do programa ou alterar seus comportamentos.

Anotações é uma oposição à rigidez da herança, enriquecendo uma classe com comportamentos de forma muito mais granular.

Uma anotação é precedida por um símbolo de @ seguida de uma meta-anotação (seja ela personalizada ou não).

As anotações foram introduzidas a partir do Java SE 5 e atualmente fazem parte do Java EE 5, em especial do EJB3.

A API de persistência

Para que uma entidade se torne persistente, é necessário associá-la a um contexto de persistência. Esse contexto fornece a conexão entre as instâncias e o banco de dados.

As classes e interfaces da JPA estão localizadas no pacote **javax.persistence**. Com isso, você pode fazer o mapeamento da sua aplicação, utilizando anotações. Graças a isso, você pode dispensar os descritores XML para cada uma das entidades da aplicação.

Por isso, uma entidade é rotulada com a anotação **@Entity,** sendo ela uma classe Java comum.

Uma tabela é representada pela anotação **@Table** e a chave primária pela anotação **@Id**. Cada coluna é especificada pela anotação **@Column**.

Para o suporte as anotações, um container Servlet, como o Tomcat, pode ter a adição da biblioteca **ejb3-persistence.jar**. No caso de um servidor Java EE 5, como o **GlassFish**, esta API já faz parte de suas características.

No caso do Persistence Provider, o TopLink Essentials é o ORM oficial do GlassFish. TopLink Essentials é uma RI (Reference Implementation) de EJB 3.0 Java Persistence API e é uma edição "mais light" open-source do produto Oracle's TopLink.

OBSERVAÇÃO: Não confunda. A utilização da JPA em um container Servlet é permitida e não de um EJB. Os EJBs necessitam de um container EJB, como o GlassFish ou JBoss.

ATENÇÃO: Os beans anotados são mais conhecidos como POJOS, por incluírem além dos getters e setters os métodos hashCode e equals. O termo POJO (Plain Java Old Object) foi criado por Martin Fowler, Rebecca Parsons e Josh Mackenzie em 2000, devido aos objetos de Java simples que não estavam atrelados a ferramentas ou frameworks.

VISUALIZANDO O ARQUIVO CRIADO

Ao abrir o arquivo **Autor.java** ou outros existentes na geração das entidades, serão vistas todas as anotações, atributos e métodos criados.

Cada anotação tem um significado na JPA, como você já viu em **@Table**, **@Id** e **@Column**, já citado anteriormente.

Mas existem outras anotações, que estão listadas na **Tabela 6.1** a seguir:

Tabela 6.1 - Anotações mais comuns da JPA

Anotação	Descrição
@Entity	A entidade. Indica que essa classe é uma entidade (entity bean), que nada mais é do que um POJO, representando um objeto de negócio. Sem a definição de um parâmetro adicional, é assumido que o valor padrão será o nome da classe.
@Table	Mapeia o nome da tabela. Caso não seja utilizado o parâmetro **name**, o valor padrão assumido é o nome da classe.
@Id	O identificador da entidade. Normalmente se refere à chave primária da tabela relacional.
@GeneratedValue	Define que terá seus identificadores automaticamente gerados. Isso é chamado de geração de id e é especificado por esta anotação.
@Column	Mapeia o nome da coluna existente na tabela relacional. É importante frisar que o Hibernate assume os atributos da classe como os mesmos nomes dos campos da tabela existente no banco de dados. A utilização dessa anotação com o atributo **name** se faz necessário nesse caso, uma vez que existem campos de nomes diferentes no modelo relacional com relação à classe.
@Temporal	São tipos baseados em informações armazenadas relativas ao tempo. A lista de tipos temporais incluem três tipos java.sql como **java.sql.Date**, **java.sql.Time** e **java.sql.Timestamp**, e inclui dois tipos **java.util** como o **java.util.Date** e **java.util.Calendar.** O uso dessa anotação inclui um atributo chamado de **TemporalType** com um valor enumerado. Esses valores são: **DATE**, **TIME** e **TIMESTAMP** para representar os tipos de **java.sql**.
@Lob	Um termo de banco de dados comum para campos que armazenam grandes quantidades de dados (ou até mesmo objetos baseados em bytes), conhecidos como Binary Large Object - ou LOB, abreviado. Colunas de banco de dados que podem armazenar estes tipos de objetos requerem um JDBC especial para ser acessado por Java. Esta anotação atua com este propósito, que são vistos em campos do tipo TEXT, BLOB e outros existentes no MySQL.
@OneToMany	Define uma relação de "um-para-muitos" do utilizado em banco de dados relacional. Possui um atributo chamado **mappedBy** para definir o atributo da outra Entidade no qual é referenciado.
@ManyToOne	Define uma relação de "muitos-para-um" do utilizado em banco de dados relacional.
@JoinColumn	São usadas para especificar a coluna que contém a chave estrangeira de cada relacionamento, os conhecidos Inner Joins de um relacionamento SQL.
@NamedQueries	São usadas para agrupar todas as consultas existentes na entidade (consultas estáticas), no qual são descritas individualmente pela anotação **@NamedQuery**. Caso haja mais de uma consulta, cada uma deve ser separada por "," vírgula.
@NamedQuery	Estas anotações definem consultas "pré-compiladas" e tem o atributo **name** no qual você define o nome da sua consulta e o atributo **query** onde tem a consulta propriamente dita.

Além destas anotações, haverá outra, chamada de **@Override**. Estas anotações aparecem antes dos métodos **hashCode( ), equals( )** e **toString( )**. Estes métodos são considerados boas práticas de programação na construção de entidades POJO, mas que não são exigências da JPA e nem de seu funcionamento, embora influam em certas pesquisas realizadas por ORMs como o Hibernate.

ENTITY BEANS

Entity Beans (Entidade Beans ou Beans de Entidade) são os responsáveis por modelarem os conceitos de negócios. Sua principal utilização é para modelar entidades que já estejam presentes em um banco de dados na forma de tabelas. Estes tipos representam a estrutura de uma tabela em um determinado banco de dados. O acesso indireto se faz necessário porque em Java há uma melhor comunicação com objetos, além de criar uma abstração de dados.

Para entender seu funcionamento, imagine uma inserção de dados. Para o caso do bean, cada novo registro é criado uma nova instância do objeto. Quando um novo bean é criado, um novo registro deve ser inserido na base de dados e uma instância do bean associada a este dado. Conforme o bean é usado, e seu estado é alterado, estas mudanças devem estar sincronizadas com a base de dados. Chamamos de persistência, este processo de sincronia dos dados do banco de dados com a instância do bean.

Em comparação aos Session Beans, os Entity Beans são diferentes, porque ao invés de modelar um fluxo de controle (workflow), papel executado pela Session Bean, eles são responsáveis pelos dados de negócios (Core Business Data).

Para que a classe seja um Entity Bean, como já foi dito, é necessário ter a anotação **@Entity**, de ***javax.persistence.Entity***, sendo que ela deve ser pública ou protegida (não pode ser declarada ***final***, assim como métodos ou atributos), deve implementar Serializable e possuir um construtor sem parâmetros (ainda que hajam outros). Estas classes podem herdar de outras classes que são entidades ou de classes que também não o sejam. Atributos de classes, que representam Entidades, devem ser declarados como privados, protegidos ou pacote e acessados somente através de métodos públicos.

Criando a Session Bean

O segundo passo a proceder na construção do EJB com acesso a dados será criar uma Session Façade para se comunicar com a Entity Bean desenvolvida.

Crie um novo arquivo e selecione a categoria **Persistence** e o tipo **Session Beans For Entity Classes**. Clique no botão **Next** para prosseguir.

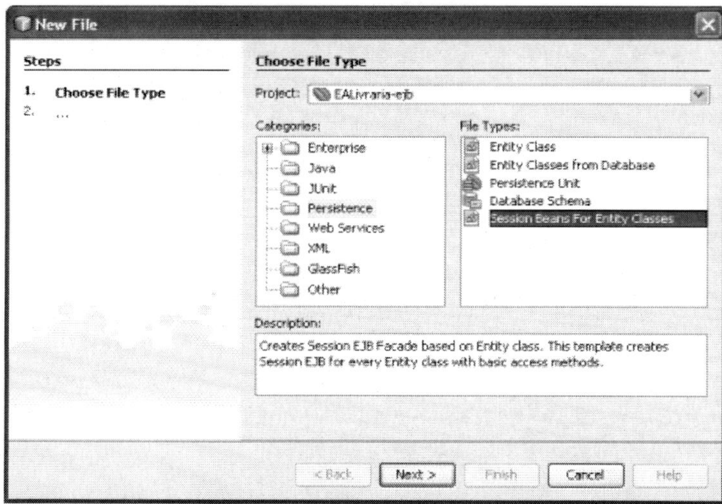

Figura 6.15 – Seleção de Session Beans For Entity Classes

No segundo passo, selecione a entidade **Autor**, clicando no botão **Add**. Clique no botão **Next**.

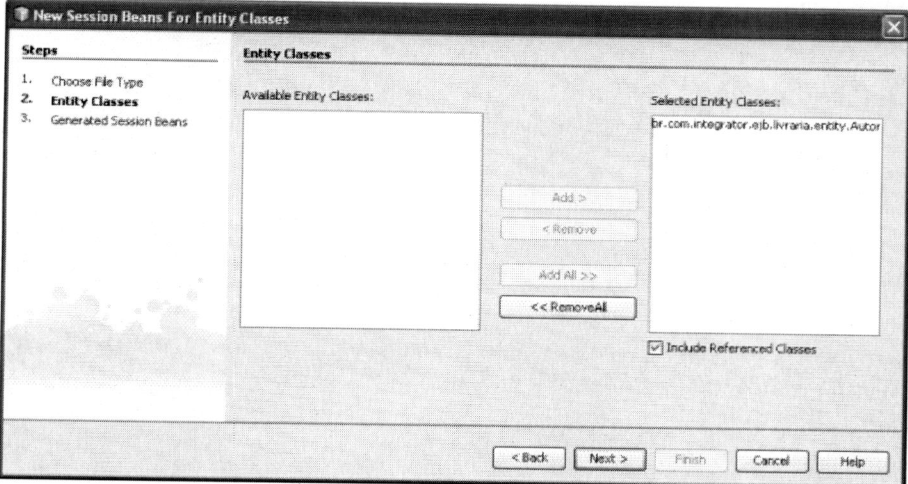

FIGURA 6.16 – SELEÇÃO DA ENTIDADE AUTOR

Na terceira e última etapa, defina o pacote no campo **Package** (**br.com.integrator.ejb.livraria**) e mantenha a interface como **Local**. Confirme no botão **Finish**.

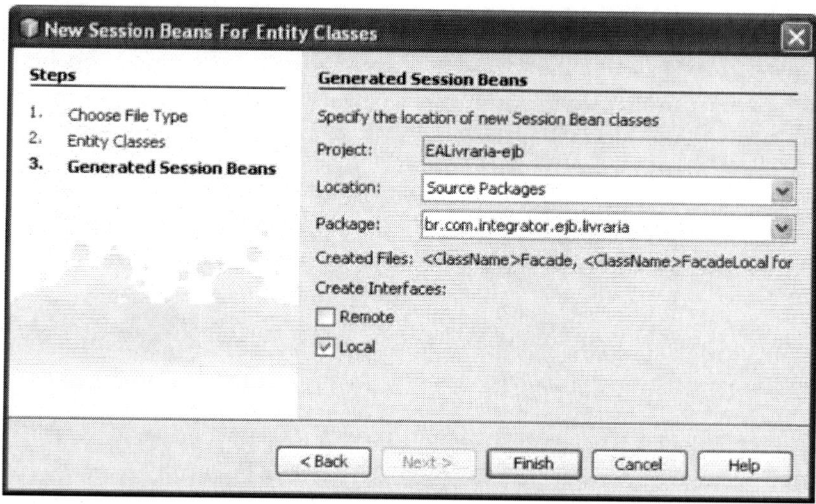

FIGURA 6.17 – DEFINIÇÃO DO PACOTE E INTERFACE DA SESSION BEAN

O CRUD gerado

Através do assistente, o NetBeans IDE era gerar pela Entity Bean Autor um CRUD. Quando o arquivo de persistência é configurado para acessar o banco de dados, a sua interação com este é feita através de **Entity Manager** (***javax.persistence.EntityManager***), que pode realizar algumas operações nos dados.

A interface **EntityManager** é a responsável pelas operações de persistência. A classe Façade possui a anotação **@PersistenceContext**, de ***javax.persistence.PersistenceContext***, que lê as configurações existentes no arquivo de configuração **persistence.xml**, através do atributo **name** dado no elemento **<persistence-unit/>** encontrado neste arquivo. Como não há referência direta dada a esta anotação do atributo name de <persistence-unit/>, ela irá chamar a primeira persistência que estiver configurada no arquivo. Podemos ter várias em um único arquivo.

É na classe **EntityManager** que você encontra os principais métodos para incluir, localizar, atualizar e excluir informações no banco de dados através das entidades. Embora EntityManager seja muito rica, possuindo muitas operações, vamos nos ater apenas as que foram adicionadas ao Session Bean gerado pelo NetBeans.

- PERSIST() - Utilizado para persistir no banco de dados um objeto/entidade que ainda não foi persistido. O efeito do uso deste método é a criação de uma nova linha na tabela do banco de dados.

- MERGE() - Utilizado para realizar uma busca por uma entidade na base de dados, alterar esta entidade e novamente sincronizar as informações do objeto com a base. Em outras palavras, é utilizado para atualização de dados.

- REMOVE() - Utilizado pra remover uma entidade do banco de dados. A entidade não será removida no exato instante em que este método for chamado. Ela deixa de estar associada ao EntityManager após a chamada do método remove.

- FIND() - Utilizado para localizar objetos em uma base de dados, este método irá retornar um objeto persistido ou *null* caso não seja encontrado.

- CREATEQUERY() – Utilizado para criar queries JPQL. Veja a seguir mais a respeito.

A JAVA PERSISTENCE QL

A Java Persistence API (JPA) suporta duas linguagens de consultas (queries) para recuperar entidades e outros dados persistentes do banco de dados. A linguagem primária é a **Java Persistence Query Language (JPQL)**. Esta é uma linguagem de consultas independente de banco de dados e opera no modelo de entidades lógicas, ao contrário do modelo de dados físico. As consultas também podem ser expressas em SQL. No caso dos códigos gerados pelos assistentes do NetBeans, a query criada está na linguagem JPQL.

Observando atentamente a query gerada, no método findAll() do CRUD, você verá:

select object(o) from Autor as o

Perceba que é similar ao SQL que conhecemos. A JPQL usa uma sintaxe similar à SQL, onde é possível dar ao desenvolvedor experiente com instruções SQL a vantagem de escrever as queries. A diferença fundamental entre SQL e JPQL está na seleção de uma tabela, onde a entidade do modelo da aplicação é especificada ao invés da tabela propriamente dita.

> **OBSERVAÇÃO:** Na utilização de um container Servlet, como o Tomcat, a criação de instância do gerenciador da persistência é feita pela classe abstrata **Entity-ManagerFactory**. Essa classe é criada pela anotação **@PersistenceUnit**, que lê as configurações existentes no arquivo de configuração **persistence.xml**.
>
> **@PersistenceUnit(unitName = "livraria")**
> **private EntityManagerFactory emf;**
>
> É evidente que algumas das vantagens existentes em um EJB 3 serão perdidas, mas em um contexto geral, utilizar EJB 3 Persistence (JPA) é similar.

Utilizando JavaServer Faces para acessar o EJB

Para utilizar o JavaServer Faces para acessar o EJB criado com acesso a banco de dados, o projeto precisa ter as configurações de JavaServer Faces.

Clique com o direito do mouse sobre o projeto **EALivraria-war** e selecione no menu de contexto o item **Properties**. Na caixa de diálogo **Project Properties**, selecione **Frameworks** em **Categories**. Em **Used Frameworks**, clique no botão **Add**. Selecione **JavaServer Faces** e confirme tudo.

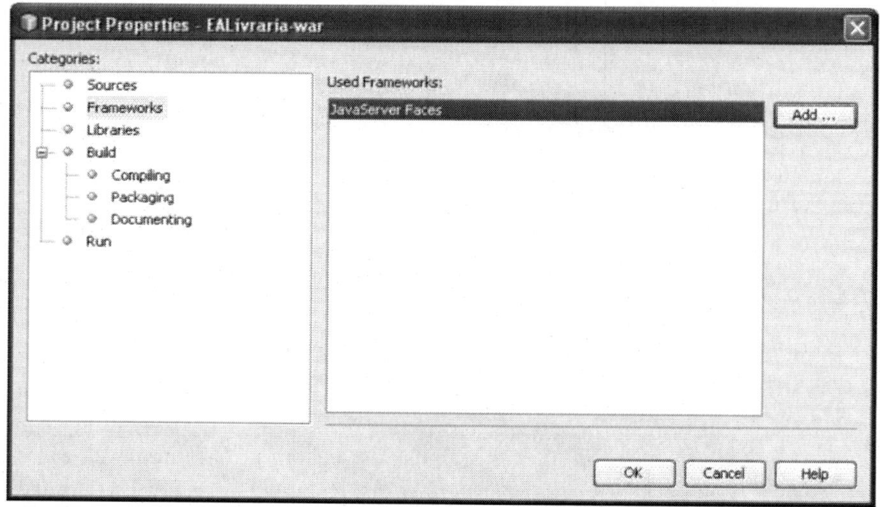

Figura 6.18 – Adição do framework JavaServer Faces

Abra o projeto **UtilJSFComDAO**, criado no **Capítulo 5**, e copie todas as páginas JSP para **EALivraria-war**. Copie também o arquivo **faces-config.xml** e o pacote **br.com.integrator.controller** com a classe **AutorController**.

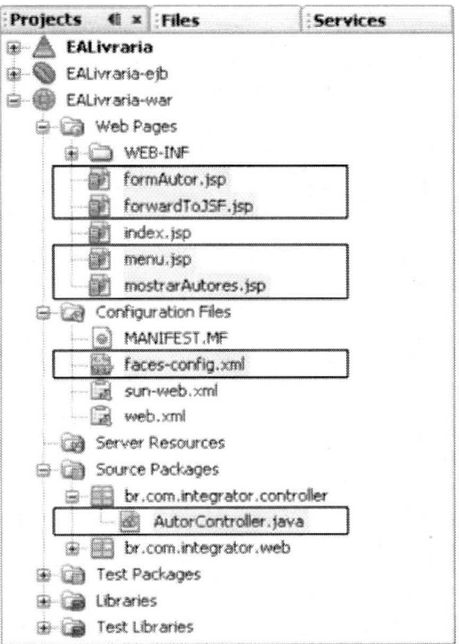

FIGURA 6.19 – DESTAQUES PARA OS ARQUIVOS COPIADOS

Abra o arquivo **web.xml** (deployment descriptor). Clique em **Servlets** e expanda **Faces Servlet**. Altere para ***.jsf** em **URL Pattern(s)**. Em **Pages**, altere para **forwardToJSF.jsp**, clicando no botão **Browse** e selecionando, no campo **Welcome Files**.

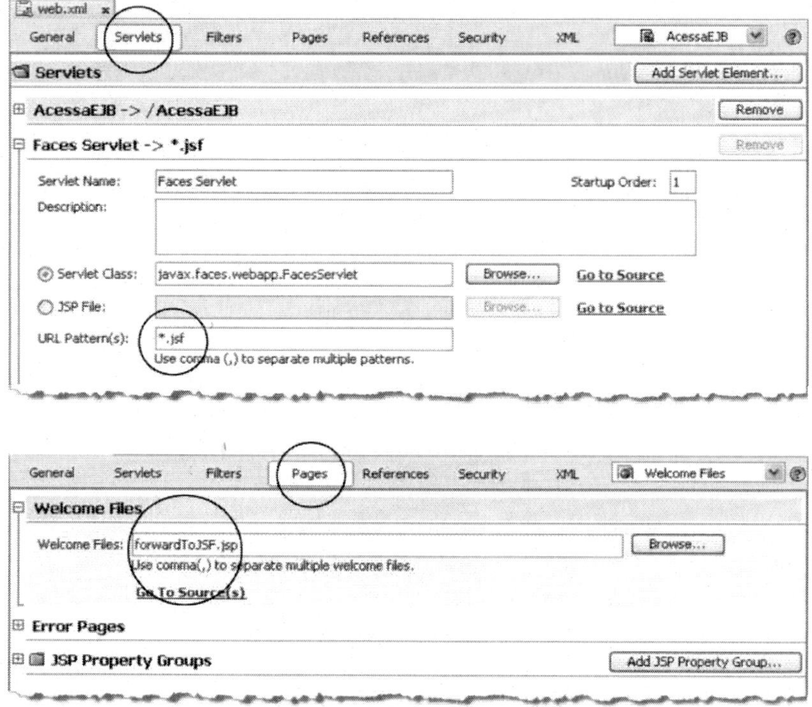

Figura 6.20 – Configurações do deployment descriptor

Abra o arquivo **AutorController.java** e altere como mostrado na **Listagem 6.5** a seguir.

Listagem 6.5 – Alterações em AutorController

```
...
private Autor autor;
private DataModel model;
public String novoAutor( ) {
    this.autor= new Autor( );
    return "novo";
```

```
}
public Autor getAutor( ) {
      return autor;
}
public void setAutor(Autor autor) {
      this.autor = autor;
}
public DataModel getTodos( )
   throws Exception {
      model =
            new ListDataModel(facade.findAll());
      return model;
}
public Autor getAutorFromEditOrDelete( ) {
      autor =
            (Autor) model.getRowData( );
      return autor;
}
public String editar( ){
      autor = getAutorFromEditOrDelete( );
      setAutor(autor);
      return "editar";
}
public String excluir( )
   throws Exception {
      autor = getAutorFromEditOrDelete( );
      facade.remove(autor);
      return "sucesso";
}
 public String salvar( )
   throws Exception {
      if(autor.getId()==null)
```

```
        facade.create(autor);
    else
        facade.edit(autor);
    return "sucesso";
}
...
```

O resultado final é similar ao visto no capítulo anterior.

Configurando outros frameworks de persistência de dados

Após a criação do Persistence Unit, caso deseje alterar para outro framework de persistência, como o Hibernate, KODO ou OpenJPA, abra o arquivo **persistence.xml** em **Configuration Files** (no caso, em EALivraria-ejb). Através do **Design**, em **Persistence Provider**, selecione o framework desejado.

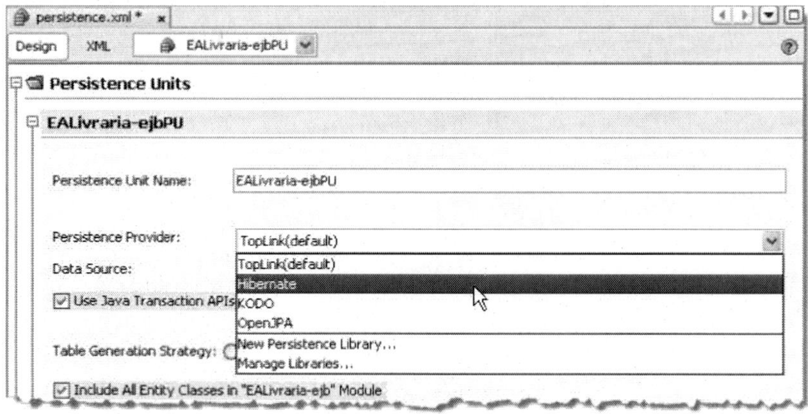

Figura 6.21 – Alterando Persistence Provider

RODANDO O EJB 3 PERSISTENCE EM UM CONTAINER J2EE 1.4

Para fazer isso com o NetBeans IDE, crie um projeto normalmente. Escolha as opções padrão para gerar um projeto Web, incluindo seu container J2EE 1.4.

Na segunda etapa do assistente, você deve desmarcar a opção **Set Source Level to 1.4**. Os demais itens serão similares ao já feito até o momento na criação de um projeto utilizando JavaServer Faces.

O arquivo **persistence.xml** é ligeiramente diferente, pois não possui uma integração completa, como ocorre com **GlassFish**.

Um container servlet como o Tomcat 5.5, por exemplo, também não implementa a versão Java EE 5 e, portanto, precisa da biblioteca do TopLink Essentials (**toplink-essentials.jar e toplink-essentials-agent.jar**).

> **ATENÇÃO:** Caso precise saber como usar JNDI no Tomcat 5.5 com o arquivo persistence.xml, no CD-ROM, pegue o capítulo extra que trata do assunto sobre esta versão do container Servlet.

Capítulo 7
O Visual Web JavaServer Faces

O Visual Web JavaServer Faces é um editor visual, no estilo WYSIWYG (***W**hat **Y**ou **S**ee **I**s **W**hat **Y**ou **G**et*), baseado no **Java Studio Creator IDE**, da Sun Microsystems, criado para desenvolver páginas JavaServer Faces, como já diz seu nome. Isso significa que seu desenvolvimento é baseado em componentes arrastáveis que, com pouco código, o desenvolvedor pode criar páginas totalmente funcionais. Este capítulo foi escrito em forma de estudo de caso, desenvolvendo uma aplicação JavaServer Faces envolvendo o uso de diversos componentes e suas configurações, focando na etapa visual sem acesso a banco de dados.

Ao longo deste capítulo será apresentado:

- Os componentes principais e suas configurações;
- A comunicação entre componentes;
- A geração de navegação por entre páginas através da ligação de componentes;
- Como alterar ou mesmo criar novos estilos CSS para o aplicativo;
- Envio de e-mail com componente;
- Formulários virtuais;

Um projeto com Visual Web JavaServer Faces

Inicie a criação de um novo projeto pelo menu de contexto ou tecle **Ctrl + Shift + N**. Na caixa de diálogo **New Project**, vá em **Web**, nas categorias, e selecione **Web Application**, em **Projects**. Clique em **Next** para prosseguir.

Na segunda etapa, defina um nome para o seu projeto, em **Project Name**. Caso queira fazer com um nome idêntico ao usado no livro, coloque **DesComVisualWebApplication**. Selecione o **GlassFish** como servidor e clique no botão **Next** para prosseguir.

Na terceira etapa, em **Frameworks**, selecione **Visual Web JavaServer Faces**. Altere o pacote da aplicação, em **Default Java Package** – para o exemplo fora utilizado **br.com.integrator**. Altere para ***.faces** no campo **Servlet URL Mapping**. Clique no botão **Finish** para completar o assistente.

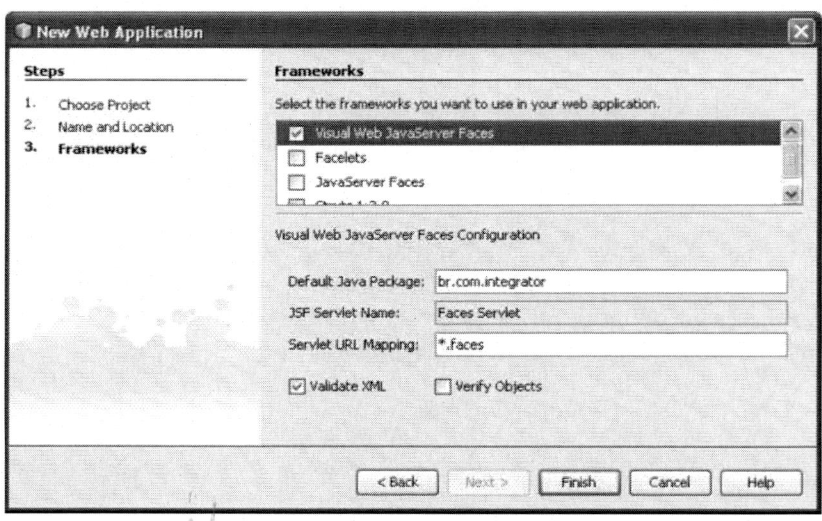

Figura 7.1 – Seleção e configuração do Visual Web JavaServer Faces

Visão geral do Visual Web JavaServer Faces

Ao finalizar a criação do projeto, o NetBeans IDE abrirá as janelas necessárias para o trabalho com a ferramenta **Visual Web JavaServer Faces**.

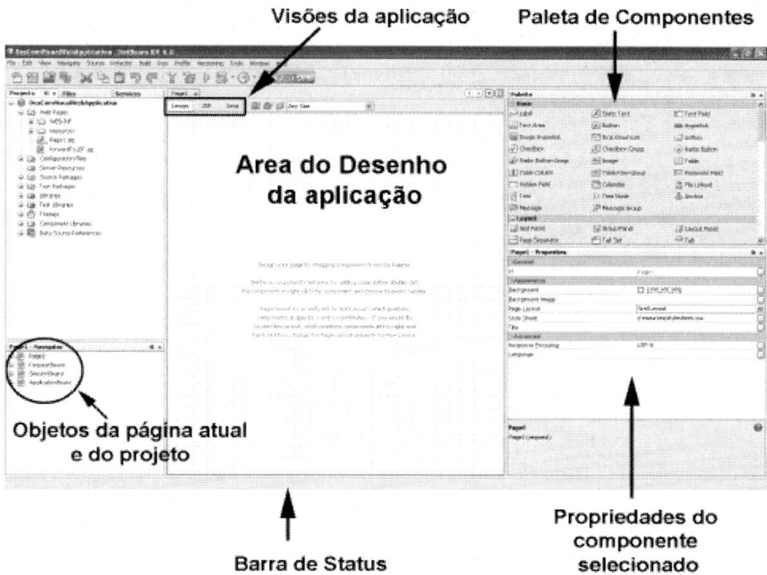

Figura 7.2 – Layout inicial de uma aplicação com VWJSF

Criando uma aplicação

Para ilustrar o funcionamento do Visual Web JSF, este Capítulo e o seguinte tratarão de um exemplo completo da construção de uma aplicação.

Esta aplicação envolverá desde simples componentes até acesso a banco de dados e área restrita. Além disso, haverá o uso de componentes mais específicos, como conversão de tipo de dados (como datas) e upload de arquivos.

Configuração do editor de Visual Web JSF

A configuração do Visual Web JSF é feita através do menu **Tools** em **Options**. Na caixa de diálogo **Options**, em **Miscellaneous**, há a guia **Visual Web**. As páginas construídas pelo Visual Web não possuem tamanho padronizado, mas pode ser alterado isso em **Target Browser Window**. O tamanho da fonte vista pelo editor está em **Default Font Size**.

O Grid que é exibido pelo editor visual, pode ser configurado em sua altura em **Grid Height** e largura em **Grid Width**. Se preferir não ter o grid sendo exibido, desmarque **Show Grid**. O grid também possui atração para os componentes quando você arrasta. Isso pode ser desativado em **Snap To Grid**. Confirme a caixa de diálogo após sua modificação.

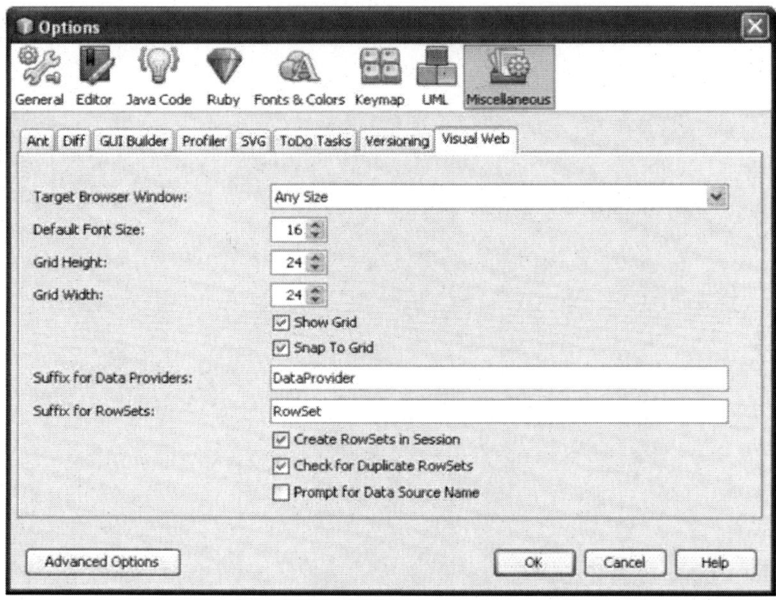

Figura 7.3 – Opções de configuração do Visual Web JSF

A página inicial

A página inicial introduzirá alguns componentes existentes para o desenvolvimento de um design base para as demais.

O topo e o menu são componentes que devem ser reutilizáveis, e serão repetidos por toda a aplicação, menos no administrador.

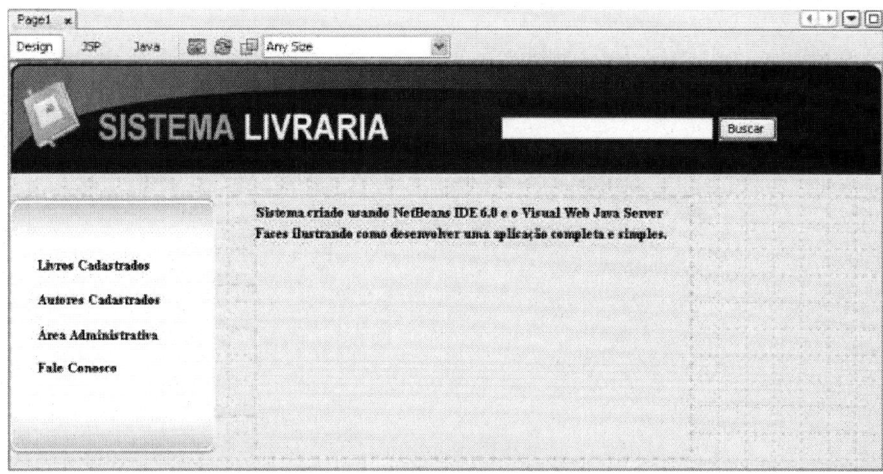

FIGURA 7.4 – EXEMPLO DA PÁGINA INICIAL

ADICIONANDO UM TÍTULO E COR DE FUNDO A PÁGINA

Com um clique no editor visual (Design) da página, você pode alterar suas propriedades. Na janela **Properties**, altere a cor de fundo (**Background**) para as cores RGB **232,231,207**.

O título é adicionado a página pela propriedade **Title**. Digite **Aplicações com Visual Web JSF**.

Page1 - Properties

General	
id	Page1
Appearance	
Background	[232,231,207]
Background Image	
Page Layout	Grid Layout
Style Sheet	/resources/stylesheet.css
Title	Aplicações com Visual Web JSF
Advanced	
Response Encoding	UTF-8
Language	

FIGURA 7.5 – PROPRIEDADES DA PÁGINA

Definindo o layout da página principal

Como já dito, o topo e o menu serão reutilizados em outras páginas e o Visual Web JSF possui um componente que o auxilia a trabalhar com "fragmentos" de página. Para a definição do layout base para as demais páginas, você aprenderá como criar fragmentos de páginas e alterá-las através de duas partes: o topo e o menu da página.

Adicionando o Topo da página

Vá à janela **Palette** e arraste **Page Fragment Box** para o Design.

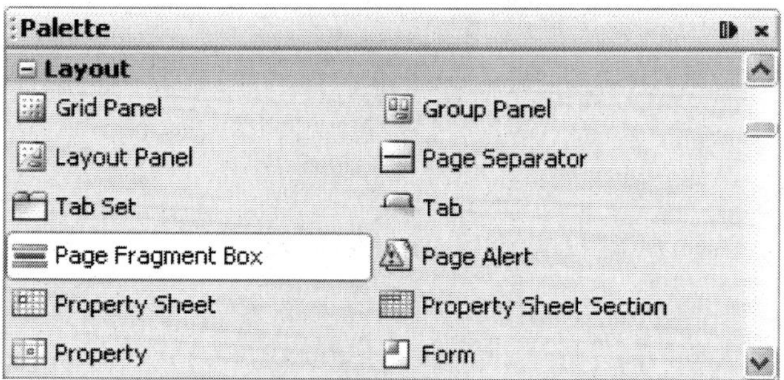

Figura 7.6 – Page Fragment Box selecionado na janela Palette

Na caixa de diálogo **Select Page Fragment**, clique no botão **Create New Page Fragment**. Isto é necessário pois não temos ainda nenhum fragmento de página para selecionar. Ao surgir **Create Page Fragment**, digite em **Name** o nome que deseja utilizar em seu fragmento. Para o livro, fora utilizado **topo**. Na confirmação da criação, a caixa de diálogo **Select Page Fragment** já o terá selecionado, em **Page Fragment**. Clique em **Close**.

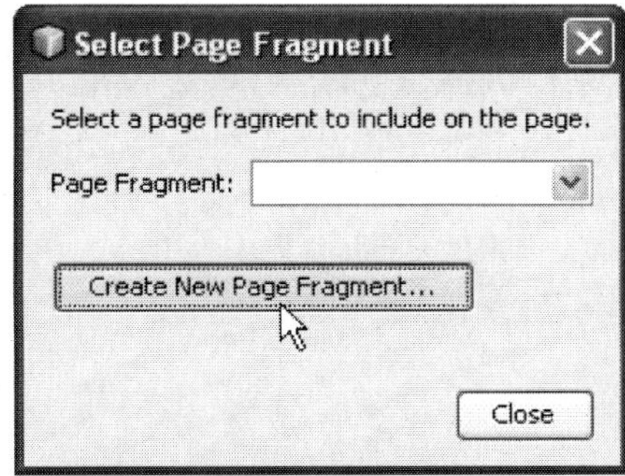

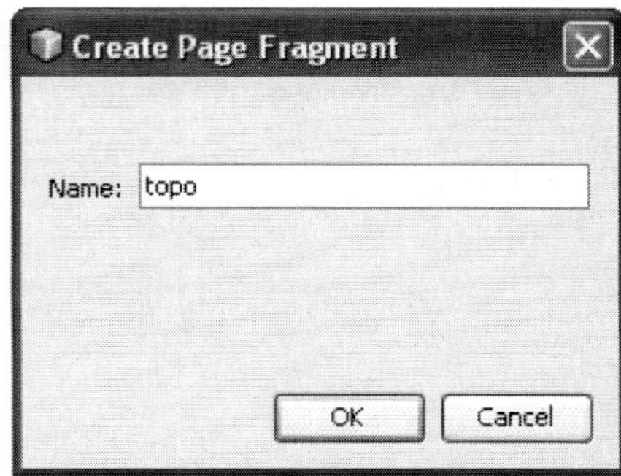

Figura 7.7 – Criação de um novo Page Fragment

O fragmento adicionado é vazio, pois não contém nenhum objeto. Dê um duplo clique nele.

Crie um diretório em seu projeto, em **Web Pages**, chamado de **images** (**New File** > **Other** > **Folder**).

No CD-ROM anexo ao livro, copie as imagens **top.jpg** e **menu.jpg**, encontradas no diretório **imagens**. Se preferir, pode utilizar uma completamente diferente. Como a IDE possui integração com o sistema operacional, cole a imagem copiada no diretório **images**, na janela **Projects**, em seu NetBeans.

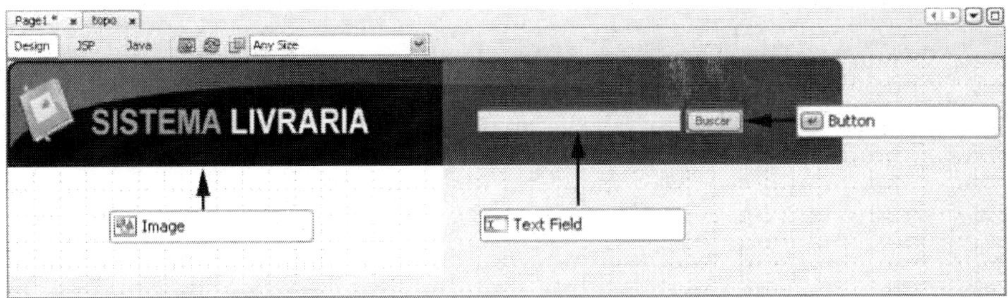

Figura 7.8 – Componentes utilizados para a criação do fragmento topo

Arraste o componente **Image** da janela **Palette**. Clique com o direito sobre este componente adicionado e no menu de contexto, selecione **Set Image**. Na caixa de diálogo **Image Customizer**, selecione **Enter URL** e no campo **Image Source** digite o caminho para a sua imagem. Confirme no botão **OK**.

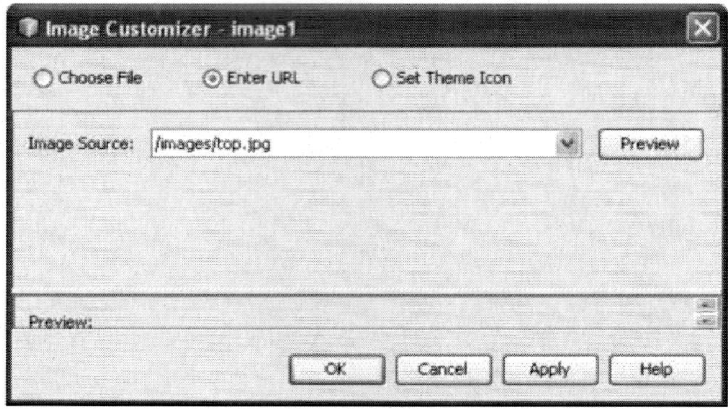

FIGURA 7.9 – ADICIONANDO A IMAGEM AO COMPONENTE IMAGE

Selecionando a imagem, vá a janela **Properties** e clique no botão com três pontos em **style**. Na caixa de diálogo **style**, selecione **Position**. Na categoria **Position**, selecione em **absolute** em **Mode** e digite **1** em **Z Index**. Observe na parte inferior, em **CSS Style** como ficou o estilo final (se desejar, e conhecer a CSS, pode digitá-la diretamente neste campo). Confirme a caixa de diálogo. Esta alteração é necessária para que a imagem fique abaixo dos demais componentes que serão adicionados.

Figura 7.10 – Alterações na CSS do componente Image

Arraste agora os componentes **Text Field** e **Button**. Se você arrastou sobre o componente Image, notará que estes desaparecem após perder o foco. Isso ocorre porque não foram alteradas suas propriedades de posição na tela em relação à imagem na CSS. Mas isso não é um problema, pois na janela **Navigator**, há todos os componentes sendo exibidos em tree view. Selecione o Text Field, vá até a janela **Properties** e altere sua propriedade **id** para buscar e, em **style**, faça o processo idêntico ao da imagem, mas desta vez, altere **Z Index** para **2**. Veja o resultado final ilustrado na **Figura 7.11** a seguir.

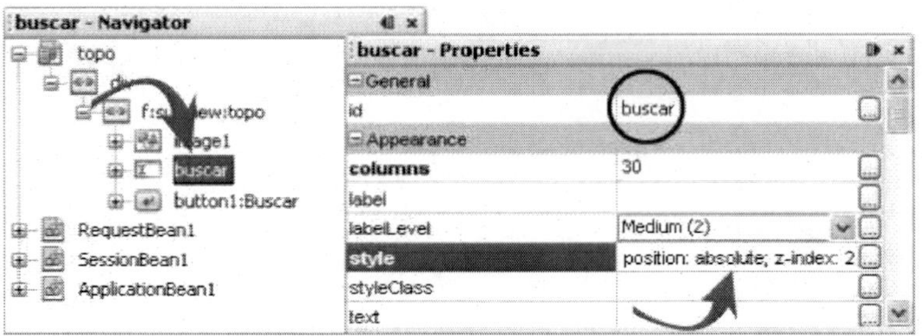

FIGURA 7.11 – ALTERAÇÕES DA PROPRIEDADE DO COMPONENTE TEXT FIELD

Repita o processo para o componente **Button**, alterando no caso também a propriedade **text** para **Buscar**. O resultado final poderá ser similar ao visto na **Figura 7.8**.

ADICIONANDO O MENU DA PÁGINA

Siga o mesmo processo executado na criação do topo da página, adicionando um componente **Page Fragment Box**. Chame este fragmento de **menu**. Em sua edição, adicione a imagem **menu.jpg**, copiada anteriormente, através do componente **Image**.

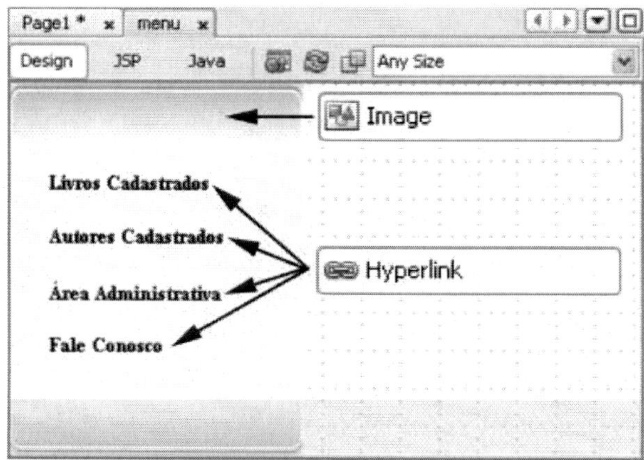

FIGURA 7.12 – COMPONENTES USADOS NA CRIAÇÃO DO MENU

Para os links do menu, serão adicionados quatro componentes **Hyperlink**. Arraste este componente da janela **Palette** e dê apenas um clique sobre cada um. Altere suas propriedades como mostrado na **Tabela 7.1** a seguir:

Tabela 7.1 – Propriedades dos componentes Hyperlink

Componente Nº	Propriedade	Valor
hyperlink1	*id*	livros
	text	Livros Cadastrados
hyperlink2	*id*	autores
	text	Autores Cadastrados
hyperlink3	*id*	admin
	text	Área Administrativa
hyperlink4	*id*	Contato
	text	Fale Conosco

Em todos eles, abra a caixa de estilos e, na categoria **Font**, altere o tamanho da fonte em **Size**. Mude também para **bold** (negrito) em **Weight**.

Posicione cada um dos links adicionados sobre o componente **Image**.

Dica: Os componentes seguem o GRID quando você os arrasta, ou os movimentam com as teclas direcionais. Mas caso precise alterar a posição de um componente sem o uso do GRID, segure a tecla **Shift** e arraste ou utilize as teclas direcionais. Isso fará com que os componentes selecionados se movam apenas um pixel por vez.

Para finalizar o menu, haverá o alinhamento de todos os links pela esquerda. Selecione todos, com a tecla **Shift** pressionada, e clique com o direito do mouse sobre um destes. No menu de contexto, selecione **Left** em **Align**.

No centro da página principal

Arraste para o centro um componente **Static Text** (cuidado para não colocá-lo dentro da tag HTML <div/> do menu), da janela **Palette**, e adicione um texto de boas vindas e salve.

Visualizando no navegador como preview

No Design, há um ícone ao lado direito de **Java**, chamado de **Preview in Browser**. Este botão irá gerar uma página temporária contendo o conteúdo visual, sem capacidade interativa, somente para mostrar o design no browser. Alternativamente pode-se clicar com o direito do mouse sobre o Design e selecionar **Preview in Browser** no menu de contexto.

Figura 7.13 – Ícone Preview in Browser em destaque

A página de contato

A página de contato apresentará a construção de um formulário, contendo validações para que sirva de modelo em desenvolvimento para as demais que contém também formulários, seja de que tipo for.

Alterando o layout da página Contato

Clique com o direito do mouse sobre **Web Pages** em seu projeto, na janela **Projects**, e selecione **Visual Web JSF Page**. Se preferir, utilize o atalho **Ctrl+N** e na caixa de diálogo **New File** selecione **Visual Web JSF Page** na categoria **JavaServer Faces**. Coloque o nome da página de **Contato**, em **File Name** e confirme.

Altere a propriedade **Background** da página para a mesma cor RGB da página principal e adicione o título **Contato** na propriedade **Title**.

Arraste dois componentes **Page Fragment Box**, sendo o primeiro o **topo** e o segundo o **menu**.

Criando um formulário para Contato

O formulário que será desenvolvido é para simples envio de e-mail, para contato com os administradores do site. Para a elaboração do formulário, com relação à disposição de seus componentes, observe a **Figura 7.14** a seguir.

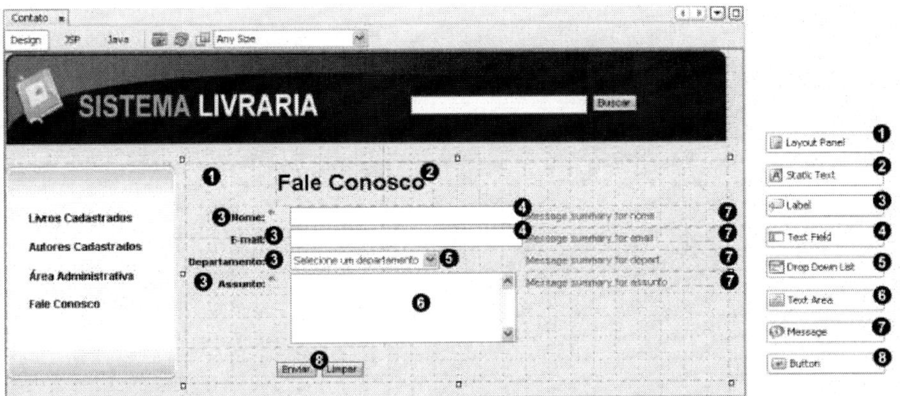

Figura 7.14 – O formulário e seus componentes numerados

Na **Tabela 7.2** serão apresentadas as propriedades que deverão ser alteradas. O número ao lado indica o mesmo de cada componente encontrado na **Figura 7.14**.

TABELA 7.2 – CONFIGURAÇÕES DO FORMULÁRIO DE CONTATO

COMPONENTE	PROPRIEDADE	VALOR
Layout Panel (1)	id	painelContato
	panelLayout	Grid Layout
Static Text (2)	text	Fale Conosco
	style	Tamanho a escolha
Label (3)	id	lbNome
	text	Nome:
Label (3)	id	lbEmail
	text	E-mail:
Label (3)	id	lbDepart
	text	Departamento:
Label (3)	id	lbAssunto
	text	Assunto:
Text Field(4)	id	nome
	required	true (selecionado)
Text Field(4)	id	email
	required	true (selecionado)
Drop Down List (5)	id	depart
	required	true (selecionado)
Text Area (6)	id	assunto
Button (8)	id	btEnviar
	text	Enviar
Button (8)	id	btLimpar
	text	Limpar

O componente **Drop Down List** ainda possuirá uma configuração adicional, acrescentando valores em sua lista de seleção. Clique com o direito do mouse sobre o componente **depart** e selecione **Configure Default Options** no menu de contexto. Na caixa de diálogo **Options Customizer,** adicione em **Display** um nome de departamento e em **Value** alguns e-mails. Se preferir, veja como poderá ser através da **Figura 7.15**.

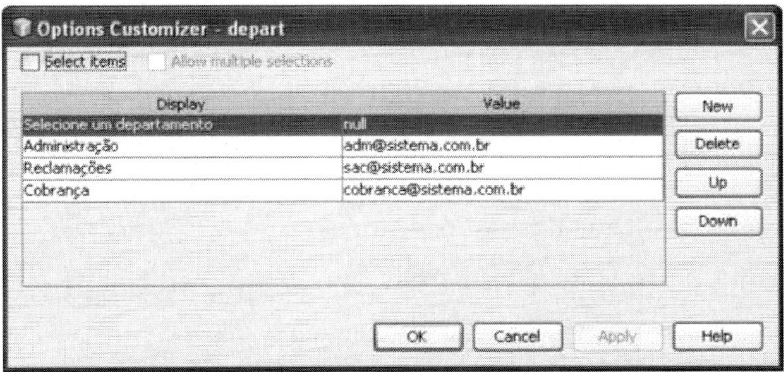

Figura 7.15 – Opções do componente Drop Down List

Para o componente **Message**, pressione as teclas **Ctrl+Shift**(conforme ilustra o texto explicativo em vermelho do componente no Design) e arraste sobre o componente que deseja "vincular". Este componente apresentará todas as mensagens que forem referentes ao componente vinculado. Alternativamente pode ser selecionado ou alterado a vinculação com outro componente através da propriedade **for**.

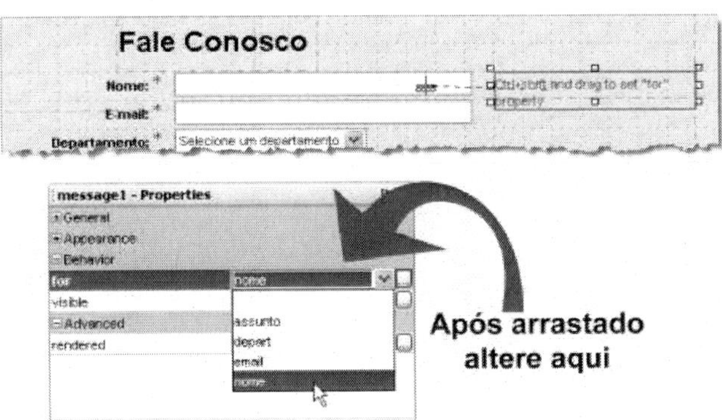

Figura 7.16 – Configurações do componente Message

Para os componentes **Label**, execute o mesmo que fora feito para **Message**, pressionando **Ctrl+Shift** e arrastando sobre os **Text Fields** correspondentes para vinculação.

> **Atenção:** Embora possa não parecer importante a vinculação dos componentes Label, elas são excelentes para exibir mudanças em caso de erro, ajudando ainda mais o usuário.

Adicionando código ao botão Enviar

A adição de códigos em botões ou hyperlinks são feitas com um duplo clique sobre o componente. Na execução desta ação, o NetBeans alternará de **Design** para **Java** e adicionará um código referente ao seu botão, vinculado pela propriedade **action**. Por exemplo, se o botão se chama btEnviar, o Visual Web JSF adicionará **btEnviar_action**. É claro que este nome não é obrigatório e poderá ser alterado, desde que a propriedade **action** do botão também seja. Entretanto, o duplo clique no Design do componente não o levará direto a este código de nome personalizado e pior, criará um novo método seguindo com o nome prefixo do seu botão.

Em **Java**, perceba que a janela **Palette** possui outros componentes, que por sua vez executam tarefas bem diferentes que os componentes visuais. Para este caso, são trechos de códigos que podem ser adicionados a sua página, facilitando em parte o desenvolvimento de seu aplicativo.

Vá até **Web App Functions** e arraste para dentro do código de seu botão o componente **Send Email**.

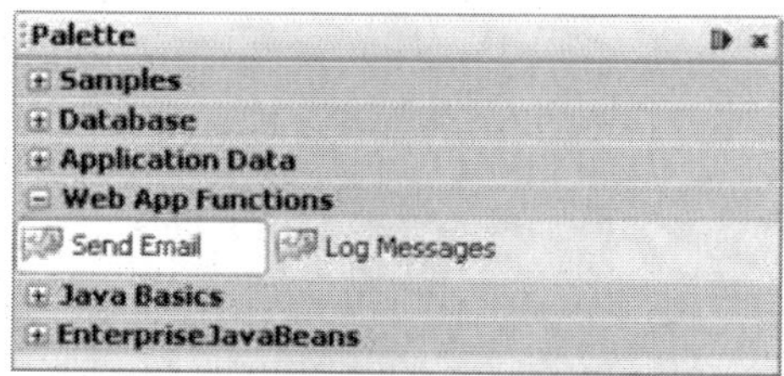

Figura 7.17 – Template de código do Visual Web

Quando você vai enviar um e-mail, há a necessidade algumas informações, para que o Java Mail funcione. A **Figura 7.18** ilustra esta situação.

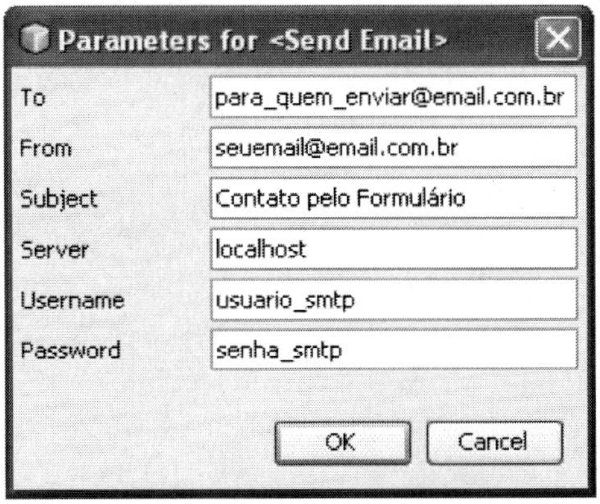

Parameters for <Send Email>

To	para_quem_enviar@email.com.br
From	seuemail@email.com.br
Subject	Contato pelo Formulário
Server	localhost
Username	usuario_smtp
Password	senha_smtp

OK Cancel

FIGURA 7.18 – CONFIGURANDO O CÓDIGO PARA ENVIO DE E-MAIL

Para o caso, tudo que tem que fazer, após adicionado o código, é alterar como mostrado na **Listagem 7.1** a seguir, para que o formulário funcione corretamente.

LISTAGEM 7.1 - ALTERAÇÕES NO CÓDIGO DE ENVIO DE E-MAIL

```
...
//captura o valor do componente Drop Down List
String to = depart.getValue().toString();    // to address
String from = "sistema@sistema.com.br"; // from address
String subject ="Contato pelo Formulário";   // the subject line
//captura o valor dos componentes Text Field e Text Area
String message = nome.getText()+"\n"+
          email.getText()+"\n"+
          assunto.getText().toString(); // the body of the message
String mailhost = "localhost"; // SMTP server
String user = "usuario@servidor.com.br"; // user ID
String password = "sua_senha";  // password
...
```

> **Atenção:** Seu formulário somente será enviado caso tenha um servidor SMTP configurado para tal.

Confirmando o envio

Ao submeter o formulário, você precisa informar ao usuário que o e-mail foi encaminhado com sucesso.

Para esta informação, vamos trabalhar com a renderização dos componentes JSF. Ao submeter o contato com sucesso, uma variável booleana retornará **True**, indicando que foi submetido, desaparecendo com o formulário e deixando em seu lugar uma mensagem.

Clique em Java e adicione ao seu final a variável **enviado** e com refactor crie getter e setter desta.

Listagem 7.2 - Adição da variável enviado

```
...
private Boolean enviado = false;

public Boolean getEnviado() {
      return enviado;
}

public void setEnviado(Boolean enviado) {
      this.enviado = enviado;
}
...
```

No código de envio de e-mail, adicione à variável enviado com o valor true conforme mostrado na **Listagem 7.3** a seguir:

LISTAGEM 7.3 - TRECHO ONDE SERÁ ADICIONADA A VARIÁVEL ENVIADO

```
...
try {
    if (auth) {
            t.connect(mailhost, user, password);
    } else {
            t.connect();
    }
        t.sendMessage(msg, msg.getAllRecipients());
} finally {
        t.close();
}
log("Mail was sent successfully.");
//determina que o formulário foi submetido
enviado=true;
...
```

Retorne ao Design, observe que há um elemento chamado **enviado** na janela **Navigator**. Selecionando o **painelContato**, que comporta todo o formulário, vá até a propriedade **rendered** e clique no botão com três pontos.

Na caixa de diálogo, selecione **Use binding**, vá até a guia **Bind to an Object** e selecione **enviado**.

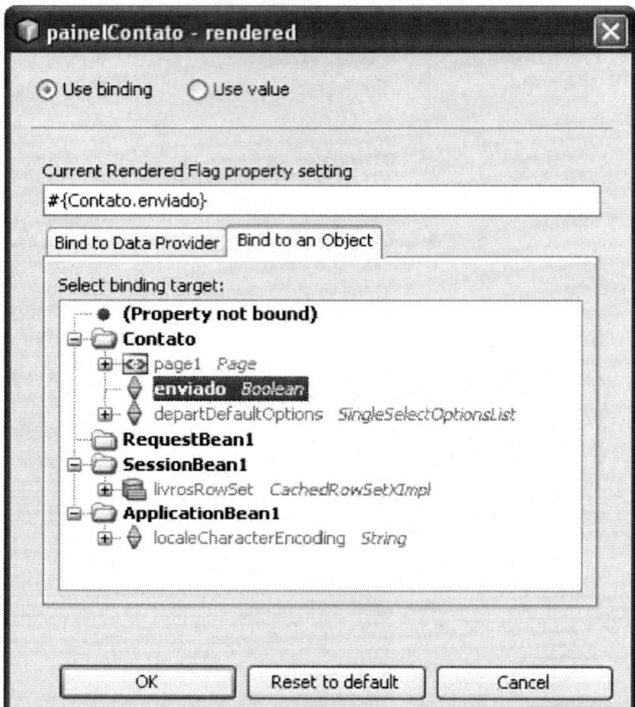

Figura 7.19 – Atribuindo enviado à propriedade rendered

Confirme a caixa de diálogo. Como enviado é **false**, a tendência é tornar o formulário invisível até que se torne true. Isso porque **rendered** é um atributo de componentes JSF que depende do valor true para que os tornem visíveis. Clique em **JSP**, ao lado de **Design** e procure o componente **painelContato**, alterando esta propriedade como mostrado na **Listagem 7.4** seguir:

Listagem 7.4 – Alterando rendered diretamente na tag

```
...
<webuijsf:panelLayout binding="#{Contato.painelContato}"
id="painelContato" rendered="#{!Contato.enviado}"
...
```

Com a exclamação antes, estamos dizendo que enquanto não for **enviado**, o formulário será visível.

Para completar, adicione um componente **Static Text** sobre o formulário. Digite um texto para confirmação de envio e atribua **enviado** em rendered, mas desta vez sem alterações no JSP.

> **Observação:** O livro pretende apenas apontar a base para um formulário como este, mas seria necessário um tratamento mais específico em caso de erro ao enviar e-mail.

Formulários Virtuais e o comportamento dos botões

Antes de adicionar algum código, precisamos fazer com que o botão **Limpar** não submeta o formulário como se fosse o **Enviar**. Infelizmente, como está feito, se você clicar no botão Limpar, será o mesmo que clicar no Enviar, pois o formulário será submetido transmitindo os dados ou não e entrando em validações se for necessário. Mas é exatamente o que não precisamos. Para evitar este tipo de ação, existem os formulários virtuais no Visual Web JSF.

Adicionando formulários virtuais

Pressionando a tecla Shift, selecione os componentes: **nome**, **email**, **depart**, **assunto** e **btEnviar**.

Com o direito do mouse sobre um destes componentes, clique em **Configure Virtual Forms**, no menu de contexto.

Na caixa de diálogo **Configure Virtual Forms**, observe que todos os componentes selecionados que pertencerão ao seu formulário virtual estarão listados logo abaixo do título. Clique no botão **New**. Aparecerá uma linha contendo uma **cor**, um **nome** e mais dois itens. Em **Name** altere para **enviarForm**. Nos itens **Participate** e **Submit** altere para **Yes**, pois os mesmos participarão da submissão do formulário. Confirme clicando no botão **Apply**. Clique no botão **OK** para fechar a caixa de diálogo.

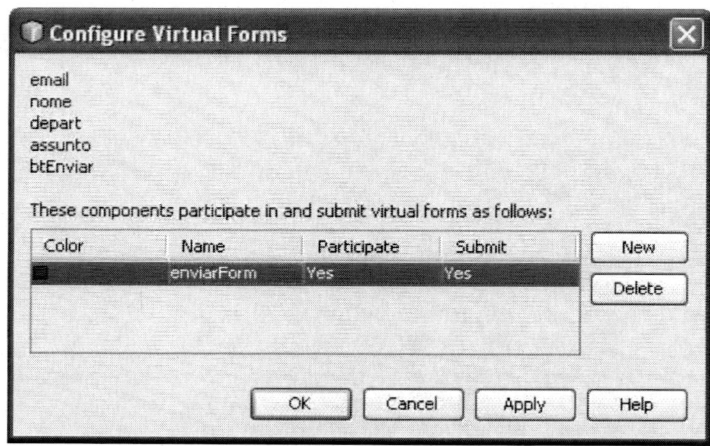

FIGURA 7.20 – VIRTUAL FORM DOS COMPONENTES QUE ENVOLVEM A SUBMISSÃO DO FORMULÁRIO

Selecione o botão **Limpar** e crie um formulário virtual também para ele. Chame de **limparForm**. Em **Submit** altere para **Yes** e confirme.

FIGURA 7.21 – FORMULÁRIOS VIRTUAIS SENDO EXIBIDOS ATRAVÉS DE SHOW VIRTUAL FORMS

Para visualizar os componentes que participam do formulário virtual, clique no ícone **Show Virtual Forms** (veja detalhe da **Figura 7.21**).

Observe que no canto inferior direito da sua área de Design aparecerá uma pequena caixa, chamada de **Virtual Form Legend**, indicando uma legenda com a cor e o nome do formulário virtual.

Adicionando código ao botão Limpar

Com a configuração dos Formulários Virtuais, o botão de Limpar o formulário pode ter seu código inserido. Dê um duplo clique no botão e adicione o código mostrado na **Listagem 7.5**.

Listagem 7.5 – Código do botão Limpar

```
...
public String btLimpar_action() {
    // discarta os dados submetidos
    // pelo formulário virtual indicado
    form1.discardSubmittedValues("enviarForm");

    // Adiciona os valores novos ao formulário
    nome.setText("");
    email.setText("");
    depart.setValue(null);
    assunto.setText("");

    return null;
}
...
```

Através do método **discardSubmittedValues()**, de **form1**, todos os valores submetidos serão descartados, e com o atributo **setText()** das caixas de texto e áreas de texto, os novos valores serão adicionados. Para um componente **Drop Down List**, o método **setValue()** é o usado para atribuir um novo valor. Neste caso, **null** fora usado para que ele fosse reiniciado.

> **Nota:** Se não houvesse um formulário virtual para submissão dos dados, referente ao botão Enviar, um método com comportamento semelhante, chamado **discardSubmittedValue()** - note que não há o "s" em "...Value" - seria chamado atribuindo-lhe como valor o nome de cada campo do formulário, tornando o código maior, como por exemplo: **form1.discardSubmittedValue(nome)**.

Criando a primeira navegação

O projeto já possui duas páginas, a principal e a de contato. O objetivo agora é interligar estas páginas através do menu criado.

Com o direito do mouse sobre a página, em **Design**, selecione no menu de contexto o item **Page Navigation**.

Como já foi visto no desenvolvimento com JavaServer Faces, o arquivo **faces-config.xml** é o responsável pela navegação. A diferença no Visual Web JSF é que o design de **PageFlow** possui os componentes da página que caracterizam a capacidade de ter um evento de submissão por padrão, como botões e links. Em **Page1.jsp**, existe o menu com todos os links criados. Arraste do link **contato**, de **Page1.jsp** para **Contato.jsp**.

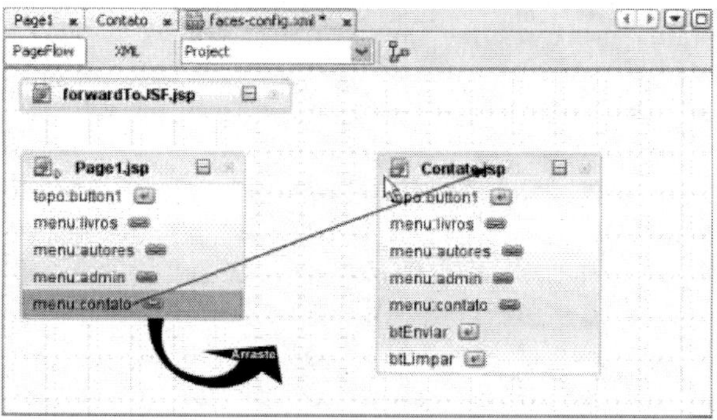

Figura 7.22 – Criando a ligação entre as páginas

Uma linha será criada ligando as duas páginas. Dê um duplo clique no texto **case1** e altere para **contato**.

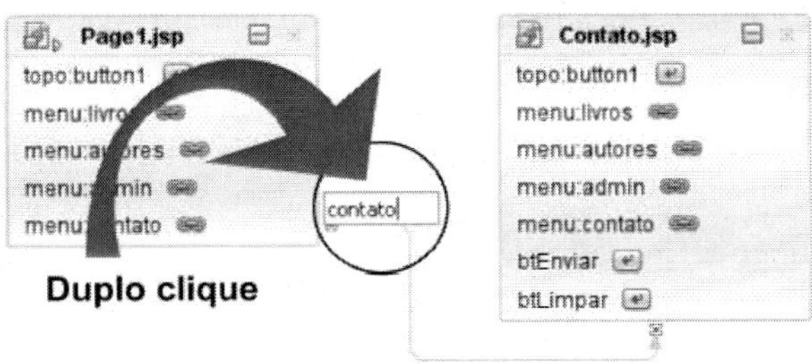

Figura 7.23 – Alterando a string de navegação

> **Nota:** Não será explicado o que está ocorrendo no arquivo faces-config.xml pois estas informações se encontram no **Capítulo 5**, no desenvolvimento com JavaServer Faces.

Ao criar a navegação, dê um duplo clique no link **contato** existente em **Page1**.**jsp**, em **PageFlow** de **faces-config.xml**. Observe que o Visual Web JSF adicionará o método e o retorno necessário deste para que haja a navegação.

Figura 7.24 – Adicionando um método ao link contato

O resultado do método criado é como mostrado na **Listagem 7.6** a seguir:

LISTAGEM 7.6 – CÓDIGO DO LINK CONTATO ADICIONADO AUTOMATICAMENTE

```
...
public String contato_action() {

    return "contato";
}
...
```

Para testar o que foi feito até o momento, dê um clique em **Run** (direito do mouse sobre o projeto, **Run** no menu de contexto).

Capítulo 8
Desenvolvendo com Visual Web JSF usando banco de dados

Integrar um banco de dados com uma página desenvolvida usando Visual Web JavaServer Faces é a tarefa mais comum para o desenvolvimento de uma aplicação Web.

Este capítulo continua o estudo de caso iniciado no capítulo anterior, adicionando a interatividade com banco de dados.

Além de completar o desenvolvimento da aplicação, será mostrado:

- Como criar formulários conectados a banco de dados gerando CRUDs;
- O upload de arquivos integrado a um formulário;
- A criação de consultas SQL complexas pelo editor;
- A configuração para paginação de dados;
- A adição de pesquisa ao sistema;
- A geração de segurança através de sessão para navegar na área administrativa.

O acesso a banco de dados

O banco de dados utilizado será o livraria, o mesmo usado ao longo do livro. O princípio para acesso a dados usando Visual Web JSF é muito similar aos demais já utilizados, uma vez que você deve ter uma conexão criada na IDE para integração direta com os componentes.

ALTERANDO A TABELA LIVROS

A primeira mudança ocorrerá na tabela livros, que agora possuirá uma nova coluna, chamada de **imagem**. Esta coluna armazenará os nomes da imagens que representam cada livro cadastrado. Claro que a imagem será transmitida por upload mas será armazenada externamente ao banco de dados, em um diretório.

Abra o terminal do MySQL e adicione a seqüência mostrada a seguir:

***mysql>* use livraria;**
***mysql>* alter table livros add imagem varchar(100);**

A PRIMEIRA PÁGINA COM ACESSO A DADOS

A princípio, uma página simples será criada para ensinar como trazer dados do banco de dados para um componente. Crie uma página chamada **Livros** e adicione o **topo** e **menu** através do componente **Page Fragment Box**.

ADICIONANDO O COMPONENTE TABLE COM ACESSO A DADOS

O acesso ao banco de dados nesta página será efetuado através do componente **Table**. Este componente é baseado no <h:dataTable /> do JavaServer Faces, mas com as funcionalidades específicas para trabalhar no Visual Web, facilitando seu uso.

Na janela **Palette**, arraste o componente **Table** para o Design na sua página **Livros.jsp**.

Vá à janela **Services** e expanda o item **Databases**. Conecte-se ao banco de dados, caso não esteja - direito do mouse selecionando **Connect** no menu de contexto. Expanda também a conexão com o banco de dados livraria. Expanda também **Tables** e arraste a tabela **livros** para o componente **Table** adicionado à página.

> **OBSERVAÇÃO:** Não arraste em cima de uma coluna. Arraste sobre o componente inteiro, de preferência onde se encontra a palavra **Table**, inicialmente como título.

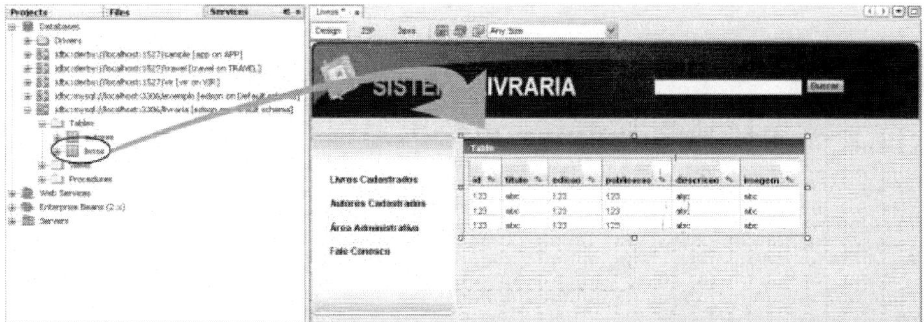

Figura 8.1 – Vinculando a tabela ao componente Table

Compreendendo como os dados são acessados

Observe na janela **Navigator** que agora há um componente chamado **livrosDataProvider** e em **SessionBean1**, **livrosRowSet**.

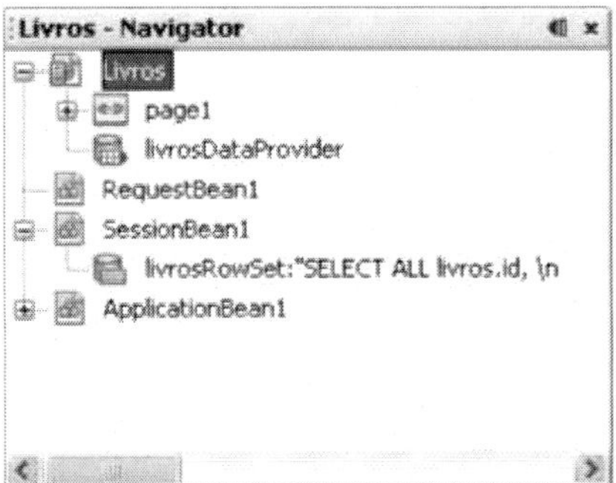

Figura 8.2 – Novos componentes na página Livros

Todos os componentes da seção Data Provider, encontrados na janela **Palette**, implementam a interface básica **DataProvider**, que fornece um caminho consistente para acesso a dados em um objeto **FieldKeys** usando campos chaves que correspondem aos seus nomes de propriedades. Com a interface **TableDataProvider**, podemos usar o conceito de acesso baseado em cursor (usando a linha em curso) e acesso aleatório (especificado por você através de **FieldKey** ou **RowKey**). No caso, livrosDataProvider é um **CachedRowSetDataProvider**, que implementa ambas as interfaces.

O fornecedor de dados que deve ser usado vai depender muito da forma como será obtido os dados e como serão manipulados. O ***CachedRowSet Data Table*** é transacional e cacheado com sua reinicialização.

Se der um duplo clique em **SessionBean1**, na janela **Navigator**, a classe de mesmo nome será aberta. No código gerado, em **Managed Component Definition**, haverá a conexão com o banco de dados (através de um pool de conexão) e a query, contidos no método **_init()**.

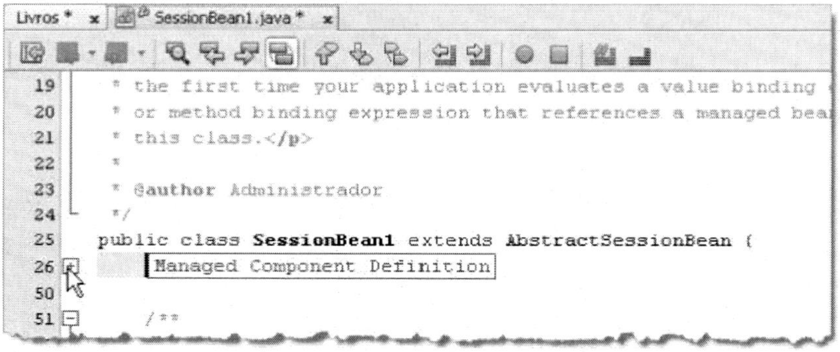

Figura 8.3 – Expandindo Managed Component Definition

Observe que **livrosRowSet** é um objeto **com.sun.sql.rowset.CachedRowSetXImpl**, que possui três métodos inicialmente utilizados:

- setDataSourceName – Define a conexão através de uma string, contendo o pool de conexão como valor ;
- setCommand – Define a instrução SQL a ser executada;
- setTableName – Define a tabela a ser usada;

Evidentemente pode haver o uso de acesso sem pool de conexão, neste caso, outros métodos entram em questão.

Dica: Os nomes dados aos objetos quando adicionado um acesso a banco de dados, como **livrosRowSet** pode ser alterado. No menu **Tools** > **Options**, vá até **Miscellaneous** > **Visual Web** e mude em **Suffix for Data Providers** para alterar o sufixo dos objetos data providers e **Suffix for RowSets** para **row sets**. Se marcar a opção **Prompt for Data Source Name**, uma caixa de diálogo surgirá quando arrastar uma tabela a um componente Table, por exemplo, indicando o nome do Data Source, para que se desejar, possa ser alterado.

O CachedRowSetDataProvider é criado na página como referência a CachedRowSet em SessionBean1. Isso possibilita o reuso deste objeto em outro data provider. A alteração deste comportamento, situando em um escopo de requisição, pode ser feito também nas configurações de Visual Web, desmarcando **Create RowSet in Session**.

Personalizando o componente Table da página

Com a adição dos dados que serão exibidos pelo componente, serão necessários alguns ajustes, como título da tabela e das colunas, definição de colunas e de objetos que serão exibidos (no lugar do nome da imagem, por exemplo, a exibição da própria) e, por fim, uma paginação.

Para começar, no título da tabela dê um clique e digite **Livros Cadastrados**. As colunas podem ter suas propriedades alteradas através da janela **Properties**. Isso exige que cada coluna seja selecionada individualmente. Para alterar o título da coluna, por exemplo, vá até a propriedade **headerText**, em **Properties**, digite o título e confirme teclando **Enter**. Se não desejar exibir a coluna, desmarque em **rendered**.

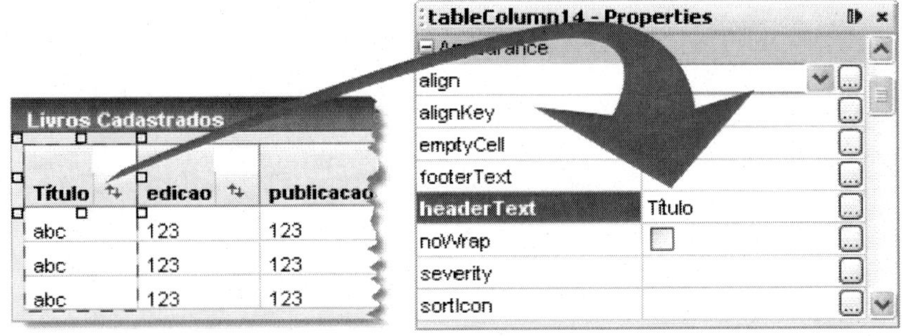

Figura 8.4 – Alteração do título da coluna pela janela Properties

Para a coluna da imagem, você terá que alterar o tipo de componente que está sendo usado para exibição. Clique com o direito do mouse sobre a tabela e selecione **Table Layout** no menu de contexto.

Na caixa de diálogo **Table Layout** você pode, além de definir quais colunas serão visíveis (Selected) e seus respectivos títulos (Header Text), o tipo de componente que será usado na coluna para a exibição das informações. Selecione **imagem** na coluna **Selected**. Vá até **Component Type** e selecione **Image**. Altere em **Value Expression** adicionando um nome do diretório que armazenará as **imagens** dos livros cadastrados. Para o exemplo do livro, iremos chamar este diretório de images que ficará na raiz da aplicação. Sua expressão final será: /**images**/**#{currentRow.value['livros.imagem']}**. Se pretender colocar exatamente ao centro da célula da tabela, altere para **Center** em **Horizontal Align** e **Middle** em **Vertical Align**. Confirme a caixa de diálogo ao final de suas alterações.

FIGURA 8.5 – CONFIGURAÇÕES DAS COLUNAS DO COMPONENTE TABLE

Na tabela, selecione o componente **Image** na coluna **Imagem** e altere a altura (height) e a largura (width) de forma a comportar razoavelmente o tamanho da imagem a ser exibida do livro cadastrado.

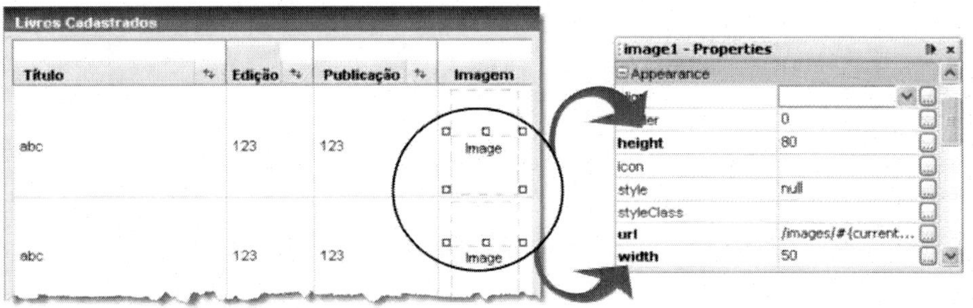

Figura 8.6 – Alterações de largura e altura da coluna do componente Image em Table

Adicionando paginação ao componente Table

Para adicionar paginação ao componente Table, clique com o direito do mouse sobre e, no menu de contexto, selecione **Table Layout**. Vá à guia **Options** e marque a opção **Enable Pagination**. Em **Page Size**, agora será habilitado, digite o número de linhas que deseja exibir em cada resultado de página.

Para o caso de não haver dados a serem exibidos, adicione uma mensagem no campo **Empty Data Message**. Confirme as alterações.

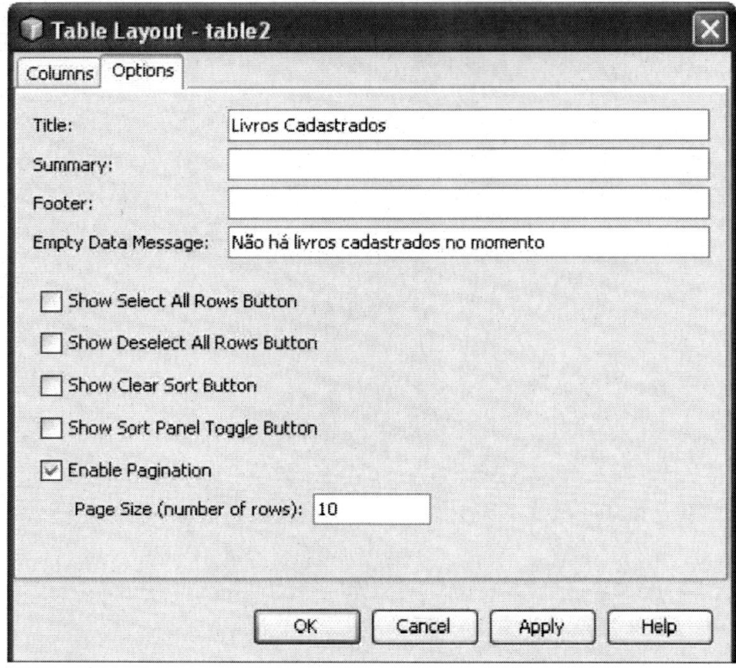

Figura 8.7 – Adição de paginação ao componente Table

Configurando a navegação do menu

Agora a aplicação possui três páginas, sendo que cada uma possui um menu. Como a intenção é ter tudo funcionando visualmente, arraste para cada página uma navegação individual com seu link do menu correspondente. Coloque na string de navegação o texto que desejar. Por fim, dê um duplo clique no link do menu para **Livros**, de modo que este retorne a string correspondente configurada.

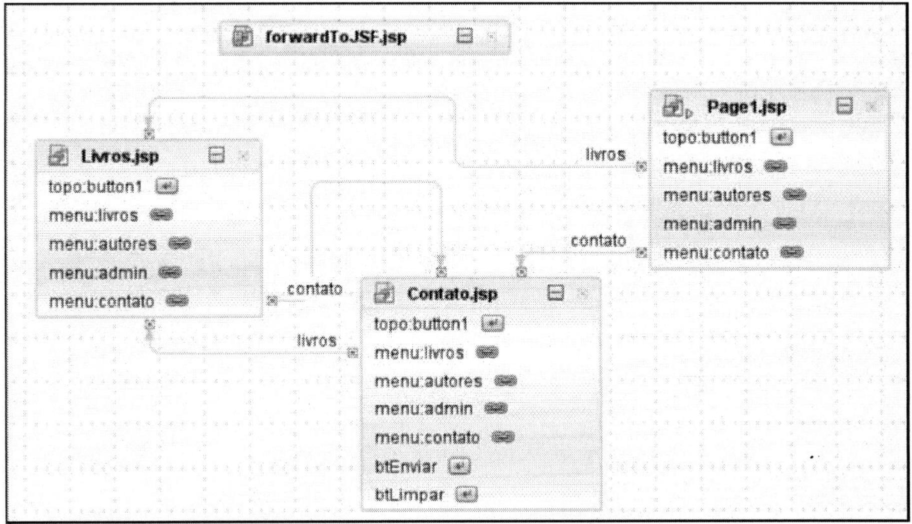

FIGURA 8.8 – NAVEGAÇÃO DO MENU DE CADA PÁGINA

EXIBINDO AUTORES CADASTRADOS

Seguindo os passos da criação da página **Livros**, será feita uma página chamada **Autores.jsp**.

> **DICA:** Para copiar o topo e o menu, selecione as duas tags **DIV** encontradas na janela **Navigator**, dentro de **form1**, em **Livros.jsp**. Para colocá-los na página **Autores.jsp**, vá ao mesmo local, na janela **Navigator** desta página, em **form1**, e cole.

Arraste um componente **Table** e a tabela **Autores** para ele. Dimensione as colunas para que comportem a exibição dos dados e salve.

Autores Cadastrados

Nome	E-mail	Nascimento
abc	abc	02/01/2008
abc	abc	02/01/2008
abc	abc	02/01/2008

FIGURA 8.9 – DIMENSIONANDO UMA COLUNA NO COMPONENTE TABLE

Para finalizar, altere a **faces-config.xml** para que as páginas possam navegar, através de seus respectivos menus, para **Autores.jsp**.

DESENVOLVENDO UMA ÁREA ADMINISTRATIVA

A área administrativa será usada para realizar os cadastros. Além de cadastrar, será possível atualizar ou excluir registros. Ao final, esta área será protegida para que seja acessível somente por login e senha.

Para gerar a área administrativa, inicie criando um diretório (**Folder**) em **Web Pages** na janela **Projects**. Neste diretório serão criadas todas as páginas da área administrativa.

Clique com o direito do mouse sobre este diretório e selecione no menu de contexto o item **Visual Web JSF Page Fragment**. Chame este fragmento de **menu**.

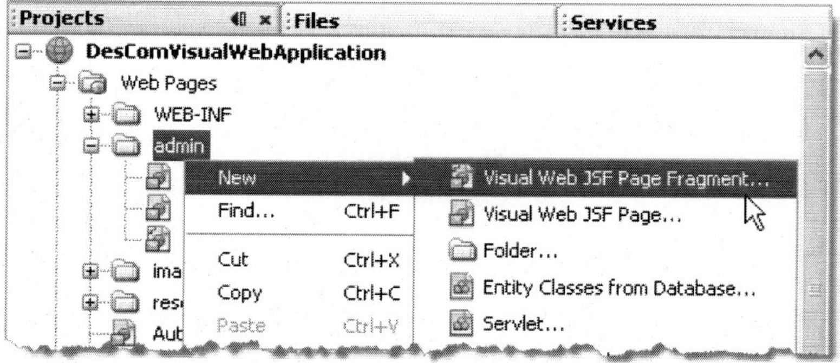

FIGURA 8.10 – SELEÇÃO DE VISUAL WEB JSF PAGE FRAGMENT NO MENU DE CONTEXTO

Crie um menu similar ao mostrado na **Figura 8.11** e altere a propriedade **id** de cada um como desejar.

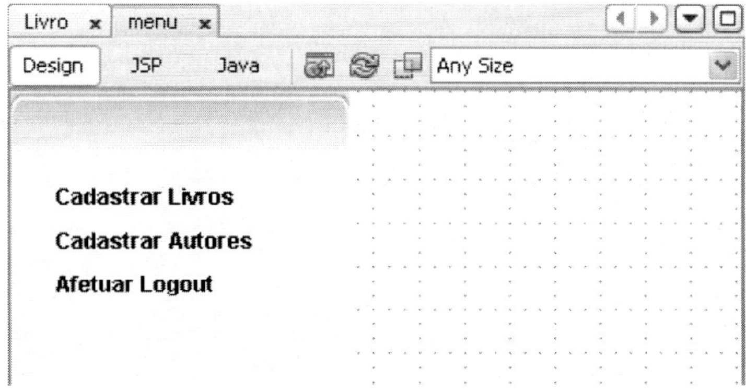

Figura 8.11 – Menu administrativo criado

Criando a página de cadastro de livros

Crie uma página chamada **Livro**. Para o cadastro de livros, serão adicionados diversos componentes diferentes. O primeiro componente será o fragmento menu, que será utilizado para a navegação e logout na área administrativa.

Seguindo a **Tabela 8.1**, que será ordenada de cima para baixo, da esquerda para a direita, conforme a **Figura 8.12**, adicione os demais componentes e altere suas propriedades.

TABELA 8.1 - COMPONENTES DA PÁGINA LIVRO.JSP NA ÁREA ADMINISTRATIVA

COMPONENTE	PROPRIEDADE	VALOR
Message Group	id	Mensagens
Label	id	lbtitulo
	text	Título:
Text Field	id	tftitulo
	tabIndex	1
Label	id	lbedicao
	text	Edição:
Text Field	id	tfedicao
	tabIndex	2
Label	id	lbpublicacao
	text	Publicação:
Text Field	id	tfpublicacao
	tabIndex	3
Label	id	lbimagem
	text	Imagem:
File Upload	id	fimagem
	tabIndex	4
Label	id	lbdescricao
	text	Descrição:
Text Area	id	tadescricao
	columns	35
	rows	5
	tabIndex	5
Button	id	btSalvar

Na parte inferior do formulário, adicione um componente **Table** e o configure como o criado na página **Livros.jsp**. Ao final, a aparência da página será semelhante à **Figura 8.12**.

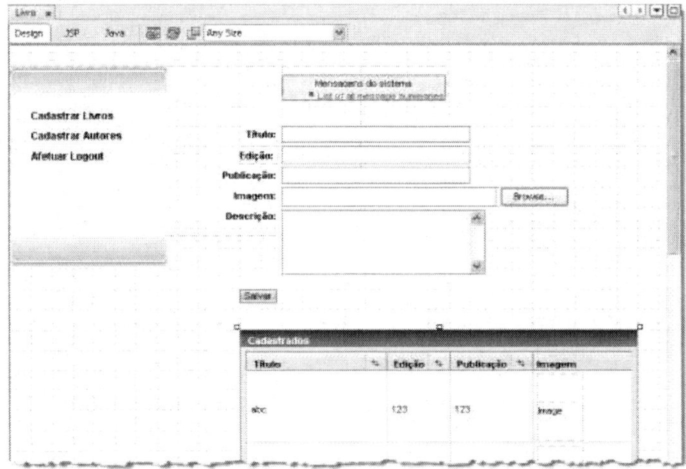

Figura 8.12 – Aparência inicial do cadastro de livros na área administrativa

Adicionando links para atualizar e excluir na tabela

Para a tabela adicionada, dois links serão adicionados para criar a operação de exclusão e de atualização de dados.

Com o direito do mouse sobre a tabela, selecione no menu de contexto **Table Layout**. Na caixa de diálogo **Table Layout**, clique no botão **New**. Uma nova coluna será criada. Altere em **Header Text** o título para **Excluir** e faça o mesmo em **Value Expression**. Altere **Component Type** para **Hyperlink**. Repita o mesmo processo para criar uma nova coluna com o texto **Atualizar**.

Figura 8.13 – Adição de duas novas colunas em Table Layout

Ao retornar ao Design, selecione na tabela o link **Excluir** e altere sua propriedade **id** para **excluir** e o **Atualizar** para **atualizar**. A **Figura 8.14** ilustra as duas colunas adicionadas, incluindo alinhamento horizontal (Horizontal Align) e vertical (Vertical Align) no centro.

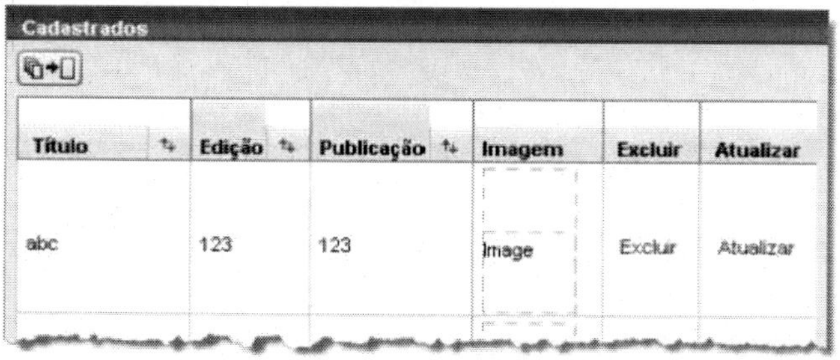

Cadastrados

Título	Edição	Publicação	Imagem	Excluir	Atualizar
abc	123	123	Image	Excluir	Atualizar

Figura 8.14 – As duas colunas adicionadas ao componente Table

A PROPRIEDADE INTERNALVIRTUALFORM DO COMPONENTE TABLE

Para finalizar o componente **Table**, vá à janela **Properties** e desça a rolagem até o item **Advanced** e marque a opção **internalVirtualForm**. Isso desabilitará os eventos efetuados pelo componente.

ADICIONANDO FORMULÁRIOS VIRTUAIS

Primeiramente, pressionando **Shift**, selecione os componentes que representarão o formulário: **tftitulo**, **tfedicao**, **tfpublicacao**, **fimagem**, **tadescricao** e **btSalvar**. Com o direito do mouse sobre um destes componentes selecionados e clique em **Configure Virtual Forms** no menu de contexto. Chame este formulário virtual de **cadAtuLivro** e altere para **Yes** em **Participate** e **Submit**.

Executando praticamente o mesmo processo, selecione no componente Table o link **Excluir** e do formulário os itens: **tftitulo**, **tfedicao**, **tfpublicacao** e **tadescricao**. Crie um formulário virtual e o chame de **excLivro**. Altere para **Yes** em **Submit**. Por fim, repita o mesmo processo para o link **Atualizar**, feito com o link **Excluir**, do componente **Table**.

CONVERSORES

Para os campos que recebem valores numéricos, como o de cadastro da **Edição** e **Publicação**, haverá um conversor para números inteiros.

Este conversor, que não é obrigatório, define o tipo de dados aceito no campo e possibilita verificar os dados enviados ao servidor, retornando um erro sobre o tipo aceito antes de ser transmitido diretamente para o banco de dados.

Para adicionar um conversor, selecione os dois Text Fields (tfedicao e tfpublicacao) com **Shift** pressionado e na janela **Properties** selecione **new IntegerConverter** na propriedade **converter** (categoria **Data**).

Observe agora que um objeto novo, chamado de **integerConverter1** surgirá na janela **Navigator**. Se houvessem outros campos a serem convertidos com o mesmo, bastaria selecionar na propriedade **converter**.

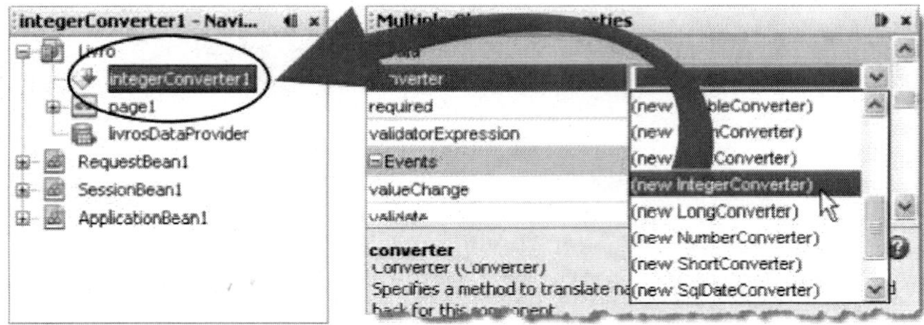

Figura 8.15 – Converter sendo selecionado em Properties e depois visto na janela Navigator

Exibindo a imagem atual na atualização

Quando houver uma atualização, a imagem atual poderá ser mostrada. Para mostrá-la, adicione um componente Image ao lado do formulário. Altere a propriedade id deste componente para **imagemLivro**.

Criando um bean para livros

Para a criação de uma atualização, primeiro precisa-se preencher o formulário. Isso será feito ao clicar no botão **Atualizar**. Mas estes dados devem trafegar na sessão para serem chamados pela classe que opera por trás da página **Livros** e então preencher o formulário. Para que isso ocorra, o primeiro passo é construir um bean. Este bean será usado para armazenar os dados temporariamente e ser chamado pelo formulário para preenchê-lo.

Crie uma classe chamada **LivroBean** dentro do pacote **br.com.integrator.bean** (ou o que está trabalhando neste projeto).

Altere como mostrado na **Listagem 8.1** a seguir:

Listagem 8.1 – Alterações na classe LivroBean

```
public class LivroBean implements Serializable{
   private RowKey rowKey;
   private String titulo;
   private Integer edicao;
   private Integer publicacao;
   private String imagem;
   private String descricao;
//getters e setters omitidos
}
```

> **Atenção:** Caso digite somente os atributos e a implementação, fixe as importações através do atalho **Ctrl + Shift + I** (ou pelo menu **Source** item **Fix Imports**). Para os Getters e Setters vá ao menu **Refactor** e clique no item **Encapsulate Fields**.

Observe que o atributo **rowKey** contém um objeto chamado **RowKey**, de **com.sun.data.provider.RowKey**. Este objeto será o responsável por transportar o número da linha da tabela cacheada pelo componente **Table**. Isso possibilitará saber qual linha deverá ser atualizada. Os demais atributos serão apenas necessários para preencher o formulário para criar a atualização.

Colocando o bean LivroBean em sessão

A classe **SessionBean1** é a responsável por tornar os objetos em sessão no Visual Web JSF. Abra esta classe, que poderá ser feito com um duplo clique na janela **Navigator**. Ao final da classe, adicione o trecho mostrado na **Listagem 8.2** a seguir:

LISTAGEM 8.2 – ADIÇÃO DO BEAN LIVROBEAN NA CLASSE SESSIONBEAN1

```
...
private LivroBean livroBean=  new LivroBean();

public LivroBean getLivroBean() {
        return livroBean;
}

public void setLivroBean(LivroBean livroBean) {
        this.livroBean = livroBean;
}
...
```

> **ATENÇÃO:** O atributo criado para o **SessionBean1** poderá ainda assim não estar disponível na IDE até que seja compilada esta classe. Clique com o direito do mouse sobre ela, em **Projects** (dentro do pacote **br.com.integrator**) e selecione **Compile File** no menu de contexto. Se preferir, vá ao menu **Build** e clique em **Build Main Project**. Caso não apareça no visual da janela **Navigator**, feche e reabra o projeto.

OS ESCOPOS DE UMA APLICAÇÃO WEB

Uma aplicação Web criada no Visual Web JSF, quando rodada em um servidor, consiste de vários objetos do qual ciclos de vida dependem do seu escopo. Um exemplo comum é uma página, cujo seu ciclo de vida se resume em uma, o que podemos chamar de escopo de requisição. Entretanto, há casos que precisamos de um tempo maior, onde há uma comunicação com o servidor para que este possa saber que o usuário ainda permanece naquele estado. Este é um caso de um carrinho de compras, por exemplo. Enquanto o usuário permanecer na página comprando, haverá o preenchimento do carrinho até que seja esvaziado ou a página seja fechada. Este é um escopo de sessão, que dura enquanto a "sessão" estiver aberta (ou o navegador). Como dito no princípio do desenvolvimento com Visual Web JSF, neste livro, por padrão, a menos que seja alterado, os dados trafegam em um escopo de sessão, e por este motivo estamos usando a classe SessionBean1. É evidente que você pode alterar isso, utilizando um escopo de requisição através da classe RequestBean1.

A classe ApplicationBean1 possui uma estrutura parecida com SessionBean1, onde contêm objetos com um escopo de aplicação.

VALIDANDO A RENDERIZAÇÃO DO COMPONENTE IMAGE

O componente imagemLivro, que exibirá a imagem do livro selecionado para atualização, será renderizado quando o atributo **rowKey**, de **LivroBean**, não for nulo. Portanto, em JSP, na tag **<webuijsf:image />**, adicione o atributo **rendered** da seguinte forma:

rendered="#{SessionBean1.livroBean.rowKey!=null}"

DECLARANDO O BEAN LIVROBEAN EM LIVRO.JAVA

Antes de começar a adicionar os códigos dos links e do botão para salvar, vá até o código Java gerado da página **Livro.jsp** e adicione ao final da classe Livro a declaração da variável **livroBean**, como mostrado a seguir:

private LivroBean livroBean = new LivroBean();

ADICIONANDO O CÓDIGO AO LINK EXCLUIR

Dê um duplo clique no link **Excluir** que existe no componente **Table** e adicione o código mostrado na **Listagem 8.3** a seguir.

LISTAGEM 8.3 – CÓDIGO DO LINK EXCLUIR

```
...
public String excluir_action() {
    try{
        //captura a linha atual do link de exclusão clicado
        RowKey rowKey = tableRowGroup1.getRowKey();
        if(rowKey != null){
            //atualiza o cache para iniciar a exclusão
```

```
            livrosDataProvider.refresh();
            //remove a linha existente no objeto livrosDataProvider
            livrosDataProvider.removeRow(rowKey);
            //reflete esta ação no banco de dados
            livrosDataProvider.commitChanges();
            //atualiza o cache para exibir no componente Table
            livrosDataProvider.refresh();

        }

        //limpa os campos existentes
        tftitulo.setText(null);
        tfedicao.setText(null);
        tfpublicacao.setText(null);
        tadescricao.setText(null);
        //torna nulo o valor de rowkey em LivroBean
        getSessionBean1().getLivroBean().setRowKey(null);

      //informa ao administrador a exclusão
      info("Livro excluído!");
    }catch(Exception ex){
      livrosDataProvider.revertChanges();
      livrosDataProvider.refresh();
      error("Erro encontrado: "+ex);
    }
    //retorna nulo pois não muda a página
    return null;
}
...
```

No componente **Table** temos um método chamado **getRowKey( )** que retorna um objeto **RowKey**. Sabendo a linha no qual deseja manipular, antes de uma exclusão nos dados, precisamos atualizar o cache (no caso livrosDataProvider), através de **refresh(),** para que o mesmo aponte a situação atual dos dados. Isso é necessário devido às idas e vindas ocorridas ao cache, ocorridas por possíveis inserções ou atualizações de dados. Para remover, o método **removeRow()**, de livrosDataProvider, é chamado, transmitindo para ele o **RowKey** determinado. Isso possibilita a exclusão exata da linha em questão.

Para que as informações sejam refletidas no banco de dados, o método **commitChanges()** deve ser chamado. Ao finalizar, **refresh()** deve ser chamado novamente, refletindo as mudanças no cache ao componente.

Como o formulário está incluso na mesma página, possibilitando uma atualização de dados, ele deve ser limpo. Com isso, cada campo que fica preenchido é chamado e, através de **setText()**, é transmitido um valor **null**. Como os dados de uma atualização (veremos adiante) serão transmitidos por sessão, através de **SessionBean1**, será adicionado o valor nulo ao **RowKey** do bean LivroBean, para que este seja liberado e não mantenha os campos preenchidos, caso estes estejam. Para finalizar, uma mensagem é submetida através do método **info()**, que será mostrado pelo componente **Message Group** adicionado ao topo da página, acima do formulário.

Para uma possível exceção, **revertChanges()** é chamado, do cache, para que seja revertida qualquer operação e **refresh()** para refletir novamente a atual situação. Vale lembrar que **commitChanges** e **revertChanges** são operações para banco de dados transacionais.

> **Nota: tableRowGroup1** pode ser visto na janela **Navigator** e pode ser mudado. Ele representa o grupo de colunas e linhas da tabela.

Adicionando o código ao link Atualizar

Seguindo o mesmo que fora feito no link Excluir, dê um duplo clique sobre o link **Atualizar**, no componente **Table**. Adicione o código mostrado na **Listagem 8.4** a seguir.

Listagem 8.4 – Código do link Atualizar

```
...
public String atualizar_action() {

   try{
      //leva para o bean LivroBean os valores existentes
      //nas linhas adicionadas
      livroBean = getSessionBean1().getLivroBean();
     // captura a linha atual do componente Table
      TableRowDataProvider rowData =
            (TableRowDataProvider) getBean("currentRow");
      // adiciona os valores dos campos e principalmente o RowKey
      // no Bean LivroBean
      livroBean.setRowKey(rowData.getTableRow());
      livroBean.setTitulo((String) rowData.getValue("livros.titulo"));
      livroBean.setDescricao((String)
rowData.getValue("livros.descricao"));
      livroBean.setImagem((String)
rowData.getValue("livros.imagem"));
      livroBean.setEdicao(
Integer.parseInt(rowData.getValue("livros.edicao").toString()));
      livroBean.setPublicacao(
Integer.parseInt(rowData.getValue("livros.publicacao").toString()));

   }catch(Exception ex){
       error(""+ex);
   }

   return null;
}
...
```

O link Atualizar possui um código mais simples, uma vez que ele se propõe apenas a transmitir os dados existentes na linha selecionada para o bean LivroBean.

O objeto **TableRowDataProvider** nos possibilita a trabalhar com uma determinada linha do componente **Table**, através de **getBean("currentRow")**.

Para que sejam persistidos os dados existentes nesta linha e sejam recebidos pelo formulário de atualização, o Bean LivroBean é chamado através de **getSessionBean1( )**.

Como o objeto **RowKey** é responsável por dizer qual linha está sendo utilizada, é preciso transportá-lo através do bean. Isso é possível chamando o método **getTableRow( )** de **TableRowDataProvider**.

Os demais objetos de String e Integer são transmitidos pelo retorno de objeto do método **getValue( )**, que recebe como parâmetro o nome da coluna do banco de dados.

PREENCHENDO O FORMULÁRIO PARA ATUALIZAÇÃO

Quando houver um clique no link de atualização, o formulário precisará ser preenchido com as informações transportadas em sessão.

Na classe Livro, criada para a página Livro.jsp, temos alguns métodos pré-definidos que são auxiliares neste segmento, trabalhando no ciclo de vida dos componentes e exibição de dados dos mesmos. O método **prerender()** é um método chamado antes de renderizar qualquer componente e justamente por isso, será trazido por ele as informações contidas no bean LivroBean para preencher os componentes do formulário. A **Listagem 8.5** a seguir mostra o código a ser adicionado em **prerender()**:

LISTAGEM 8.5 – CONFIGURAÇÃO DO MÉTODO PRERENDER() LIVRO.JAVA

```
...
  public void prerender() {

    //verifica se RowKey não é nulo
    if(livroBean.getRowKey()!=null){
```

```
        tftitulo.setText(livroBean.getTitulo());
        tadescricao.setText(livroBean.getDescricao());
        imagemLivro.setUrl("/images/"+ livroBean.getImagem());
        tfedicao.setText( livroBean.getEdicao());
        tfpublicacao.setText( livroBean.getPublicacao());

    }

  }
...
```

Observando o código, há um **if** que verifica se o atributo de LivroBean, **rowKey**, não é **null**. Se observar atentamente, quando há uma exclusão, uma chamada é feita ao método **setRowKey**, atribuindo-lhe o valor **null**. Para salvar, também haverá esta chamada, inviabilizando a visualização dos dados encontrados em **LivroBean** pelos componentes do formulário.

O código do botão Salvar

O botão que será responsável por salvar o formulário, seja para inserir dados novos ou atualizá-los, é o que possui mais código.

A **Listagem 8.6** a seguir exibe o trecho do código do botão Salvar.

Listagem 8.6 – Código do botão Salvar

```
...
public String btSalvar_action() {


  String imagem = null;
  //define o upload de arquivos através do componente File Upload
  UploadedFile uploadedFile = fimagem.getUploadedFile();
```

```
if(!uploadedFile.getOriginalName().equals("")){
  ServletContext theApplicationsServletContext =
   (ServletContext) this.getExternalContext().getContext();
  //define o caminho físico do diretório images
  String path =
    theApplicationsServletContext.getRealPath("/images");

  //captura o nome original do arquivo
  imagem = uploadedFile.getOriginalName();
  //captura o tipo de arquivo
  String uploadedFileType = uploadedFile.getContentType();

  //verifica se o arquivo é uma imagem válida
  if ( uploadedFileType.equals("image/jpeg")
  || uploadedFileType.equals("image/pjpeg")
  || uploadedFileType.equals("image/gif")) {
    try {

      File file = new File(path+"/"+imagem);
      //escreve o arquivo no diretório determinado
      uploadedFile.write(file);

    } catch (Exception ex) {
      error("Problema com o arquivo: " +imagem);
    }
  } else {
    error("É aceito somente JPEG, PJPEG ou GIF.");

  }
}

try{
```

```
RowKey rowKey = getSessionBean1().getLivroBean().getRowKey();

//prepara a variável mensagem para receber
//as strings futuras de acordo com a ação executada pelo botão
String mensagem;

if(rowKey==null){
 //prepara uma nova linha para inserção de dados
 rowKey = livrosDataProvider.appendRow();
 mensagem = "Adicionado com sucesso!";
}
else{
   //atualiza o cache para iniciar a atualização
   livrosDataProvider.refresh();
   //caso não haja novo upload da imagem
   //utiliza a antiga
   if(uploadedFile.getOriginalName().equals(""))
      imagem=getSessionBean1().getLivroBean().getImagem();

   mensagem = "Atualizado com sucesso!";

}
 //captura os valores de cada componente no formulário
 //e os atribui a seus determinados campos no banco de dados
 livrosDataProvider.setValue("livros.titulo", rowKey,
tftitulo.getText());
 livrosDataProvider.setValue("livros.edicao", rowKey,
tfedicao.getText());
 livrosDataProvider.setValue("livros.publicacao", rowKey,
tfpublicacao.getText());
 livrosDataProvider.setValue("livros.descricao", rowKey,
tadescricao.getText());
```

```
    //guarda ou atualiza no banco de dados apenas o nome do arquivo
    livrosDataProvider.setValue("livros.imagem", rowKey, imagem);
    //grava as informações no banco de dados
    livrosDataProvider.commitChanges();
    //limpa os campos existentes
    tftitulo.setText(null);
    tfedicao.setText(null);
    tfpublicacao.setText(null);
    tadescricao.setText(null);
    //torna nulo o valor de rowkey em LivroBean
    getSessionBean1().getLivroBean().setRowKey(null);

    //informa ao administrador o cadastro efetuado
    info(mensagem);

  }catch(Exception ex){
     //informa o erro caso ocorra ao administrador
     error("Não foi possível adicionar"+ex.getMessage());
     livrosDataProvider.revertChanges();
  }

  //retorna nulo pois não muda a página
  return null;
}
...
```

Para existir um upload de arquivo no formulário, o componente File Upload foi usado. Este componente possui um método chamado **getUploadedFile()** que retorna um valor do tipo **UploadedFile**, cuja classe possui outros métodos úteis para o desenvolvimento. Um destes métodos, inclusive utilizado na condição **if** é o **getOriginalName()**, cujo traz o nome do arquivo. Outro método utilizado para validar o tipo de arquivo é **getContentType()**, que retorna o MIME TYPE.

Para escrever o arquivo no disco, o método **write()**, de **UploadedFile** foi utilizado. Este método recebe como parâmetro um objeto do tipo **File** para escrever o arquivo no local indicado. Para o caso, usamos o diretório **images** que se encontra na raiz da aplicação.

O nome da imagem, caso esteja sendo feito um upload, é transmitido para a variável **imagem**.

Após a validação ou não do upload de arquivo, entra em cena o restante do formulário. Antes de qualquer coisa, é preciso recuperar o **RowKey** que está em sessão, para que se possa tomar uma ação com relação ao que o formulário está fazendo: atualizando ou inserindo?

Se **RowKey** (que no caso estamos tratando do atributo de LivroBean) for nulo, significa que está inserindo – só existe valor quando clicamos em Atualizar, na tabela. Para o caso, **rowKey**, variável local declarada, recebe um valor vindo do cache **livrosDataProvider** através do método **appendRow()**. Este método define a criação de um novo registro.

Já no caso de uma atualização, um **refresh()** é dado no cache para que seja sincronizado o estado atual dos dados do banco com a aplicação. Há também a possibilidade de não alteração da imagem atual, o que significa que manteremos a antiga em andamento. Por esse motivo, caso não seja feito um upload de arquivo, em uma atualização, a imagem original é mantida, recuperando-se do bean LivroBean e atribuindo-a a variável imagem.

Em ambos os casos, o **livrosDataProvider** recebe os dados por **setValue()** e os confirma com **commitChanges()**, o que, em resumo, diferenciamos a inserção da atualização apenas por **appendRow()**.

Após a execução com sucesso de uma das ações (atualizar ou inserir), o formulário é esvaziado e o atributo **rowKey** que se encontra em sessão recebe um valor **null**, impedindo a permanência de dados no formulário chamados pelo método **prerender()**.

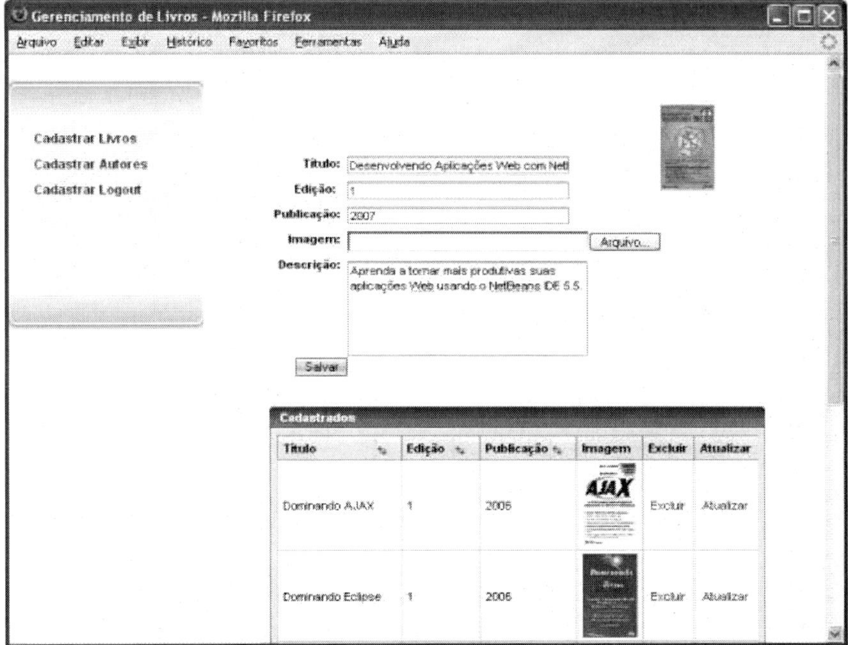

FIGURA 8.16 – RESULTADO FINAL DA PÁGINA LIVRO.JSP

CONFIGURANDO O TAMANHO DO ARQUIVO PARA UPLOAD

Quando é adicionado a uma página o componente **File Upload**, automaticamente se tem as configurações de seu filtro em **web.xml**. O filtro, no caso, utiliza a **classe com.sun.webui.jsf.util.UploadFilter**. Em sua configuração, temos o parâmetro **maxSize** que determina o tamanho máximo permitido do arquivo que será feito upload. A biblioteca usada para upload de arquivos é a **commons-fileupload-1.0.jar**, que pode ser encontrada em **Projects**, em **Libraries**.

CRIANDO UM CADASTRO DE AUTORES

Crie uma página chamada **Autor** e execute os passos relacionados para a geração de um sistema de cadastro de autores. Como diferença, não haverá um upload de imagens (a menos que queira adicionar uma foto, o que implica na alteração da tabela como ocorreu com livros).

Para o cadastro e atualização da data de nascimento, adicione um **converter** do tipo **New DateTimeConverter**.

> **Atenção:** No converter DateTimeConverter, após adicionado, selecione-o pela janela **Navigator** e altere as propriedades **pattern** para **dd/MM/yyyy** e em time-zone para **America/Sao_Paulo**.

O acesso a área administrativa

Para que a área administrativa seja completa, haverá a necessidade de criar um sistema de login e senha e restringir o acesso, através de sessão, a este local, quando o usuário estiver logado.

A página de entrada

Comece criando uma página chamada **Admin** fora do diretório **admin**. Coloque nesta página os fragmentos do **menu** e **topo**, configure a cor de fundo e adicione o título da página (similar aos feitos nas páginas NÃO administrativas).

Para organizar os componentes visuais para a entrada de login e senha, haverá uma grade. Arraste da janela **Palette**, no grupo **Layout**, o componente **Grid Panel**.

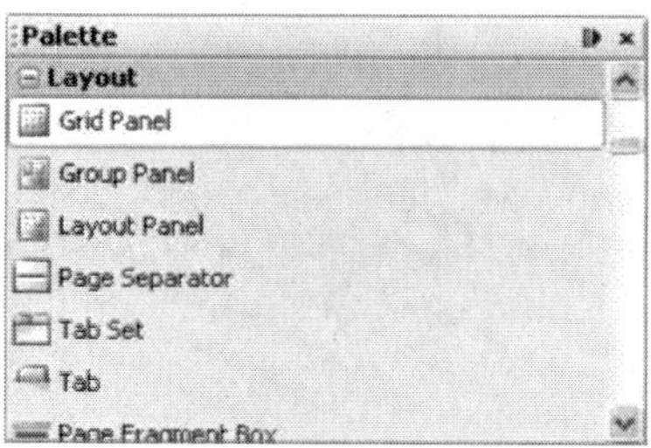

Figura 8.17 – Componente Grid Panel na janela Palette

Dimensione sua largura para o tamanho desejado. Este componente gera a tag JavaServer Faces <**h:panelGrid** >, que por padrão possui apenas uma coluna.

Arraste sobre ele, dentro da janela **Navigator**, na ordem, os seguintes componentes: **Label, Text Field, Message, Label, Text Field** e **Message**.

Figura 8.18 – Adicionando componentes ao componente Grid Panel

A aparência temporária do seu grid, contendo os componentes, será similar ao mostrado pela **Figura 8.19** a seguir.

Figura 8.19 – Organização temporária dos componentes no Grid Panel

Selecione o **Grid Panel** e na janela **Properties** altere a propriedade **columns** para **3**. Agora que os componentes ficaram alinhados um ao lado do outro, altere as suas propriedades seguindo a ordem da esquerda para a direita, de cima para baixo, como mostra a **Tabela 8.2**:

TABELA 8.2 – ALTERAÇÕES DAS PROPRIEDADES DOS COMPONENTES DO GRID PANEL

COMPONENTE	PROPRIEDADE	VALOR
Label (1)	id	lbUsuario
	text	Usuário:
Text Field	id	tfUsuario
	required	true (sim)
Label (2)	id	lbSenha
	text	Senha:
Password Field	id	tfSenha
	required	true (sim)

Pressionando as teclas **Ctrl+Shift**, arraste do rótulo "**Usuário**:" para a caixa de texto **tfUsuario**. O cursor indicará a ligação (**bind**). O mesmo será feito com o rótulo "**Senha**:" e sua respectiva caixa de texto.

Repita o mesmo processo, partindo da Text Field para o componente Message.

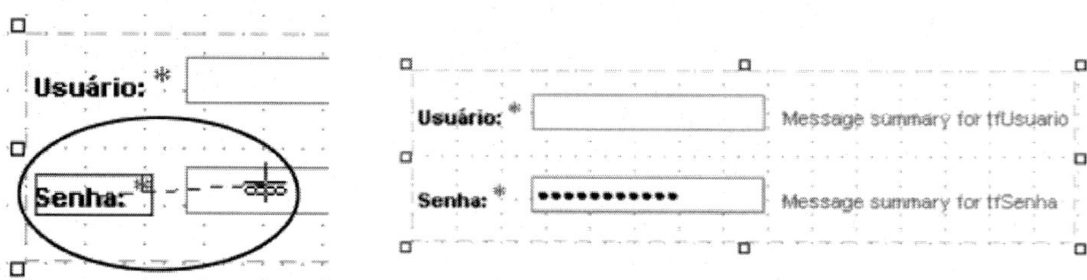

FIGURA 8.20 – DESTAQUE NO BIND ENTRE COMPONENTES E O RESULTADO FINAL OBTIDO

Por fim, adicione um botão e coloque em seu rótulo **Logar**.

A TABELA DE USUÁRIOS

Vá à janela **Services** e se conecte ao banco de dados **livraria**. Expanda seu nó, após a conexão. Com o direito do mouse sobre **Tables**, selecione **Create Table** no menu de contexto.

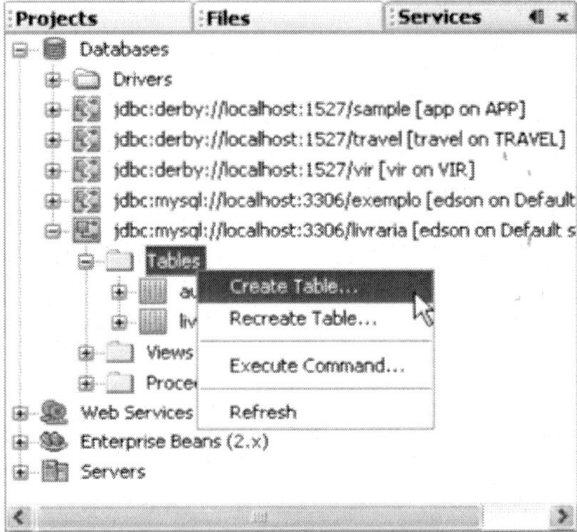

Figura 8.21 – Criando uma nova tabela

Na caixa de diálogo **Create Table**, em **Table name** digite **usuarios**. Altere os demais campos como mostra a **Figura 8.22** a seguir e depois confirme.

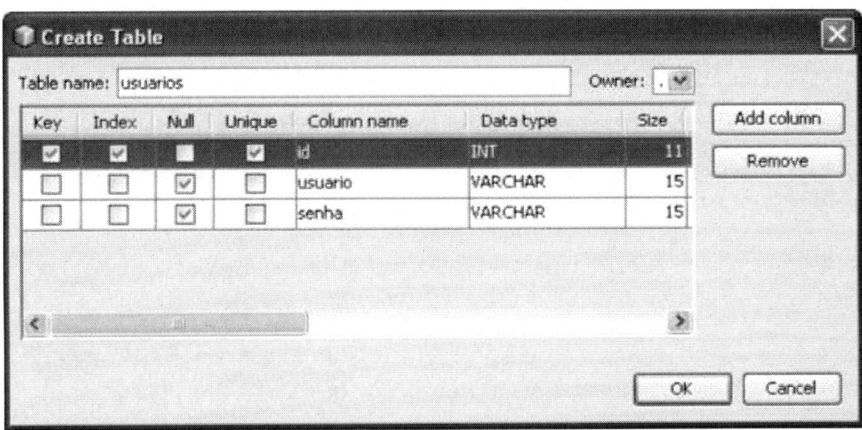

Figura 8.22 – Estrutura da tabela usuarios

Clique novamente com o direito do mouse sobre **Tables**, na janela **Services** e desta vez selecione **Execute Command** no menu de contexto.

Na janela **SQL Command**, digite a instrução SQL mostrada a seguir:

INSERT INTO usuarios VALUES(1,'edson','integrator');

Utilize o atalho **Ctrl+Shift+E** (**Run SQL**) para executar a instrução escrita. Observe que a janela **Output** surgirá avisando-o que o comando foi executado com sucesso.

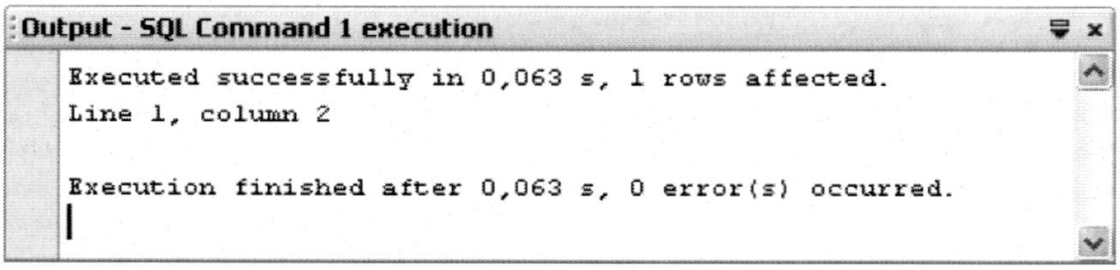

```
Output - SQL Command 1 execution
Executed successfully in 0,063 s, 1 rows affected.
Line 1, column 2

Execution finished after 0,063 s, 0 error(s) occurred.
```

FIGURA 8.23 – SAÍDA DEMONSTRANDO A EXECUÇÃO EFETUADA COM SUCESSO

Para ver os dados inseridos na tabela, novamente com o direito do mouse sobre a tabela **usuarios**, na janela **Services** selecione **View Data**.

GERANDO A QUERY DE VERIFICAÇÃO PARA USUÁRIO E SENHA

No design da sua página **Admin**, siga os **três passos** mostrados a seguir e ilustrados na **Figura 8.24**:

1. Com a página **Admin.jsp** aberta, arraste da janela **Services** a tabela **usuarios** para o **Design**.

2. Após o arraste, na janela **Navigator**, em **SessionBean1**, haverá o componente **usuariosRowSet**, contendo uma instrução SQL básica da tabela usuarios.

3. Mais acima, na árvore de componentes, ainda na janela **Navigator**, haverá um componente chamado de **usuariosDataProvider**.

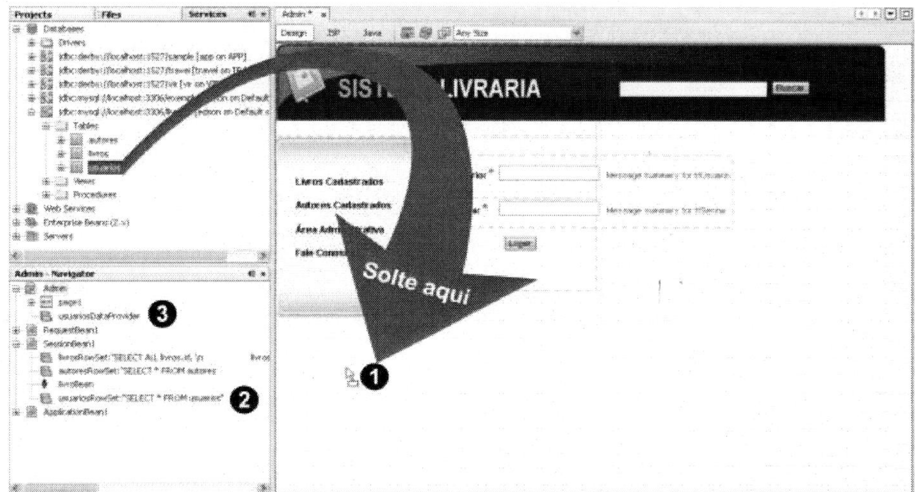

Figura 8.24 – Arrastando e soltando para gerar a tabela usuarios para gerar a query

Dê um duplo clique em **usuariosRowSet**. Ao surgir a janela **Query Editor**, no segundo quadro, na estrutura da tabela **usuarios**, clique com o direito do mouse sobre a linha da coluna **usuario** e selecione no menu de contexto o item **Add Query Criteria**.

Column	Alias	Table	Output	Sort Type	Sort Order	Criteria	Or...
id		usuarios	☑				
usuario		usuarios	☑				
senha	Add Query Criteria...		☑				

Figura 8.25 – Selecionando Add Query Criteria

Na caixa de diálogo **Add Query Criteria**, mantenha em **Comparison** o item "**=Equals**", marque **Parameter**, mantendo da forma como está e confirme.

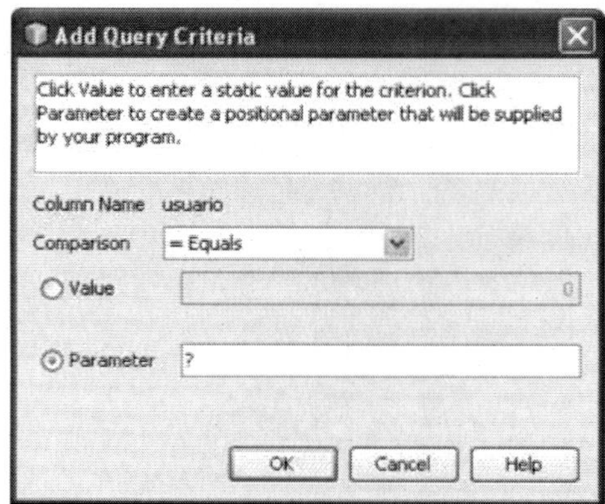

Figura 8.26 – Criação do critério de consulta

Observe que um critério será adicionado, onde o parâmetro de entrada é representado pelo sinal de interrogação.

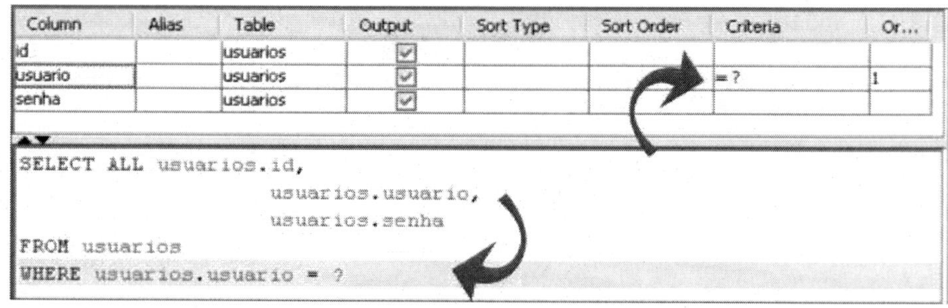

Figura 8.27 – Resultado final da query criada

Adicionando código para logar no sistema

Dê um duplo clique no botão **Logar** e adicione o código mostrado a seguir na **Listagem 8.7**.

LISTAGEM 8.7 – CÓDIGO DO BOTÃO LOGAR

```
...
public String logar_action() {
   try {
      //captura o login passado pelo campo usuario
      getSessionBean1().getUsuariosRowSet().
            setObject(1,tfUsuario.getText());

      //reinicia o Data Provider
      //apagando dados cacheados anteriores
      usuariosDataProvider.refresh();

      //verifica se a senha está correta, evitando SQL Injection
       if(tfSenha.getText().equals((String)
usuariosDataProvider.getValue("usuarios.senha"))
        ){

         //captura a sessão do contexto criado
         //pelo JavaServer Faces do VW
         FacesContext fc = FacesContext.getCurrentInstance();
         HttpSession session =
                  (HttpSession)fc.getExternalContext().getSession(false);

         //cria uma sessão contendo o nome de usuario chamada logado
         session.setAttribute("logado", tfUsuario.getText() );

         //caso a sessão msg esteja com valor, a remove
         if(session.getAttribute("msg")!=null)
            session.removeAttribute("msg");

         //redireciona para a área administrativa
         return "logado";
```

```
        }

    } catch (Exception ex) {
        //exibe a mensagem de login ou senha inválidos
        error("Login ou senha inválidos");
    }

    return null;
}
...
```

Antes de mais nada, fixe as importações com **Ctrl+Shift+I** ou pelo menu **Source** > **Fix Imports**.

A query gerada para se criar a consulta, trabalha em um sistema similar ao **PreparedStatement**, o que permite executar sentenças SQL sobre uma conexão estabelecida (o que no caso é o cache de dados). Com um parâmetro de entrada, representado pelo sinal de interrogação, cujo valor não se especifica quando a sentença é criada, você vai transmitir o valor através do método **setObject()**, determinando o parâmetro através do número (cujo representa a ordem da interrogação, onde o primeiro encontrado é um e assim por diante) e o valor que deseja transmitir para que a query seja fechada e executada.

Os dados são reiniciados e com o valor da linha obtida, é feita uma comparação da senha do banco de dados com a senha enviada. Esta característica de verificação evita as famosas intrusões feitas por injeção de SQL feita por invasores.

Como os dados precisam ficar em sessão, entra em ação **FacesContext**, que traz a sessão do contexto e, com HttpSession, uma sessão é criada[1] . Esta sessão carrega o valor do nome do usuário e se chama **logado**.

O retorno por fim, do método de ação do botão, será a string **logado**, que redirecionará o usuário para a área administrativa.

[1] Para iniciantes é recomendado o livro Desenvolvendo aplicações Web com JSP, Servlets, JavaServer Faces, Hibernate, EJB 3 Persistence e AJAX onde este assunto é abordado com profundidade.Veja a bibliografia.

Criando a navegação pelo menu

Abra o arquivo **faces-config.xml** e crie a navegação da página **Admin.jsp**, partindo do botão **logar** para a página administrativa **Livro.jsp**. O retorno da string **logado** será necessário. Caso deseje colocar uma página intermediaria de boas vindas, fique a vontade.

Quanto a navegação dos menus encontrados tanto na página **Livro.jsp** como em **Autor. jsp**, arraste dos links correspondentes, onde no link **cadaut** retorne a string **cadautor** e em **cadliv** retorne a string **cadlivro**.

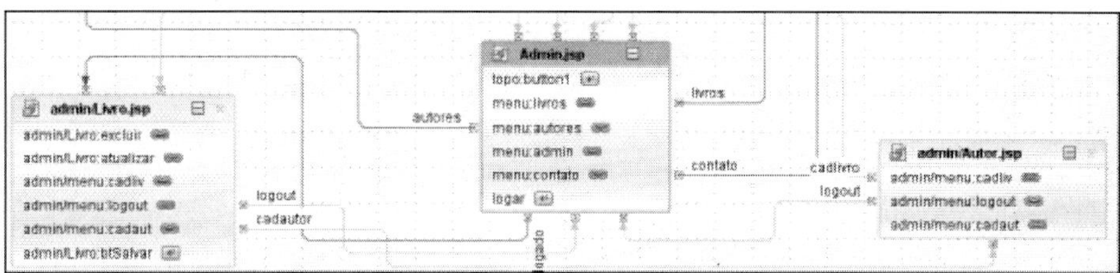

Figura 8.28 – Navegação para a área administrativa

> **Atenção:** Em caso de dúvida, recorra ao fonte do projeto que se encontra na íntegra no CD-ROM anexo.

Assegurando o acesso a área administrativa

Através do uso de Servlet Filter, será possível impedir que outras pessoas indesejadas entrem na área administrativa sem autorização.

Isto pode ocorrer caso um administrador entre em uma área restrita e a mesma fique gravada na barra de endereços do navegador. Para impedir essa ação de forma simples e efetiva, em Java podemos contar com o auxílio de filtros.

Criando um Servlet Filter

A especificação da API Servlet possui uma forma de gerenciar uma área restrita, como foi proposto, através da API Servlet Filter, com simplicidade. Além de impedir a entrada desnecessária na área restrita, o usuário é redirecionado quando a sessão está expirada.

Para criar um filtro, clique com o botão direito do mouse sobre o projeto. Selecione no menu de contexto o item **New** e clique em **Other**. Na caixa de diálogo **New File**, selecione **Filter** em **Web**. Clique em **Next** para prosseguir.

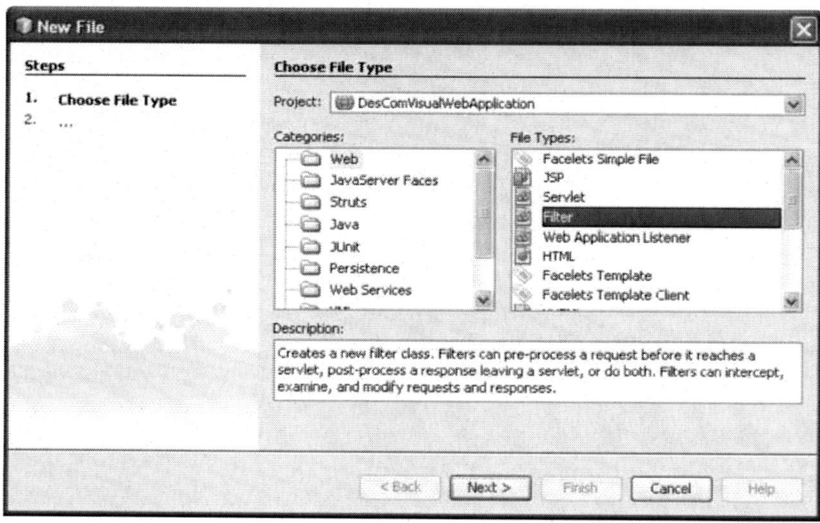

Figura 8.29 – Seleção da opção Filter em New File

Na segunda etapa, coloque o nome do filtro de **FiltroAdmin** em **Class Name** e clique em **Next** para ir à terceira etapa.

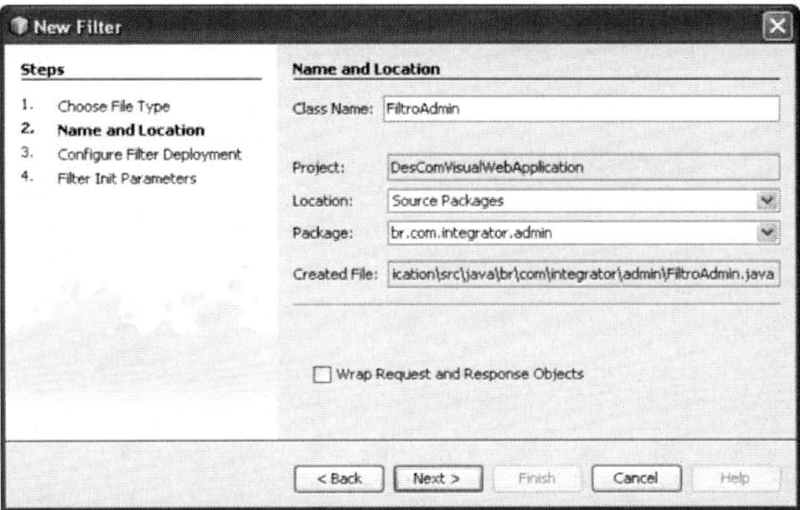

Figura 8.30 – Criação do FiltroAdmin

Na terceira etapa do assistente clique no botão **Edit**. Na caixa de diálogo **Filter Mapping**, digite em **URL** o diretório onde se encontram as páginas administrativas (veja **Figura 8.31**) e confirme. Confirme também a criação do filtro em **Finish**.

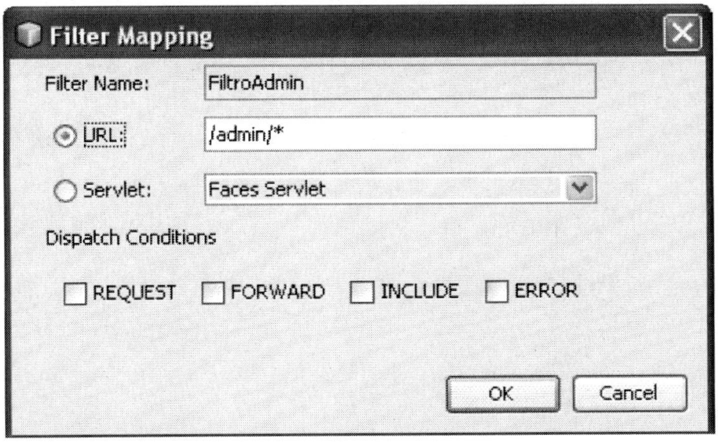

Figura 8.31 – Configuração da URL de Filter Mapping

Ao finalizar, o NetBeans adicionará o filtro ao deployment descriptor (web.xml) e abrirá a classe **FiltroAdmin**.

Altere o filtro no método **doFilter()** como mostrado na **Listagem 8.8** a seguir.

LISTAGEM 8.8 – ALTERAÇÃO DO MÉTODO DOFILTER

```
...
public void doFilter(ServletRequest request, ServletResponse response,
      FilterChain chain)
      throws IOException, ServletException {

   HttpSession session = ((HttpServletRequest) request).getSession();

   //tenta capturer a sessão chamada logado
   String logado = (String) session.getAttribute("logado");

   //verifica se logado não existe
   if (logado == null) {

      //envia uma mensagem caso o usuário
      //tente entrar em alguma área administrativa
      //sem estar logar
      session.setAttribute("msg", "Efetue o login no sistema");

      //redireciona para a página de login
      ((HttpServletResponse) response).sendRedirect("../Admin.faces");

   } else {

      chain.doFilter(request, response);

   }
}
...
```

O filtro Servlet faz todos seus processos no método **doFilter**, o que explica a alteração neste local para a verificação da sessão chamada de "**logado**".

Caso a sessão não exista, ela retorna um valor **null**, onde entra em ação o método **sendRedirect**, redirecionando o usuário a página de login e senha (**Admin.jsp**).

CONFIGURANDO O SERVLET FILTER

Falta ainda configurar o tempo em que a sessão permanecerá e o local onde será criada.

Na janela **Projects**, expanda o item **Configuration Files** e dê um duplo clique em **web.xml**.

Em **General**, no deployment descriptor aberto pelo editor visual do NetBeans, altere em **Session Timeout** o tempo limite para **45**, que equivale a 45 minutos de tempo da sessão. Mais abaixo, em **Context Parameters**, verifique o parâmetro chamado **javax.faces.STATE_SAVING_METHOD** para ter certeza de que ele aponta para **client** em seu valor (Param Value). Se estiver **server**, selecione-o e clique no botão **Edit**.

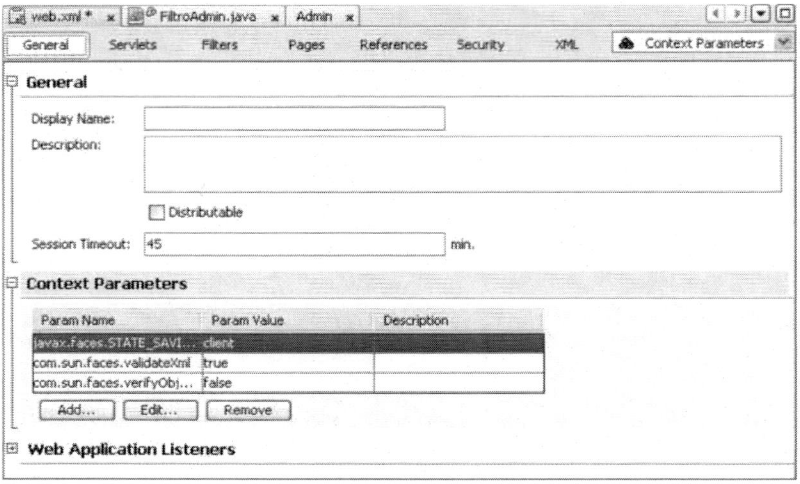

FIGURA 8.32 – CONFIGURAÇÃO DO TEMPO E LOCAL DA SESSÃO EM WEB.XML

EXECUTANDO A SAÍDA DO SISTEMA ADMINISTRATIVO

Ao entrar, será necessário criar uma sessão, mas para sair, precisamos de uma destruição da sessão. É certo dizer que ela tem tempo definido para existir, mas como segurança, o usuário deve efetuar o logout no sistema.

Vá ao menu administrativo e dê um duplo clique sobre o link **Efetuar Logout**. Adicione o código mostrado na **Listagem 8.9** a seguir:

LISTAGEM 8.9 – ALTERAÇÃO DO MÉTODO DO LINK LOGOUT

```
...
public String logout_action() {
    FacesContext fc = FacesContext.getCurrentInstance();
    HttpSession session =
          (HttpSession)fc.getExternalContext().getSession(false);

    //expira a sessão
    session.invalidate();

    return "logout";
}
...
```

Fixe as importações com **Ctrl+Shift+I**.

MENSAGEM DE ERRO DISPARADA PELO FILTRO

Quando o usuário estiver tentando entrar em uma área administrativa, diretamente pela barra de endereços, não só podemos redirecioná-lo, como já ocorre, mas também capturar a mensagem de erro lançada pelo filtro e exibi-la.

Na página **Admin.jsp** adicione um componente **Message Group**. Vá em Java e no método **prerender()** e adicionem o código mostrado na **Listagem 8.10** a seguir.

LISTAGEM 8.10 – CONFIGURANDO EM PRERENDER() A MENSAGEM DE ERRO

```
...
public void prerender() {
   //exibe a mensagem caso o usuário tente entrar na área
   //administrativa sem se logar
   FacesContext fc = FacesContext.getCurrentInstance();
   HttpSession session =
         (HttpSession) fc.getExternalContext().getSession(false);
   //captura a sessão msg
    String msg = (String)session.getAttribute("msg");
    //verifica se não é nula
    if(msg!=null)
       error(msg); //exibe ao usuário

}
...
```

CRIANDO A NAVEGAÇÃO PARA A ADMINISTRAÇÃO

Adicione no arquivo **faces-config.xml** a navegação do menu para a administração de todas as páginas que a acessam. Retorne a string **admin** ou outra de sua escolha.

RODANDO A APLICAÇÃO

Salve as alterações, faça **Undeploy** and **Deploy**, com o direito do mouse sobre o projeto, no menu de contexto e rode a aplicação (**Run Main Project**).

ALTERANDO AS MENSAGENS DA SUA APLICAÇÃO

Infelizmente as mensagens exibidas pelo Visual Web JavaServer Faces estão em inglês. Para configurá-las no nosso idioma, vá até a janela **Projects**, em **Source Packages**, expanda o pacote **br.com.integrator**. Dê um duplo clique no arquivo **Bundle.properties**. Adicione o texto mostrado a seguir:

```
javax.faces.component.UIInput.REQUIRED=Erro\: campo obrigatório
```

Abra o arquivo **faces-config.xml**, expandindo o item **Configuration Files** e coloque em **XML**. Adicione o trecho mostrado a seguir na **Listagem 8.11**:

LISTAGEM 8.11 – CONFIGURANDO MESSAGE-BUNDLE NO FACES-CONFIG.XML

```
...
  <application>
    <message-bundle>br.com.integrator.Bundle</message-bundle>
  </application>
</faces-config>
```

Figura 8.33 – Detalhe da página Admin.jsp com erro traduzido

Adicionando o sistema de pesquisa no site

Para finalizar a aplicação, o sistema possibilitará uma pesquisa de livros pelo título. O local de pesquisa já foi criado, no topo da página e agora só necessita da página que resultará nos valores pesquisados. Crie uma página chamada **Pesquisado**. Adicione o topo e o menu. Adicione um componente **Table**.

Na janela **Services** expanda o item **Databases** e conecte-se ao seu banco de dados. Arraste a tabela **livros** para o componente **Table**. Como já existem outros RowSets, a caixa de diálogo **Add New Data Provider with RowSet for Table** aparecerá. Marque a opção **Create** em **SessionBean1** e altere o nome para **livrosPesqRowSet** e confirme.

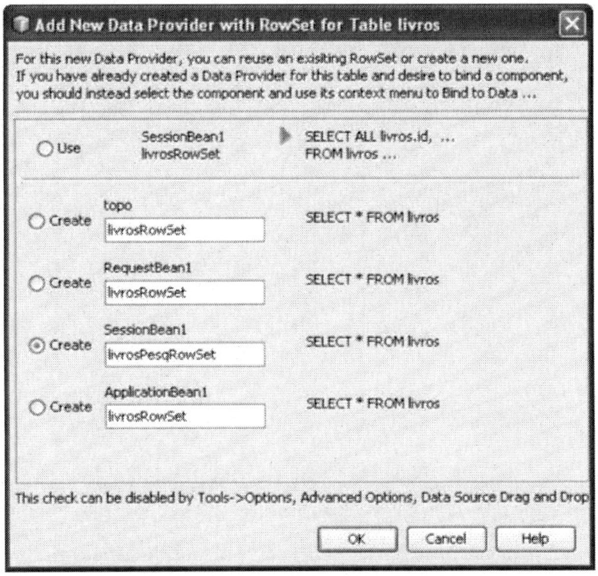

Figura 8.34 – Criando um novo Data Provider

Com o direito do mouse sobre o componente **Table** da sua página, selecione **Table Layout** no menu de contexto e configure como a tabela da página **Livros.jsp**.

Na guia **Options** digite em **Title** o texto **Resultados da pesquisa realizada** e em **Empty Data Message** digite **Não há livros encontrados na pesquisa**. Confirme as alterações clicando em **Apply**.

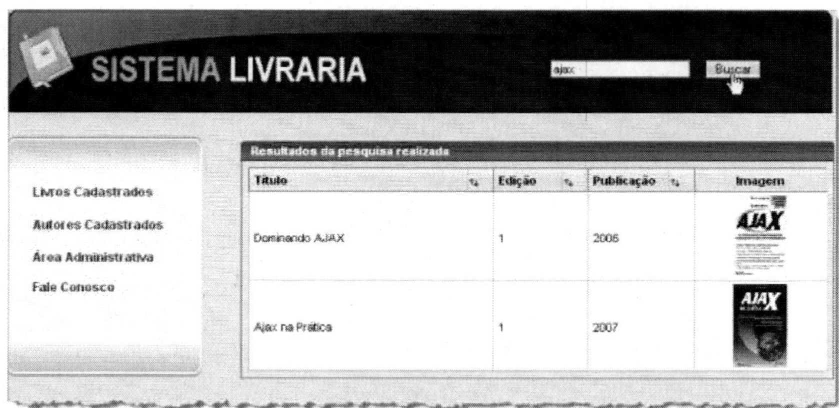

Figura 8.35 – Aparência final da página de pesquisas

Na janela **Outline** expanda **SessionBean1** e dê um duplo clique no componente **livrosPesqRowSet**.

Clique com o direito do mouse sobre a coluna **titulo** e selecione no menu de contexto o único item **Add Query Criteria**.

Na caixa de diálogo **Add Query Criteria** selecione em **Comparison** o item **LIKE**. Selecione **Parameter** e clique em **OK** para confirmar.

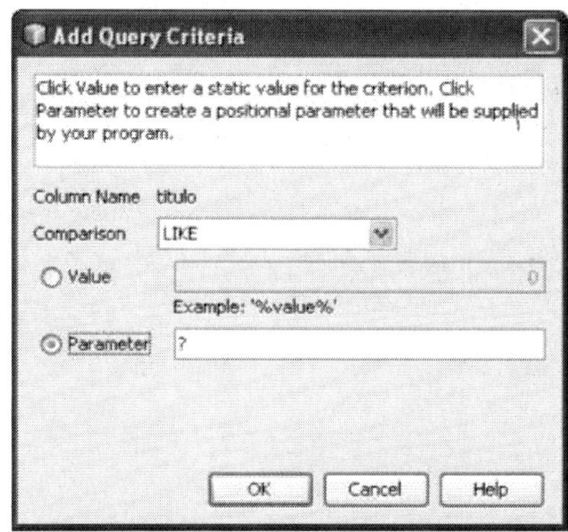

Figura 8.36 – Adicionando o critério LIKE a coluna titulo

Observe que a instrução SQL possui uma cláusula WHERE sobre a coluna titulo usando LIKE. Isso possibilita a utilização de pesquisas sobre strings.

Column	Alias	Table	Output	Sort Type	Sort Order	Criteria	Or...
id		livros	☑				
titulo		livros	☑			LIKE ?	1
edicao		livros	☑				
publicacao		livros	☑				
descricao		livros	☑				
imagem		livros	☑				

```
SELECT ALL livros.id,
                livros.titulo,
                livros.edicao,
                livros.publicacao,
                livros.descricao,
                livros.imagem
FROM livros
WHERE livros.titulo  LIKE  ?
```

Figura 8.37 – Critério LIKE adicionado a instrução SQL

Adicionando Código a SessionBean1

A classe SessionBean1 será responsável por captar a string de pesquisa lançada pelo Text Field que existe no topo da página e transportará para a página **Pesquisado.jsp.**

Abra a SessionBean1 e adicione um atributo chamado de **pesquisado**, e crie os métodos getters e setters, como mostra a **Listagem 8.12** a seguir.

Listagem 8.12 – Trecho de código adicionado em SessionBean1.java

```
...
  private String pesquisado="";

  public String getPesquisado() {
    return pesquisado;
  }
  public void setPesquisado(String pesquisado) {
    if(pesquisado==null)
    pesquisado="";

    this.pesquisado = pesquisado;
  }
...
```

ALTERANDO O PAGE FRAGMENT RESPONSÁVEL PELA PESQUISA

Abra o arquivo **topo.jspf** e dê um duplo clique no botão **btBuscar** (ou o id que deu ao botão).

Adicione o código mostrado na **Listagem 8.13** a seguir:

LISTAGEM 8.13 – ADIÇÃO DE CÓDIGO NO BOTÃO DE BUSCA

```
...
public String btBuscar_action() {
    //chama pesquisado em SessionBean1 e atribui o valor
    //digitado no Text Field  busca
    getSessionBean1().setPesquisado((String)busca.getText());
    //retorna a string pesquisar para chegar a página Pesquisado
    return "pesquisar";
}
...
```

No código, observe que foi chamado da classe SessionBean1 a variável **pesquisado** e transmitido para ela o valor digitado no Text Field **busca** (encontrado também em topo.jspf).

Alterando a página Pesquisado.jsp

Na página Pesquisado.jsp e sua classe, Pesquisado.java, as alterações serão maiores. Esta página deve receber o valor encontrado na variável de SessionBean1, fechar a consulta SQL que possui a cláusula LIKE e retornar os valores encontrados para que o componente Table possa renderizá-los.

No código **Java**, vá até o método **prerender()** e adicione o código mostrado na **Listagem 8.14**.

Listagem 8.14 – Código do método prerender() em Pesquisado.java

```
...
public void prerender() {
      String pesquisado = getSessionBean1().getPesquisado();
   try{
         //adiciona o texto do Text Field
         //como parâmetro para a busca
         getSessionBean1().getLivrosPesqRowSet().
               setObject(1,"%"+pesquisado+"%");

         livrosDataProvider.refresh();
   }catch(Exception ex){
         log(ex.getMessage());
   }
}
...
```

Se não inicializada a query, um erro ocorre. O método **prerender( )** é chamado no início e portanto, precisará de uma verificação para saber se há ou não uma busca efetuada pelo usuário. Esta verificação será feita através do valor encontrado em **pesquisado** da classe **SessionBean1** (veja Listagem 8.12).

Com o método **setObject( )**, de **RowSet**, é acrescentada as informações para realizar a pesquisa. O primeiro parâmetro indica o número referente ao sinal de interrogação encontrada na query criada. O segundo parâmetro é o valor encontrado em pesquisado, de SessionBean1, concatenado a dois sinais de porcentagem. Isso gera uma query similar a mostrada a seguir:

SELECT * FROM LIVROS WHERE TITULO LIKE "%ajax%"

Ao fechar a instrução SQL com o valor enviado, os resultados são renderizados no componente Table, onde o resultado final é similar ao da **Figura 8.35**.

A NAVEGAÇÃO

Claro que todas as páginas que não pertencem ao administrativo serão capazes de fazer uma pesquisa. É evidente que ficar toda hora indo ao arquivo faces-config.xml e alterando a navegação também é chato. Mas JavaServer Faces tem uma forma muito simples de qualificar "todas" as páginas como possíveis de utilizarem esta navegação, quando ocorrer uma pesquisa, que não se faz visualmente pelo NetBeans.

Entre no XML do arquivo **faces-config.xml** e adicione a regra de navegação como mostra a **Listagem 8.15** a seguir:

LISTAGEM 8.15 – ADIÇÃO DA REGRA DE NAVEGAÇÃO PARA A PESQUISA

```
...
<navigation-rule>
   <from-view-id>/*</from-view-id>
   <navigation-case>
      <from-outcome>pesquisar</from-outcome>
      <to-view-id>/Pesquisado.jsp</to-view-id>
   </navigation-case>
</navigation-rule>
...
```

No elemento **<from-view-id/>**, diferente dos demais, se encontra uma barra seguida de um asterisco, indicando que qualquer página poderá ser usada para a pesquisa. Como resultado, da string **pesquisar**, a página **Pesquisado.jsp** é chamada.

Formulários virtuais para a pesquisa

Um problema que este sistema de pesquisa possui é o fato de estar fora de um formulário, o que impede de criar um formulário virtual, já que é um fragmento de página e não uma página completa.

Para páginas que possuem formulário, como de Contato e Admin, ao fazer uma busca um erro ocorrerá, onde haverá a validação dos campos destes formulários. Para evitá-los, tanto na página Contato.jsp como em Admin.jsp, você irá adicionar o formulário virtual manualmente, como mostrado na **Listagem 8.16** seguir:

Listagem 8.16 – Trecho da página JSP de Contato e Admin

```
...
<webuijsf:form binding="#{Contato.form1}" id="form1"
virtualFormsConfig="pesquisa | | topo:btBuscar topo:busca,
...
```

Para melhor entendimento, observe que **pesquisa** é o nome do formulário virtual, seguido de dois pipes "||", onde a palavra topo se refere ao fragmento **topo.jspf** e depois dos dois pontos o nome do componente ao qual pertence a este formulário virtual. A separação de um componente do outro, mas pertencente ao mesmo formulário virtual é feita por espaço. Já a separação de um formulário virtual para outro é feita por vírgula. Simples não?

> **Atenção:** Veja o final do estudo de caso contido no CD-ROM anexo, no **Capítulo Extra 5**, onde é apresentado todas as tabelas envolvidas, novas páginas e componentes. Em caso de dúvida, veja o projeto completo também em anexo.

Capítulo 9
Trabalhando com Web Services no NetBeans IDE

Desde que a palavra Web Service foi pronunciada pela primeira vez ao mundo, todas as linguagens de programação voltadas para a construção de aplicações Web começaram a correr em busca de trabalhar com esta forma de serviço.

Alguns padrões foram estabelecidos e isto facilitou o desenvolvimento de rotinas aplicáveis a IDE's, como o NetBeans.

Neste Capítulo será criado e consumido Web Services através do NetBeans IDE, onde será visto:

- Como criar e consumir um Web Services simples;
- Como alterá-lo de forma eficiente e visual;
- A integração com EJB 3 e acesso a banco de dados;
- Como consumir com Visual Web JavaServer Faces.

Web Services

Para que você entenda um Web Service, vamos ilustrar uma situação: imagine que você esteja criando um site de comércio eletrônico e que deseja implementar um **programa de afiliados**. Este afiliado como recompensa receberá uma pequena porcentagem da venda ocorrida através de seu vínculo em um produto ou serviço. Muitos sites de comércio eletrônicos fazem isso, criando uma forma de vincular seus produtos e serviços a outros sites.

Você cria uma área especial, onde seu afiliado se cadastra e passa a partir de sua aceitação, ter a possibilidade de colocar um banner ou de chamar o produto por um código que represente este afiliado, no site que ele tem. Assim, toda a vez que algum usuário clicar neste banner ou produto vinculado, o seu site recebe a chamada e passa a trabalhar com a possibilidade de compra do produto ou serviço. O usuário fechando o negócio, a porcentagem pré-estabelecida do valor total vai para o afiliado.

Com o avanço das vendas pelo site dos seus afiliados, você percebe que dar a eles a possibilidade de filtrar os produtos por categorias, fazer uma busca e trazer os preços atuais, em tempo real com o seu sistema seria uma boa forma de atrair mais consumidores. Melhor ainda se tudo isso fosse feito com a interface do site desenvolvido pelo afiliado. Como resolver isso?

O maior problema que você se esbarra está nas linguagens diferentes usadas em aplicações. Umas feitas em Java, outras em .NET, PHP e etc. Como criar uma aplicação que interaja com todas as linguagens sem a necessidade de alterar sua aplicação?

Esta pergunta foi feita há alguns anos por grandes empresas, o que resultou em uma resposta rápida: Vamos trabalhar com o XML.

O XML (abreviação de **EX**tensible **M**arkup **L**anguage) é uma especificação técnica desenvolvida para superar as limitações do HTML, que é o padrão das páginas Web. Assim que os desenvolvedores perceberam a sua utilidade, sua leveza e fácil transmissão pelos protocolos, principalmente o http, passaram a trabalhar com XML em diversos pontos do desenvolvimento. Não seria diferente para a criação de Web Services.

Porém, havia um problema. O XML é muito flexível, pois você mesmo cria suas próprias tags, dentro de suas regras, o que causa certo desconforto ao criar serviços que interajam com o mundo todo. Haveria necessidade de regras gerais para que todos falassem a mesma língua. Graças a isso, o Web Services foi criado nas regras do XML (ele é um XML), mas possui seus próprios padrões, estabelecidos pelo acordo entre empresas gigantes como IBM, Microsoft, Sun Microsystems entre outras, e ditado pelo W3C (World Wide Web Consortium - entidade responsável pela definição da área gráfica da Internet).

Web Services Description Language

A linguagem WSDL (*Web Services Description Language*) foi desenvolvida em conjunto com a IBM e a Microsoft. WSDL é uma estrutura XML usada para descrever um serviço Web (Web Service). Define como o serviço Web é acessado, as operações que executa, como são passadas as mensagens, e a estrutura destas mensagens. A versão 1.1 do WSDL foi enviada ao W3C pela Microsoft, IBM, SAP e outras empresas em 2001.

O W3C está trabalhando na última etapa de revisão para a publicação do WSDL 2.0. O cronograma para o avanço do WSDL esta adiantado. Em março de 2006, a versão 2.0 do WSDL foi submetida como recomendação candidata ao W3C.

WSDL 1.1 é atualmente o modo mais prevalecente para descrever a interface de serviços Web. WSDL 1.1 não é, tecnicamente falando, um padrão W3C. Os padrões W3C são os resultados de um desenvolvimento rigoroso e de um processo de revisão no qual são chamados de Recommendations (Recomendações). WSDL 1.1 é somente um W3C Note, o que significa que foi submetida ao W3C através de membros da organização e disponibilizado à indústria com os termos de licença do W3C, o que geralmente são Royalty Free (RF). A disponibilidade de uma especificação como um W3C Note promove sua adoção pela indústria.

WSDL 1.1 e 2.0 são conceitualmente bem parecidos, neste livro você lerá simplesmente a ambos como WSDL. Embora WSDL 2.0 se beneficie de um processo de revisão longo e cuidadoso, e incorpora muitas características novas que trazem uma melhoria, sempre há um trabalho para se superar quando uma especificação nova, como é o caso do WSDL 2.0, busca substituir um titular amplamente utilizado como o WSDL 1.1. WSDL 1.1 e WSDL 2.0 co-existirão por muito tempo, até que a indústria do desenvolvimento passe a desenvolver e confiar seus antigos sistemas a esta nova especificação.

Embora WSDL não exija trabalhar com SOAP, este é uma parte integrante do WS-I Basic Profile do Web Services Interoperability Organization (http://www.ws-i.org/), e torna muito mais fácil com o seu uso. A parte agradável de trabalhar com WSDL é no lado cliente, no qual você não precisa saber qualquer detalhe da API. Na realidade, você nem mesmo precisa entender WSDL para consumir o serviço.

Simple Object Access Protocol

O **SOAP** (*Simple Object Access Protocol*) é um protocolo para intercâmbio de mensagens entre programas de computador. Este protocolo surgiu em 1998, apresentado ao W3C pelas empresas DevelopMentor, Microsoft e UserLand Software. Sua especificação ocorreu em dezembro de 1999.

O SOAP define um envelope XML para as mensagens de serviço Web, um modelo de processamento para serviços Web intermediários e um algoritmo para a serialização de objetos como XML. O envelope SOAP é extremamente simples, consistindo de um corpo e um cabeçalho opcional. O corpo contém a aplicação e o cabeçalho contém quaisquer outros dados como segurança, transação de informações e etc. A separação de mensagens em um cabeçalho e um corpo é uma prática de design bem aceita.

SOAP é um dos protocolos usados na criação de Web Services, sendo o mais usado com o WSDL.

> **Nota:** WSDL e SOAP são tópicos bem complexos. O livro está focado no desenvolvimento de Web Services utilizando o NetBeans IDE 6.0. Portanto, caso queira se aprofundar, recomendo a leitura de um bom livro sobre Web Services e sua utilização com a linguagem Java.

Desenvolvendo seu primeiro Web Service com NetBeans

Crie um projeto Web chamado de **MeuPrimeiroWebService** e deixe como servidor o **GlassFish**.

Vá ao menu **File** e clique no item **New File** (ou se preferir **Ctrl + N**). Na caixa de diálogo **New File** selecione em **Categories** o item **Web Services** e clique sobre **Web Service** em **File Types**. Prossiga no assistente clicando no botão **Next**.

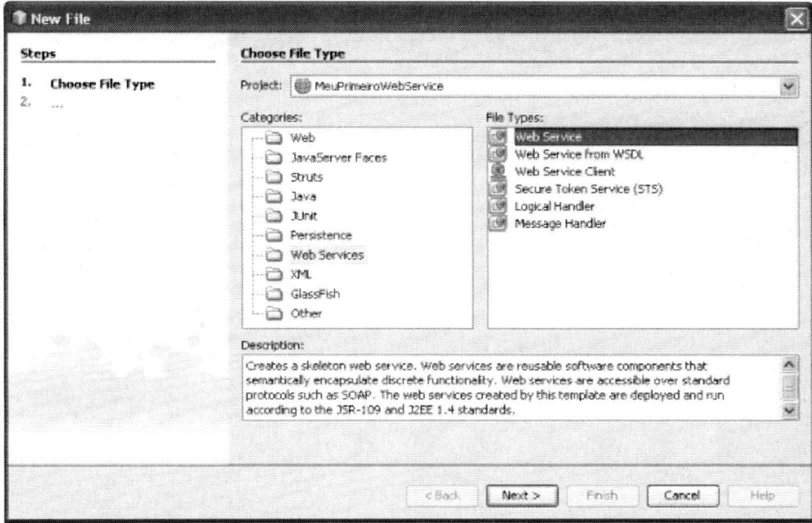

FIGURA 9.1 – CRIANDO UM NOVO WEB SERVICE

Na segunda etapa do assistente, digite **MeuPrimeiroWS** em **Web Service Name**. Em **Package** coloque o nome do seu pacote (no caso do livro: **br.com.integrator**). Clique no botão **Finish** para terminar.

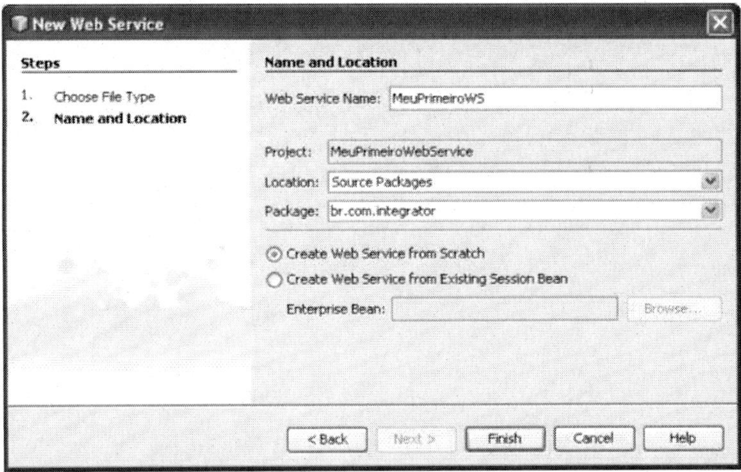

FIGURA 9.2 – DETERMINANDO O NOME E PACOTE DO WEB SERVICE

Observe que uma classe chamada **MeuPrimeiroWS** foi criada. Na janela **Projects**, um diretório novo, chamado de **Web Services** surgiu, abrindo também um editor visual. Clique no botão **Add Operation**.

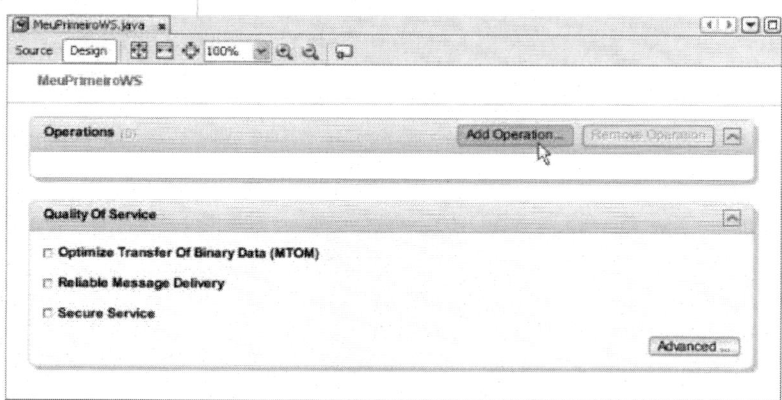

FIGURA 9.3 – EDIÇÃO DO WEB SERVICE VISUAL DO NETBEANS IDE

Na caixa de diálogo **Add Operation**, digite no campo **Name** o nome do método a ser criado, o que no caso será **seuNome**. Em **Return Type** é determinado o tipo do método, onde no exemplo será **java.lang.String**. Clique no botão **Add**, logo abaixo, na guia **Parameters**. Ao surgir uma linha, defina o nome, em **Name**, da variável parâmetro ao qual o método receberá. No caso, fora colocado **nome**. Em **Type** mantenha **java.lang.String**. Clique no botão **OK** para confirmar esta caixa de diálogo.

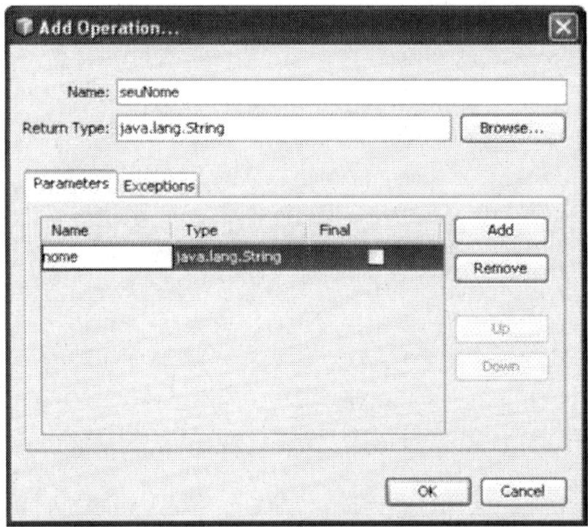

FIGURA 9.4 – ADICIONANDO O MÉTODO SEUNOME

O NetBeans adicionou um método à classe **MeuPrimeiroWS** chamado de **seuNome( )** contendo um parâmetro String chamado **nome**.

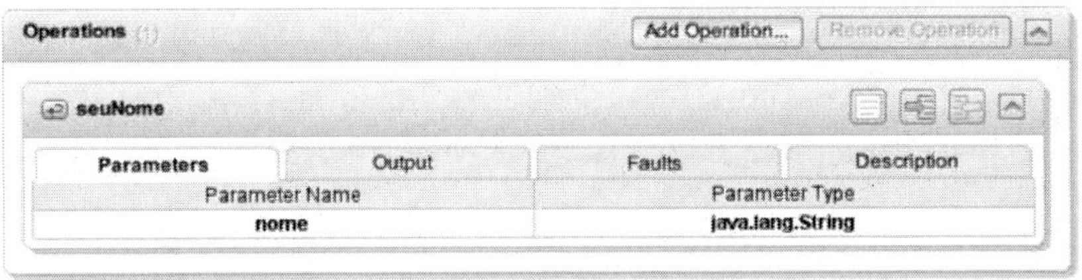

FIGURA 9.5 – DETALHE DO MÉTODO ADICIONADO A CLASSE E SEU PARÂMETRO

Como o NetBeans apresenta visualmente a criação do método, você pode clicar em **Source**, ao lado de **Design** (ao qual está no momento) e visualizar o código.

Adicione o código a seguir, mostrado pela **Listagem 9.1**, em destaque, através do **Source**:

LISTAGEM 9.1 – ALTERAÇÃO DO MÉTODO SEUNOME

```
...
public String seuNome(@WebParam(name = "nome") String nome) {
  String retorno = "Seu nome é " +nome;
  return retorno;
}
...
```

Visualmente, em **Design**, o NetBeans permite renomear o método, simplesmente com um duplo clique em seu nome e o parâmetro, com a mesma ação.

A idéia neste serviço Web é enviar seu nome e receber uma String dizendo: **Seu nome é Edson**, por exemplo.

EXECUTANDO SEU PRIMEIRO WEB SERVICE COM NETBEANS

Depois de criado o Web Service, na janela **Projects**, clique com o direito do mouse e selecione no menu de contexto o item **Undeploy and Deploy**.

Com a execução do deploy, clique com o direito do mouse sobre o Web Service criado (**MeuPrimeiroWS**) e selecione no menu de contexto o item **Test Web Service**.

FIGURA 9.6 – SELECIONANDO TEST WEB SERVICE NO MENU DE CONTEXTO

ATENÇÃO: Caso não tenha feito o deploy de seu projeto, uma caixa de alerta surgirá avisando-o que não foi possível abrir a página de teste do Web Service.

O navegador exibirá o Web Service criado através de uma página de teste. Um botão será exibido, contendo como rótulo o nome do método desenvolvido e junto a ele, um campo representando o parâmetro string. Para testar, digite seu nome e clique no botão **seuNome**.

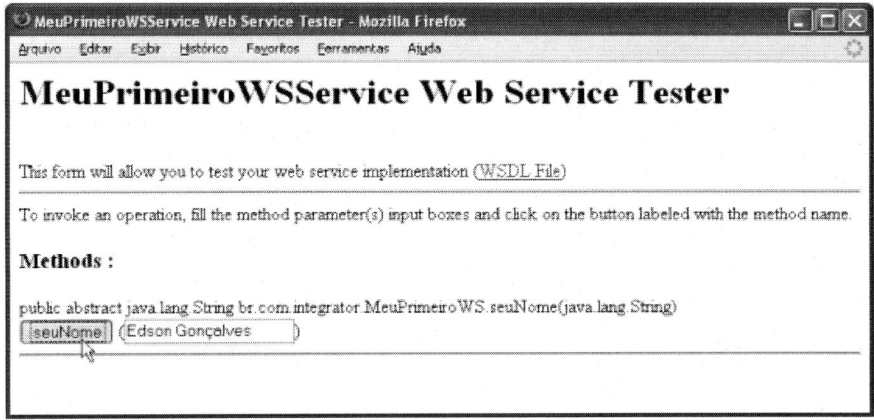

FIGURA 9.7 – EXIBIÇÃO INICIAL DA PÁGINA DE TESTE DO WEB SERVICE CRIADO

A resposta é recebida por outra página, no qual você pode ver o parâmetro do método, o SOAP Request (o pedido gerado) e o SOAP Response (a resposta gerada).

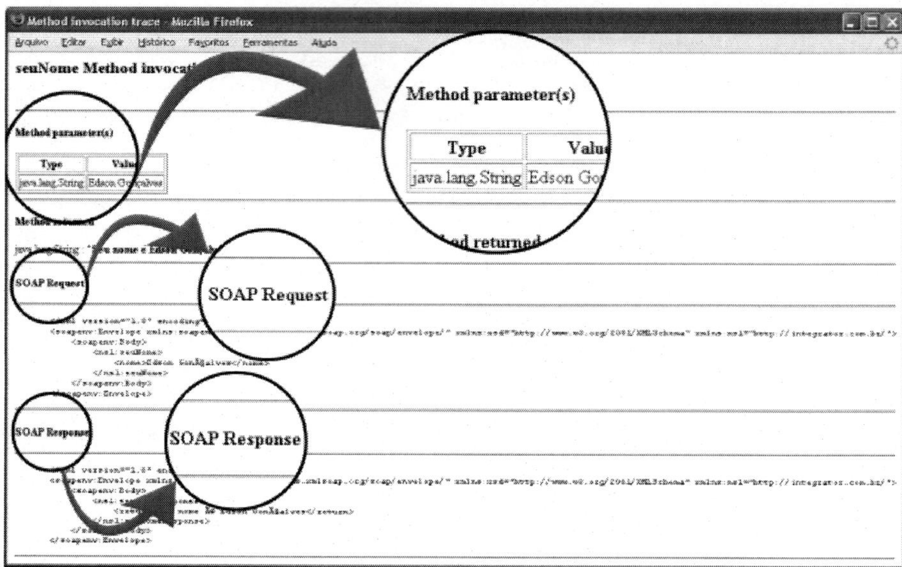

FIGURA 9.8 – RESULTADO DO WEB SERVICE TESTADO

Na primeira página, antes de testar transmitindo seu nome, você encontra o seguinte trecho:

This form will allow you to test your web service implementation (<u>WSDL File</u>).

O link **WSDL File** o leva ao XML gerado, que como o seu, deve estar parecido com o que mostra a **Figura 9.9** a seguir:

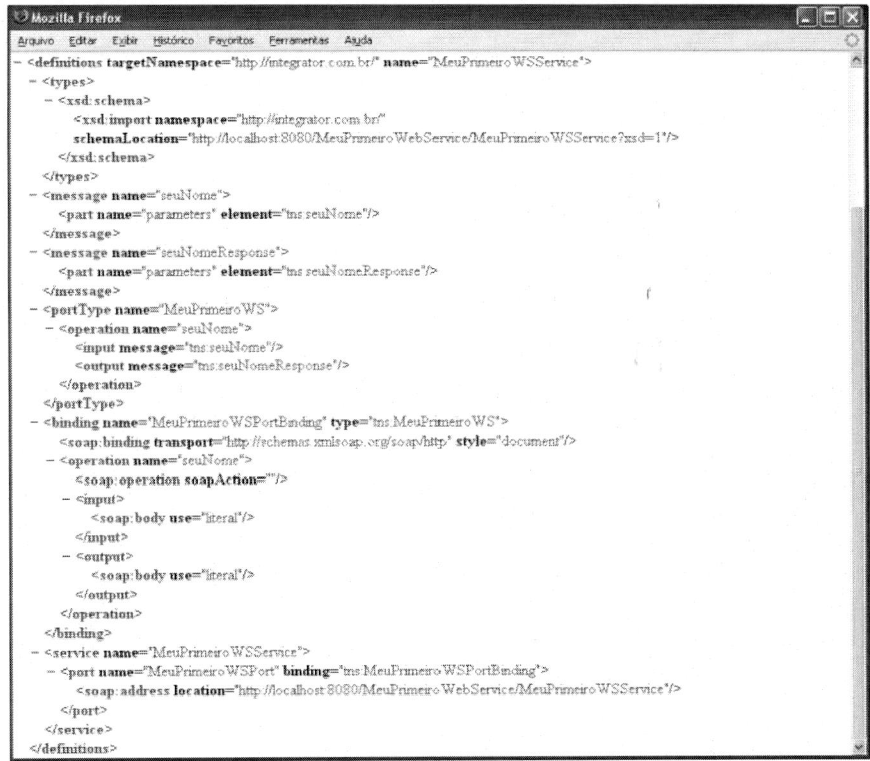

FIGURA 9.9 – WEB SERVICE GERADO

ENTENDENDO A ESTRUTURA DO DOCUMENTO WSDL

Para compreender o WSDL gerado, haverá uma visão simplificada da sua estrutura, considerando apenas os elementos mais importantes. Esta explicação do documento não leva em conta namespaces diferentes do namespace do WSDL para os quais os elementos pertencem. Desta forma, um documento WSDL tem a estrutura mostrada na **Listagem 9.2**:

LISTAGEM 9.2 – ESTRUTURA DO WEB SERVICE

```
<definitions xmlns="http://schemas.xmlsoap.org/wsdl/">
        <types>
                <!-- definição dos tipos usados no WSDL -->
        </types>
        <message>
                <!-- definição abstrata dos dados que são transmitidos -->
        </message>
        <portType>
                <!-- operações abstratas que se referem à entrada e
                     saída das mensagens -->
        </portType>
        <binding>
                <!-- protocolo concreto e o formato de dados -->
        </binding>
        <service>
                <!-- especifica local e binding para um serviço -->
        </service>
</definitions>
```

O ELEMENTO <TYPES />

O elemento <types/> encapsula os tipo de dados definidos usados quando são trocadas as mensagens.

Embora se possa usar qualquer linguagem schema para definir estes tipos, o XML Schema é a linguagem preferida, por causa da sua interoperabilidade.

Detalhe 9.1 – <types>

```
<types>
        <xsd:schema>
        <!-- definição aqui -->
        </xsd:schema>
</types>
```

Usar este elemento depende dos tipo de dados que estão sendo passados. Por exemplo, se estiver passando de um lado para outro uma string simples ou valores numéricos, então pode-se controlar usando um tipo **xsd:string** simples, que não é definido aqui. Por outro lado, objetos e arrays precisam ter um tipo definido.

O elemento <message />

De acordo com a documentação de WSDL, um elemento <message/> possui uma definição abstrata dos dados que são transmitidos. Em condições simples, messages define a entrada e saída de parâmetros. Realmente depende das ligações usadas, que estão na seção "Bindings", mas esta explicação é o modo mais fácil de entender o conceito de uma mensagem sem ter que entender todo o detalhe técnico sobre WSDL e SOAP. Porém, usando esta visão simplista, o cliente precisa saber os tipos que são esperados quando uma mensagem é enviada, o que é equivalente a chamar a uma função e já esperar o tipo em retorno desta função.

Felizmente, como é você que está desenvolvendo Web Service pela IDE, as coisas são feitas meio que "automatizadas". Além do mais, não vamos entrar em detalhes, pois o conceito por si só, junto à prática, já seriam bem mais que apenas um capítulo sobre utilizar Web Services com o NetBeans IDE.

Detalhe 9.2 - <message>

```
<message name="seuNome">
        <part name="parameters" element="tns:seuNome"/>
</message>
```

No atributo **name**, do elemento <***message***/>, se tem o nome da função a ser chamada. Através do elemento <**part** />, de <***message*** />, é definido o parâmetro a ser passado.

Na maioria dos casos, você verá o WSDL que usa Document/literal conter um único elemento <part/> dentro de <message/>, embora o número de parâmetros requeira uma função.

Detalhe 9.3 - <message> para resposta

```
<message name="seuNomeResponse">
        <part name="parameters" element="tns:seuNomeResponse"/>
</message>
```

O elemento <portType/>

Usando a definição da documentação WSDL, um elemento <portType/> é um conjunto de operações e mensagens abstratas envolvidas.

Detalhe 9.4 - <portType >

```
<portType name="MeuPrimeiroWS">
        <operation name="seuNome">
                <input message="tns:seuNome"/>
                <output message="tns:seuNomeResponse"/>
        </operation>
</portType>
```

Um elemento <portType/> tem que ter exclusivamente um atributo **name** que o identifica entre quaisquer outros elementos <portType />.

O elemento <binding/>

Um elemento <**binding** /> especifica detalhes concretos sobre um elemento <**portType**/> e um protocolo. Em termos mais simples, para operações de um elemento <portType/> específico, o elemento <**binding**/> fornece a informação para o tipo de protocolo de transporte usado e o formato das mensagens.

Detalhe 9.5 - <binding>

```
<binding name="MeuPrimeiroWSPortBinding"
type="tns:MeuPrimeiroWS">
        <soap:binding transport="http://schemas.xmlsoap.org/soap/http"
style="document"/>
            <operation name="seuNome">
                <soap:operation soapAction=""/>
                    <input>
                        <soap:body use="literal"/>
                    </input>
                    <output>
                        <soap:body use="literal"/>
                    </output>
                </operation>
</binding>
```

O elemento <service/>

O elemento <**service**/> descreve um serviço Web particular por providenciar um nome e a localização, além de associar a um elemento <binding/> para uma porta em particular. É uma coleção de portas, chamando para os pontos finais, expondo um binding.

Detalhe 9.6 - <service>

```
<service name="MeuPrimeiroWSService">
        <port name="MeuPrimeiroWSPort"
binding="tns:MeuPrimeiroWSPortBinding">
        <soap:address
location="http://integrator:8080/MeuPrimeiroWebService/MeuPrimeiro
WSService"/>
        </port>
</service>
```

> **Nota:** Existem muito mais informações a respeito de um documento WSDL, do que o definido aqui neste capítulo. A explicação foi dada com o intuito de deixá-lo por dentro do assunto, mas bem superficialmente.

Consumindo o Web Service criado

Crie um novo arquivo e selecione **Web Service Client**, na categoria **Web Services**, e clique em Next para prosseguir.

Na caixa de diálogo **New Web Service Client** clique no botão **Browse** em **Project**. Ao surgir o diálogo **Browse Web Services**, expanda o nó do seu projeto e selecione o Web Service criado.

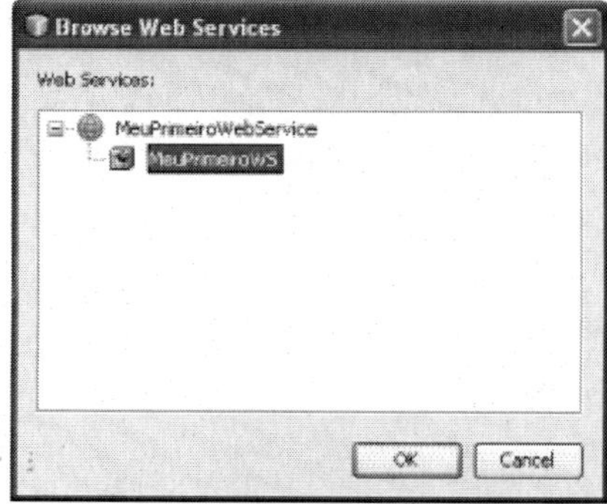

Figura 9.10 – Selecionando o Web Service criado

De volta a caixa de diálogo inicial, altere o pacote, no campo **Package** para **o_nom_do_seu_pacote.client**, no caso do livro, seria: **br.com.integrator.client**. Clique no botão **Finish** para confirmar.

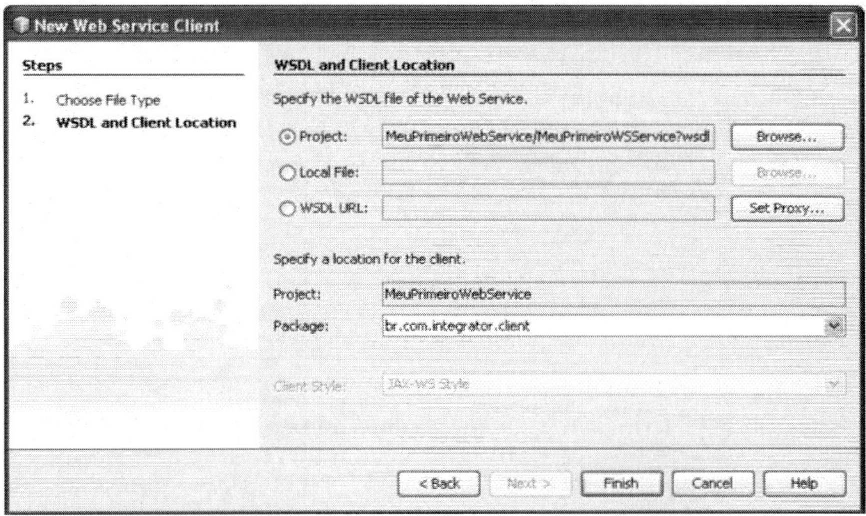

Figura 9.11 – Definição final do assistente para o Web Service Client

Atenção: O servidor deve estar rodando para que o Client seja gerado, onde do contrário, haverá uma mensagem de erro sendo exibida.

Na finalização do assistente, haverá na janela **Projects** o diretório **Web Service References**. Expandindo seus nós, você chegará até **seuNome**.

Abra o arquivo index.jsp criado com o projeto e arraste por entre a tag <**h2**/> do HTML gerado.

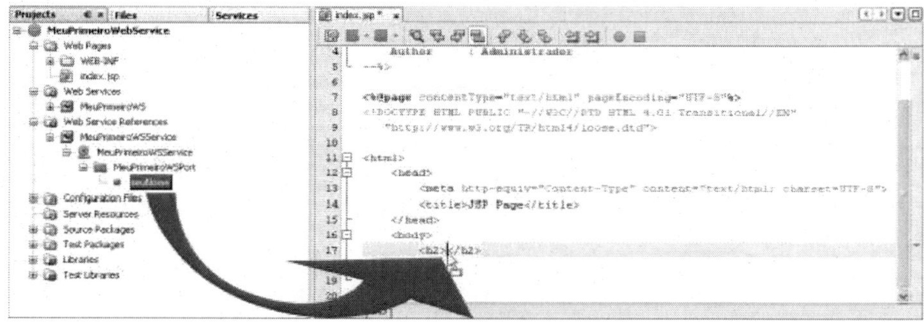

FIGURA 9.12 – ARRASTANDO O CLIENT WEB SERVICE

Ao soltar o NetBeans gerou o Java necessário para consumir o seu Web Service.

Alternativamente você pode clicar com o direito do mouse por entre a tag <h2/> e selecionar no menu de contexto o item **Call Web Service Operation** em **Web Service Client Resources**.

Na caixa de diálogo **Select Operation to Invoke** expanda os nós existentes até expor **seuNome** e selecione-o. Confirme clicando no botão **OK**.

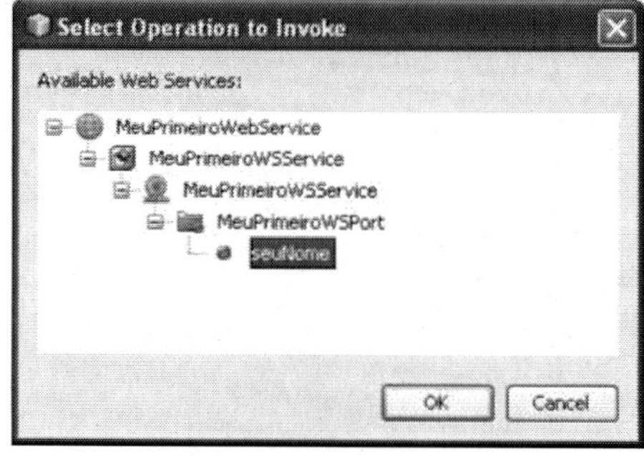

FIGURA 9.13 – INVOCANDO O WEB SERVICE DE OUTRA FORMA

Altere o código gerado como é mostrado na **Listagem 9.3** a seguir, em destaque:

LISTAGEM 9.3 – ALTERAÇÕES NA PÁGINA INDEX.JSP

```
...
<h2><%-- start web service invocation --%><hr/>
  <%
  String formNome = request.getParameter("nome");
  if (formNome != null) {
    try {
      br.com.integrator.client.MeuPrimeiroWSService service =
            new br.com.integrator.client.MeuPrimeiroWSService();
      br.com.integrator.client.MeuPrimeiroWS port =
            service.getMeuPrimeiroWSPort();
      // TODO initialize WS operation arguments here
      java.lang.String nome = formNome;

      java.lang.String result = port.seuNome(nome);
      out.println(result);
    } catch (Exception ex) {
    // TODO handle custom exceptions here
    }
  }
  %>
  <%-- end web service invocation --%><hr/>
</h2>
<form action="index.jsp" method="POST">
  Digite seu nome:
  <input type="text" name="nome" value="" size="25" />
  <input type="submit" value="Enviar" />
</form>
...
```

Do código gerado automaticamente pela IDE, fora acrescentado uma requisição de um campo, para o uso de um formulário logo abaixo e uma condição que evita a chamada do serviço Web antes de submetido um valor. Ao submeter o nome, o Web Service o receberá e retornará com a string devida.

O resultado é similar ao visto na **Figura 9.14** mostrada a seguir, após envio:

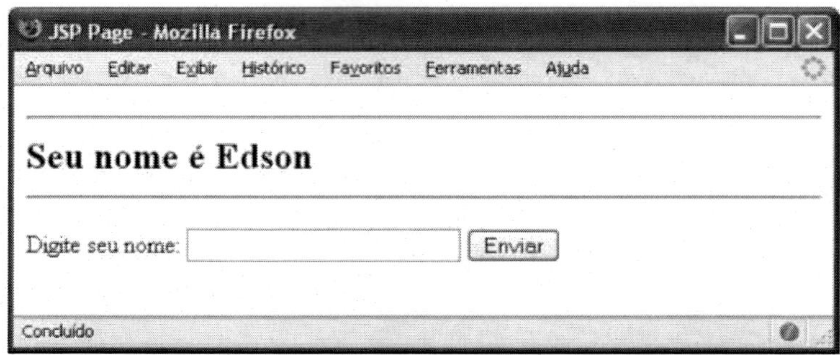

Figura 9.14 – Consumindo o Web Service criado por uma página JSP

Um Web Service mais complexo

Criar e consumir um Web Service usando o NetBeans é simples, uma vez que ele se propõe a gerar o código bruto de seu desenvolvimento.

O exemplo anterior tratou de trabalhar com apenas uma informação retornada. Neste exemplo agora, você fará um acesso a um banco de dados e uma pesquisa, onde o retorno da pesquisa será feita pelo Web Service, ao qual será consumido por sua aplicação Web.

Criando o projeto Enterprise Application e o Entity Bean

Crie um projeto Enterprise Application e o chame de **WSComBancoDados**. Clique com o direito do mouse sobre o EJB (**WSComBancoDados-ejb**), vá em **New** e clique no item **Entity Classes from Database**. Em **Database Tables**, escolha em **Data Source** o JNDI criado do banco de dados **livraria**. Selecione a tabela **livros**, em **Available Tables**, clicando em seguida no botão **Add**. Clique no botão **Next** para prosseguir.

Na entidade (Entity Bean) chamada **Livros**, em **Class Name** dê um duplo clique e altere para **Livro**. Digite também o nome do pacote que será utilizado, que no caso do livro será **br.com.integrator.ejb.livraria.entity**. Clique no botão **Create Persistence Unit** e, na caixa de diálogo **Create Persistence Unit**, mantenha o nome pré-definido em **Persistence Unit Name** e confirme no botão **Create**. Termine o assistente clicando no botão **Finish**.

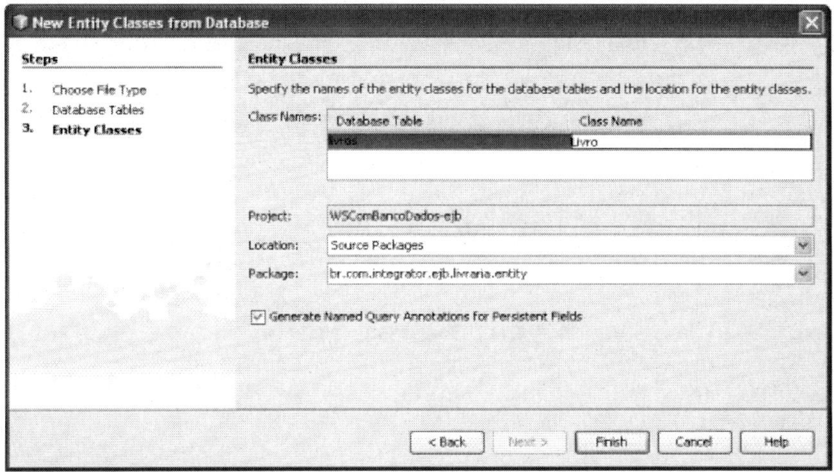

Figura 9.15 – Resultado final da criação da entidade Livro

Criando a Session Bean

Crie um novo arquivo (Ctrl+N) e selecione a categoria **Persistence** e o tipo **Session Beans For Entity Classes**. Clique no botão **Next** para prosseguir. No segundo passo, clique no botão **Add All** e prossiga em seguida com **Next** [2] .

Na terceira e última etapa, defina o pacote no campo **Package** (**br.com.integrator.ejb.livraria**) e mantenha a interface como **Local**. Confirme no botão **Finish**.

[2] O Capítulo 6 possui mais ilustrações caso tenha alguma dúvida neste assunto

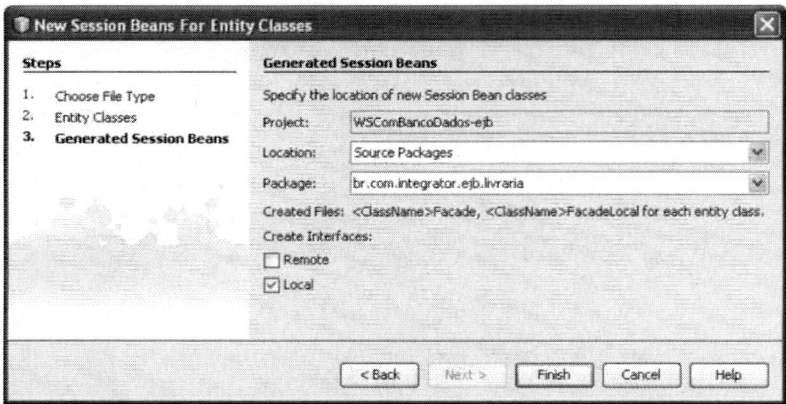

Figura 9.16 - Definição do pacote e interface da Session Bean

Gerando o Web Service a partir da Session Bean

Com o direito sobre WSComBancoDados-war, selecione no menu de contexto o item **Web Service**.

Em **Web Service Name** altere para **LivroWebService**, em package digite o nome do seu pacote (br.com.integrator.ws) e marque **Create Web Service from Existing Session Bean**. Clique no botão **Browse** e selecione o **Enterprise Bean LivroFacade** e confirme. Clique no botão **Finish** para gerar o **Web Service**.

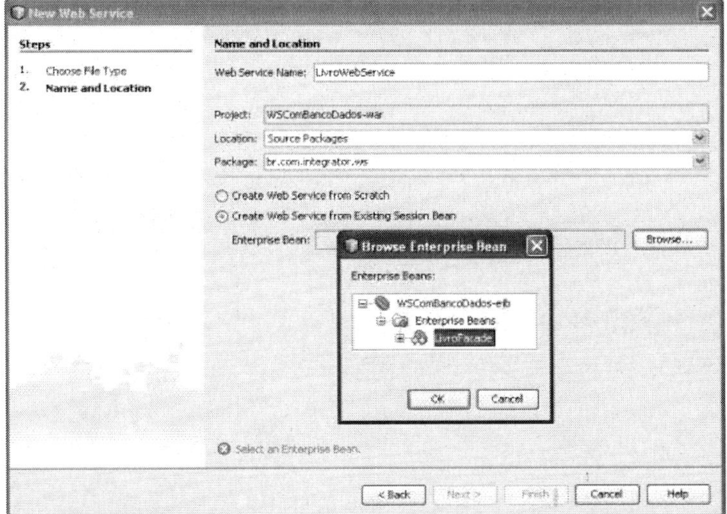

Figura 9.17 – Selecionando o Enterprise Bean

O Web Service gerado possui os métodos que foram encontrados na Session Bean. Embora se possa trabalhar com todos, a intenção no exemplo é exibir os dados a partir de um destes métodos apenas.

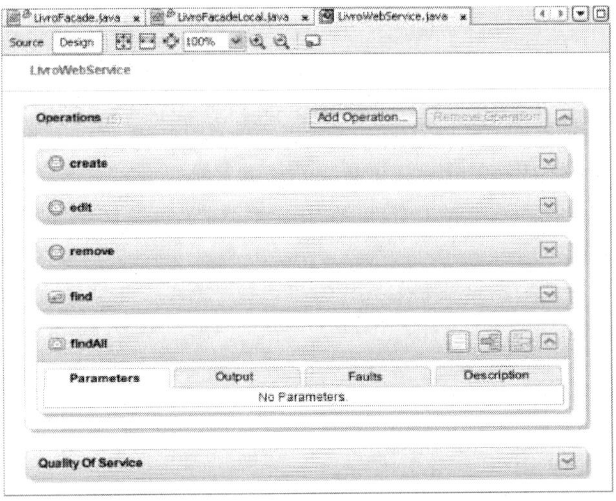

Figura 9.18 – Web Service gerado a partir do Enterprise Bean

Antes de prosseguir, faça o Deploy do Enterprise Application criado até o momento. Se houver interesse faça um teste.

Gerando o Web Service Client

Crie um novo Web Service Client e selecione no projeto (Project) o Web Service criado. Crie um pacote para ele (br.com.integrator.ws.client) e clique no botão **Finish**.

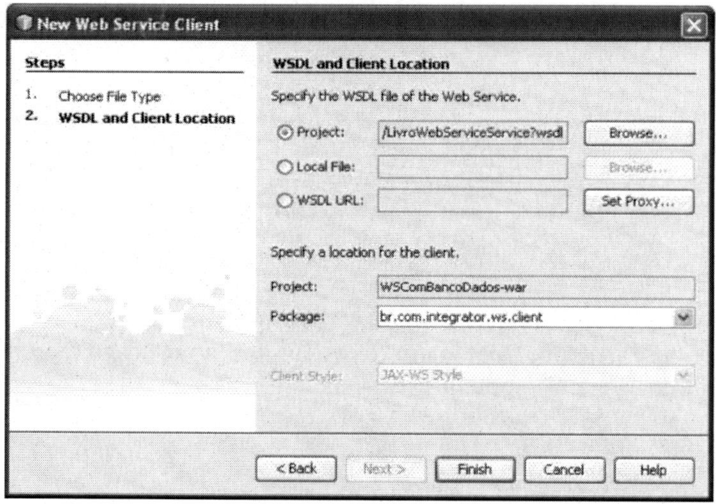

Figura 9.19 – Geração do Web Service Client

A **Figura 9.20** exibe o Web Service Client gerado com seus métodos.

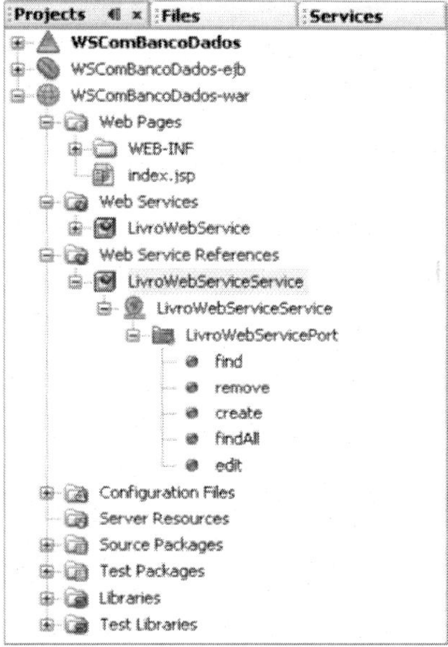

Figura 9.20 – Web Service Client gerado

Acessando o Web Service com Visual Web JSF

O projeto Web, como já foi visto no Capítulo 6, não foi gerado com um framework específico. Clique com o direito do mouse sobre o projeto **WSComBancoDados -war** e selecione no menu de contexto o item **Properties**. Na caixa de diálogo **Project Properties**, selecione **Frameworks** em **Categories**. Em **Used Frameworks**, clique no botão **Add**. Selecione **Visual Web JavaServer Faces**, altere para ***.faces** em **Servlet URL Mapping** e confirme tudo.

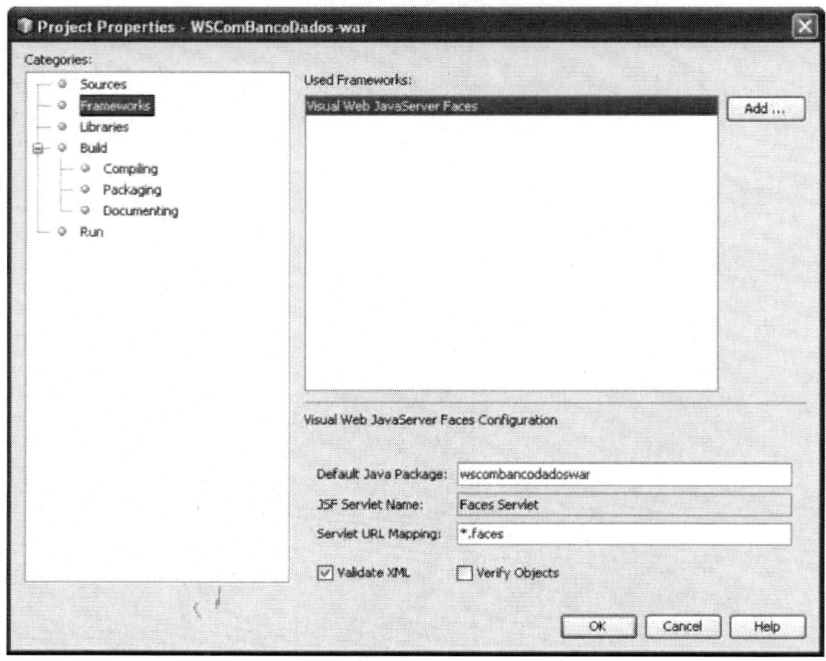

FIGURA 9.21 – ADIÇÃO DO FRAMEWORK VISUAL WEB JAVASERVER FACES AO PROJETO

CRIANDO UM DATA PROVIDER

O Visual Web JavaServer Faces possui vários data providers que fornecem a possibilidade de acesso a dados. Como no caso o exemplo não está acessando um provider oriundo de um banco de dados, será necessário a criação de um objeto data provider que traga os dados para o componente Table.

Crie uma nova classe e a chame de **ConsomeWS**. Nesta classe, crie o método construtor e arraste para ele o Web Service Client gerado. Edite a classe como mostra a **Listagem 9.4** a seguir:

LISTAGEM 9.4 – CRIAÇÃO DO OBJETO DATA PROVIDER

```
...
public class ConsomeWS extends ObjectListDataProvider{

  private List livrosList = null;

   public ConsomeWS() {

     try {
       // Call Web Service Operation
       br.com.integrator.ws.client.LivroWebServiceService service =
            new br.com.integrator.ws.client.LivroWebServiceService();
       br.com.integrator.ws.client.LivroWebService port =
            service.getLivroWebServicePort();

       // TODO process result here
       livrosList = port.findAll();

     } catch (Exception ex) {
       // TODO handle custom exceptions here
     }

     this.setList(livrosList);
  }

}
...
```

A classe **ConsomeWS**, para que seja utilizada como Data Provider do Visual Web JSF, extendeu **ObjectListDataProvider**. Esta classe estende AbstractTableDataProvider e envolve um objeto List.

Adicionando o Data Provider no SessionBean1

Abra a classe SessionBean1 e adicione no seu final as linhas mostradas na **Listagem 9.5** a seguir:

Listagem 9.5 – Alteração na classe SessionBean1

```
...
private ConsomeWS consomeWSLDProvider;

//getter e setter omitido

...
```

> **Dica:** Para criar os métodos get e set, clique com o direito sobre o atributo e selecione no menu de contexto o item **Insert Code** (ou pelo atalho **Alt+Insert**). No pequeno pop-up do editor, **Generate**, selecione o item **Getter and Setter**. A caixa de diálogo **Generate Getters and Setters** surgirá, bastando seleciona o atributo e confirmar.

Alterando a página pelo Visual Web JSF

Abra a página **Page1.jsp** e adicione um componente **Table**. Com o direito do mouse sobre ele, selecione no menu de contexto o item **Table Layout**. Na caixa de diálogo, selecione **consomeWSLDProvider** em **Get Data From**. **Organize** em **Selected** os campos que serão usados e coloque em **Available** os que não deseja usar. Confirme ao terminar.

FIGURA 9.22 – UTILIZANDO O DATA PROVIDER CRIADO

Será bem provável que o Visual Web JavaServer Faces preencha no Design os dados oriundos do Web Service, como mostra a **Figura 9.23**.

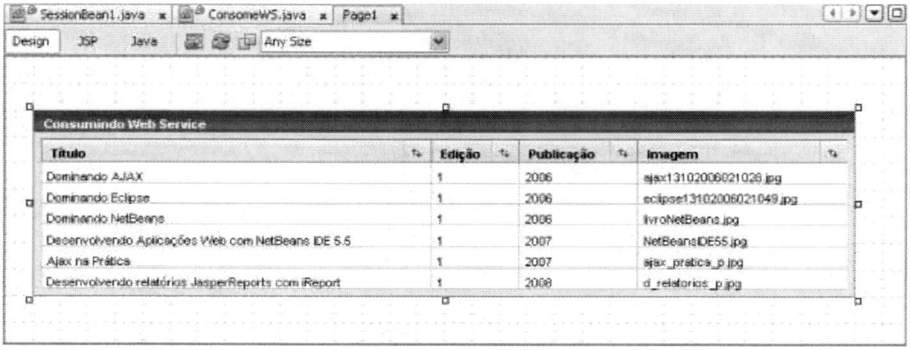

FIGURA 9.23 – TABLE PREENCHIDO COM DADOS ORIUNDOS DO WEB SERVICE

ATENÇÃO: Não esqueça de ter o servidor rodando para que o Web Service se mantenha funcional.

Capítulo 10
Visual Web JSF com JPA, Spring e Hibernate

Usar a Java Persistence API (JPA) com Visual Web JSF, no NetBeans IDE, é um caminho alternativo ao acesso padrão usando JDBC. O Visual Web JSF possui, além de uma ferramenta visual para desenvolvimento de páginas JSF poderosa, uma grande flexibilidade, ao qual o desenvolvedor pode adicionar outros frameworks, como o Spring e o Hibernate para trabalhar em conjunto.

Neste capítulo será apresentado como criar um CRUD usando Visual Web JavaServer Faces, através do uso da JPA, com Hibernate e Spring 2.5.

Ao longo do capítulo o leitor aprenderá:

- A instalar e configurar o plugin do Spring Framework;
- A criar um DAO genérico;
- A configurar o arquivo de persistência para trabalhar com Hibernate;
- A configurar o Spring para trabalhar com JPA e com o Visual Web JSF;

A aplicação que será construída

Para o exemplo proposto, será feita uma aplicação contendo uma página somente, seguindo a aparência similar à utilizada no cadastro de autores do **Capítulo 8,** na área administrativa. A **Figura 10.1** exibe a aparência proposta e seus respectivos componentes.

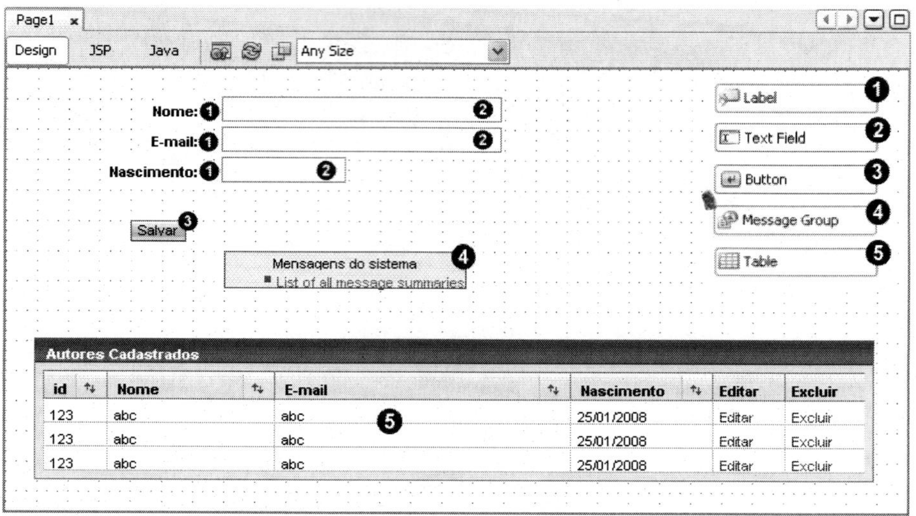

FIGURA 10.1 – EXEMPLO DA APARÊNCIA DA PÁGINA

O HIBERNATE

Hibernate é um projeto audacioso que procura ter uma completa solução para o problema de gerenciamento de dados persistentes em Java. O Hibernate é um framework que se relaciona com o banco de dados, onde este relacionamento é conhecido como mapeamento objeto/relacional (ORM) para Java, deixando o desenvolvedor livre para se concentrar em problemas da lógica do negócio. Sua simplicidade em configuração, dá ao desenvolvedor algumas regras para que sejam seguidas como padrões de desenvolvimento ao escrever sua lógica de negócios e suas classes persistentes. De resto, o Hibernate se integra suavemente ao seu sistema se comunicando com o banco de dados como se fosse diretamente feito por sua aplicação.

Onde baixar a última versão

Para baixar o Hibernate, entre no endereço **http://www.hibernate.org/6.html**, e selecione o primeiro link existente em **Binary Releases**, o package **Hibernate Core**, que no momento em que esse livro é escrito, está na **versão 3.2.5**.

Os arquivos base, necessários para seu funcionamento são:

1. **antlr-2.7.6.jar**
2. **asm.jar**
3. **asm-attrs.jars**
4. **c3p0-0.9.0.jar**
5. **cglib-2.1.3.jar**
6. **commons-collections-2.1.1.jar**
7. **commons-logging-1.0.4.jar**
8. **dom4j-1.6.1.jar**
9. **hibernate3.jar**
10. **jta.jar**

Adicionando o Hibernate Annotations

O Hibernate Annotations adiciona as características de anotações no Hibernate, necessário para trabalhar com o padrão da especificação JPA.

Na área de downloads do site **www.hibernate.org**, você tem o link para baixar o pacote **Hibernate Annotations**, logo abaixo de **Hibernate Core**.

Os arquivos necessários para o trabalho com anotações são:

11. **hibernate-annotations.jar**
12. **ejb3-persistence.jar**
13. **hibernate-validator.jar**

14. jboss-archive-browsing.jar

15. hibernate-commons-annotations.jar

O suporte a JPA no Hibernate

Além dos arquivos do Hibernate e as Annotations, é preciso ter os JARs encontrados no terceiro link: **Hibernate EntityManager**. Neste arquivo compactado, há o arquivo necessário para dar ao Hibernate o suporte a JPA, possibilitando seu uso com esta especificação.

O arquivo necessário para o suporte a JPA é:

16. hibernate-entitymanager.jar

O Spring

O Spring é um framework que tenta dar aos usuários as características que possui os EJB, mas sem necessitar de um container EJB. Seu princípio está na **Inversão de Controle** (Inversion of Control - IoC)[3] , e sua variação denominada **Injeção de Dependência** (Dependency Injection - DI)[3].

Com o princípio na inversão de controle, o usuário pode instanciar um conjunto de classes em uma determinada biblioteca e utilizar seus métodos. Após a chamada a um determinado método, o controle de fluxo da aplicação retorna para o usuário. Como em um framework é diferente, para sua utilização, o código da aplicação deve ser criado e mantido acessível ao framework, podendo ser através de classes que estendem outras classes pertencentes ao framework. O framework, por sua vez, realiza a chamada deste código da aplicação e, após sua utilização na aplicação, o fluxo retorna para ele.

A injeção de dependências é uma forma de inversão de controle. Existem três tipos principais de Dependency Injection. São eles: Constructor Injection (Injeção por Construtores), Setter Injection (Injeção por Métodos Set) e Interface Injection (Injeção por Interfaces).

[3] Para saber em detalhes sobre a Inversão de Controle e Injeção de Dependências, entre no site: http://martinfowler.com/articles/injection.html.

O Spring Framework tem alguns módulos que possuem cada, uma determinada funcionalidade.

Onde baixar a última versão

Para baixar a última versão do Spring Framework, entre no endereço **http://www.springframework.org/download**. No momento em que este livro é escrito, o Spring está na versão 2.5.1.

O arquivo necessário para o trabalho com o Spring é:

1. **spring.jar**

O plugin do Spring Framework para o NetBeans

Embora tenham sido listadas as bibliotecas necessárias para o trabalho, tanto do Hibernate, como do Spring, o plugin que será instalado no NetBeans já possui os arquivos configurados prontos para o trabalho. Evidentemente que você poderá substituí-los ou adicionar outros, por isso foram listados os necessários.

Vá ao menu **Tools** e clique em **Plugins**. Na caixa de diálogo **Plugins**, selecione o item **Spring Framework Support** em **Available Plugins** e clique no botão **Install**.

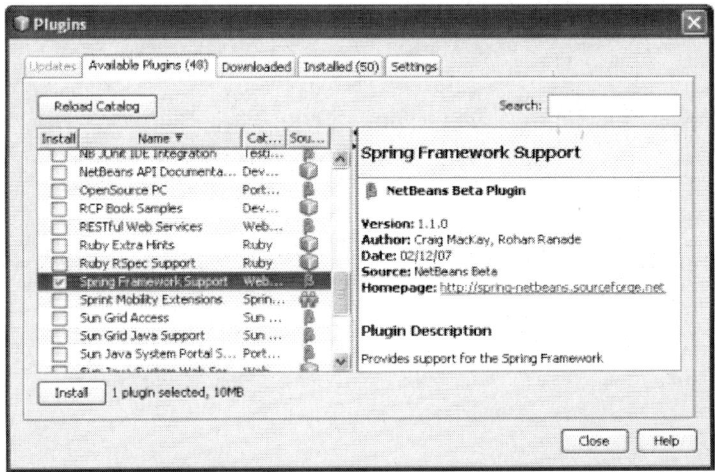

Figura 10.2 – Seleção do plugin Spring Framework Support para instalação

Criando o projeto Visual Web JSF com Spring Framework

Crie um novo projeto Web chamado de **VWJPASpringHibernate** e deixe o servidor desta vez selecionado no Tomcat, propositalmente (o GlassFish utiliza EJB 3, não necessitando do Spring, na maioria dos casos).

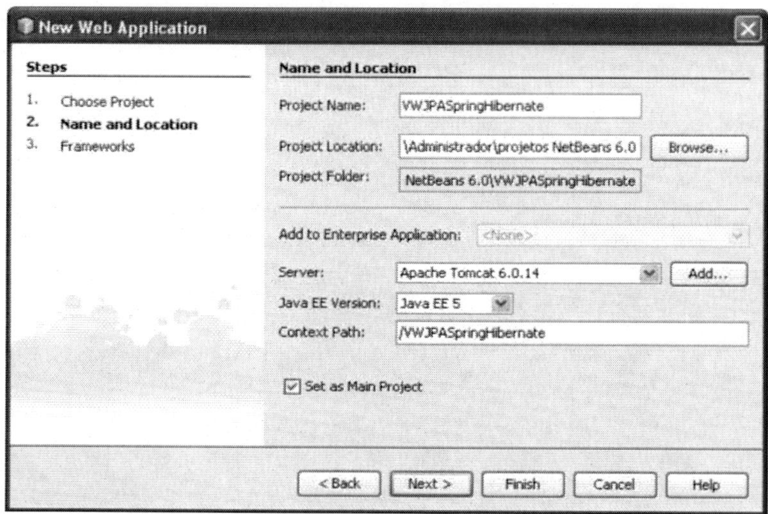

Figura 10.3 – Criação do projeto Web

Na terceira etapa, onde são selecionados os frameworks, pela primeira vez será necessário selecionar mais de uma opção, o que ainda não fora feito ao longo do livro. Selecione **Visual Web JavaServer Faces** e configure-o, alterando seu pacote e se precisar, o **Servlet URL Mapping**. Selecione também o **Spring Framework 2.5**.

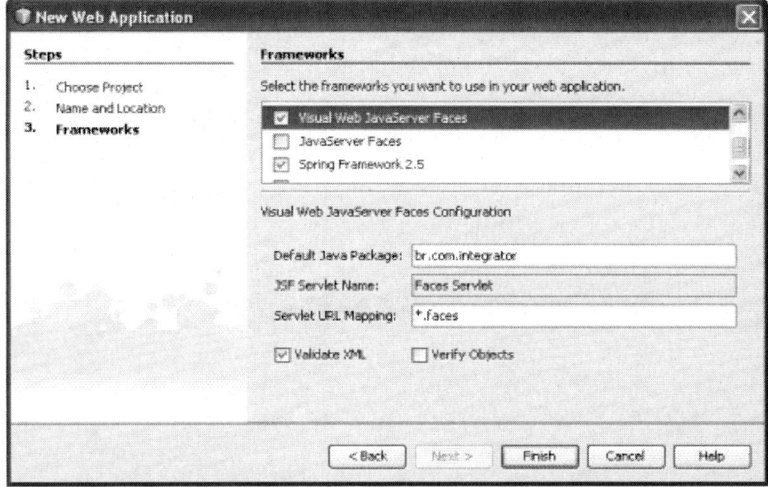

FIGURA 10.4 – SELEÇÃO DOS FRAMEWORKS QUE SERÃO USADOS NO PROJETO

O plugin **Spring Framework 2.5** possui a característica, como outros plugins do NetBeans, de adicionar um pequeno exemplo ao projeto. No caso, ele está adicionando um exemplo para trabalho com o **Spring MVC**, ao qual faz parte de um de seus módulos.

Os arquivos que foram selecionados na **Figura 10.5** a seguir são os que serão ignorados e, portanto, poderão ser removidos.

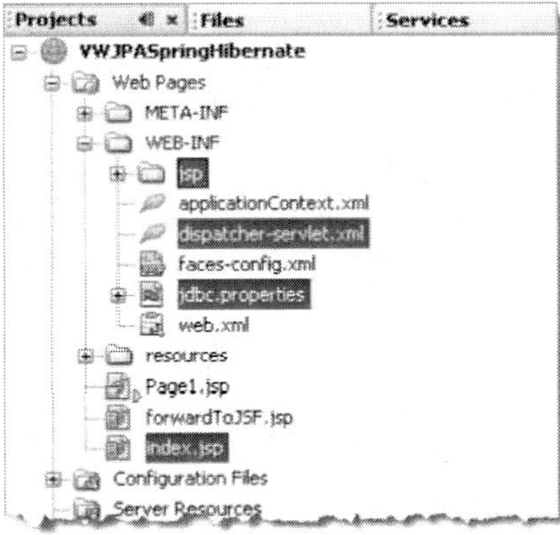

FIGURA 10.5 – ARQUIVOS ADICIONADOS PELO PLUGIN SPRING FRAMEWORK 2.5 QUE NÃO SÃO NECESSÁRIOS

Criando a entidade Autor

Usando o assistente do NetBeans, clique com o direito do mouse sobre o projeto e selecione no menu **New** o item **Entity Classes from Database**.

O NetBeans pedirá, na criação do **Data Source**, um nome JNDI para selecionar a conexão. Embora esse nome seja dado, ele será alterado mais adiante, portanto, não se preocupe com o nome transmitido, apenas o preencha. Selecione a tabela autores e avance.

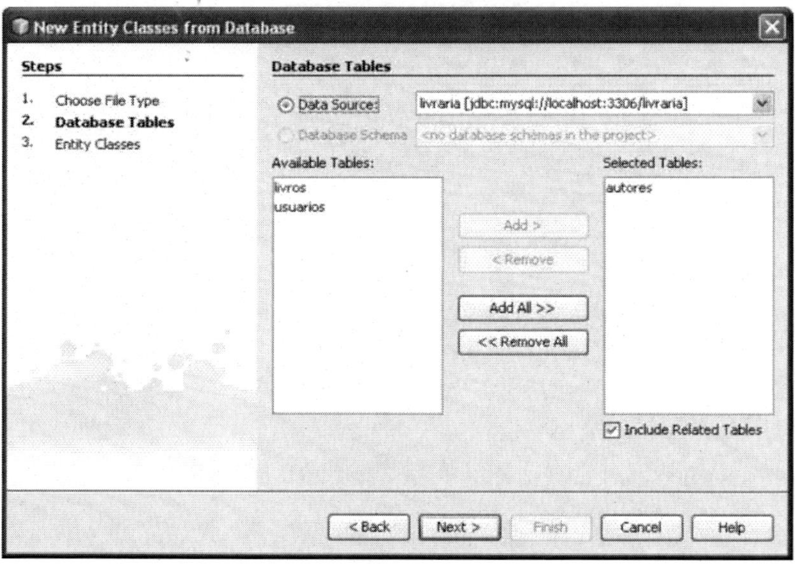

Figura 10.6 – Seleção da tabela que será usada para a geração da entidade

Na última etapa, altere em **Class Name** para **Autor** e modifique o nome do seu pacote. Na criação do arquivo de persistência (Create Persistence Unit), digite o nome de **livraria**, em **Persistence Unit Name**. Perceba que o **Hibernate** já está selecionado em **Persistence Provider**. Se não estiver, selecione-o. Confirme e finalize o assistente.

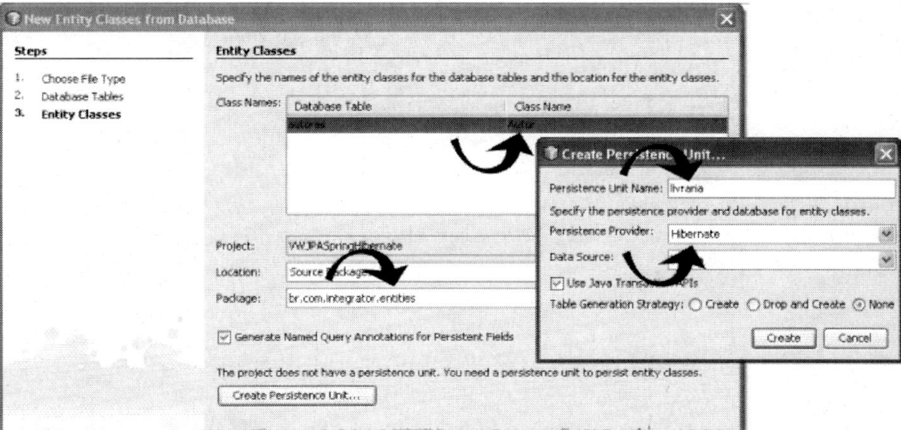

FIGURA 10.7 – FINALIZAÇÃO DA CONFIGURAÇÃO PARA A CRIAÇÃO DA ENTIDADE E ARQUIVO DE PERSISTÊNCIA

ALTERANDO O BEAN AUTOR

O bean Autor necessitará com que o campo **id** seja identificado como auto-incremento, para que o Hibernate não o obrigue a preenchê-lo quando usado pelo Visual Web JSF.

Altere o arquivo Autor.java como mostrado na **Listagem 10.1** a seguir, adicionando a anotação **@GeneratedValue** com o atributo **strategy** contendo o valor **GenerationType.IDENTITY**.

LISTAGEM 10.1 – ALTERAÇÃO NA CLASSE AUTOR

```
...
public class Autor implements Serializable {
    private static final long serialVersionUID = 1L;
    @Id
    @GeneratedValue(strategy = GenerationType.IDENTITY)
    @Column(name = "id", nullable = false)
    private Integer id;
...
```

Fixe as importações, salve e feche.

CRIANDO O DAO GENÉRICO

Embora o DAO seja um padrão que tem a finalidade de isolar o acesso a dados, a partir do Java 5, este padrão pôde ser mais simplificado. Sabendo que os DAOs repetem determinados métodos, o desenvolvedor pode isolá-los e reutilizá-los. Isso cria um "DAO Genérico", que possibilita ser usado "genericamente" por diversos outros DAOs que o estendem, evitando a repetição de código.

Para o exemplo, crie um arquivo **Java Interface** e o chame de **BaseDao**. Altere-o como a **Listagem 10.2** a seguir:

LISTAGEM 10.2 – ALTERAÇÕES NA INTERFACE BASEDAO

```
...
public interface BaseDao<T, ID> {

        public abstract T save(T entity);

        public abstract T getById(ID id);

        public abstract void delete(T entity);

        public abstract void update(T entity);

        public abstract List<T> getAll(String query);

}
```

Graças ao poder dado por Generics, foram adicionados caracteres coringas ao lado do nome da interface. Temos uma interface chamada BaseDao com o tipo parametrizado T e ID, que representam a classe e o tipo do campo a ser transmitido. Ao estender esta interface, é transmitido as informações de acordo com o DAO concreto, por exemplo:

```
... AutorDao extends BaseDao<Autor, Long>
```

Esta interface terá uma classe que a implementa, que poderia ser abstrata se fosse necessário, mas que não virá ao caso.

Crie uma classe Java chamada de **BaseDaoImp** e altere-a conforme a **Listagem 10.3** a seguir:

Listagem 10.3 – Alterações na classe BaseDaoImp

```
...
@Transactional(readOnly = true,
    propagation = Propagation.REQUIRED)
public class BaseDaoImp<T, ID> implements BaseDao<T, ID> {

  private EntityManager entityManager;
  private Class<T> persistentClass;
  private Logger log;

  public BaseDaoImp() {
    log = Logger.getLogger(this.getClass());
    this.persistentClass = (Class<T>)
       ( (ParameterizedType) getClass().getGenericSuperclass() ).
       getActualTypeArguments()[0];
  }

  private Class<T> getPersistentClass() {
    return persistentClass;
  }
```

```
@PersistenceContext
public void setEntityManager(EntityManager entityManager) {
    this.entityManager = entityManager;
}

protected EntityManager getEntityManager() {
    return entityManager;
}

@Transactional(readOnly = false,
        propagation = Propagation.REQUIRED)
public T save(T entity) {
    getEntityManager().persist(entity);
    return (T) entity;
}

@Transactional(readOnly = false,
        propagation = Propagation.REQUIRED)
public T getById(ID id) {
    T entity = (T) getEntityManager().
            find(getPersistentClass(), id);
    return entity;
}

@Transactional(readOnly = false,
        propagation = Propagation.REQUIRED)
public void delete(T entity) {
    if (!getEntityManager().contains(entity)) {
        entity = getEntityManager().merge(entity);
    }
    getEntityManager().remove(entity);
}
```

```
    public void update(T entity) {
        getEntityManager().merge(entity);
    }

    public List<T> getAll(String query) {
        return getEntityManager().
                createQuery(query).getResultList();
    }
}
```

O suporte do Spring

A **Listagem 10.3** apresenta a classe **BaseDaoImp** que implementa a interface **BaseDao**. Esta classe possui já as anotações referentes ao Spring Framework. A anotação **@Transactional** dá a classe automaticamente o poder de transação. A anotação de transação possui parâmetros que determinam seu comportamento.

Com o atributo **readOnly** (somente leitura), se uma transação cumpre somente operações de leitura dos dados armazenados, a base de dados pode querer aplicar certas otimizações que tiram proveito da natureza somente leitura da transação. Declarando uma transação como somente leitura, você dá aos dados armazenados a oportunidade de poder aplicar estas otimizações como for necessário.

Por otimizações somente de leitura serem aplicadas em base de dados quando uma transação inicia, só faz sentido declarar uma transação **readOnly=true** em métodos com comportamentos de propagação que podem começar uma nova transação. Observe que alguns métodos não possuem o atributo **readOnly** como **true**.

Para uma aplicação executar bem, suas transações não podem permanecer por muito tempo. Então, em uma transação, declaramos seu intervalo.

Suponha que sua transação possua uma longa duração. Esta transação pode amarrar recursos do banco de dados desnecessariamente, causando problemas em outras partes da aplicação e até possíveis gargalos. Em vez de esperar por isto, você pode declarar uma transação para sair automaticamente depois de um certo tempo.

Como o tempo de um intervalo inicia a contagem quando uma transação começa, faz sentido declarar um intervalo de transação em métodos com comportamentos de propagação que podem começar uma nova, utilizando *PROPAGATION_REQUIRED, PROPAGATION_NESTED* e *PROPAGATION_ REQUIRES_NEW.*

Com a anotação **@PersistenceContext,** o Spring injeta um EntityManager no serviço quando for instanciado. Esta anotação pode ser colocada no atributo ou método setter.

Graças a esta injeção, você possui um comportamento similar aos oferecidos por EJB, incluindo transações, podendo usar em um container Servlet que é muito mais rápido.

Estendendo o DAO para trabalhar com o bean Autor

Como temos um DAO que já possui os métodos "base" necessários para implementá-los em outras classes, basta você estender para o DAO específico que deseja criar. Crie uma interface e a chame de **AutorDao**. A **Listagem 10.4** exibe o conteúdo da interface **AutorDao**.

Listagem 10.4 – Alterações na interface AutorDao

```
...
public interface AutorDao extends BaseDao<Autor, Long>{

}
```

Seguindo a mesma linha do DAO genérico, crie uma classe que implementará **AutorDao** e estenderá **BaseDaoImp**, chamada de **AutorDaoImp**. A **Listagem 10.5** exibe como ficará sua classe:

Listagem 10.5 – Alterações na classe AutorDaoImp

```
...
public class AutorDaoImp
 extends BaseDaoImp<Autor, Long>
 implements AutorDao {

}
```

A simplicidade para estender a outros DAOs

Perceba em ambos os casos, fora necessário somente a extensão a classe **BaseDaoImp** e a interface **BaseDao**, transmitindo por seus parametrizadores os valores necessários para que este trabalhasse com o bean Autor. O mesmo processo pode ser feito a outros DAOs, simplificando seu desenvolvimento.

Configurando o Spring através de applicationContext.xml

Na criação do projeto, o arquivo **applicationContext.xml** fora adicionado e pode ser acessado em **Configuration Files** da janela **Project**, em seu projeto.

Abra este arquivo e adicione as linhas mostradas a seguir, na **Listagem 10.6**:

Listagem 10.6 – Alterações no arquivo applicationContext.xml

```
...
<!-- Classe responsável pela gestão das entidades -->
<bean id="entityManagerFactory"
class="org.springframework.orm.jpa.LocalContainerEntityManagerFactoryBe-
an">
      <property name="persistenceUnitName" value="livraria" />
</bean>
```

```
<!-- Classe responsável pela injeção do EntityManager nas classes
que usam a anotação @PersistenceContext -->
<bean class="org.springframework.orm.jpa.support.PersistenceAnnotationBean-
PostProcessor" />

<!-- Classe responsável pela gestão das transações -->
<bean id="transactionManager"
  class="org.springframework.orm.jpa.JpaTransactionManager">
    <property name="entityManagerFactory" ref="entityManagerFactory" />
</bean>

<!-- Marcação de transações através de anotações -->
<tx:annotation-driven />

<bean id="autorDao"
  class="br.com.integrator.dao.AutorDaoImp">
</bean>
...
```

O XML criado na **Listagem 10.6** é o arquivo de configuração do Spring, que por padrão, possui um elemento principal chamado de <beans/>. Os elementos por entre ele, o <bean/>, é usado para dizer ao container Spring sobre as classes que serão usadas e como deverão ser configuradas. A complexidade de um arquivo XML vai depender da quantidade de beans que serão configurados. Por padrão, os beans são configurados como singletons. Quando existe o atributo **id**, significa que será usado como propriedade de outros, ou outro, beans.

Dentro de alguns beans, existe o elemento <property/>. As propriedades nos beans são fixas usando implementações de PropertyEditor para converter a representação da configuração da propriedade no valor em runtime. Tipicamente, as propriedades levam referências a outros beans, primitivos, Strings e etc. Qualquer tipo pode ser fornecido como um parâmetro a uma propriedade de um bean.

O atributo **ref** faz referência a uma definição de um bean existente.

O elemento <**tx:annotation-driven** /> faz com que o Spring examine todos os beans no contexto da aplicação e procure os que estão anotados com @Transaction ao nível de classe ou de método. Com a anotação **@Transactional**, o elemento <**tx:annotation-driven** /> é automaticamente advertido com o aviso de transação.

> **NOTA:** O livro não tem pretensão de explicar a API do Spring Framework para trabalho com JPA, que pode ser lido na documentação, encontrada no site oficial citado anteriormente.

CONFIGURANDO O SPRING NO DEPLOYMENT DESCRIPTOR

O Spring já possui configuração no arquivo web.xml, embora seja necessário adicionar o filtro para que o ORM que vai trabalhar com JPA tenha sua sessão gerenciada.

Abra o deployment descriptor (web.xml) e, em **Filters**, clique no botão **Add Filter Element**. No campo **Filter Name**, de **Add Servlet Filter**, digite **openEntityManager**. No campo **Filter Class** digite **org.springframework.orm.jpa.support.OpenEntityManagerInViewFilter**. Confirme no botão **OK** e salve o arquivo.

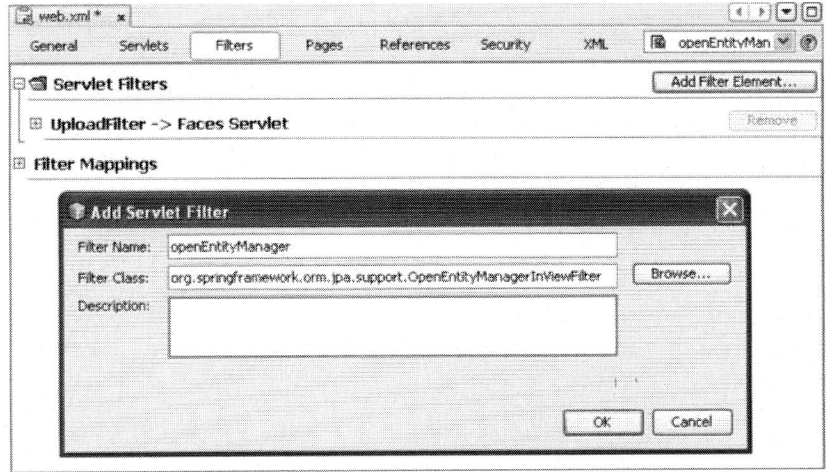

FIGURA 10.8 – ADICIONANDO O FILTRO OPENENTITYMANAGERINVIEWFILTER DO SPRING

O NetBeans adicionará no deployment descriptor o elemento <filter/> configurado:

```
<filter>
   <filter-name>openEntityManager</filter-name>
   <filter-class>
      org.springframework.orm.jpa.support.OpenEntityManagerInViewFilter
   </filter-class>
</filter>
```

CRIANDO A CLASSE QUE CONTROLARÁ O CRUD

Crie uma classe chamada de **AutorController** e coloque-a em um pacote separado do atual. Altere-a como mostrado na **Listagem 10.7** a seguir.

LISTAGEM 10.7 – ALTERAÇÕES NA CLASSE AUTORCONTROLLER

```
...
private BaseDao<Autor, Long> autorDao;

public BaseDao<Autor, Long> getAutorDao() {
   return autorDao;
}

public void setAutorDao(BaseDao<Autor, Long> autorDao) {
   this.autorDao = autorDao;
}

public void atualizar(Autor autor) {
   autorDao.update(autor);
}

public void salvar(Autor autor) {
```

```
    autorDao.save(autor);
}

public void excluir(Autor autor) {
    autorDao.delete(autor);
}

public List todos() {
    return autorDao.getAll("SELECT a FROM Autor a");
}
...
```

Através do atributo **autorDao**, do tipo **BaseDao**, você injeta pelo Spring o acesso ao seu DAO e possibilita criar o CRUD que será usado por sua aplicação do Visual Web JSF.

Configurando o Spring para trabalhar com JSF

Para que o Spring possa trabalhar com JavaServer Faces, é necessário adicionar o elemento <application/> e seu sub-elemento <variable-resolver/>, no arquivo **faces-config.xml**, para chamar a classe **DelegatingVariableResolver** do framework. A **Listagem 10.8** mostra os elementos que deverão ser adicionados.

Listagem 10.8 – Alterações no arquivo faces-config.xml

```
...
<application>
    <variable-resolver>
        org.springframework.web.jsf.DelegatingVariableResolver
    </variable-resolver>
</application>

<managed-bean>
```

```
    <managed-bean-name>AutorController</managed-bean-name>
    <managed-bean-class>
      br.com.integrator.controller.AutorController
    </managed-bean-class>
    <managed-bean-scope>session</managed-bean-scope>
    <managed-property>
      <property-name>autorDao</property-name>
      <value>#{autorDao}</value>
    </managed-property>
</managed-bean>
...
```

Como muitos frameworks MVC, o JavaServer Faces não usa o objeto de controller separado para processar submissão de formulários. JSF passa o controle para um método em um model bean. Internamente, JavaServer Faces usa uma variável resolver para localizar beans que são gerenciados dentro da aplicação. O padrão da variável resolver, de JSF, é olhar sobre variáveis declaradas dentro do arquivo de configuração JSF (faces-config.xml).

Em uma aplicação JSF convencional, você configura o **AutorController** no faces-config.xml como foi mostrado na **Listagem 10.8**. A injeção de dependência é empregada através da propriedade **autorDao**.

Quando JSF precisar solucionar uma variável, DelegatingVariableResolver olhará primeiro para a variável *resolver* original. Se um bean administrado por JSF não for resolvido, DelegatingVariableResolver irá ao contexto da aplicação Spring (applicationContext.xml) para ver se encontra o bean cujo parte do nome da variável JSF.

Então, temos em faces-config.xml as seguintes linhas:

```
<managed-property>
    <property-name>autorDao</property-name>
    <value>#{autorDao}</value>
</managed-property>
```

Que podem ser lidos no arquivo **applicationContext.xml** de forma transparente através das seguintes linhas:

```
<bean id="autorDao"
    class="br.com.integrator.dao.AutorDaoImp">
</bean>
```

Resumindo, após plugar o Spring ao JavaServer Faces, através de *DelegatingVariableResolver*, as variáveis que não forem encontradas na configuração JSF, são delegadas ao Spring de forma transparente para que ele as resolva.

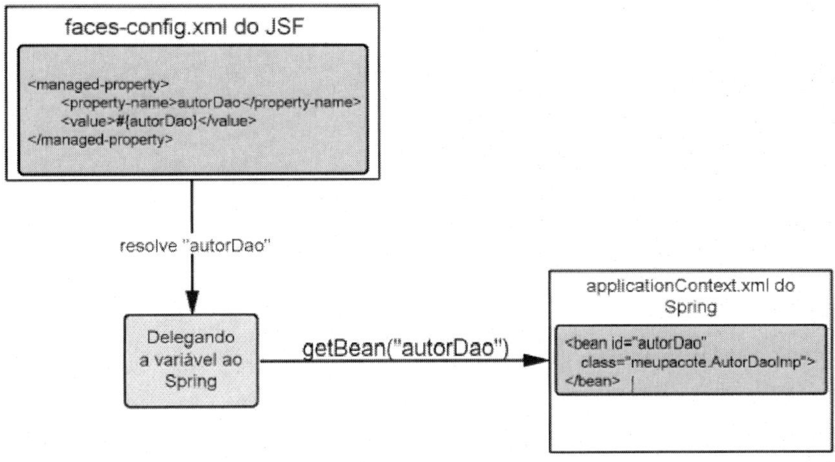

Figura 10.9 – As variáveis não encontradas na configuração JSF são resolvidas por Spring

Para solucionar variáveis de beans administrados pelo Spring, é preciso ter certeza que o contexto da aplicação Spring está carregado. Isso é feito configurando um *ContextLoaderListener* no arquivo *web.xml* da aplicação. O plugin instalado no NetBeans adiciona automaticamente este conteúdo na criação de um projeto que use o Spring Framework e pode ser encontrado nas seguintes linhas, dentro do web.xml:

```
<listener>
   <listener-class>
      org.springframework.web.context.ContextLoaderListener
   </listener-class>
</listener>
```

CONFIGURANDO O ARQUIVO PERSISTENCE.XML

Altere o arquivo persistence.xml como mostrado na **Listagem 10.9**, a seguir, para trabalhar corretamente com o Hibernate no Tomcat.

LISTAGEM 10.9 – ALTERAÇÕES NO ARQUIVO PERSISTENCE.XML

```
...
<persistence-unit name="livraria">
...
<properties>
   <property name="hibernate.archive.autodetection"
         value="class, hbm" />
   <property name="hibernate.show_sql" value="true" />
   <property name="hibernate.format_sql" value="true" />
   <property name="hibernate.dialect"
         value="org.hibernate.dialect.MySQLInnoDBDialect"/>
   <property name="hibernate.connection.driver_class"
         value="com.mysql.jdbc.Driver" />
   <property name="hibernate.connection.url"
         value="jdbc:mysql://localhost/livraria" />
   <property name="hibernate.connection.username"
         value="edson" />
   <property name="hibernate.connection.password"
         value="integrator" />
</properties>
...
```

Antes de qualquer explicação, observe que no elemento <**persistence-unit**/> não existe o atributo **transaction-type** com o valor **JTA**. Se houver, retire.

As configurações aqui estão divididas em elementos <**property**/>, onde cada um contém um atributo chamado **name**, indicando o que faz. A seguir é mostrado cada valor do atributo **name** da configuração do Hibernate:

- **HIBERNATE.SHOW_SQL:** exibe a instrução SQL gerada no console.

- **HIBERNATE.FORMAT_SQL:** formata a saída SQL no log e console.

- **HIBERNATE.CONNECTION.DRIVER_CLASS:** nome da classe do driver JDBC do banco de dados que está sendo utilizado. No caso a configuração está utilizando o driver do MySQL.

- **HIBERNATE.CONNECTION.URL:** a URL de conexão específica do banco de dados que está sendo utilizado. No caso é o banco de dados **livraria**, o utilizado por todo o livro.

- **HIBERNATE.CONNECTION.USERNAME:** o nome de usuário com o qual o Hibernate deve se conectar ao banco de dados. No caso, pela configuração é **edson**.

- **HIBERNATE.CONNECTION.PASSWORD:** a senha do usuário com o qual o Hibernate deve se conectar ao banco de dados. No caso, a senha configurada é **integrator**.

- **HIBERNATE.DIALECT:** o dialeto no qual o Hibernate deverá utilizar para se comunicar com o banco de dados. É uma implementação do dialeto SQL específico do banco de dados a ser utilizado, onde há uma identificação para as particularidades do banco de dados em questão. Note que no caso foi utilizado o dialeto para o MySQL, em específico para o tipo InnoDB. Cada banco de dados tem um dialeto próprio para usar no Hibernate.

Além do mais, nem todos os bancos de dados são suportados pelo Hibernate, embora os mais populares sejam. A seguir você tem uma listagem dos dialetos possíveis de serem usados, caso você esteja fazendo os exemplos desse livro com outro banco de dados:

DB2 - org.hibernate.dialect.DB2Dialect

HypersonicSQL - org.hibernate.dialect.HSQLDialect

Informix - org.hibernate.dialect.InformixDialect

Ingres - org.hibernate.dialect.IngresDialect

Interbase - org.hibernate.dialect.InterbaseDialect

Pointbase - org.hibernate.dialect.PointbaseDialect

PostgreSQL - org.hibernate.dialect.PostgreSQLDialect

Mckoi SQL - org.hibernate.dialect.MckoiDialect

Microsoft SQL Server - org.hibernate.dialect.SQLServerDialect

MySQL - org.hibernate.dialect.MySQLDialect e MySQLInnoDBDialect

Oracle (any version) - org.hibernate.dialect.OracleDialect

Oracle 9 - org.hibernate.dialect.Oracle9Dialect

Progress - org.hibernate.dialect.ProgressDialect

FrontBase - org.hibernate.dialect.FrontbaseDialect

SAP DB - org.hibernate.dialect.SAPDBDialect

Sybase - org.hibernate.dialect.SybaseDialect

Sybase Anywhere - org.hibernate.dialect.SybaseAnywhereDialect

O Log4j

O Log4j é um projeto open source desenvolvido pelo Projeto Jakarta da Apache e consiste em um framework de logging de mensagens para indicar o comportamento de uma determinada aplicação.

Crie um arquivo do tipo properties chamado de **log4j** (botão direito do mouse sobre Source Packages>New>Other>Other>Properties File). Altere-o como mostrado na **Figura 10.10** a seguir:

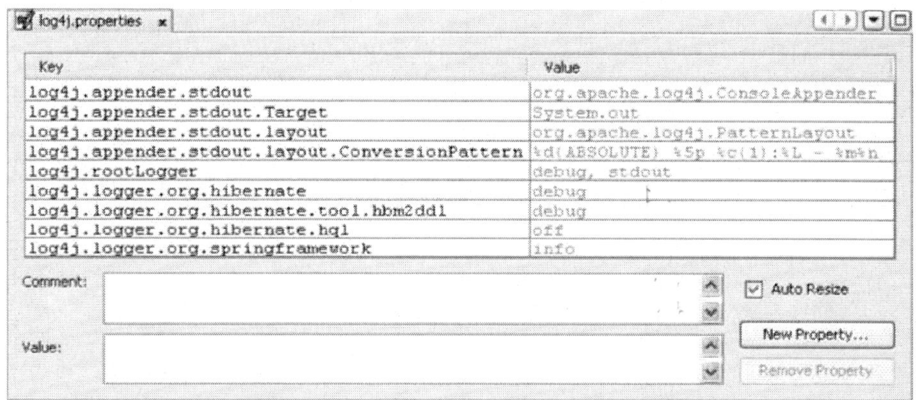

Figura 10.10 – Log4J configurado pelo NetBeans IDE

Níveis de logging

Os níveis de logging, definidos em **log4j.rootLogger**, estão em ordem decrescente na hierarquia: **ALL**, **DEBUG**, **INFO**, **WARN**, **ERROR**, **FATAL**, e **OFF**.

Em um nível muito baixo, você pode ter perda de performance. Em um nível muito alto, você pode perder informações cruciais. Vale lembrá-lo que isso deve ser sempre analisado para que não haja problemas para uma possível depuração.

Layouts

O layout é o formato de como será exibida a mensagem de log em Log4J. O layout é definido em **log4j.appender.destino.layout** do seu arquivo **log4j.properties**. Através de **log4j.appender**. **destino.layout.ConversionPattern** você personaliza a saída.

O PatternLayout

Formata a saída do log baseado em um padrão de conversão. O PatternLayout retorna uma String que pode ser modificada pela conversão de padrões (**log4j. appender. destino.layout.ConversionPattern**). A **Tabela 10.1** a seguir demonstra as principais possibilidades que você pode usar em **PatternLayout**.

Tabela 10.1 - Principais caracteres de conversão

Caractere	Descrição
c	Exibe o nome da classe. No Tomcat, isto exibe o componente que fez a entrada no log.
d	Exibe a data do evento no log, que pode ser seguida por um formato de data incluído entre chaves. Por exemplo, %d{HH:mm:ss} ou %d{dd/MM/yyyy HH:mm:ss}.
F	O nome do arquivo onde o pedido de logging foi emitido.
l	Mostra o método que chamou o evento de log. A informação de localização depende da implementação do JVM, mas normalmente consiste no nome completamente qualificado do método chamado, seguido pelo nome do arquivo e número de linha entre parênteses. Por exemplo: org.apache.jk.server.JkMain.start(JkMain.java:355).
L	O número da linha onde o evento de log foi requisitado.
m	Exibe a mensagem associada ao evento de logging.
M	O nome do método em que o evento de log foi requisitado.
p	O nível do evento de log.
r	O número de milissegundos passados desde o início da aplicação até a criação do evento de logging.
t	Usado para exibir o nome da thread que gerou o evento de logging.
n	Quebra de linha.
%%	A seqüência produz um único sinal de porcentagem.

Usando a saída no Console

A saída é feita no console utilizando o padrão:

log4j.appender.destino=org.apache.log4j.ConsoleAppender

ALTERANDO A CLASSE SESSIONBEAN1

Como já foi mostrado, a classe SessionBean1 possui configurações que transportam informações das páginas criadas pelo Visual Web JSF em sessão. Como estamos usando JPA e não acesso direto ao banco de dados, os dados devem ser convertidos em Array para que possam ser acessíveis pelos componentes, principalmente pelo Table.

Outro detalhe está no acesso a classe **AutorController**, que será chamado pelo método **getBean()**, de **com.sun.rave.web.ui.appbase.FacesBean**. Este método retorna qualquer atributo armazenado em um escopo de sessão sob o nome especificado. Desta forma, será possível manipular os métodos existentes em **AutorController**.

LISTAGEM 10.10 – ALTERAÇÕES NA CLASSE SESSIONBEAN1

```
...
protected AutorController getAutorController(){
    return (AutorController) getBean("AutorController");
}

private Autor[] autores;

public Autor[] getAutores() {
    return autores;
}

public void setAutores(Autor[] autores) {
    this.autores = autores;
}

public void todosAutores() {
    autores = (Autor[]) getAutorController().
          todos().toArray(new Autor[0]);
}
```

```
private Integer id = null;

public Integer getId() {
   return id;
}

public void setId(Integer id) {
   this.id = id;
}
...
```

O método void **todosAutores()** será usado para ter início assim que a aplicação é carregada para popular o componente Table da página.

Mas para isso acontecer, será preciso adicionar a chamada a este método em **init()** da classe **SessionBean1**. Adicione a chamada a **todosAutores()**, dentro de **init()**, na classe **SessionBean1**, como mostra a **Listagem 10.11**.

LISTAGEM 10.11 – ALTERAÇÃO NO MÉTODO INIT() DA CLASSE SESSIONBEAN1

```
...
public void init() {
   // Perform initializations inherited from our superclass
   super.init();
...

   todosAutores ();

}
...
```

CONFIGURANDO O COMPONENTE TABLE NA PÁGINA

Antes de definir o componente Table que foi adicionado a página, seguindo o layout proposto na **Figura 10.1**, faça o build do projeto, em **Build** clicando em **Build Main Project** (F11).

Depois, vá a página Page1.jsp, no Design, clique com o direito do mouse sobre o componente Table adicionado e selecione o item **Table Layout**. Na caixa de diálogo **Table Layout**, selecione em **Get Data From** o item **autores** (**SessionBean1**). Configure todas as colunas, como já feito em outro capítulo e adicione duas novas. Crie os links **Editar** e **Excluir**.

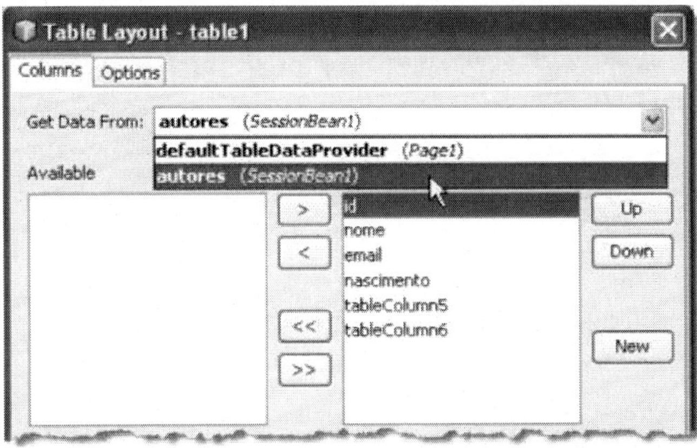

FIGURA 10.11 – DESTAQUE NA SELEÇÃO DO ARRAY AUTORES DA CLASSE SESSIONBEAN1 NO TABLE LAYOUT

Após aplicar as alterações, selecione a data da coluna Nascimento para adicionar um **Converter**.

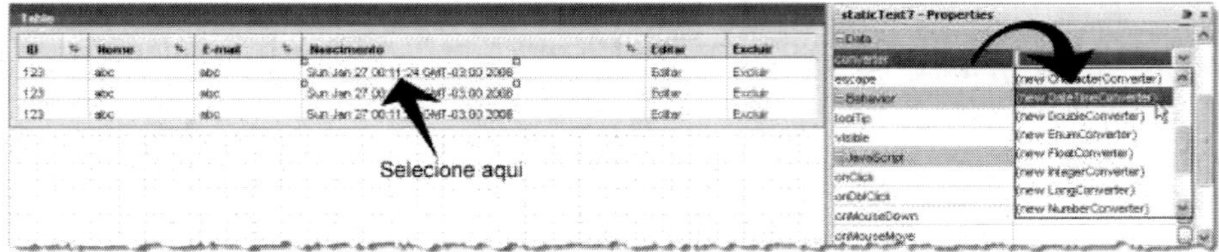

FIGURA 10.12 – SELEÇÃO DO CONVERTER DATETIMECONVERTER PARA A COLUNA NASCIMENTO

Depois, selecione o converter na janela Navigator e altere em suas propriedades o **timeZone** para **America/Sao_Paulo** (ou o que representa o seu fuso).

Em seguida, selecione o Text Field que representa o campo Nascimento, no formulário acima da tabela, no Design e nas propriedades selecione o converter criado (**dateTimeConverter1**).

ADICIONANDO OS MÉTODOS A PAGE1.JAVA

Na sua página, clique em Java e adicione a chamada a AutorController, como fora feito anteriormente em SessionBean1.

LISTAGEM 10.12 – ADIÇÃO DO MÉTODO GETAUTORCONTROLLER() EM PAGE1.JAVA

```
...
protected AutorController getAutorController(){
   return (AutorController) getBean("AutorController");
}
...
```

O LINK EDITAR

Retorne ao Design da página e dê um duplo clique no link **Editar** do componente Table adicionado em sua página. Altere como mostrado na **Listagem 10.13** a seguir:

Listagem 10.13 – Alterações no link Editar do componente Table

```
...
  RowKey rowKey = getTableRowGroup1().getRowKey();
  getSessionBean1().setId(Integer.parseInt(rowKey.getRowId()));

  return null;
...
```

Seguindo a mesma característica vista em outro capítulo, será pego o RowKey de tableRowGroup1 (o nome do grupo do componente Table inserido na página) e, através de **getRowId()**, haverá uma conversão para inteiro do id que será pesquisado na tabela autores para que haja o preenchimento dos campos Text Fields do formulário.

O link Excluir

Faça o mesmo processo para o link **Excluir** do componente Table da página construída. Adicione o código mostrado na **Listagem 10.14** a seguir:

Listagem 10.14 – Alterações no link Excluir do componente Table

```
...
try {
   //captura a linha atual do link de exclusão clicado
   RowKey rowKey = getTableRowGroup1().getRowKey();

   if (rowKey != null) {
     Autor[] autores = getSessionBean1().getAutores();
     Integer id = Integer.parseInt(rowKey.getRowId());

   //seleciona somente o autor que será removido
```

```
        Autor autor = autores[id];

      //chama o controller para excluir o autor selecionado
        getAutorController().excluir(autor);

      //limpa o ID de SessionBean1 caso esteja com valor
        getSessionBean1().setId(null);

      }

      //limpa os campos existentes
      //caso esteja preenchidos
      tfNome.setText(null);
      tfEmail.setText(null);
      tfNasc.setText(null);

      //informa ao usuário a exclusão
      info("Autor excluído!");

} catch (Exception ex) {
      error("Erro encontrado: " + ex);
}
//retorna nulo por não mudar de página
return null;
...
```

O BOTÃO SALVAR

No botão Salvar, que deverá ser feito o mesmo processo dos links anteriores, adicione o código mostrado na **Listagem 10.15** a seguir:

LISTAGEM 10.15 – ALTERAÇÕES NO BOTÃO SALVAR

```
...
id = getSessionBean1().getId();
//se houver algo em edição
if (id != null) {

    RowKey rowKey = getTableRowGroup1().getRowKey();
    Autor[] autores = getSessionBean1().getAutores();
    //seleciona somente o autor que será editado
    Autor autor = autores[id];

    //altera seus valores no bean Autor
    autor.setNome(tfNome.getText().toString());
    autor.setEmail(tfEmail.getText().toString());
    autor.setNascimento((java.util.Date) tfNasc.getText());

    //chama a atualização de AutorController
    getAutorController().atualizar(autor);

    //limpa o ID de SessionBean1 caso esteja com valor
    getSessionBean1().setId(null);

} else { //caso seja um novo registro
    //cria um novo Autor
    Autor autor = new Autor();

    //atribui a este autor os valores definidos
```

```
    //nos campos do formulário da página
    autor.setNome(tfNome.getText().toString());
    autor.setEmail(tfEmail.getText().toString());
    autor.setNascimento((java.util.Date) tfNasc.getText());

    //salva pelo método de AutorController
    getAutorController().salvar(autor);

}

//limpa os campos existentes
tfNome.setText(null);
tfEmail.setText(null);
tfNasc.setText(null);

return null;
...
```

No código do botão Salvar, foi adicionada uma variável que não é local e ainda não foi declarada. Clique no assistente de código e selecione no menu flutuante o item **Create Field id in br.com.integrator.Page1**.

```
463
464   cannot find symbol
465   symbol : variable id
466   location: class br.com.integrator.Page1   ...r_action() {
          id = getSessionBean1().getId();
468   Create Field id in br.com.integrator.Page1
      Create Parameter id
470   Create Local Variable id
471           RowKey rowKey = getTableRowGroup1().getRowKey();
472           Autor[] autores = getSessionBean1().getAutores();
473           //seleciona somente o autor que será editado
              Autor autor = autores[id];
```

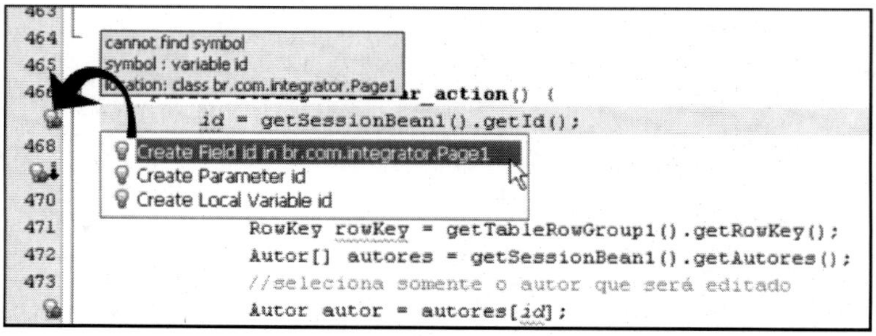

Figura 10.13 – Criando um novo atributo

Altere a declaração feita atribuindo o id da classe SessionBean1, como mostrado a seguir:

```
private Integer id = getSessionBean1().getId();
```

O método prerender()

Para finalizar, o método **prerender()** necessitará saber se há ou não uma atualização. Se houver, ele vai preencher os Text Fields do formulário com os dados da linha que foi selecionada.

A **Listagem 10.16** mostra o código necessário para o método **prerender()**.

Listagem 10.16 – Alterações no método prerender()

```
...
//capta o id armazenado em SessionBean1
id = getSessionBean1().getId();
//se não for nulo, é porque está em edição
if (id != null) {
   //capta os autores
   Autor[] autores = getSessionBean1().getAutores();
   //filtra somente o selecionado para edição
   Autor autor = autores[id];

   //preenche os campos do formulário
   tfNome.setText(autor.getNome());
   tfEmail.setText(autor.getEmail());
   tfNasc.setText(autor.getNascimento());

}
//atualiza todos os autores
//para o componente Table
getSessionBean1().todosAutores();
...
```

CONSIDERAÇÕES FINAIS ANTES DE EXECUTAR O PROJETO

Antes de executar o projeto, verifique se todas as bibliotecas estão corretamente adicionadas, na janela **Projects**, em **Libraries**. Adicione a biblioteca JDBC do MySQL ou do banco de dados que está usando.

ERROS NA EXECUÇÃO DO PROJETO

Os erros podem ser facilmente identificados, graças ao poderoso Log4j, que são exibidos na janela **Output**. Caso haja erros nos DAO, você pode criar um teste unitário ou utilizar as classes de teste que o Spring Framework disponibiliza e que podem ser vistos em exemplos no site do projeto.

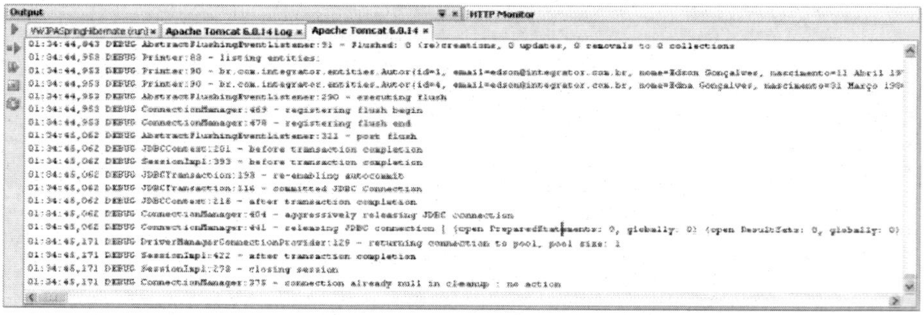

FIGURA 10.14 – SAÍDA GERADA PELO LOG4J CONFIGURADO NO PROJETO

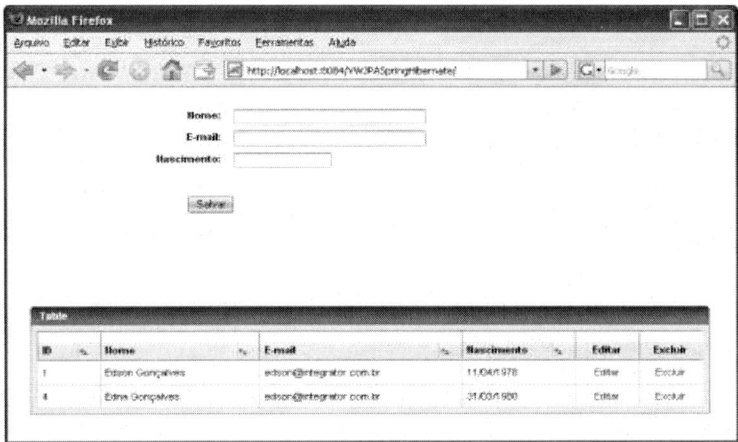

FIGURA 10.15 – EXIBIÇÃO DO PROJETO EM EXECUÇÃO NO NAVEGADOR

ATENÇÃO: No Capítulo Extra 6, encontrado no CD-ROM anexo ao livro, há um projeto completo, como estudo de caso, usando o Spring Framework e Hibernate com JPA, o mesmo criado ao longo dos Capítulos 7, 8 e Extra 5, mas com as técnicas para utilizar o poder destes frameworks em seus componentes.

PARTE 3

Desenvolvimento com linguagens dinâmicas e AJAX

Capítulo 11
Rails 2 com NetBeans IDE

O NetBeans IDE vem se firmando cada vez mais como uma plataforma de desenvolvimento, possibilitando o uso não somente da linguagem Java e sua gama de frameworks, como também com outras linguagens e seus respectivos frameworks.

Uma das linguagens que foram incorporadas a IDE na versão 6.0 é o Ruby, que também possui um popular framework, chamado de Rails.

Para desenvolvimento com Ruby on Rails, o NetBeans tem se tornado uma das mais indicadas ferramentas do mercado.

Neste capítulo, o leitor será introduzido no trabalho com Ruby on Rails na versão 2.0.2, usando o NetBeans IDE, ao qual será apresentado:

- O que é Ruby on Rails e o que este framework muda no desenvolvimento de aplicações;
- Como criar um projeto e configurar o Ruby e Rails;
- A compreensão da estrutura do framework Rails;
- O ActiveRecord e o que este facilita no trabalho com banco de dados;
- A utilizar o Scaffold;
- A trabalhar com relacionamentos;
- A conhecer o console Rails através do NetBeans IDE;

O que é Ruby?

O Ruby é uma linguagem de scripts, open source, de programação interpretada, com tipagem dinâmica e forte, orientada a objetos com muitas semelhanças do Perl, SmallTalk e Python. A linguagem foi criada pelo japonês Yukihiro Matsumoto, conhecido na comunidade como "Matz", em 1993 e liberada ao público em 1995. Embora conhecida no Japão, ficou conhecida no ocidente após a publicação de um livro em inglês, em 2002, da Pragmatic Programmer chamado de Learning Ruby. Sua popularidade ocorreu mesmo somente após a introdução do framework Rails.

O que é Ruby on Rails?

Ruby on Rails, ou simplesmente RoR, consiste em um framework escrito pelo dinamarquês **David Heinemeier Hansson**, utilizando completamente a linguagem Ruby.

Sua principal característica consiste no desenvolvimento ágil e elegante de sistemas web, utilizando o chamado "convenção sobre configuração" (Convention over Configuration).

O RoR possui componentes desenhados para trabalhar em conjunto de forma transparente, trazendo menos repetição de código, o chamado DRY – Don't repeat Yourself. Sua arquitetura é baseada no paradigma MVC, onde a aplicação é divida em camadas, como ocorre com alguns frameworks Java.

Onde baixar o Ruby

O NetBeans IDE 6.0 possui já uma versão do JRuby (Ruby que roda sobre JVM) interno que é compatível, no momento que escrevo este livro, com Ruby na versão 1.8.5 (escrito em C).

Mas você pode baixar a versão escrita em C mais atual, independente do NetBeans, no endereço:

http://www.ruby-lang.org

Nos downloads você possui desde acesso a código fonte, como até no uso de sistemas operacionais específicos, como o Windows, Linux e Mac OS X.

NO SISTEMA OPERACIONAL LINUX

No Linux, caso seja através do código fonte, você precisa compilar. Digamos que a última versão seja **1.8.6**. Basta utilizar os comandos mostrados a seguir para fazer a compilação, através do usuário root ou administrativo:

DESCOMPACTANDO O RUBY EM UM DIRETÓRIO:

shell# cp ruby-1.8.6.tar.gz /usr/local/src/

shell# cd /usr/local/src

shell# tar -xzf ruby-1.8.6.tar.gz

shell# cd ruby-1.8.6

COMPILANDO O RUBY:

shell# ./configure

shell# make

shell# make install

Algumas distribuições Linux baseadas em Debian, como o excelente Ubuntu, assim como o próprio, podem obter o Ruby através de seu repositório:

shell# apt-get install ruby irb rdoc

NO SISTEMA OPERACIONAL WINDOWS

Prefira o uso do assistente de instalação, que o instala e configura sem problemas no sistema operacional.

VISUALIZANDO A VERSÃO DO RUBY NO TERMINAL

Após a instalação, abra o terminal ou prompt de comando e digite a seqüência a seguir, ***sem espaço entre os hífens***:

ruby - -version

CONFIGURANDO O RUBY NO NETBEANS IDE 6.0

Como já foi dito anteriormente, no NetBeans IDE 6.0, já existe embebido em seu pacote de instalação o JRuby, que é compatível com o Ruby compilado em C.

Para utilizar o Ruby instalado, caso queira, vá ao menu **Tools** e clique em **Options**.

Na caixa de diálogo **Options**, clique em **Ruby**. Na guia **Platform**, em **Ruby Interpreter**, clique no botão **Browse** e selecione o interpretador que será usado em suas aplicações Ruby on Rails. Se for o **Ruby**, selecione o executável a ser usado.

DESENVOLVENDO COM RUBY ON RAILS

O exemplo que será apresentado envolverá o uso de banco de dados ensinando a criar um CRUD completo.

> **NOTA:** O uso imediato de banco de dados acontecerá em parte devido a extrema facilidade em lidar com Rails, principalmente para um programador Java, que já possui experiência com as complicações que a linguagem costuma trazer.

CRIANDO O PROJETO

Comece por criar um novo projeto na IDE. Selecione **Ruby on Rails Application** da categoria **Ruby** e clique no botão **Next**.

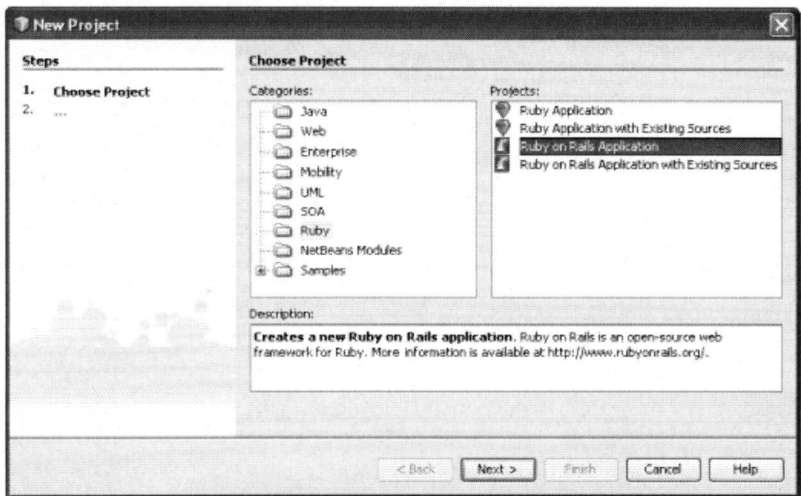

FIGURA 11.1 – CRIANDO UM PROJETO RUBY ON RAILS

A segunda etapa é para definição do nome do projeto. Para o livro o projeto fora chamado de **LivrariaRails**. O banco de dados será o mysql, claro. Se estiver usando o JRuby, há também a opção de ter acesso ao banco de dados via JDBC e adicionar o **Rake**[4] para criar arquivos WAR. Como este exemplo visa trabalhar diretamente com o Ruby na versão C, estas características serão ignoradas. Clique no botão **Next** para prosseguir.

[4] Rake: Comando que realiza tarefas descritas em um arquivo chamado **Rakefile**

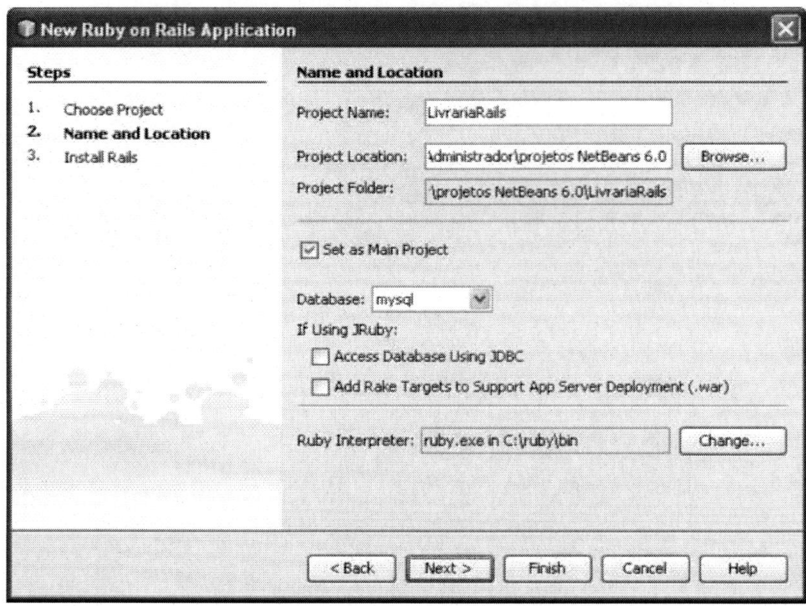

FIGURA 11.2 – ESCOLHA DO NOME DO PROJETO

NOTA: Na criação do projeto há também a possibilidade de mudar o interpretador Ruby. Clique em Change e depois de um alerta, a caixa de diálogo Options será aberta para modificação.

Na terceira etapa, dê um **Update** em **Rails**, caso esteja usando uma versão antiga. A caixa de diálogo **Gem(s) Update** surgirá, neste caso, para fazer a atualização. Se tudo estiver correto, clique no botão **Finish** para confirmar.

Observe que há uma saída na janela **Output**, mostrando o trabalho executado por Rails para gerar a árvore de seus componentes.

ATENÇÃO: É provável que seja necessário fazer a atualização o RubyGems. Entre no terminal ou prompt de comando e digite:

gem update --system

O RAILS PARA O BANCO DE DADOS

Embora no decorrer do livro já haja um banco de dados, para o trabalho com Rails será feito um banco de dados diferente.

O nome do banco neste caso será **livraria** e após o "underline", haverá o nome padrão que será utilizado, que neste caso será **development**.

Para melhor entendimento, o Rails assume três ambientes de execução para o banco de dados: **development**, **test** e **production**. O primeiro, que é o padrão, é usado para o desenvolvimento da aplicação Web. O segundo é usado para executar **unit tests** na aplicação. O último é usado para colocar a aplicação em produção. Cada um deles possui algumas diferenças que facilitam o trabalho do Rails nestes contextos.

Embora seja uma boa prática criar os três bancos de dados, será utilizado apenas o de desenvolvimento.

> **ATENÇÃO:** Ao usar o Rails na versão 2.0.2, pelo terminal, o banco de dados é definido na criação do projeto. Por exemplo, ao usar o MySQL, pois o atual banco de dados padrão é o SqlLite, se usa o comando:
>
> **rails** *nome_do_projeto* **-d mysql**

Portanto, no terminal do MySQL, digite a seqüência para criar o novo banco de dados mostrada a seguir:

mysql> **create database livraria_development;**

mysql> **grant all on livraria_development.* to edson;**

mysql> **flush privileges;**

CONFIGURANDO O BANCO DE DADOS

Após a criação do projeto, o NetBeans abre por padrão o arquivo **database.yml**. Neste arquivo há três configurações diferentes para os três tipos de banco de dados que sua aplicação pode vir a ter. Em todas elas, mantenha o mesmo banco de dados de desenvolvimento, alterando em **database** e as mesmas configurações tidas em **development**. Ao final, seu arquivo **database.yml** será similar ao mostrado na **Listagem 11.1** a seguir:

LISTAGEM 11.1 – ALTERAÇÕES DO ARQUIVO DATABASE.YML

```
development:
  adapter: mysql
  encoding: utf8
  database: livraria_development
  username: edson
  password:integrator
...
```

Se estiver no Linux, por exemplo, e rodar o MySQL em socket, deverá configurar com a opção **socket**, como na **Listagem 11.2**:

LISTAGEM 11.2 – ALTERAÇÕES DO ARQUIVO DATABASE.YML

```
development:
  adapter: mysql
  encoding: utf8
  database: livraria_development
  username: edson
  password:integrator
  socket: /var/run/mysqld/mysqld.sock
...
```

Usando Scaffold

Em um bom inglês, scaffold tem mais de um significado. Um deles, scaffold (andaime) pode ser uma estrutura temporária que apóia os construtores enquanto eles trabalham. Mas em Rails, a palavra scaffold é um local para uma página Web temporária. A página fornece uma simples conectividade ao banco de dados, dando ao desenvolvedor o poder de manipulá-lo. Em palavras mais simples, ele fornece uma estrutura básica para operações que temos na manipulação de dados como: inserir, atualizar, selecionar e excluir, o famoso CRUD.

Clique com o direito do mouse sobre o projeto e selecione no menu de contexto o item **Generate**.

Figura 11.3 – Acionando a caixa de diálogo Rails Generator

Na caixa de diálogo **Rails Generator**, selecione no campo **Generate** o item **scaffold**. Em **Model Name** digite o comando mostrado a seguir:

Livro titulo:string edicao:integer publicacao:integer descricao:text imagem:string

Veja na **Figura 11.4** como será a configuração da caixa de diálogo:

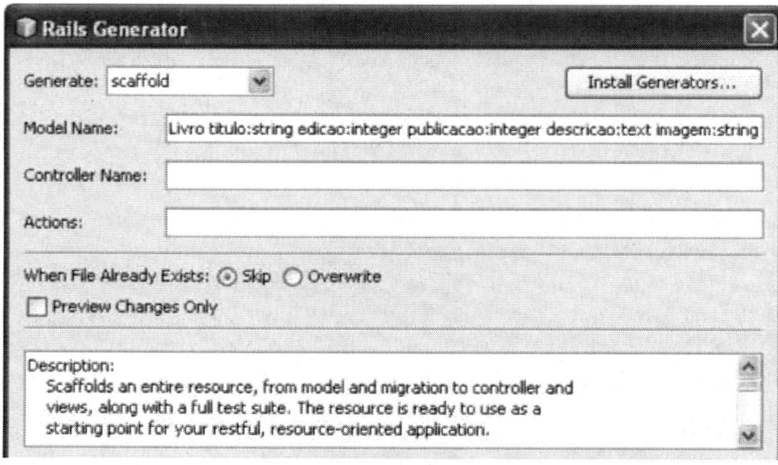

FIGURA 11.4 – EXECUTANDO SCAFFOLD

Observe novamente a saída na janela **Output**.

GERANDO A TABELA PRODUTOS DO BANCO DE DADOS

Ao gerar o Scaffold, fora adicionado como argumentos adicionais os campos necessários para a criação da tabela **livros**.

Observe na parte inferior da janela **Output** uma saída com diversas criações, onde muitas delas possuem um "link". Este "link" pode ser clicado para abrir o arquivo gerado. O arquivo que será aberto se chama **001_create_livros.rb**, que se encontra em **Database Migrations** > **migrate**, na janela **Projects**.

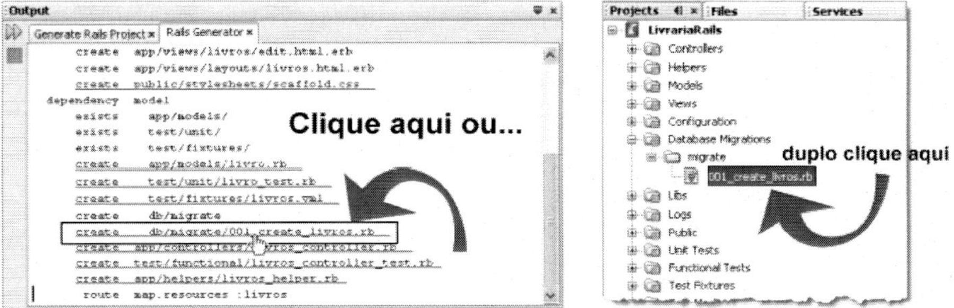

Figura 11.5 – Chamando o arquivo 001_create_livros.rb

O arquivo Migrations cria uma tabela chamada de **livros** em seu banco de dados, "migrando" para ele os campos propostos. Ele é baseado no plugin **Sexy Migrations** e possui uma estrutura similar ao mostrado na **Figura 11.6** a seguir:

```
001_create_livros.rb

class CreateLivros < ActiveRecord::Migration
  def self.up
    create_table :livros do |t|
      t.string :titulo
      t.integer :edicao
      t.integer :publicacao
      t.text :descricao
      t.string :imagem

      t.timestamps
    end
  end

  def self.down
    drop_table :livros
  end
end
```

Figura 11.6 – Criando a tabela livros

O Rails criou uma classe derivada da classe **ActiveRecord::Migration** com dois métodos: **up** e **down**. Estes métodos possuem **self** em seu prefixo, o que define, em Ruby, que os mesmos podem ser chamados diretamente na classe (os conhecidos métodos estáticos de Java). Enquanto que **self.up** é utilizado para gerar modificações no banco de dados, o seu oposto, chamado de **self.down** é usado para desfazer estas modificações.

Altere o arquivo **001_create_livros.rb** como mostrado na **Listagem 11.3** a seguir:

LISTAGEM 11.3 – ALTERAÇÕES NO ARQUIVO 001_CREATE_LIVROS.RB

```
...
 def self.up
  create_table :livros do |t|
   t.string :titulo, :limit => 50, :null =>false
   t.integer :edicao
   t.integer :publicacao
   t.text :descricao
   t.string :imagem, :limit => 100


   t.timestamps
  end
 end
...
```

Com o direito do mouse sobre o projeto, selecione o item **Migrate Database** e clique em **To Current Version**. Ao fazer esta operação, o NetBeans executa o comando **rake db:migrate**, que aplica as *migrações* não efetuadas no banco de dados configurado. Isso indica que as alterações na tabela não precisam ser feitas diretamente no banco de dados.

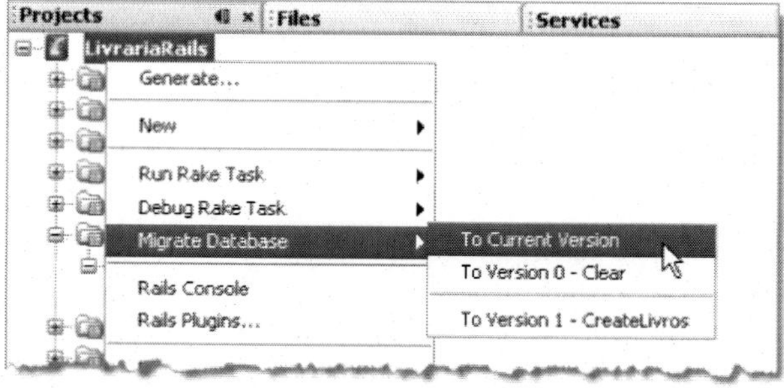

FIGURA 11.7 – EXECUTANDO O COMANDO RAKE DB:MIGRATE PELO NETBEANS

Na janela **Output** haverá a saída da execução do comando. Observando atentamente, há uma informação **create_table**(:livros). Este comando criou uma tabela chamada de **livros** em seu banco de dados configurado.

O método **create_table**, de **self.up**, serve para especificar a tabela que será criada, por isso os :**livros**. Estes "dois pontos" antes da palavra **livros** é um símbolo em **Ruby**, que possui similaridade as strings, mas diferenciados por serem internalizados e com uma instância única, o que o torna mais eficiente. Este método recebe um bloco como parâmetro, através da palavra-chave **do**, especificando as colunas que serão adicionadas a tabela.

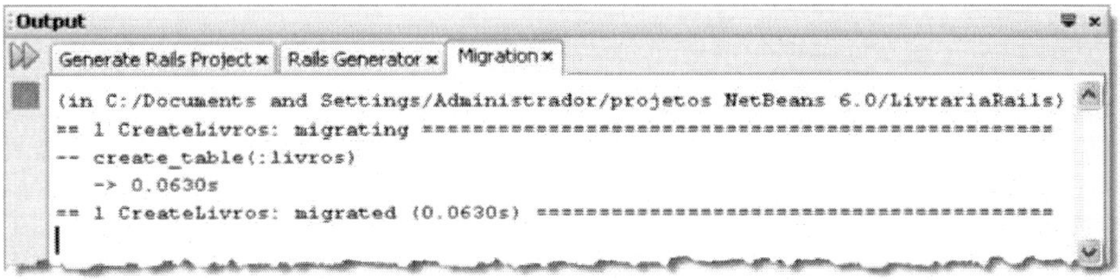

Output

Generate Rails Project × | Rails Generator × | Migration ×

```
(in C:/Documents and Settings/Administrador/projetos NetBeans 6.0/LivrariaRails)
== 1 CreateLivros: migrating =============================================
-- create_table(:livros)
   -> 0.0630s
== 1 CreateLivros: migrated (0.0630s) ====================================
```

Figura 11.8 – Resultado da saída Migration

Em sua execução, o Rails gerou o comando de criação de tabelas do MySQL, similar ao mostrado na **Listagem 11.4**.

Listagem 11.4 – Comando MySQL gerado pelo Rails

```
CREATE TABLE livros (
  id int(11) NOT NULL auto_increment,
  titulo varchar(50) NOT NULL,
  edicao int(11) default NULL,
  publicacao int(11) default NULL,
  descricao text,
  imagem varchar(100) default NULL,
  created_at datetime default NULL,
  updated_at datetime default NULL,
  PRIMARY KEY  (id)
) ENGINE=InnoDB;
```

Observando a estrutura da tabela criada no MySQL, percebe-se que ele gerou um campo com chave primária e de auto-incremento. No campo **titulo**, devido a sua alteração, fora criado o tipo **varchar**, que equivale a string com o tamanho de 50 caracteres, determinado por :**limit=>50**. Para que não haja valores nulos, fora utilizado :**null=>false**, o que significa que, por padrão, todos os campos gerados são nulos.

Rails também criou mais uma tabela, chamada de **schema_info**. Esta tabela descreve informações de versão de migração ao Rails.

Pela janela **Projects**, do NetBeans, é encontrado o arquivo **schema.rb**. Este arquivo contém a representação da tabela em Ruby, que pode ser usada para recriar a estrutura em qualquer banco de dados suportado por Rails.

> **Atenção:** Uma das fantásticas características do Rails é a possibilidade de fazer tudo pelo terminal de comando, devido a sua imensa facilidade. O uso de uma IDE, como o NetBeans, seria mais para simplificar o trabalho com assistentes de auto-completar do que para produzir código, o que difere da linguagem Java, em termos de produtividade.

Executando o projeto

Execute o projeto clicando em **Run Project**. O NetBeans abrirá uma aba chamada **WEBrick for LivrariaRails on 3000**, na janela **Output**. O WEBrick é um pequeno servidor que acompanha o Ruby e que possibilita executar suas páginas em desenvolvimento.

Uma nova janela (ou aba) no navegador será aberta, contendo a página padrão do Rails.

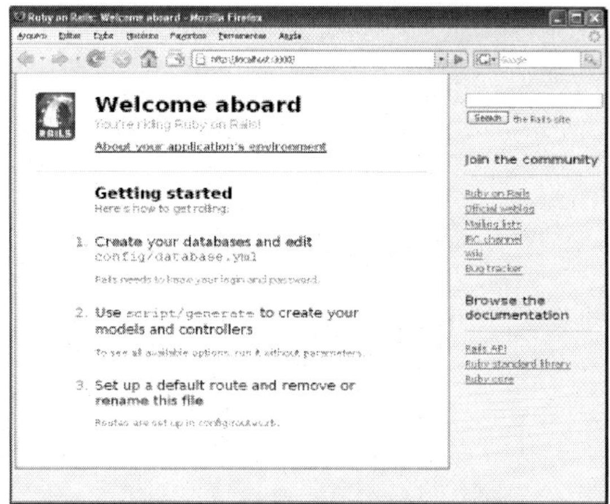

Figura 11.9 – Página Welcome padrão do Rails

Observe que o servidor roda na porta 3000. Para acessar a parte da aplicação gerada, digite o endereço seguinte em seu navegador:

http://localhost:3000/livros

Rails criou o CRUD, sendo que na primeira página você possui uma tabela listando os dados existentes na tabela **livros**.

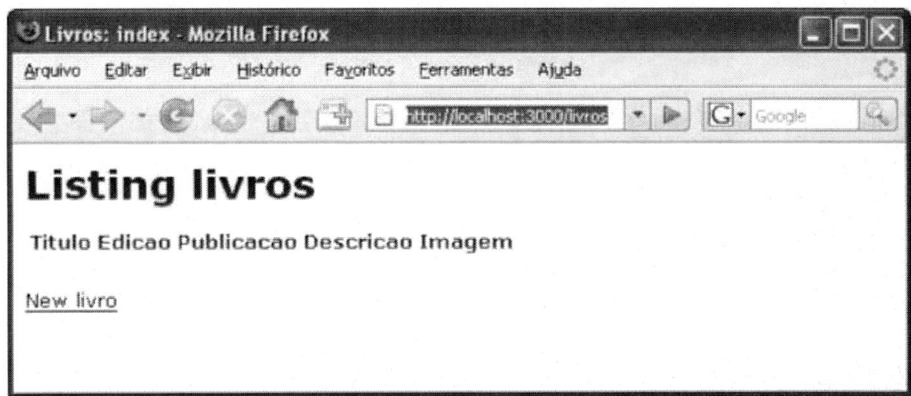

Figura 11.10 – Listagem inicial da tabela livros

Ao clicar no link **New livro**, observe que temos uma página contendo um formulário para cadastro dos livros.

Faça um cadastro e veja como ele se comporta. Observe que há a possibilidade de editar e excluir o cadastro, através dos links **Edit** e **Destroy** respectivamente.

Compreendendo a estrutura Rails

Como o Rails utiliza o design pattern MVC, significa que existem classes que correspondem a estas três camadas. A camada Modelo (Model) é implementada pelo **Active Record**, como já visto. As camadas de Apresentação (View) e Controle (Controller) são implementadas por Action Pack. **Action Pack** implementa as ações com métodos públicos no Action Controller e usa Action Views para implementar a renderização do template. O MVC do Rails possui independência em suas partes, o que significa que qualquer modelo de dados pode ser utilizado independentemente. Embora independentes, a camada de apresentação não tem sentido com utilização separada.

A estrutura do Rails possui diretórios separados para cada camada, o que facilita a sua localização, como pode ser visto na **Figura 11.11** através da janela **Projects** do NetBeans.

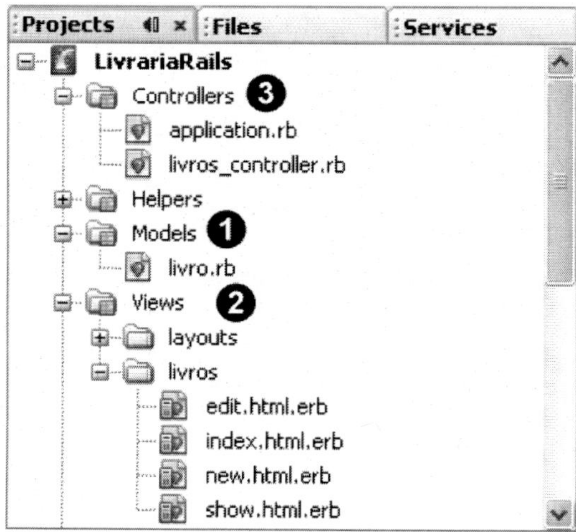

Figura 11.11 – Model (1), View (2), Controller(3)

A CAMADA MODELO

De todas as camadas, a mais simples é a Modelo. A camada modelo possui um diretório **Models** onde se concentra os arquivos que a representam. Seguindo a convenção de mapeamento de objeto-relacional (ORM), enquanto que o modelo está no singular, sua tabela que ele representa está no plural.

Se abrir o arquivo **livro.rb**, em **Models**, segundo a **Figura 11.11 – (1)**, observará que sua estrutura é simples. Livro herda de **ActiveRecord::Base**.

O ActiveRecord possui a capacidade de criar métodos dinâmicos para várias situações. Por exemplo, se você chamar um método **Livro.find_by_titulo()**, este lhe trará o valor transmitido como parâmetro, se o encontrar. Este método não existia, foi criado a partir de seu atributo.

VALIDANDO DADOS ATRAVÉS DA CAMADA MODELO

Validar dados é vital para uma aplicação Web. Sem frameworks, esta tarefa é chata e repetitiva. Felizmente, Rails facilita a validação de dados com validadores padrão e com a possibilidade de criar outros personalizados de forma simples.

MÉTODOS DE VALIDAÇÃO EXISTENTES

O Rails usa a camada Modelo para validar entrada de dados. Abra o arquivo **livro.rb**, dentro de Models, em seu projeto.

Altere como mostrado na **Listagem 11.5** a seguir:

LISTAGEM 11.5 – ALTERAÇÕES NA CAMADA MODELO

```
class Livro < ActiveRecord::Base
  validates_presence_of :titulo, :edicao, :publicacao
  validates_numericality_of :edicao, :publicação
  validates_uniqueness_of :titulo
end
```

O método **validates_presence_of** é um validador do Rails que verifica se um campo está vazio. Já **validates_numericality_of** valida entrada numérica nos campos. Com **validates_uniqueness_of** o Rails valida o campo para garantir a entrada de um nome único. Muito comum para usuários de um sistema, neste caso fora utilizado para validar o título de cada livro cadastrado.

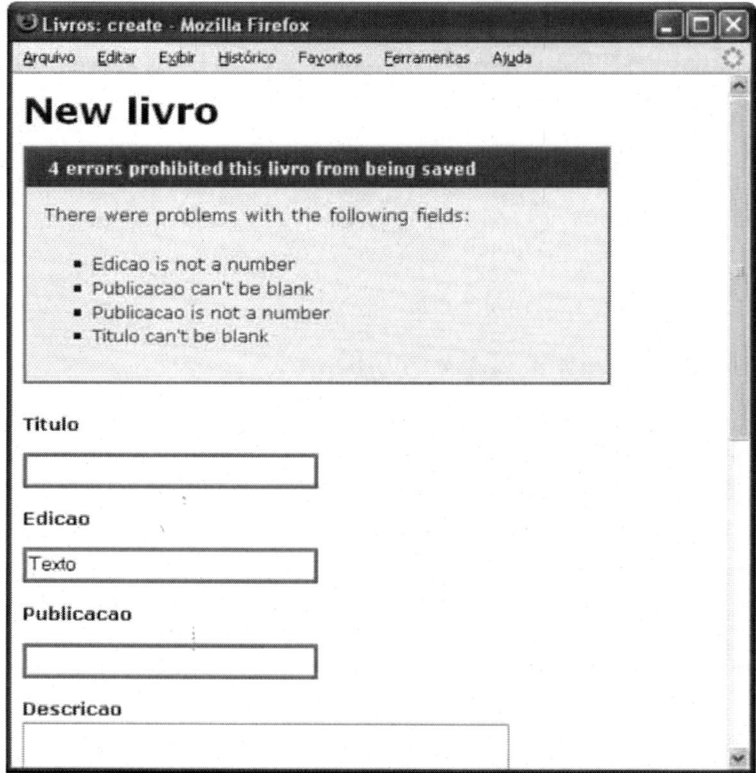

Figura 11.12 – Validações em ação

O método **error_messages_for** recebe todas as mensagens de erro geradas na validação e cria o HTML para exibi-las, usando uma folha de estilo. O padrão para o estilo usado neste caso é o **scaffold.css**, encontrado no diretório **Public** > **stylesheets** de seu projeto.

Se acrescentar :**message**, em suas validações, a mensagem de erro pode ser personalizada:

```
validates_numericality_of :edicao, :publicacao,
  :message => "digite somente números"
```

PERSONALIZANDO A VALIDAÇÃO

O Rails permite também criar validações personalizadas de acordo com sua necessidade. Claro que neste caso, o conhecimento de Ruby se faz necessário. Observe na **Listagem 11.6** a inclusão de um método protegido chamado **validate**.

LISTAGEM 11.6 – ADIÇÃO DE VALIDAÇÃO PERSONALIZADA

```
class Livro < ActiveRecord::Base

...

  protected
  def validate
    errors.add(:edicao, "deve ter valor acima de zero") unless
      edicao.nil? || edicao>0
  end
end
```

Este método valida a entrada do campo edição para que este não possua um valor zero ou abaixo. O mesmo poderia ser feito para o campo publicação.

A CAMADA CONTROLE

A camada controle possui, como as demais, um diretório chamado **Controller**, segundo a **Figura 11.11 – (3)**. Neste diretório há um arquivo padrão, chamado de application.rb e o controller criado para a tabela, que no caso é **livros**.

O Rails utiliza um mecanismo para rotear as requisições automaticamente, sem configurações complexas, podendo ser customizado.

VISUALIZANDO O CONTROLE CRIADO

Abrindo o arquivo **livros_controller.rb** é possível visualizar o controller criado pelo Scaffold para que as Views possam ser alimentadas e conduzidas conforme a ação do usuário.

Para listar os livros cadastrados, Rails utiliza um método chamado de **index**. Dentro deste método existe um array chamado de **@livros** que possui a seguinte sintaxe:

@livros = Livro.find(:all)

Este array carrega os dados encontrados pelo método **find**, de **Livro**. O parâmetro **:all** define para que a pesquisa retorne **todos** os registros. O método **find** possui vários outros parâmetros que servem para gerar instruções de pesquisa mais complexas como: ordenar o resultado, limitar a quantidade de dados retornados e etc. Embora complexo, poderá haver a necessidade do uso de SQL, o que neste caso poderá haver sua inserção através do método **find_by_sql**, que permite a execução direta no banco de dados com integração com o Rails.

Para responder ao pedido do usuário, há o método **respond_to**. Este método permite que uma aplicação reaja de acordo com o tipo de resposta pedido.

Listagem 11.7 – O método respond_to

```
...
respond_to do |format|
    format.html # index.html.erb
    format.xml { render :xml => @livros }
end
...
```

No caso mostrado pela **Listagem 11.7**, se o tipo de resposta pedido é um HTML, o retorno é deixado da forma como se encontra, o que no caso é a View **index.html.erb**. Do contrário, se um XML é pedido, há uma renderização através do array **@livros**.

Você pode ver a saída XML através do endereço digitado em seu navegador:

http://localhost:3000/livros.xml

Isso retorna um XML ao invés de uma página HTML. Isso ocorre porque o método **render** gera uma saída na aplicação que depende de seus parâmetros.

Para pesquisar os resultados vindos de um parâmetro **id**, o Rails utiliza em seu método **find** o parâmetro **params[:id]**. Isto é visto claramente nos métodos **view** (que visualiza os dados), **edit** (pesquisa para colocar em edição os dados), **update** (atualiza) e **destroy** (exclui). Rails, na versão atual, utiliza **REST**[5] para fazer operações CRUD. Estes métodos usam verbos HTTP mais específicos como PUT (atualizar) e DELETE (excluir) para efetuar suas ações, ao invés de somente os usuais GET e POST.

Para salvar as informações postadas no banco de dados como um novo registro, o método **create** capta as informações postadas (POST), cria um novo registro por seu método **new**, recebendo como parâmetros os dados postados. As informações postadas são salvas através de **save**, que retorna **true** caso seja bem sucedida.

Assim que salvo, entra em ação a variável **flash[:notice]**, está disponível no layout das páginas.

[5] REST significa Representational State Transfer (Transferência de Estado Representacional) que utiliza a engenharia de software para sistemas de hipermídia distribuídos pela WWW.

Para atualização de dados, através do método **update**, Rails utiliza um método chamado de **update_attributes**. Este método capta em somente um parâmetro, um hash contendo os dados de nomes e valores para serem salvos. Ao chamar **update_attributes**, o Active Record pega os dados que foram transmitidos e chama **save** .

A exclusão de dados é feita pelo método **destroy**, que recebe o **id** da linha que deseja ser removida. Este método permite também exclusões em cascata.

A camada Apresentação

As páginas no Rails para apresentação são representadas por arquivos com extensão **erb**. Os arquivos desta camada se encontram no diretório **Views**, segundo a **Figura 11.11 – (2)**, onde há um diretório chamado **layout**, contendo um arquivo. Este arquivo é o layout base usado por Rails para exibir suas páginas, onde o conteúdo se encontra em páginas dentro do outro diretório, que no caso é **livros**. Se houver uma nova chamada a Scaffold, um novo layout será adicionado para que as demais páginas sigam seu padrão.

Personalizando a camada Apresentação

As páginas geradas para o CRUD, através de Rails, já possuem alguns estilos e características próprias, criadas a partir de um template comum. Entretanto, o layout é simples e possui muitas informações escritas em inglês. O que deverá ser feito é alterá-lo para personalizar sua apresentação.

O layout

As páginas geradas pelo Scaffold possuem um layout padrão em comum. Este layout fica em **Views/layouts**. No caso, como fora feito um Scaffold para uma tabela de **livros**, o layout produzido se chama **livros.html.erb**. Dentro deste layout, há algumas tags específicas do Rails, que renderizam partes do site quando transformados em XHTML.

Como uma semelhança de tags JSP, o Rails utiliza seus marcadores com o uso de <%**= objeto** %> para retornar um determinado conteúdo.

Dentro da tag XHTML <title/>, é encontrado **controller.action_name**, que exibe o nome da ação definida no **controller**. Por isso, na página que lista os livros será visto **index**, em editar **edit** e assim por diante. Veremos mais adiante detalhes sobre a camada Controladora.

Por entre as tags XHTML <head/>, há o método **stylesheet_link_tag**, que recebe o nome de uma folha de estilo como parâmetro, gerando um link para ela. Rails assume um caminho padrão, que no caso é um arquivo servido diretamente da raiz da aplicação, que é o diretório **Public**, dentro de **stylesheets**. A CSS criada pelo Scaffold possui seu nome no arquivo, **scaffold.css**, o que define sua chamada pela tag:

```
<%= stylesheet_link_tag 'scaffold' %>
```

Por sua vez, temos também, na tag XHTML <body/>, o método **yield**, para o Ruby, serve para invocar o bloco associado ao contexto, retornando o conteúdo atual gerado pela ação. Em um layout do Rails, este bloco define a execução da ação, com seu conseqüente retorno de conteúdo.

As páginas

Dentro do diretório **Views**, em **livros**, há todos os arquivos com extensão final **.html.erb** contendo as partes de cada ação do CRUD. Você irá alterá-las mais adiante, ao qual oportunamente poderá modificar os seus respectivos textos para o idioma português.

Adicionando relacionamentos

Com a possibilidade de cadastro de livros concluída, é interessante conhecer como Rails trabalha os relacionamentos. Para mostrar um relacionamento simples, será criada uma tabela chamada **autores**, que se relacionará a tabela de **livros**. Evidentemente trata-se de um exemplo simples para que seja possível explicar o recurso.

O Scaffold para cadastrar autores

Clique com o direito do mouse sobre o projeto e selecione no menu de contexto o item **Generate**.

Na caixa de diálogo **Rails Generator**, selecione no campo **Generate** o item **scaffold**. Em **Model Name** digite o comando mostrado a seguir:

Autor livro:references nome:string

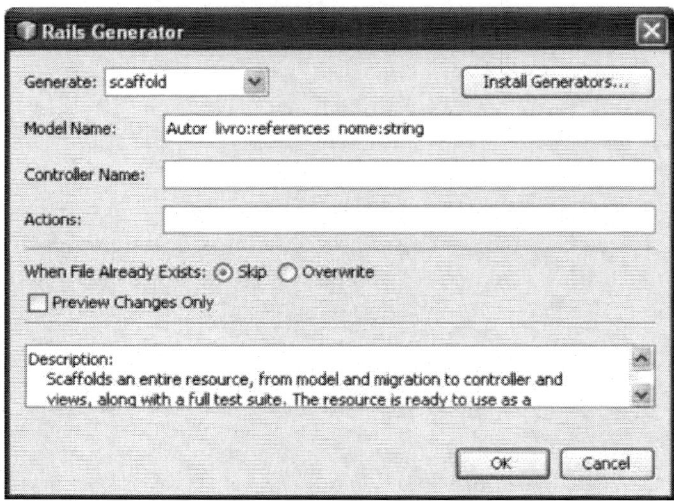

Figura 11.13 – Scaffold de Autor

Após a geração do scaffold, abra o arquivo migrate **002_create_autors.rb** e altere como mostrado na **Listagem 11.8** a seguir:

Listagem 11.8 – Alterações em 002_create_autors.rb

```
...
 def self.up
   create_table :autors do |t|
     t.references :livro
```

```
      t.string :nome, :limit => 50, :null =>false

      t.timestamps
    end
  end
...
```

Clique com o direito sobre o projeto e selecione **To Version 2 – CreateAutors** em **Migrate Database** do menu de contexto.

Rails criará a tabela chamada **autors**. Esta tabela será relacionada a livros.

RELACIONANDO MODELOS

Abra o arquivo **livro.rb**, em **Models**, e adicione a linha mostrada na **Listagem 11.9** e salve.

LISTAGEM 11.9 – RELACIONANDO LIVROS A AUTORS

```
class Livro < ActiveRecord::Base

  has_many :autors

...
end
```

Para relacionar modelos em Rails, usamos a diretiva **has_many**. Esta diretiva define, como seu nome já diz, que um Livro possui muitos autores associados.

Agora, será especificado a ligação na direção oposta, dos autores para os livros. No arquivo **autor.rb**, também em **Models**, altere como mostrado na **Listagem 11.10** e salve.

Listagem 11.10 - Alteração no Model Autor

```
class Autor < ActiveRecord::Base
  belongs_to :livros
end
```

A declaração **belongs_to** diz a Rails que a tabela autores é filha de livros. Isso significa que não deve haver um autor sem que antes haja um livro existente associado.

Sobre o relacionamento usado

O relacionamento usado para este exemplo foi o conhecido "um-para-muitos", que pode ser melhor entendido na **Figura 11.14** mostrada a seguir:

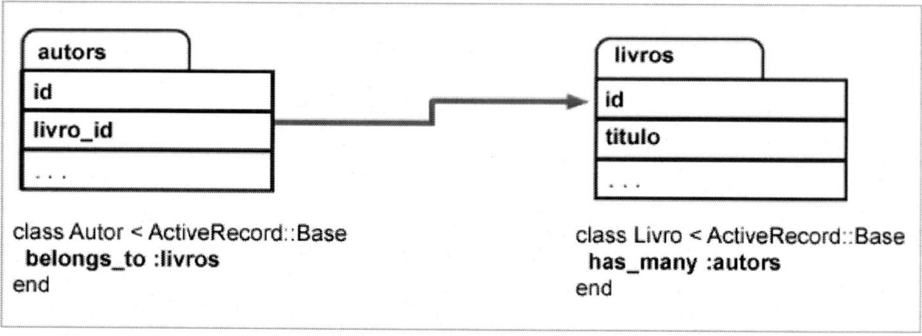

Figura 11.14 – Relacionamento one-to-many do Active Record de Rails[6]

Em Active Record, o objeto parente, o que contém uma coleção de objetos filhos, usa **has_many** para declarar sua relação à tabela filho e por sua vez, a tabela filho usa **belongs_to** para indicar seu pai.

> **Nota:** O relacionamento não está levando em conta uma modelagem mais correta para o caso.

[6] Imagem inspirada no livro Agile Web Development with Rails – second edition – The Pragmatic Bookshelf

Testando no Rails Console

Com o direito do mouse sobre o projeto, selecione o item **Rails Console** (veja **Figura 11.15**).

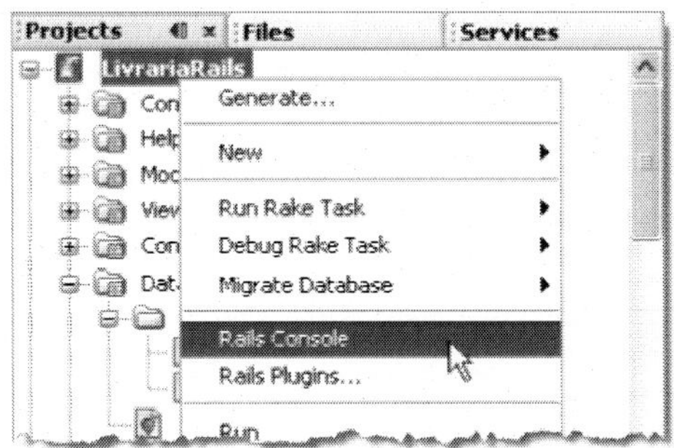

Figura 11.15 – Acessando Rails Console pelo NetBeans

O **Rails Console** possibilita manipular os dados usando os recursos do Active Record. O NetBeans utilizará a janela **Output** para exibir o Rails Console. Neste local, você digita os comandos e pressiona **Enter** para confirmar. Para mostrar o relacionamento em ação, será salvo um autor na tabela **autors**. Portanto, digite no console os comandos mostrados na **Listagem 11.11** a seguir:

Listagem 11.11 – Comandos no Rails Console

```
>> livro = Livro.find(:first)
>> livro.autors.build :nome => "Edson"
>> livro.save
```

A aparência de sua janela será similar a mostrada na **Figura 11.16**.

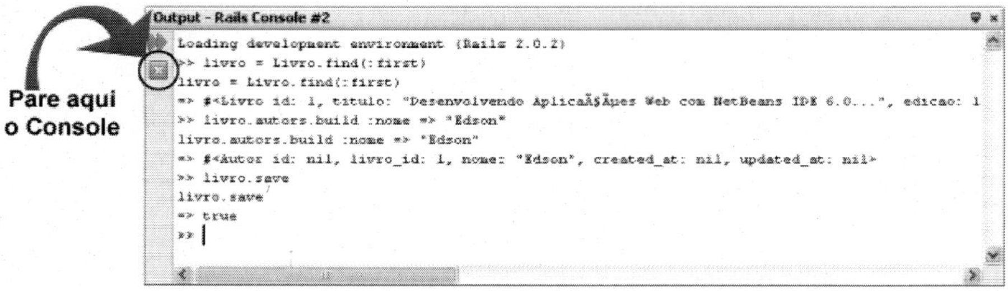

Pare aqui o Console

```
Output - Rails Console #2
Loading development environment (Rails 2.0.2)
>> livro = Livro.find(:first)
livro = Livro.find(:first)
=> #<Livro id: 1, titulo: "Desenvolvendo AplicaÃ§Ãµes Web com NetBeans IDE 6.0...", edicao: 1
>> livro.autors.build :nome => "Edson"
livro.autors.build :nome => "Edson"
=> #<Autor id: nil, livro_id: 1, nome: "Edson", created_at: nil, updated_at: nil>
>> livro.save
livro.save
=> true
>>
```

FIGURA 11.16 – RAILS CONSOLE ATRAVÉS DO NETBEANS IDE 6.0

Se olhar no banco de dados, verá que as informações adicionadas se encontram lá.

ALTERANDO ROUTES

Abra o arquivo **routes.rb**, que se encontra em **Configuration**, e o altere como na **Listagem 11.12**.

LISTAGEM 11.12 – ALTERAÇÕES DO ARQUIVO ROUTES.RB

```
ActionController::Routing::Routes.draw do |map|
  map.root :controller => 'livros'
  map.resources :livros, :has_many => :autors
end
```

Ao alterar o arquivo **routes.rb**, haverá a necessidade de apagar o arquivo **index.html** encontrado no diretório **Public**. Ao fazê-lo, quando rodar a aplicação, esta chamará o controller **livros**, exibindo a lista de livros cadastrados.

O Rails 2.0 introduziu um método chamado de **root**, que se torna a forma para definir a rota vazia para uma aplicação. Definindo uma rota vazia possibilita os usuários de serem direcionados para um determinado local quando entrarem somente com o nome do domínio.

ALTERANDO O CONTROLLER DE AUTORS

No arquivo **autors_controller.rb**, em **Controllers**, altere como mostrado na **Listagem 11.13** a seguir:

LISTAGEM 11.13 – ALTERAÇÕES NO CONTROLLER AUTORS

```
class AutorsController < ApplicationController
  before_filter :procurar_livro
  def procurar_livro
    @livro = Livro.find(params[:livro_id])
  end
  def index
    @autors = @livro.autors.find(:all)
...
  end
  def show
    @autor = @livro.autors.find(params[:id])
...
  end
  def new
    @autor = @livro.autors.build
...
  end
  def edit
    @autor = @livro.autors.find(params[:id])
  end
  def create
    @autor = @livro.autors.build(params[:autor])

    respond_to do |format|
      if @autor.save
        flash[:notice] = 'Autor was successfully created.'
```

```
        format.html { redirect_to([@livro,@autor]) }
...
  end
  def update
    @autor = @livro.autors.find(params[:id])
    respond_to do |format|
      if @autor.update_attributes(params[:autor])
        flash[:notice] = 'Autor was successfully updated.'
        format.html { redirect_to([@livro,@autor]) }
...
  end
  def destroy
    @autor = @livro.autors.find(params[:id])
...
  end

end
```

O controller terá um filtro que captará o livro selecionado para que possa ser adicionado o autor para a ele. Por isso, o método **before_filter** chama **procurar_livro**, que pesquisa o id do livro transmitido e o coloca no array **@livro**. Em seguida, todos os métodos existentes passam a chamar o array **@livro** e dele **autors**. Por fim, o método **new** é alterado para **build**. Isto constrói um novo objeto **autor**, inicializado através do uso de determinados atributos.

No método **redirect_to** é passado o array **@livro**, além de **@autor**.

Alterando as views de autores

As views agora precisarão receber o array **@livro** para que saibam qual livro está recebendo os autores. Começando pelo arquivo **index.htm.erb**, em **Views/autors**, haverá a necessidade de alterar os métodos **edit_autor_path** e **new_autor_path** que passará a ser **edit_livro_autor_path** e **new_livro_autor_path** respectivamente.

Altere o arquivo como mostrado na **Listagem 11.14** a seguir:

LISTAGEM 11.14 – MODIFICAÇÃO NO ARQUIVO INDEX.HTML.ERB

```
...
<% for autor in @autors %>
 <tr>
   <%#<td><%=h autor.livro </td>%>
...
   <td><%= link_to 'Show', [@livro, autor] %></td>
   <td><%= link_to 'Edit',
         edit_livro_autor_path(@livro, autor) %>
   </td>
   <td><%= link_to 'Destroy', [@livro, autor],
     :confirm => 'Are you sure?',
     :method => :delete %>
   </td>
 </tr>
<% end %>
</table>

<br />
<%= link_to 'Livros', livros_path %>
<%= link_to 'New autor', new_livro_autor_path(@livro) %>
```

DICA: O editor ajuda muito na construção da sintaxe. Tente selecionar um texto e depois digite colchetes ou aspas. Você verá que o editor do NetBeans não apaga o que estava selecionado, mas sim o envolve.

Com o método **link_to**, Rails cria a tag XHTML para gerar uma tag <a href/> e, através de **_path**, que constrói a parte do caminho da URL (ignorando o protocolo, host e porta). Isso é possível porque as URLs de aplicações Rails seguem uma convenção.

Para uma melhor compreensão, quando se quer exibir os dados, ou seja, visualizar o index, usa-se o método **livros_path**. Este método é convertido em /**livros**.

Para editar, o que indica a ação edit, basta adicionar esta palavra em seu início, ficando **edit_livros_path**, transmitindo também, por um parâmetro, um array levando os dados atuais para serem alterados. Por exemplo, **edit_livro_path(@livro)**. Na view **edit**, haverá um loop que varrerá este array e preencherá seus respectivos campos.

Este padrão **RESTful** é melhor definido na **Tabela 11.1** a seguir:

Tabela 11.1 – Rotas RESTful mostrando Helpers, a URL, e a view resultante da ação do Controller

Método Helper	HTTP	Retorna a URL	View
livros_path	GET	/livros	index
edit_livro_path(@livro)	GET	/livros/1/edit	edit
new_livro_path	GET	/livros/new	new
livro	GET	/livros/1	show

Para os arquivos **edit.html.erb** e **new.html.erb** as alterações são similares a **Listagem 11.15** mostrada a seguir:

Listagem 11.15 – Alterações nas views Edit e New

```
...
<% form_for([@livro,@autor]) do |f| %>
...
<%= link_to 'Show', [@livro,@autor] %> | <%# somente em edit%>

<%= link_to 'Back', livro_autors_path(@livro) %>
```

Nas views editadas na **Listagem 11.15**, retire as linhas mostradas a seguir:

```
<p>
  <b>Livro</b><br />
  <%= f.text_field :livro %>
</p>
```

Observe que no link **Show**, ao invés de usar **livro_autors_path(@livro,@autor)**, fora utilizado simplesmente **[@livro,@autor]**.

As alterações no arquivo **show.html.erb** são mostradas na **Listagem 11.16**.

LISTAGEM 11.16 - ALTERAÇÕES NA VIEW SHOW

```
...
<%= link_to 'Edit', edit_livro_autor_path(@livro, @autor) %> |
<%= link_to 'Back', livro_autors_path(@livro) %>
```

O mesmo pode ser feito para o link **Edit**. Ao invés de usar **edit_livro_autor_path(@livro, @autor)**, pode-se utilizar simplesmente **[:edit,@livro,autor]**.

Na view **show.html.erb**, retire as linhas mostradas a seguir:

```
<p>
 <b>Livro:</b>
 <%=h @autor.livro %>
</p>
```

Por fim, abra a view **show.html.erb**, em Views/livros e altere conforme a **Listagem 11.17** a seguir:

Listagem 11.17 – Alterações na view Show de livros

```
...
<%= link_to 'Autor', livro_autors_path(@livro) %> |
<%= link_to 'Edit', edit_livro_path(@livro) %> |
...
```

A alteração mostrada na **Listagem 11.17** é necessária para acessar os autores do livro que está cadastrado. Por exemplo, se estiver no primeiro livro cadastrado e quiser visualizar os autores deste livro, ao clicar no link, seu endereço ficará similar ao seguinte:

http://localhost:3000/livros/1/autors

As alterações impostas criaram os chamados **"Recursos Aninhados"**. Você sabe que todo autor é associado a um livro em particular. Isso significa que sempre que for adicionado um autor, você realmente está fazendo algo a um livro, adicionando um autor a ele. Na semântica da própria URL temos recurso que pode ser identificado como livro de número 1, seguido de todos os autores. Ou o livro número 1 seguido do autor número 2:

http://localhost:3000/livros/1/autors/2

As rotas RESTful para autores são: **new_livro_autor_path, edit_livro_autor_path** e assim por diante.

Mais sobre Ruby on Rails

Ruby on Rails é um framework que atualmente possui diversos tutoriais e livros específicos. Muitos livros e tutoriais podem ser encontrados no site oficial, através do endereço:

http://www.rubyonrails.com/docs

Capítulo 12
JRuby on Rails

A máquina virtual Java, Java Virtual Machine (JVM), também possui sua versão da linguagem Ruby, chamada de JRuby. O NetBeans suporta o trabalho com JRuby como em Ruby, incluindo também em sua instalação uma versão de JRuby para desenvolvimento.

Neste capítulo, o leitor aprendera a trabalhar com JRuby em conjunto com Rails 2.0.2, usando o NetBeans IDE 6.x, ao qual será apresentado:

- Como configurar o JRuby;
- Como fazer um projeto e configurar o JRuby e Rails;
- A configurar, instalar e desinstalar Ruby Gems;
- Como configurar o JDBC para trabalhar com JRuby;
- A criar arquivos WAR para fazer deploy em um Application Server;

O que é JRuby?

JRuby é a versão Java da linguagem Ruby criada originalmente por Jan Arne Petersen em 2001. Atualmente possui quatro como principais desenvolvedores: Charles Nutter, Thomas Enebo, Ola Bini e Nick Sieger. Percebendo a popularidade do Ruby, devido em grande parte ao impacto do framework Rails, a Sun Microsystems contratou Thomas Enebo e Charles Nutter para trabalhar com JRuby em tempo integral, mantendo-o compatível com a versão C do Ruby e conseqüentemente acompanhando a evolução do Rails em seu uso.

JRuby suporta o framework Rails desde a versão 0.9, incluindo a possibilidade de executar RubyGems e o WEBrick.

Tecnicamente, JRuby suporta quase que 100% o Ruby, mas com a vantagem de rodar sobre a JVM, acessando nativamente aplicações escritas em Java, além de poder trabalhar sobre um Application Server como o GlassFish.

> **Nota:** Executando aplicações Rails sobre JRuby é mais lento que o interpretador Ruby. Evidentemente, se a intenção é aproveitar as características do Java para desenvolver com Rails, não há opção melhor que JRuby.

Baixando e instalando a última versão do JRuby

O JRuby está em constante evolução, mesmo que o NetBeans IDE possua suporte ao JRuby, instalado em conjunto com as ferramentas de desenvolvimento de Ruby e Rails, sua versão fica ultrapassada rapidamente. Portanto, a última versão pode ser baixada no site oficial, através do endereço:

http://jruby.codehaus.org/

Alternativamente, você pode baixar a última versão no endereço:

http://dist.codehaus.org/jruby/

No momento em que este livro é escrito, o JRuby se encontra na versão **1.1RC 1**, o equivalente à versão C do Ruby 1.8.6. Esta versão será usada para o trabalho com Rails 2.0.2, embora não seja a versão estável, que se encontra na versão 1.0.3.

Ao baixar o arquivo compactado (.zip ou .tar.gz), descompacte-o em um local desejado. O JRuby possui os seguintes subdiretórios: **bin, docs, lib** e **samples**. O diretório **bin** possui o arquivo **jruby.bat** (Windows) e **jruby** (Linux), usado para rodar o interpretador JRuby.

Para utilizar no terminal ou prompt de comando, de modo que este encontre o interpretador, é preciso adicionar o caminho descompactado do JRuby, junto ao seu diretório **bin** na variável **PATH** do seu sistema operacional. Adicione a variável **JRUBY_HOME** no Path do seu sistema operacional, onde:

- No Windows XP, vá ao **Painel de Controle** (**Iniciar** -> **Painel de Controle**) e dê um duplo clique em **Sistema**. Na caixa de diálogo **Propriedades do Sistema**, clique na guia **Avançado** e depois no botão **Variáveis de ambiente**. Na caixa de diálogo **Variáveis de ambiente** clique no botão **Nova**. Adicione **JRUBY_HOME** em **Nome da variável** e em **Valor da variável** o caminho onde você descompactou o JRuby. Confirme. Ainda em **Variáveis de ambiente**, dê um duplo clique em **Path** e adicione, após o último item, separando por um ponto-e-vírgula: **%JRUBY_HOME%\bin**.
- No Linux, adicione a variável **JRUBY_HOM**E com o caminho da instalação, e **$JRUBY_HOME/bin** na variável **PATH**, que pode ser encontrado em **/etc/profile**. Salve e feche.

Para saber se o JRuby foi configurado corretamente, basta digitar no terminal: **jruby –v**. Você receberá, além de outras informações, a versão do Ruby.

> **Nota:** Na versão 6.0 do NetBeans, o JRuby se encontra na versão 1.0.2, que equivale ao Ruby 1.8.5. Na versão 6.1 do NetBeans, em desenvolvimento enquanto o livro é escrito, é utilizado o JRuby 1.1 RC1. Até a versão final do NetBeans 6.1, provavelmente coincidirá com a versão final do JRuby 1.1, que será com certeza adicionado a IDE.

Configurando o JRuby no NetBeans

O JRuby é configurado no NetBeans como o Ruby, através de **Options**, no menu **Tools**. Na caixa de diálogo **Options**, clique em **Ruby**. Na guia **Platform**, em **Ruby** Interpreter, clique no botão **Browse** e selecione o interpretador JRuby (jruby ou jruby.bat).

No NetBeans IDE 6.1, os interpretadores para Ruby e JRuby serão configurados separadamente, através do menu **Tools** em **Ruby Platforms**.

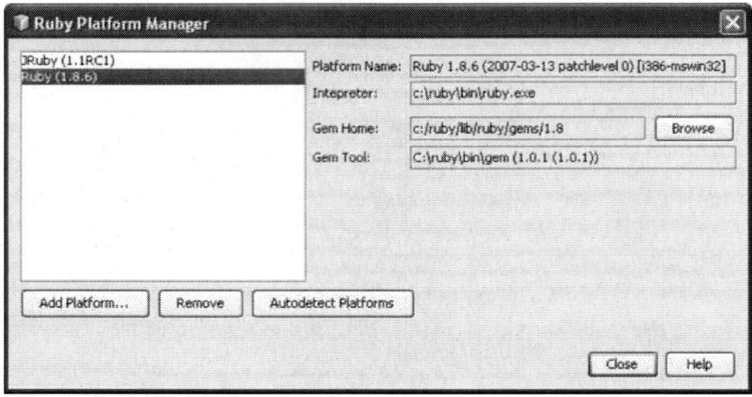

Figura 12.1 – Os interpretadores Ruby e JRuby configurados no NetBeans IDE 6.1

Instalando os Ruby Gems no NetBeans

Indo ao menu Tools, no item Ruby Gems, temos acesso aos Gems instalados do Ruby (Installed), os que precisam ser atualizados (Updated) e os novos que podem ser adicionados (New Gems). Ao lado de cada guia há o número correspondente de cada uma das opções que podem e muitas vezes devem ser feitas como operações necessárias para a geração de uma aplicação Rails.

Para instalar um novo Gem, vá a guia New Gems e selecione o que deseja adicionar. Clique no botão **Install**. A caixa de diálogo **Gem Installation Settings** surgirá definindo o nome (Name) e versão (Version). Sempre que estiver usando uma última versão, por exemplo do Rails, deixe em **Version** o item **Latest** selecionado. Mas se este não for o caso, selecione a versão ao qual deseja usar. Ao confirmar o item que será instalado, a caixa de diálogo **Gem Installation** surge mostrando o status do console enquanto o Gem é baixado e instalado. Ao terminar, o botão **Close** é habilitado, para que seja fechada e confirmada a instalação.

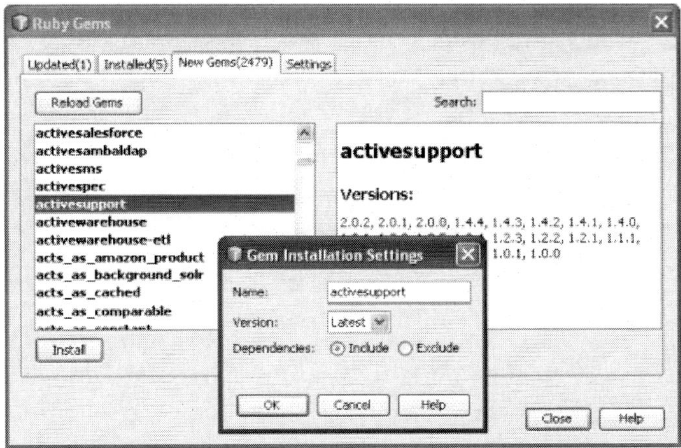

Figura 12.2 – A instalação de um Gem

> **Nota:** No caso do Rails, você pode ter em conjunto versões antigas e a mais nova ao mesmo tempo em um projeto.

No caso de desinstalação, o Gem deve ser selecionado, na guia **Installed**, e confirmado clicado no botão **Uninstall**.

Para o Rails 2.0.2 trabalhar corretamente com JRuby, você deve desinstalar o gem **ActiveRecord-JDBC**.

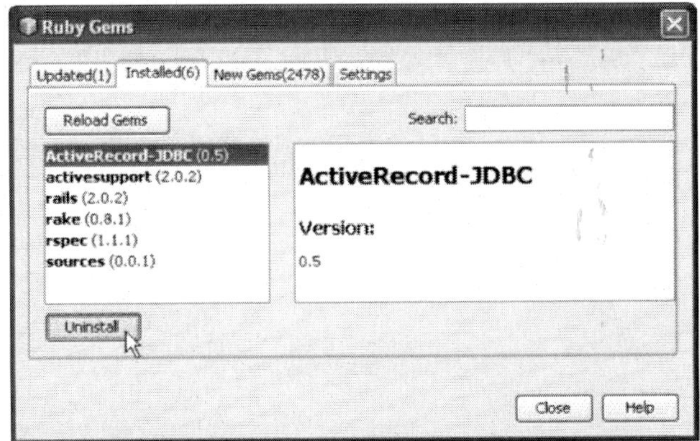

Figura 12.3 – Desinstalação de um Gem

Em sua substituição, será instalado o novo ActiveRecord-JDBC, que é separado por banco de dados. Como vamos usar o MySQL, você deve selecionar o item **activerecord-jdbcmysql-adapter.**

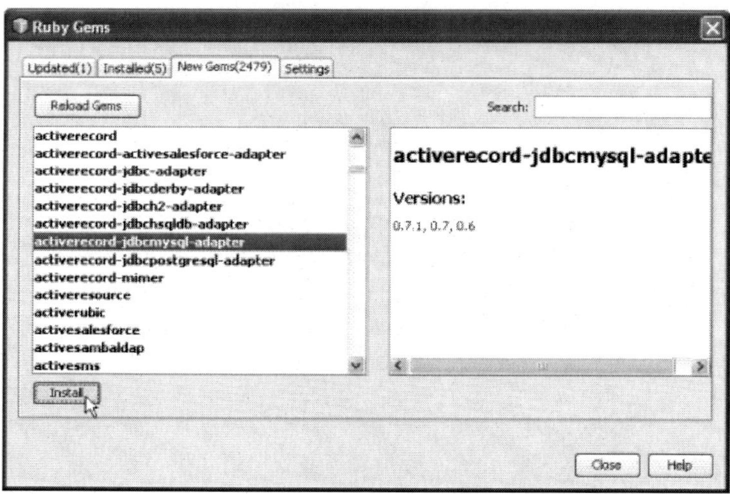

FIGURA 12.4 – INSTALAÇÃO DO GEM ACTIVERECORD-JDBCMYSQL-ADAPTER

Ao final, você deve ter os Gems instalados como mostrados na **Figura 12.5** a seguir:

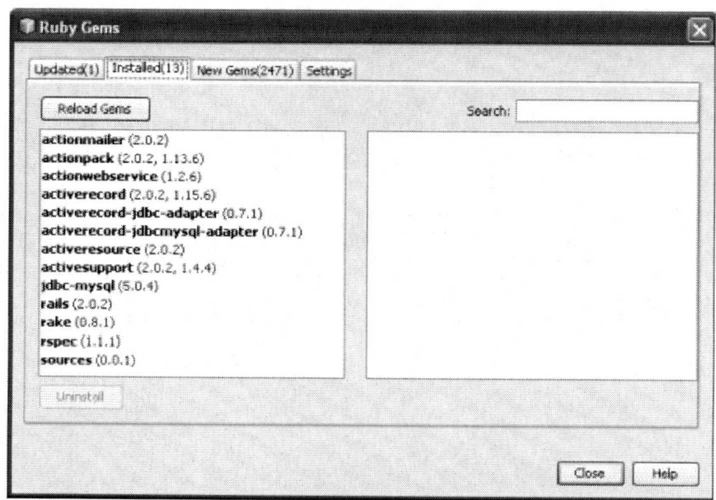

FIGURA 12.5 – GEMS INSTALADOS PARA QUE O RAILS 2 FUNCIONE CORRETAMENTE COM JRUBY

Diferentemente, no NetBeans IDE 6.1, os Gems são instalados separadamente por plataforma. Ou seja, se estiver usando JRuby, você tem apresentados separadamente os Gems que nele estão e o mesmo se aplica ao Ruby (que pode ser selecionado no campo Ruby Platform).

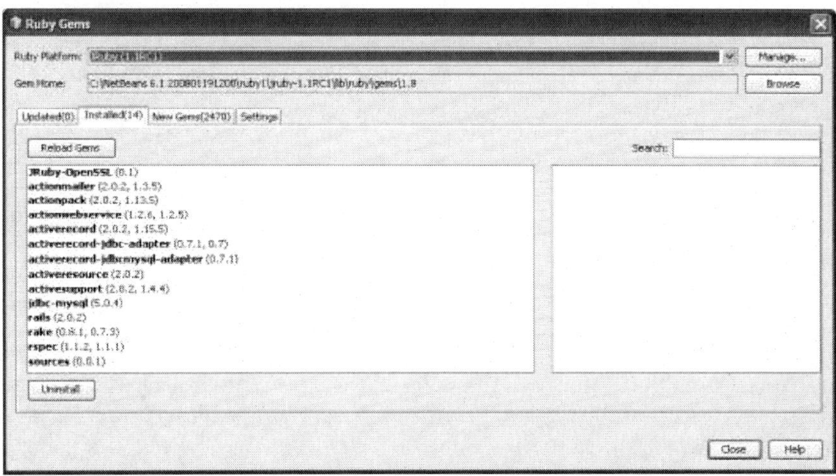

Figura 12.6 – Gems instalados no JRuby do NetBeans IDE 6.1

> **Atenção:** O NetBeans apresenta erros da falta de algum Gem na janela Output. Basta ler que o Rails apresenta com muita clareza o elemento faltante.

Criando um projeto JRuby on Rails

Crie um novo projeto **Ruby on Rails** e o chame de **ProjetoJRubyRails**. Um projeto JRuby, pode ter em seu início a escolha de três opções, caso esteja utilizando a versão do Rails 1.2.x:

- **Database:** banco de dados escolhido para trabalhar com Rails;
- **Access Database Using JDBC:** o NetBeans configura o JDBC para usar com Ruby on Rails adicionando algumas linhas de configuração no arquivo environment.rb;

- **ADD RAKE TARGETS TO SUPPORT APP SERVER DEPLOYMENT (.WAR):** o seu projeto deverá ser compactado em um arquivo WAR caso deseje colocar em um Application Server rapidamente. Esta opção adiciona o suporte ao plugin Rails **GoldsPike** que compacta o projeto em um arquivo WAR.

Como o objetivo do livro é utilizar o **Rails 2.0.2**, estas configurações não serão necessárias. Clique no botão **Next** para prosseguir.

Na última etapa, clique no botão **Update Rails** para adicionar o Rails 2.0.2, caso este já não esteja adicionado.

CONFIGURANDO O BANCO DE DADOS PARA UTILIZAR O JDBC

No *Capítulo 11*, você aprendeu que o arquivo **database.yml**, aberto automaticamente pelo NetBeans ao concluir a criação do projeto, é configurado o seu banco de dados. No caso do JRuby on Rails, o JRuby pode e deve utilizar o JDBC, para que depois possa ser colocado em produção em um application server. Todos os bancos serão configurados similarmente ao development. Altere o arquivo **database.yml** como mostrado na **Listagem 12.1** a seguir:

LISTAGEM 12.1 – ALTERAÇÕES DO ARQUIVO DATABASE.YML

```
development:
  adapter: jdbcmysql
  encoding: utf8
  database: livraria_dev
  username: edson
  password: integrator
...
```

Observe que em **adapter**, desta vez, fora utilizado **jdbcmysql**. Se fosse o adapter para o banco de dados PostgreSQL, seria: **jdbcpostgresql**.

O valor do parâmetro **encoding** poderá ser alterado no caso do uso de PostgreSQL, que seria **Unicode** no caso. Os demais itens seguem o padrão.

Adicionando o driver JDBC

Adicione o driver JDBC do MySQL (**mysql-connector-java-5.1.5-bin.jar**) no diretório **lib** do **JRuby** instalado na sua máquina.

Usando Scaffold para gerar o exemplo

Como feito em exemplo anterior, no *Capítulo 11*, será utilizado o Scaffold. Clique com o direito do mouse sobre o projeto e selecione no menu de contexto o item **Generate**. Na caixa de diálogo **Rails Generator**, selecione no campo **Generate** o item **scaffold**. Em **Model Name** digite o comando mostrado a seguir:

Livro titulo:string edicao:integer publicacao:integer descricao:text imagem:string

Após a geração dos arquivos criados pelo Scaffold, altere o arquivo **001_create_livros.rb** como no *Capitulo 11*.

Com o direito do mouse sobre o projeto, selecione o item **Migrate Database** e clique em **To Current Version**.

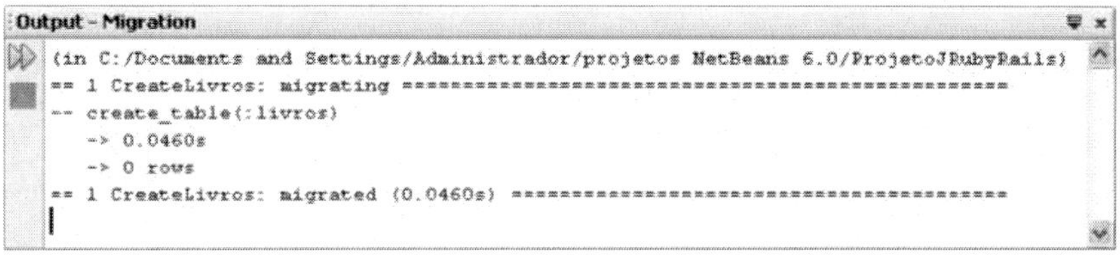

Output - Migration

```
(in C:/Documents and Settings/Administrador/projetos NetBeans 6.0/ProjetoJRubyRails)
== 1 CreateLivros: migrating ==============================================
-- create_table(:livros)
   -> 0.0460s
   -> 0 rows
== 1 CreateLivros: migrated (0.0460s) =====================================
```

Figura 12.7 – Saída do Migration na janela Output

EXECUTANDO O PROJETO

Execute o projeto clicando em **Run Project**. O NetBeans ainda executará o **WEBrick**.

COLOCANDO SUA APLICAÇÃO RAILS NO APPLICATION SERVER

O application server necessitará de um arquivo WAR (Web ARchive) para fazer deploy de forma simplificada. Para gerar o arquivo WAR, será preciso instalar um plugin **GoldsPike**, que fará a geração deste formato. Embora o NetBeans possuísse este plugin, podendo adicioná-lo na criação do projeto, infelizmente ele está desatualizado. O que você deverá fazer é adicioná-lo em sua versão atual.

ADICIONANDO O PLUGIN RAILS GOLDSPIKE

Clique com o direito do mouse sobre o projeto e selecione no menu de contexto o item **Rails Plugins**.

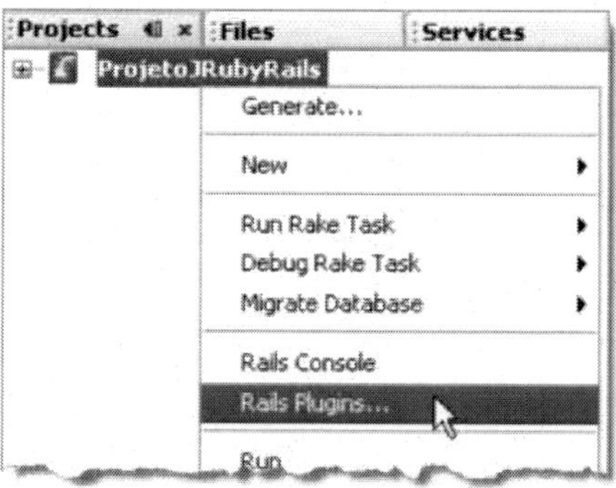

FIGURA 12.8 – ACESSO AO RAILS PLUGINS DO NETBEANS

Na caixa de diálogo **Rails Plugins**, vá à guia **Repositories** e clique no botão **Add URL** e adicione o seguinte endereço:

http://jruby-extras.rubyforge.org/svn/trunk/rails-integration/plugins/

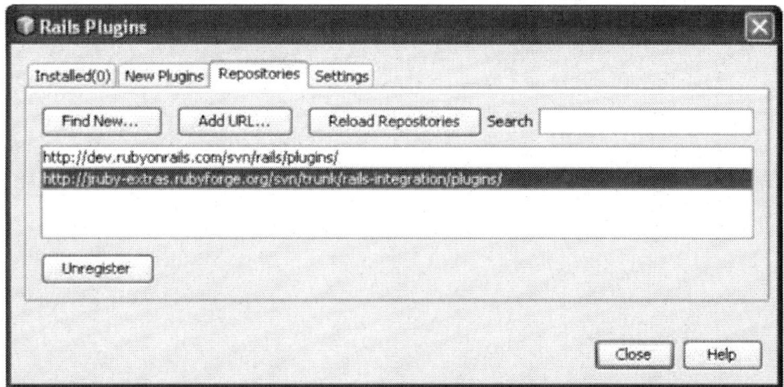

Figura 12.9 – Adição de um repositório novo

Coloque na guia **New Plugins** e selecione o plugin **goldspike**. Clique no botão **Install** e aguarde a instalação.

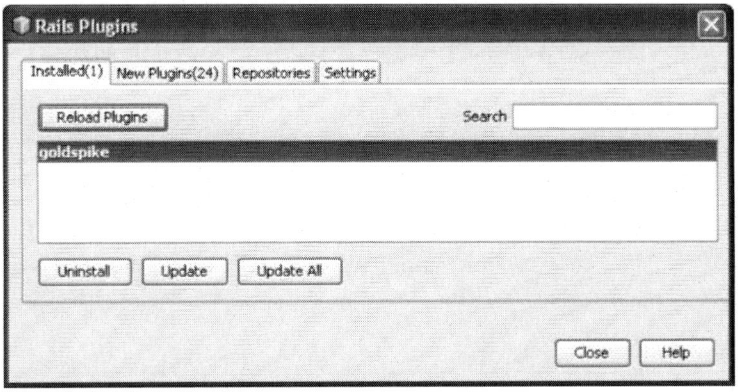

Figura 12.10 – Guia Installed mostrando o plugin instalado

CONFIGURANDO O GOLDSPIKE

Para que o arquivo WAR funcione corretamente, será configurado as bibliotecas JARs que são necessárias para a conexão com o banco de dados MySQL e para o trabalho com o JRuby.

Para o arquivo **war_config.rb**, que se encontra no diretório **Vendor** > **plugins** > **goldspike** > **lib**, altere como mostrado na **Listagem 12.2** a seguir:

LISTAGEM 12.2 – ALTERAÇÕES NO ARQUIVO WAR_CONFIG.RB

```
...
        @java_libraries = {}
        # default java libraries
        add_library(maven_library('org.jruby', 'jruby-complete', '1.1RC1'))
...
        add_library(maven_library('mysql', 'mysql-connector-java', '5.1.5'))
        add_library(maven_library('backport-util-concurrent','backport-util-
concurrent','2.2'))

  # default gems
        @gem_libraries = {}
        add_gem('rails', rails_version) unless File.exists?('vendor/rails')
        add_gem('activerecord-jdbcmysql-adapter')if
Dir['vendor/{gems/,}{activerecord-jdbcmysql-adapter,ActiveRecord-
JDBC}'].empty?
...
```

A alteração feita no arquivo **war_config.rb** é necessária para que o arquivo JRuby 1.1RC1, atual no momento em que o livro é escrito, seja adicionado ao arquivo WAR, junto ao gem usado para a conexão com o MySQL em substituição ao **ActiveRecord-JDBC** e as respectivas bibliotecas dependentes.

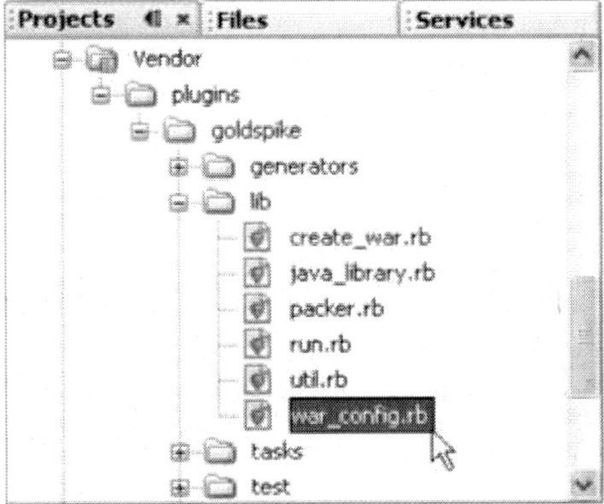

Figura 12.11 – Os dois arquivos que serão alterados selecionados

Alterando o web.xml antes de gerar o arquivo WAR

O Rails 2.0.2 utiliza um padrão diferente para armazenar as sessões. Para que a aplicação, que utiliza JRuby, trabalhe corretamente em um application server ou em um servlet container como o Tomcat, abra o arquivo **web.xml.rb**, encontrado no diretório **WEB-INF** de seu projeto, na janela **Projects**[7] , e adicione as linhas mostradas na **Listagem 12.3**, dentro de **<web-app>**:

Listagem 12.3 – Alterações no arquivo web.xml.rb

```
...
<context-param>
    <param-name>jruby.session_store</param-name>
    <param-value>db</param-value>
</context-param>
...
```

[7] Caso não esteja visível este diretório na janela **Projects**, alternativamente utilize a janela **Files**

Gerando o arquivo WAR

Vá à janela **Projects** e clique com o direito do mouse sobre seu projeto. No menu de contexto selecione **Run Rake Task**, vá até **war > standalone** e clique em **create**. Caso esta opção não esteja aparecendo, clique antes em **Refresh List**.

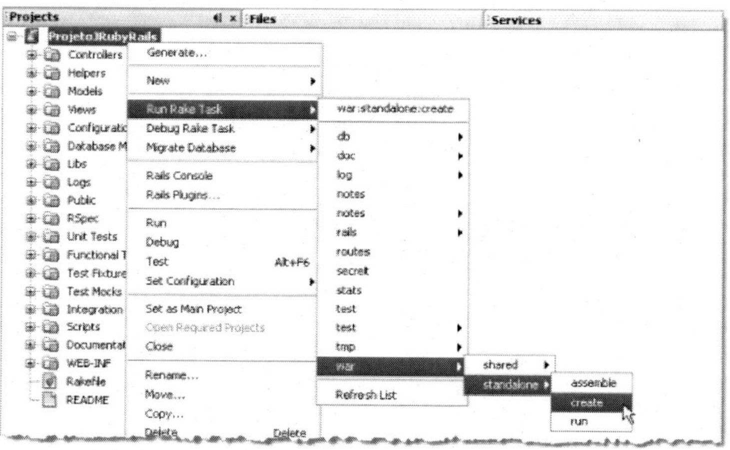

Figura 12.12 – Selecionando a opção Rake para gerar o arquivo WAR

Depois de concluída a geração do arquivo WAR, que pode ser visto na saída da janela **Output**, vá ao diretório onde se encontra seu projeto.

```
Output - ProjetoJRubyRails
(in C:/Documents and Settings/Administrador/projetos NetBeans 6.0/ProjetoJRubyRails)
info: Assembling web application
info: Packing needed Java libraries ...
info:   adding Java library jruby-complete-1.1RC1
info:   adding Java library goldspike-1.4
info:   adding Java library activation-1.1
info:   adding Java library commons-pool-1.3
info:   adding Java library bcprov-jdk14-124
info: Packing needed Ruby gems ...
info:   adding Ruby gem rails version 2.0.2
info:   adding Ruby gem rake version 0.8.1
info:   adding Ruby gem activesupport version 2.0.2
info:   adding Ruby gem activerecord version 2.0.2
info:   adding Ruby gem actionpack version 2.0.2
info:   adding Ruby gem actionmailer version 2.0.2
info:   adding Ruby gem activeresource version 2.0.2
info:   adding Ruby gem activerecord-jdbcmysql-adapter version 0.7.1
info:   adding Ruby gem activerecord-jdbc-adapter version 0.7.1
info:   adding Ruby gem jdbc-mysql version 5.0.4
info: Packing needed files ...
info: Creating web archive
```

Figura 12.13 – Criação do arquivo WAR

Adicionando o arquivo WAR no GlassFish

Inicie o GlassFish no NetBeans através da janela **Services**. Com o direito sobre o GlassFish, selecione **View Admin Console**. Entre no administrador do GlassFish e faça o deploy do arquivo WAR, em **Applications > Web Applications** e clique no botão Deploy e suba o arquivo WAR gerado.

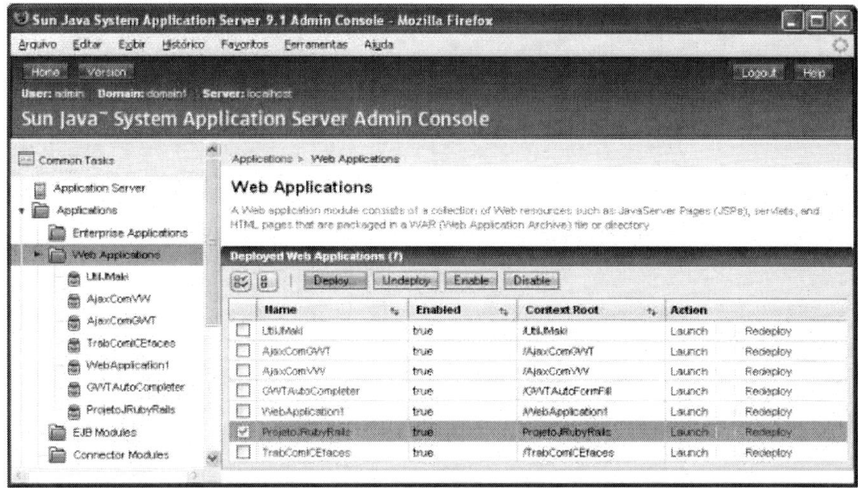

Figura 12.14 – Deploy do projeto JRuby on Rails criado no NetBeans

Para executar a aplicação, dentro do próprio administrador do GlassFish há um link Launch. Clique nele para que seja aberta a aplicação. Caso tenha configurado o arquivo routes.rb e retirado o index.html, você verá imediatamente os livros cadastrados. Do contrário, adicione livros em seu final, na barra de endereços.

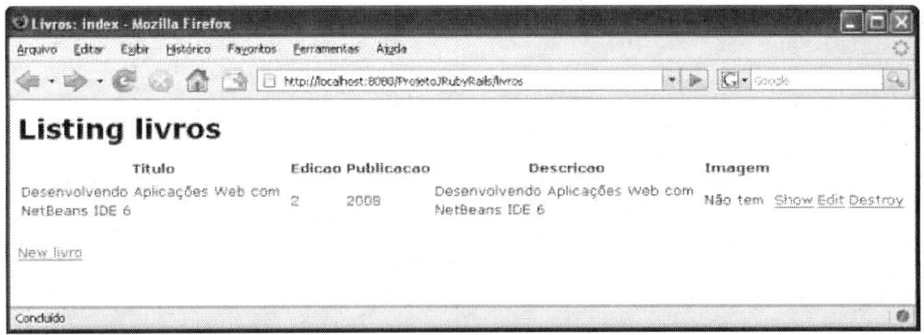

Figura 12.15 – Aplicação executando no GlassFish

Capítulo 13
Trabalhando com AJAX no NetBeans IDE

O NetBeans possui bons módulos de desenvolvimento AJAX que podem ser incorporados à ferramenta, tornando mais rápido e prático seu desenvolvimento. Além disso, também há empresas que estão investindo no Visual Web JavaServer Faces, como ICEfaces que possui componentes integrados.

Neste capítulo será apresentado:

- A origem do AJAX e seu significado
- Como o AJAX trabalha
- Como criar um projeto AJAX no NetBeans IDE
- A instalar novos módulos (plug-ins)
- O framework jMaki e seus componentes
- O uso de GWT integrado ao NetBeans
- A utilizar o banco de dados com AJAX
- A integrar o ICEfaces ao Visual Web JSF

AJAX

O termo AJAX surgiu em fevereiro 2005, por Jesse James Garrett de Adaptive Path, LLC, onde publicou um artigo on-line intitulado, "Ajax: A New Approach to Web Applications". O artigo se encontra em inglês e pode ser lido no endereço **http://www.adaptivepath.com/publications/essays/archives/000385.php**.

AJAX é a sigla de **Asynchronous JavaScript and XML**, e como já foi dito, não é uma tecnologia e sim o uso de tecnologias incorporadas que tem as principais o JavaScript e o XML, onde juntos são capazes de tornar o navegador mais interativo, utilizando-se de solicitações assíncronas de informações. É sim um conjunto de tecnologias; cada uma com a sua forma de exibir e interagir com o usuário. O AJAX se compõe de:

- **HTML/XHTML e CSS:** juntos compõem a apresentação visual da página Web;
- **DOM (Document Object Model):** exibe e interage com o usuário;
- **XML e XSLT:** fazem o intercâmbio e manipulam dados;
- **XMLHttpRequest:** recupera dados de forma assíncrona;
- **JavaScript:** a linguagem de scripts do lado cliente que une essas tecnologias.

Em um modelo clássico de desenvolvimento para a Web, você envia informações ao servidor através de links ou formulários, no qual o servidor se encarrega de devolver o conteúdo solicitado. Nos sites atuais, a maior parte do conteúdo devolvido, digamos assim, o conteúdo principal, é colocado em um servidor de banco de dados, ou seja, está armazenado em um sistema que gerencia o conteúdo, e o layout da página é o mesmo que você está visualizando. O que o servidor faz é trazer para esse layout o novo conteúdo solicitado, processando os dados e os tornando aceitáveis em qualquer navegador.

A idéia do Ajax é tornar isso mais simples, ou seja, se você já está com o layout carregado, porque não carregar apenas o conteúdo, que é o objeto da sua solicitação.

O Ajax é funcional porque muitos dos browsers modernos estão habilitados para suportar essas tecnologias que o incorporam.

Como o Ajax trabalha

Em vez do modelo de aplicação Web tradicional, onde o próprio browser é responsável por iniciar os pedidos e processar os pedidos do servidor Web, o modelo Ajax provê uma camada intermediária para controlar esta comunicação. O Ajax contém um mecanismo que na realidade é um conjunto de funções escritas em

JavaScript que são chamadas sempre que uma informação precisa ser pedida ou enviada ao servidor. Em vez do modelo tradicional, onde existe um link que liga a página atual a outros recursos (como outra página Web), a chamada ao servidor fica por conta desse mecanismo conhecido agora como Ajax, onde ele se encarrega de transmitir para, e receber as informações do servidor.

O servidor, que antes serviria HTML, imagens, CSS ou JavaScript tradicionalmente, agora é configurado para devolver dados que o mecanismo do Ajax pode usar. Estes dados podem ser textos simples, XML, ou qualquer outro formato de dados do qual você pode precisar. A única exigência é que o mecanismo do Ajax deve entender para poder interpretar os dados recebidos.

Quando o mecanismo do Ajax recebe a resposta do servidor, entra em ação a análise dos dados, onde sofrem várias mudanças para trazer a informação de forma agradável ao usuário.

Como você pode ver na **Figura 13.1**, a seguir, toda vez que o usuário interage com o site, um outro documento é enviado para o navegador, onde na maioria das vezes o conteúdo do assunto muda, mas menus, cabeçalhos e outras informações de layout permanecem o mesmo. Como o navegador não compreende bem essa situação, ele retira os dados exibidos anteriormente e insere o novo conteúdo.

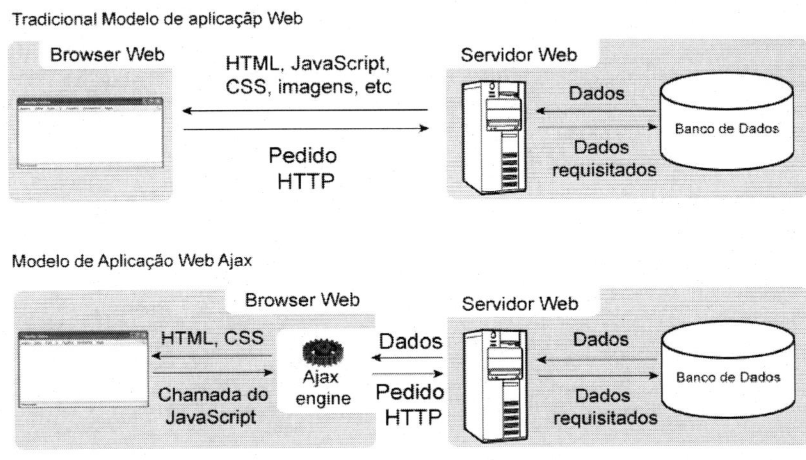

Figura 13.1 – Comparação do modelo web tradicional versus com Ajax

Quando o usuário deseja sair, ele sai do navegador e em uma nova entrada, o processo é reiniciado novamente.

Em uma aplicação contendo Ajax, uma parte da lógica da aplicação é movida para o navegador. Quando o usuário entra na página, um documento mais complexo é entregue ao navegador, onde muita das informações são scripts em JavaScript. Enquanto o usuário não fechar o browser, ele permanecerá com essa parte lógica por toda a sessão, ainda que ele resolva provavelmente alterar sua aparência consideravelmente.

É evidente que nesse novo cenário o desenvolvedor deve prever todas as situações que ele deseja fazer em sua aplicação Web.

Fica também evidente que o tráfego tem a sua maior intensidade no início, onde todas as informações que serão necessárias para que o navegador tenha toda a interatividade com o servidor deve ser previamente carregada. Depois do carregamento inicial, as demais chamadas ao servidor serão muito mais eficientes, pois o tráfego será menor, já que os dados carregados serão em menor quantidade do que em uma aplicação Web comum.

PREPARANDO-SE PARA TRABALHAR COM AJAX

Para o desenvolvimento com Ajax, são necessários conhecimentos profundos na construção de sites Web utilizando suas principais tecnologias: (X)HTML, DOM, CSS e JavaScript. Além dos citados, a soma de conhecimento em XML e XSLT também são necessários para um bom desempenho em suas aplicações.

Evidentemente esse livro não tem o foco de ensiná-lo como essas tecnologias interagem entre si, mas como trabalhar utilizando Ajax em aplicações desenvolvidas através do NetBeans.

Utilizando a tecnologia jMaki

O JMaki é um framework que oferece uma série dos melhores componentes de vários outros frameworks Ajax para projetos com este fim. Na lista de frameworks usados temos: Dojo, Scriptaculous, Yahoo UI Widgets, Spry, DHTML Goodies, e Google, permitindo ao desenvolvedor Java, trabalhar como se estivesse usando uma tag do JSTL ou JSF. Também possui suporte a outras tecnologias além de Java.

Você pode encontrar este framework no endereço:

https://ajax.dev.java.net/

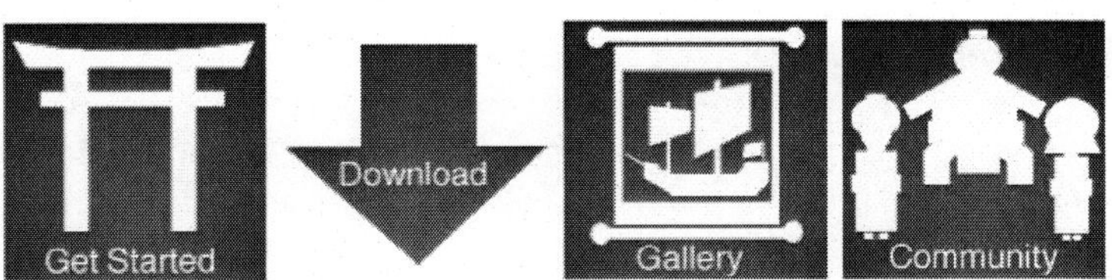

Figura 13.2 – Página principal do projeto

O framework **jMaki** possui uma série de componentes, ao qual a seguir estão listados como organizados:

Client Side Components

jMaki Layouts: jMaki Layouts fornece um padrão baseado em pontos iniciais para crias suas aplicações Web usando HTML e CSS.

jMaki Client Runtime: O jMaki Client Runtime é o JavaScript responsável por amarrar todo o widgets e passar parâmetros fornecidos por um runtime do lado servidor ao widget. Estes parâmetros são únicos em cada widget, e o runtime do JavaScript tem certeza que cada instância do widget adquire os parâmetros corretos que foram passados do runtime do lado servidor. Em casos onde não são fornecidos os parâmetros, o runtime usa parâmetros de padrões que podem ser personalizados também para cada widget.

jMaki Client Services: Presta serviços de manutenção a tais APIs conveniente para **XMLHttpRequest**, executando e publicando o resultado no cliente onde são fornecidos todos os widgets como meios de uma comunicação. **jMaki Glue** é o topo do mecanismo de **publish/subscribe**. Isto permite definir o comportamento da aplicação e o tempo junto à widgets que usam ações de JavaScript quando um evento específico é publicado a um tópico. **jMaki Timers** permitem que o JavaScript tenha ações manipuladoras para serem chamadas ou eventos serem publicados em um intervalo fixo. O **jMaki Injector** é um serviço do lado cliente que lhe permite trazer uma página externa em qualquer determinado elemento HTML <div/>. O **Injector** transfere scripts e CSS ao conteúdo da página global e permite carregar widgets como se fossem um iframe.

jMaki Widget Model: O jMaki Widget Model fornece um modelo de componente para componentes de JavaScript reutilizáveis. A estrutura está baseado em HTML, JavaScript e CSS. Você pode usar esta estrutura para criar seu próprio widgets ou wrap widgets de qualquer determinado toolkit. jMaki fornece wrappers padrões e um camada no servidor para muitos dos mais usados, como: Dojo, Yahoo UI, Prototype, e algum widgets nativos. jMaki também define um formato de widget. json que é um modo comum de descrever qual a forma que eles serão acessíveis através de ferramentas.

Server Components

jMaki Server Runtime: O jMaki Server Runtime é responsável por ligar o jMaki JavaScript Client Runtime (lado cliente) a um runtime do lado servidor como o Java, PHP ou o JavaScript baseado no runtime Phobos. O runtime do servidor localiza e renderiza todos os scripts e referências CSS baseados em um tipo de biblioteca para gerar, de forma a se assegurar de que não são duplicadas os scripts e links CSS. O runtime servidor também produz chaves seguras de determinadas APIs (como keys do Google e Yahoo Map) que são aplicadas quando necessárias em um conjunto baseado em chaves configuráveis. O runtime do servidor renderiza os modelos HTML que criam e serializam dados em JavaScript, de tal forma que cada instância widget seja fornecida com seus próprios dados.

XmlHttpProxy: O módulo de XmlHttpProxy fornece meios para widgets acessar os serviços baseados em XML ou JSON fora do domínio da aplicação da Web. Tais serviços incluem: feeds RSS, serviços do Yahoo como geocoding, buscadores de imagens Flickr, e outros que estão por vir. O XmlHttpProxy permite que os widgets alcancem serviços de uma maneira uniforme fornecendo XSL--JSON às transformações que podem facilmente customizar.

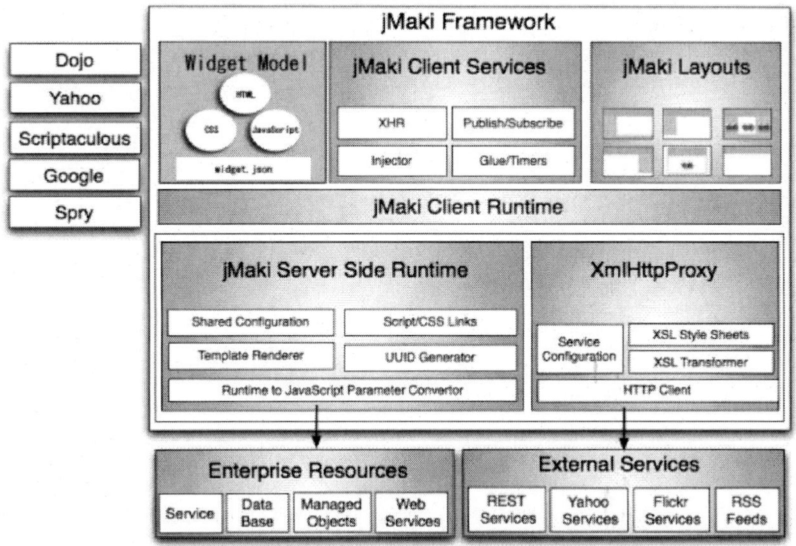

Figura 13.3 – Os componentes jMaki

Instalando jMaki

No NetBeans, vá ao menu **Tools** e clique em **Plugins**. Na caixa de diálogo **Plugins**, selecione **jMaki Ajax support**. Clique no botão **Install** para iniciar a instalação.

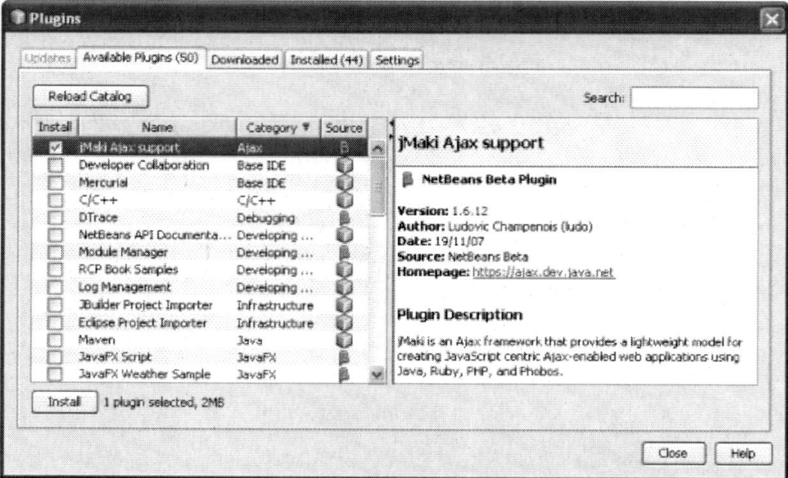

Figura 13.4 – Selecionando o plugin jMaki Ajax support

Na caixa de diálogo **NetBeans IDE Installer,** clique no botão **Next** para prosseguir.

Na etapa seguinte confirme a licença de uso, selecionando em **I accept the terms in all of the license agreements** e confirme no botão **Install** para iniciar a instalação.

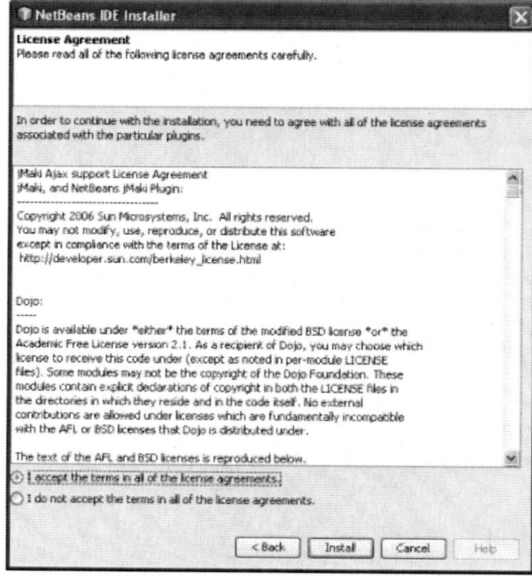

Figura 13.5 – License Agreement

Na última etapa do assistente de instalação, mantenha em **Restart IDE Now** e clique no botão **Finish** para reiniciar o NetBeans.

Criando um projeto utilizando jMaki

Crie um novo projeto Web e na segunda etapa, coloque o seu nome de **UtilJMaki** e altere seu servidor para o Tomcat. Clique no botão **Next**.

Na terceira etapa, agora existe a opção do framework jMaki, chamado de **jMaki Ajax Framework**. Marque esta opção. Em **CSS Layout**, existem vários modelos de páginas pré-configuradas, através de CSS, seguindo o padrão Web 2.0. No caso do livro, fora escolhido o item **No CSS style**. Clique no botão **Finish**.

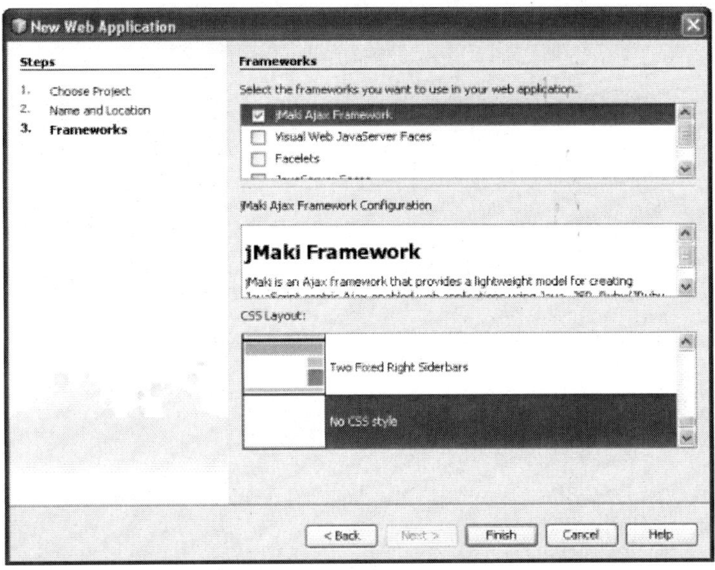

Figura 13.6 – Selecionando o framework jMaki na criação do projeto

Assim que finalizar, além da conhecida página inicial, **index.jsp**, o NetBeans IDE contará com diversos outros arquivos. Na janela **Projects**, haverá um diretório chamado de **resources**, em **Web Pages**, contendo diversos arquivos ao qual incluem as bibliotecas dos frameworks JavaScript que incorporam o jMaki.

Na janela **Palette**, são encontrados diversos componentes que compõe o jMaki

Framework. Cada um destes componentes utiliza as melhores práticas de consagrados frameworks Ajax. Estas melhores práticas foram customizadas em tags personalizadas, que facilitam a sua alteração.

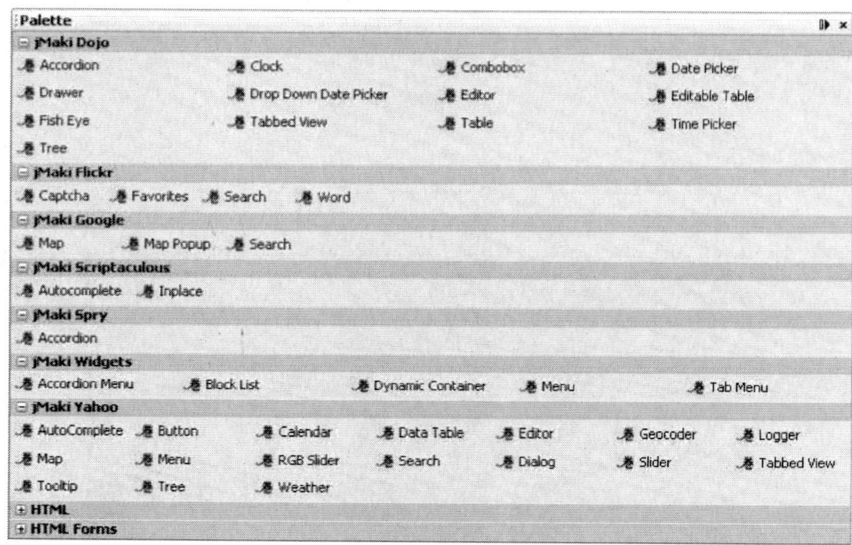

FIGURA 13.7 – COMPONENTES JMAKI

Para começar, vamos pegar um componente interessante, do jMaki, pertencente ao Dojo Framework.

Na janela **Palette**, expanda o item **jMaki Dojo** e arraste para a página **index.jsp** o componente **Editable Table**.

Primeiramente haverá uma importação da biblioteca através da diretiva **taglib** na parte superior do código:

<%@ **taglib prefix="a" uri="http://jmaki/v1.0/jsp"** %>

Isso demonstra que a biblioteca jMaki é integrada ao desenvolvimento de páginas JSP.

Repare que o jMaki adicionará a tag **<a:widget />**, que possui os atributos **name** e **value**. Sua disposição de dados utiliza **JSON** (**JavaScript Object Notation**). Isto significa que para uma personalização, este formato deve ser respeitado. Nem todos os componentes o utilizam, portanto cabe ao desenvolvedor testar e ver como cada um se comporta.

Mas o que é JSON?

JSON é um formato de dados de peso muito leve, baseado em um subconjunto da sintaxe JavaScript, isto é, em arrays e objetos literais. Como usa sintaxe JavaScript, podem ser incluídas definições JSON dentro de arquivos JavaScript e podem ser acessadas sem analise gramatical extra por linguagens baseadas em XML.

Para melhor entendimento de como JSON trabalha, veja a seguir como funciona um Array Literal:

Arrays Literais

Embora seja um pouco desconhecida às anotações literais com JavaScript, arrays literais são especificadas usando colchetes ([e]) incluindo lista de valores separados por vírgula (isto pode ser uma String, número, valor Booleano, ou valor null), como por exemplo:

```
var nomes = ["Edson", "André", "Edna", "Luanna"];
```

Você pode acessar estes valores no array usando a forma padrão de acesso do JavaScript para matrizes:

```
alert(nomes[0]);  //exibe "Edson"
alert(nomes[1]);  // exibe "André"
alert(nomes[2]);  // exibe "Edna"
alert(nomes[3]);  // exibe "Luanna"
```

Assim como acontece com o Java, o primeiro item de um array é zero e assim por diante.

Por causa dos arrays em JavaScript não serem tipados, você pode armazenar em apenas uma matriz diversos tipos de dados, como números, valores booleanos, strings e null's de uma só vez:

var valores = ["string", 1978, true, null];

Objetos Literais

Objetos literais são usados para armazenar informações em pares de nome-chave e valor, criando um objeto. Um objeto literal é definido usando chaves ({ e }). Dentro destas chaves você define um conjunto de pares em "nome-chave" : "valor" (separando o nome-chave do valor através de dois pontos) e, uns dos outros, através de vírgula. Estes valores podem ser números, strings, booleanos ou nulos. Sua sintaxe é:

```
var ObjUsuario = {
        "usuario" : "edson",
        "idade" : 29,
        "ativo" : true
};
```

Este código cria um objeto chamado de **ObjUsuario** com três propriedades: **usuario**, **idade** e **ativo**.

Estas propriedades podem ser acessadas da seguinte maneira:

```
alert(ObjUsuario.usuario);   //exibe "edson"
alert(ObjUsuario.idade);   // exibe 29
alert(ObjUsuario.ativo);   // exibe true
```

Você também pode acessar estas informações da seguinte forma:

alert(**ObjUsuario** [“**usuario**”]); *//exibe “edson”*
alert(**ObjUsuario** [“**idade**”]); *// exibe 29*
alert(**ObjUsuario** [“**ativo**”]); *// exibe true*

UM CONJUNTO DE LITERAIS

É possível ter um conjunto de objetos e arrays literais, contendo um array de objetos ou um objeto contendo um array.

Seguindo a lógica, temos um exemplo simples:

```
var ObjUsuario = [
        {
        “usuario” : “edson”,
        “idade” : 29,
        “ativo” : true
        },
        {
        “usuario” : “edna”,
        “idade” : 27,
        “ativo” : false
        }
];
```

Seu acesso deve ser feito da seguinte forma:

alert(**ObjUsuario[1].usuario**); *//exibe “edna”*

É possível também criar um array de literais, seguindo a seguinte norma:

```
var ObjUsuarios = {
        "usuarios" : [ "edson", "edna", "andre" ],
        "idades" : [29, 27, 24],
        "ativos" : [ true, false, true ]
};
```

Para acessar um usuário, por exemplo, deve ser feito através de JavaScript:

alert(**ObjUsuarios.usuarios[2]**); //exibe "andre"

A SINTAXE DE JSON

A sintaxe de JSON nada mais é do que a mistura de objeto e arrays literais para armazenar dados, com a diferença de que JSON não tem variáveis. Como a idéia de JSON é de apenas representar dados, ele não possui nenhum conceito de variáveis.

Para melhor entender, JSON é representado da seguinte forma:

```
{
        "usuarios" : [ "edson", "edna", "andre" ],
        "idades" : [29, 27, 24],
        "ativos" : [ true, false, true ]
}
```

Observe que não há nenhuma variável declarada e ao final não há também o ponto-e-vírgula.

CONHECENDO MELHOR O WIDGET DOJO.ETABLE

Vamos agora entender como o JSON trabalha no exemplo dado inicialmente com a tag <a:widget /> do jMaki para a geração do componente **Table**:

```
{
        columns : [ {...} ] ,
        rows:[ { ... }]
}
```

Existem dois atributos principais: **columns** e **rows**. Em **columns** é determinado as colunas, por entre chaves e em **rows** as linhas. Em ambos os casos, a separação de cada um é por uma vírgula. Com o direito do mouse sobre ele, no menu de contexto selecione o item **jMaki** em **jMaki**.

A caixa de diálogo **Customizer** você tem acesso aos atributos da tag como **args**, **value**, **service** e **id**. O que você alterar aqui, reflete na constituição do código na tag. Na guia **Usage**, terá uma breve descrição do componente.

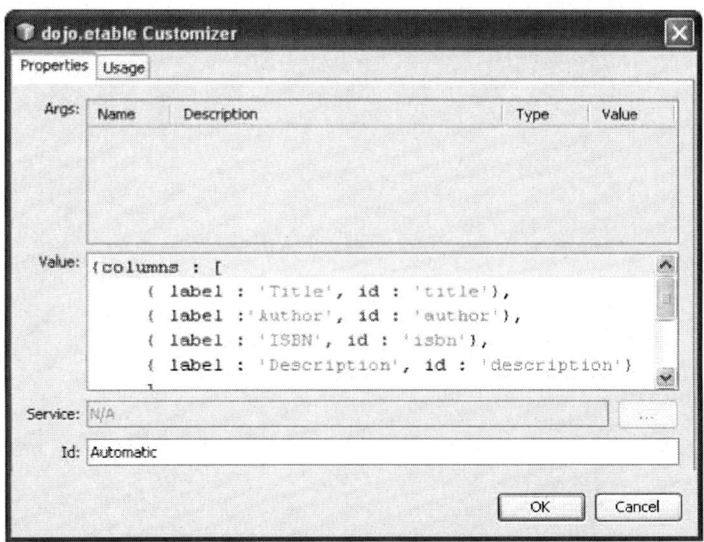

FIGURA 13.8 – A JANELA CUSTOMIZER PARA O COMPONENTE EDITABLE TABLE

Ao executar a página, poderá ver a tabela renderizada do Dojo Framework através de jMaki.

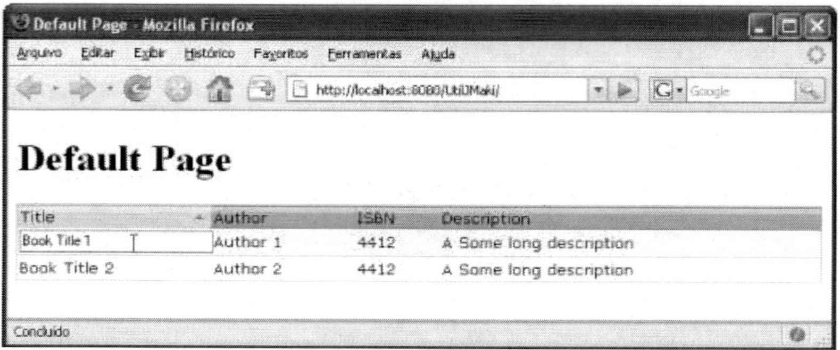

FIGURA 13.9 – A TABELA RENDERIZADA PELO DOJO ATRAVÉS DE JMAKI

ACESSO A DADOS E JMAKI

Para ficar mais claro o exemplo, crie um novo arquivo e escolha o item **Persistence**, em **Categories**, e **Entity Classes from Database** em **File Types**.

Selecione apenas a tabela **livros** e execute todos os passos como já vistos no **Capítulo 6** em **Criando Entity Beans no NetBeans IDE**.

Após criar o arquivo bean **Livro**, abra-o e altere o detalhe mostrado na **Listagem 13.1** a seguir:

LISTAGEM 13.1 – ALTERAÇÕES NO BEAN LIVRO

```
...
@Entity
@Table(name = "livros")
@NamedQueries( {
    @NamedQuery(name = " Livro.todosLivros",
      query = "SELECT l FROM Livro l")
  })
public class Livro implements Serializable {
...
```

Crie agora uma classe chamada de **LivroController**, se possível no pacote **br.com.integrator.controller**, e adicione o código mostrado na **Listagem 13.2** a seguir, em destaque:

Listagem 13.2 – Alterações no arquivo LivrosController.java

```
...
public class LivroController {

   private EntityManagerFactory emf;

   private EntityManager getEntityManager( ) {
      return emf.createEntityManager( );
   }

   public LivroController( ) {
      emf = Persistence.createEntityManagerFactory("livraria");

   }

   public List todosLivros( ) {
      EntityManager em = getEntityManager( );
      Query query =
            em.createNamedQuery("Livro.todosLivros");

      return query.getResultList( );

   }

}
```

No método **todosLivros ( )** é chamada a JPQL criada na entidade Livro. Essa chamada é feita através do método **createNamedQuery( )**, de **EntityManager**.

> **Atenção:** Em caso de dúvida, recorra aos fontes do projeto de mesmo nome para criar os arquivos.

Por último, crie um Servlet chamado de **LivrosFacade** e coloque no pacote **br.com.integrator.web**. Altere-o como mostrado na **Listagem 13.3**.

Listagem 13.3 – Alterações no Servlet LivrosFacade

```
...
protected void processRequest(HttpServletRequest request,
      HttpServletResponse response)
      throws ServletException, IOException {
   response.setContentType("text/html;charset=UTF-8");
   PrintWriter out = response.getWriter();
   try {

      String rows = "";

      for (int i = 0; i < listarLivros().size(); i++) {
         Livro livs = (Livro) listarLivros().get(i);

         rows += "{" +
               "id : '" + livs.getId() + "'," +
               "titulo : '" + livs.getTitulo() + "'," +
               "edicao : '" + livs.getEdicao() + "'" +
               "},";
      }
```

```
        String formJSON = "{columns: [ {label : 'ID', id : 'id'}," +
              " {label:'Título',id:'titulo'}, {label : 'Edição', id: 'edicao'}]," +
              "rows:[" + rows + "]}";

        out.print(formJSON);

      } finally {
        out.close();
      }
  }

  protected List listarLivros() {

      LivroController lc = new LivroController();
      return lc.todosLivros();
  }
  ...
```

O Servlet desenvolvido fará a saída em JSON exatamente para que possamos montar os dados de acordo com o exigido pelo componente.

Na execução do Servlet, haverá uma saída como mostrada na **Figura 13.10**.

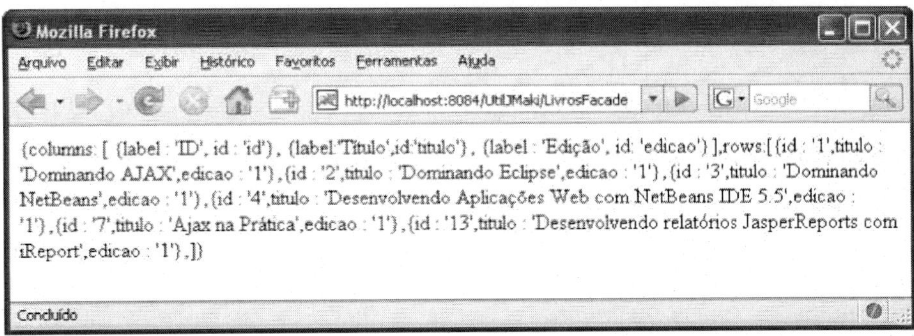

FIGURA 13.10 – SAÍDA NO FORMATO JSON

Observação: Existe um conjunto de classes no endereço **http://www.json.org/java** para desenvolver o formato JSON utilizando Java. O NetBeans IDE 6.0 possui em suas bibliotecas o JSON para que você possa adicionar em seus projetos.

Uma biblioteca Java também pode ser encontrada no endereço **http://json-lib.sourceforge.net/**.

Na sua página, altere seu componente como mostrado a seguir:

```
<a:widget name="dojo.etable"
      service="LivrosFacade" />
```

O resultado pode ser visto na **Figura 13.11** a seguir:

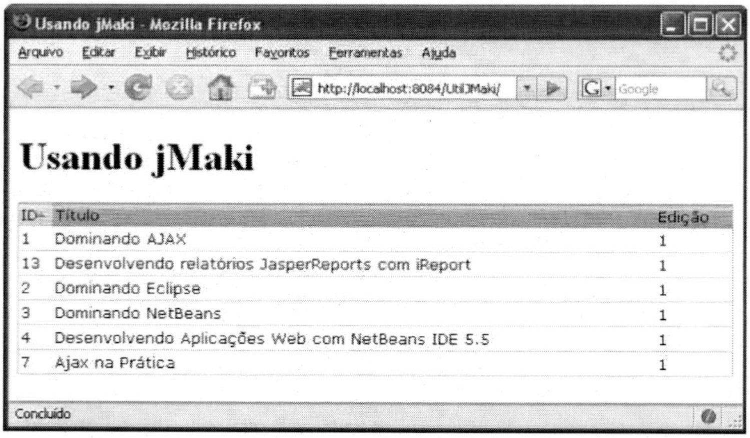

Figura 13.11 – Exibição da tabela renderizada com os dados do Servlet

Na janela **Projects**, expandindo os nós de **Web Pages** > **resources** > **dojo** > **etable**, você encontra o arquivo JavaScript **component.js**, onde reside os métodos que manipulam este componente.

Existem outros componentes que podem ser analisado, onde em suma, trabalham com formatos JSON e que são muito simples de se adaptar.

Ajax com GWT

O Google Web Toolkit, ou simplesmente GWT, é um framework Ajax que facilita o desenvolvimento por esconder do programador a implementação de código JavaScript. O GWT abstrai o JavaScript a partir de uma biblioteca de classes Java, disponibilizando diversos componentes widgets (componentes visuais). Estes componentes são usados pela própria Google, desenvolvedora do framework, em aplicações já consagradas como GMail e Google Maps.

Baixando o GWT

O projeto do Google Web Toolkit possui o pacote que é encontrado na página do framework. Disponível para os sistemas operacionais Linux, Windows e MacOS, você o encontra no seguinte endereço:

http://code.google.com/webtoolkit/

Neste endereço há o link **Download Google Web Toolkit (GWT)**, que o leva ao download do framework, que no momento em que este livro é escrito, se encontra na versão **1.4.61**. O arquivo vem compactado. Descompacte-o em um local desejado.

Instalando o plugin GWT no NetBeans

Vá ao menu **Tools** e clique em **Plugins**. Na guia **Available Plugins**, da caixa de diálogo **Plugins**, selecione o item **GWT4NB**. Este plugin possibilita integrar o NetBeans ao GWT de forma simples, integrando a suas aplicações Web. Clique no botão **Install**.

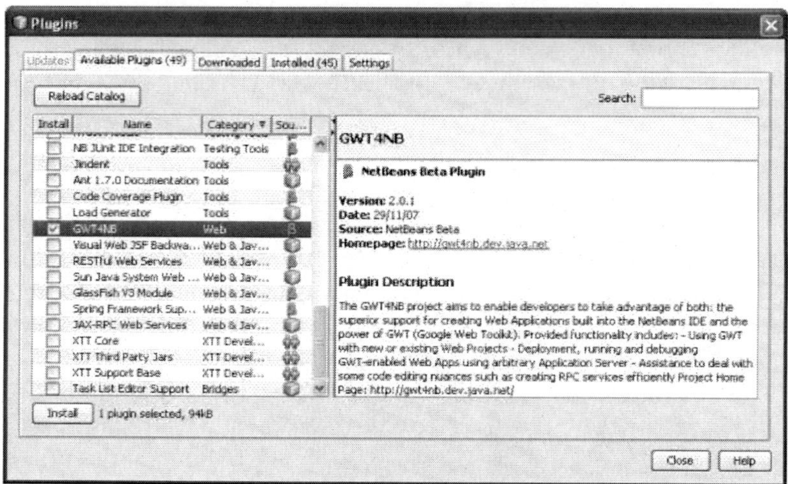

FIGURA 13.12 – PLUGIN GWT4NB SELECIONADO PARA INSTALAÇÃO

Ao surgir a caixa de diálogo **NetBeans IDE Installer**, clique em **Next** para visualizar os termos de licença. Seguindo os mesmos passos executados para a instalação do jMaki, marque **I accept the terms in all of the license agreements** e confirme no botão **Install** para iniciar a instalação. Ao finalizar a instalação, clique no botão **Finish** e depois **Close** na caixa de diálogo **Plugins**.

UM PROJETO COM GWT NO NETBEANS

Crie um novo projeto Web e na segunda etapa coloque seu nome de **AjaxComGWT**. Avance para a terceira etapa e selecione o framework **Google Web Toolkit**. Na parte inferior, clique no botão **Browse** e selecione o local de instalação do **GWT**, em **GWT Installation Folder**. Coloque o nome do módulo e pacote em **GWT Module** e clique no botão **Finish** para confirmar.

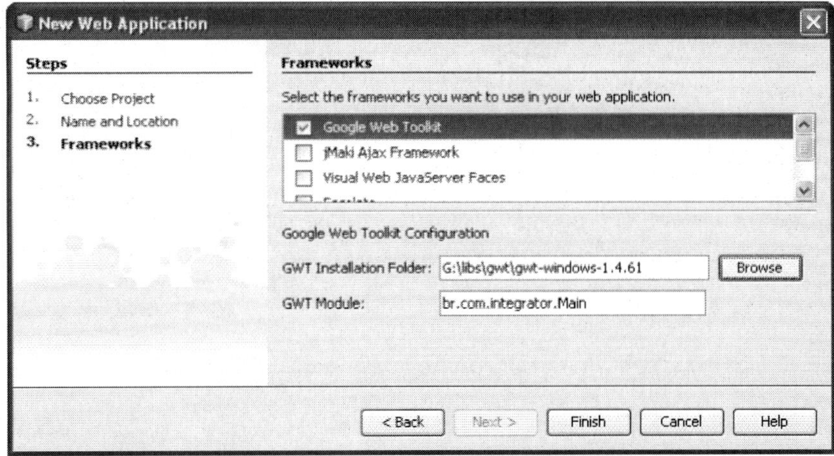

Figura 13.13 – Selecionando o framework Google Web Toolkit

Ao criar o projeto, o plugin cria automaticamente alguns arquivos com uma pré-configuração de um pequeno exemplo.

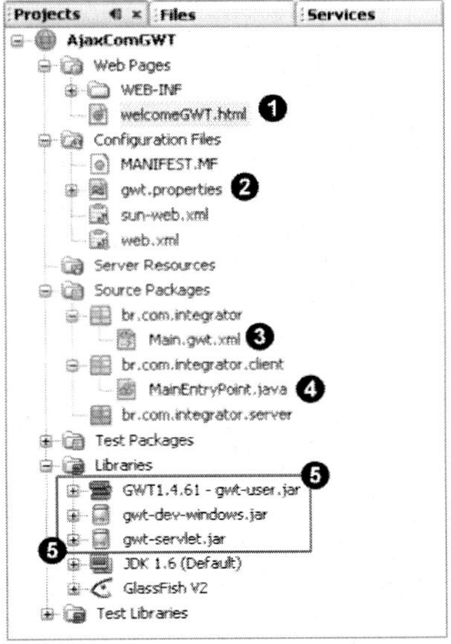

Figura 13.14 – Arquivos criados pelo plugin GWT

Com a seleção do framework na terceira parte do assistente, o NetBeans tem adicionado automaticamente as bibliotecas do GWT, como visto na **Figura 13.14** no item número **5**.

Visualizando a aplicação gerada automaticamente

Executando o projeto (**F6 – Run Main Project**), é possível ver a aplicação simples criada inicialmente como exemplo de seu uso.

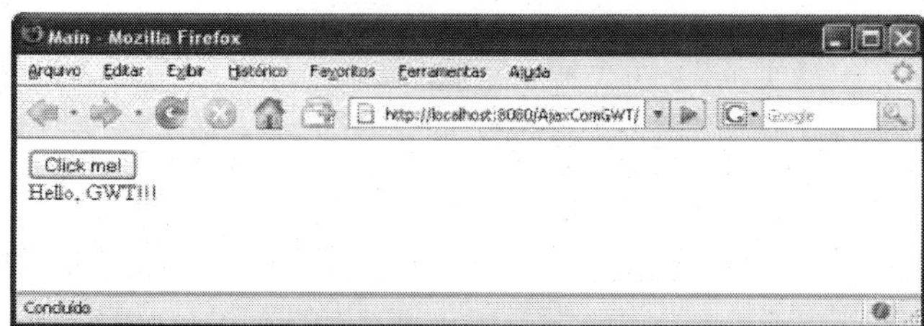

Figura 13.15 – Aplicação Ajax gerada pelo Google Web Toolkit

Compreendendo o código gerado

Todas as aplicações GWT tem em sua classe uma implementação da interface **EntryPoint**. Esta interface define o método **onModuleLoad()**, que é chamado quando a aplicação é executada no cliente.

O GWT possui uma série de componentes que são chamados de widgets, comuns também em outros frameworks Ajax, sejam eles obrigatórios no uso da plataforma Java ou não.

No exemplo criado automaticamente, um rótulo e um botão são criados por um objeto **Label** e **Button** de **com.google.gwt.user.client.ui**. Isso significa que há outros componentes como caixas de entrada, grids, imagens e etc., como acontece com o JavaServer Faces.

Para melhor compreensão, altere o código gerado na classe MainEntryPoint como mostra a **Listagem 13.4** a seguir:

LISTAGEM 13.4 – ALTERAÇÕES NO MÉTODO ONMODULELOAD

```
...
public void onModuleLoad() {
    final TextBox textBox = new TextBox();
    final Label label = new Label("Digite seu nome:");
    final Button button = new Button("Enviar");

    button.addClickListener(new ClickListener(){
        public void onClick(Widget w) {

            Window.alert("Seu nome é: "+textBox.getText());

        }
    });

    RootPanel.get().add(label);
    RootPanel.get().add(textBox);
    RootPanel.get().add(button);

}
...
```

Fixe as importações e execute a aplicação. Digite seu nome e clique no botão Enviar.

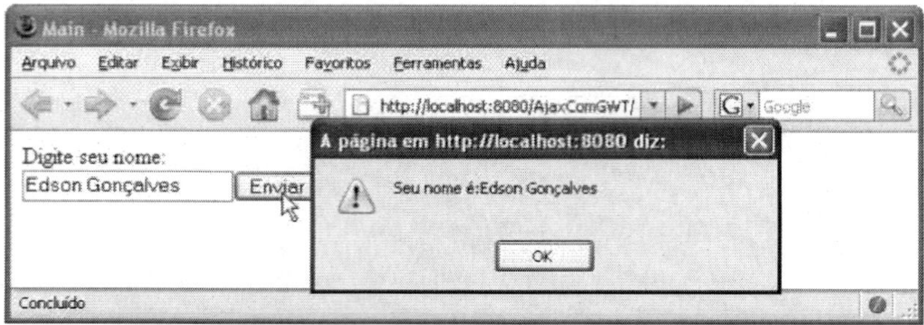

FIGURA 13.16 – RESULTADO DAS ALTERAÇÕES CRIADAS

Na alteração criada, foi adicionado um **TextBox()**, método que cria uma caixa de entrada.

O botão recebe o objeto ouvinte **addClickListener** que captura os eventos de cliques executados pelo usuário. Na criação de um novo objeto que implementa a interface ClickListener, é chamado o método **onClick()**, que é chamado ao ser clicado. Ao fazê-lo, um alerta é gerado através de **Window.alert()** – similar ao JavaScript **window.alert**.

Para capturar um texto colocado no **TextBox()**, o método **getText()**.

Por fim, para adicionar ao painel, será necessário adicionar no **RootPanel**, que possui o método **add** em **get**.

O ROOTPANEL

O **RootPanel** é o painel "raiz" no qual os componentes devem ser adicionados. O RootPanel é instanciado pelo GWT e obtido através de dois métodos estáticos:

- **ROOTPANEL.GET():** que retorna o RootPanel padrão da aplicação;

- **ROOTPANEL.GET(STRING ID):** que retorna o RootPanel associado a um atributo **id** de um elemento XHTML.

Para melhor compreender, o exemplo sofrerá uma modificação.

ALTERANDO O HTML

Abra o arquivo HTML e altere conforme mostrado na **Listagem 13.5** a seguir:

LISTAGEM 13.5 ALTERAÇÕES NO ARQUIVO WELCOMEGWT.HTML

```
...

    <table border="0">
      <thead>
        <tr>
          <th colspan="2">Cadastro em GWT</th>
        </tr>
      </thead>
      <tbody>
        <tr>
          <td id="lbtitulo"></td>
          <td id="tbtitulo"></td>
        </tr>
        <tr>
          <td id="lbedicao"></td>
          <td id="tbedicao"></td>
        </tr>
        <tr>
          <td id="lbpublicacao"></td>
          <td id="tbpublicacao"></td>
        </tr>
        <tr>
          <td id="lbdesc"></td>
          <td id="tadesc"></td>
        </tr>
        <tr>
          <td colspan="2" id="btsalvar"></td>
```

```
            </tr>
        </tbody>
    </table>
...
```

O código exibido na **Listagem 13.5** é simplesmente um HTML contendo uma tabela. Dentro de cada célula (<td/>) há um atributo **id** com um valor diferente. Este valor será usado pelo **GWT** para montar o formulário.

ALTERANDO A CLASSE MAINENTRYPOINT

Abra a classe **MainEntryPoint** e altere como mostrado na **Listagem 13.6** a seguir:

LISTAGEM 13.6 – ALTERAÇÕES NO MÉTODO ONMODULELOAD()

```
...
public void onModuleLoad() {

    final Label lbtitulo = new Label("Título:");
    final Label lbedicao = new Label("Edição:");
    final Label lbpublicacao = new Label("Publicação:");
    final Label lbdesc = new Label("Descrição:");
    final TextBox tbtitulo = new TextBox();
    final TextBox tbedicao = new TextBox();
    final TextBox tbpublicacao = new TextBox();
    final TextArea tadesc = new TextArea();
    final Button button = new Button("Enviar");

    RootPanel.get("lbtitulo").add(lbtitulo);
    RootPanel.get("lbedicao").add(lbedicao);
    RootPanel.get("lbpublicacao").add(lbpublicacao);
    RootPanel.get("lbdesc").add(lbdesc);
```

```
    RootPanel.get("tbtitulo").add(tbtitulo);
    RootPanel.get("tbedicao").add(tbedicao);
    RootPanel.get("tbpublicacao").add(tbpublicacao);
    RootPanel.get("tadesc").add(tadesc);

    RootPanel.get("btsalvar").add(button);

}
...
```

Diferente do exemplo anterior, desta vez fora adicionado um componente **TextArea()**, que cria a tag XHTML <textarea/>.

No **RootPanel**, através do método **get**, fora adicionado o nome de cada atributo **id** contido na página HTML para que este monte o formulário. O resultado pode ser visto na **Figura 13.17** mostrada a seguir:

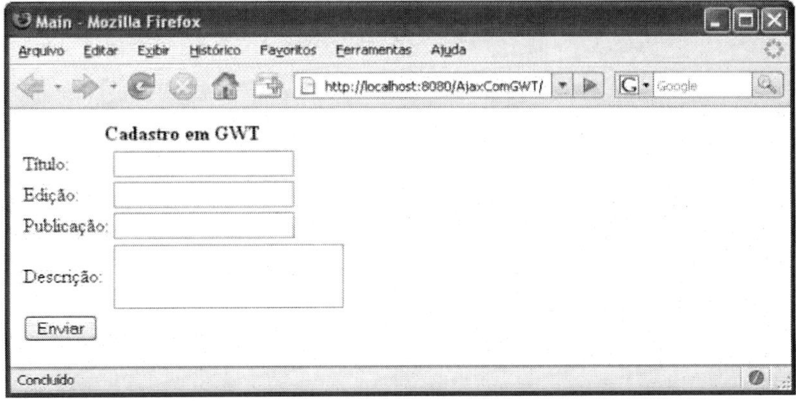

FIGURA 13.17 – FORMULÁRIO RENDERIZADO PELOS COMPONENTES GWT

UTILIZANDO O FORMPANEL

Alternativamente, o GWT possui um painel chamado de **FormPanel**. Este painel organiza um formulário, sem a necessidade de adição de HTML como feito no exemplo anterior.

Retire a tabela XHTML adicionada na página **welcomeGWT.html** e altere a classe **MainEntryPoint** como mostrado na **Listagem 13.7** a seguir:

LISTAGEM 13.7 – ALTERAÇÕES NA CLASSE MAINENTRYPOINT

```
...
public void onModuleLoad() {
   final FormPanel form = new FormPanel();
   form.setAction("Envia");
   form.setMethod(FormPanel.METHOD_POST);

   final Label lbtitulo = new Label("Título:");
   final Label lbedicao = new Label("Edição:");
   final Label lbpublicacao = new Label("Publicação:");
   final Label lbdesc = new Label("Descrição:");
   final TextBox tbtitulo = new TextBox();
   final TextBox tbedicao = new TextBox();
   final TextBox tbpublicacao = new TextBox();
   final TextArea tadesc = new TextArea();
   final Button button = new Button("Enviar");
   button.addClickListener(new ClickListener() {
      public void onClick(Widget sender) {
         form.submit();
      }
   });
   form.addFormHandler(new FormHandler() {
      public void onSubmit(FormSubmitEvent event) {
         if (tbtitulo.getText().length() == 0) {
```

```
            Window.alert("Preencha o título");
            tbtitulo.setFocus(true);
            event.setCancelled(true);
            return;
        }
    }
    public void onSubmitComplete(FormSubmitCompleteEvent event) {
        //adição de código aqui
    }
});
VerticalPanel layout = new VerticalPanel();
form.setWidget(layout);
layout.add(lbtitulo);
layout.add(tbtitulo);
layout.add(lbedicao);
layout.add(tbedicao);
layout.add(lbpublicacao);
layout.add(tbpublicacao);
layout.add(lbdesc);
layout.add(tadesc);
layout.add(button);

RootPanel.get().add(layout);

}
...
```

FormPanel é uma classe que gera a tag XHTML <form/> com seus respectivos atributos. O método **setAction()** determina o valor do atributo **action** da tag <form/> e **setMethod()** o atributo method. Pode-se definir o método de envio POST através da constante **METHOD_POST** de **FormPanel** ou **GET** através de **METHOD_GET**.

O FormPanel é uma subclasse de SimplePanel, o que significa que este componente pode conter somente um widget ou painel. A menos que seu formulário possua somente um controle, é necessário colocar os demais componentes em um painel e depois adicioná-lo ao FormPanel. Para simplificar seu desenvolvimento, foi usado no exemplo um VerticalPanel, onde o resultado é visto na **Figura 13.18**.

OS EVENTOS DE FORMPANEL

O FormPanel permite registrar um ouvinte de eventos, permitindo escrever um manipulador que os codifique. Os dois eventos para o ouvinte são a submissão do formulário, através do método **onSubmit**, e a conclusão da submissão, através de **onSubmitComplete**.

No exemplo, somente **onSubmit** fora utilizado para definir se um dos campos de entrada possui algum valor. Se este estiver vazio, aparece um alerta, seguido do foco no campo (**setFocus(true)**) e cancelamento da submissão (**setCancelled(true)**).

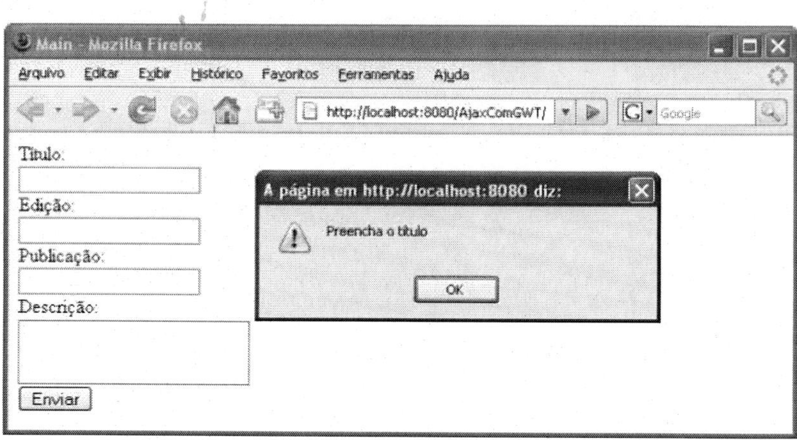

FIGURA 13.18 – FORMULÁRIO GERADO POR FORMPANEL

MAIS EXEMPLOS COM GWT

Há um plugin que pode ser instalado no NetBeans que adiciona diversos exemplos. Entre no endereço a seguir:

http://plugins.netbeans.org/PluginPortal/faces/PluginDetailPage.jsp?pluginid=4537

E baixe o plugin de exemplos. Instale como feito em outros exemplos, através de **Tools** no item **Plugins**, através da guia **Downloaded**. Selecione o plugin e clique no botão **Install**. Após a instalação, reinicie o NetBeans, mesmo que este não peça.

Inicie um novo projeto e na categoria **Samples**, selecione em **Web** o item **Google Web Toolkit**.

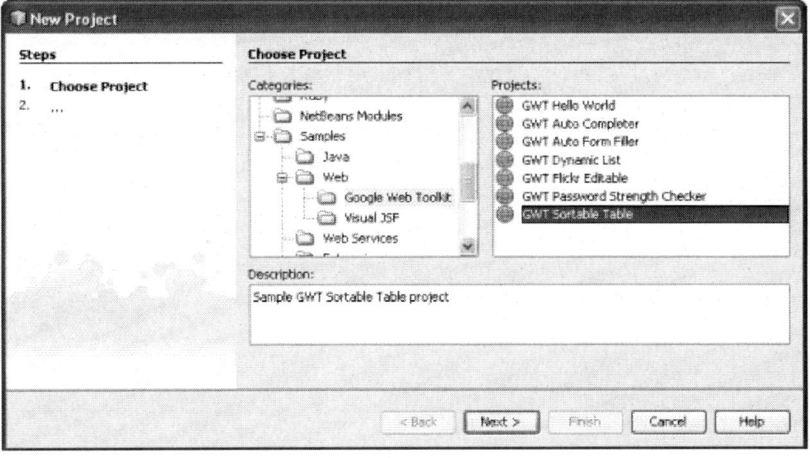

FIGURA 13.19 – EXEMPLOS PARA DESENVOLVIMENTO COM GWT

Corrija o local da instalação do framework GWT, que nestes exemplos, aponta para o caminho da máquina do desenvolvedor que criou o plugin.

Você pode ir com o direito do mouse sobre o projeto e selecionar no menu de contexto o item **Resolve Reference Problems** e corrigir biblioteca por biblioteca ou, de forma mais fácil, no mesmo menu de contexto selecionar **Properties**. Na caixa de diálogo **Project Properties**, ir em **Libraries** e remover as originais que estão com problemas e substituí-las através do botão **Add JAR/Folder**. Adicione também a biblioteca do GWT do NetBeans para que seja possível ter uma integração perfeita na IDE.

Depois, vá ao item **Frameworks**, que ainda acusará erro, e selecione o caminho onde se encontra a instalação do GWT de sua máquina. Confirme no botão **OK** e rode a aplicação perfeitamente.

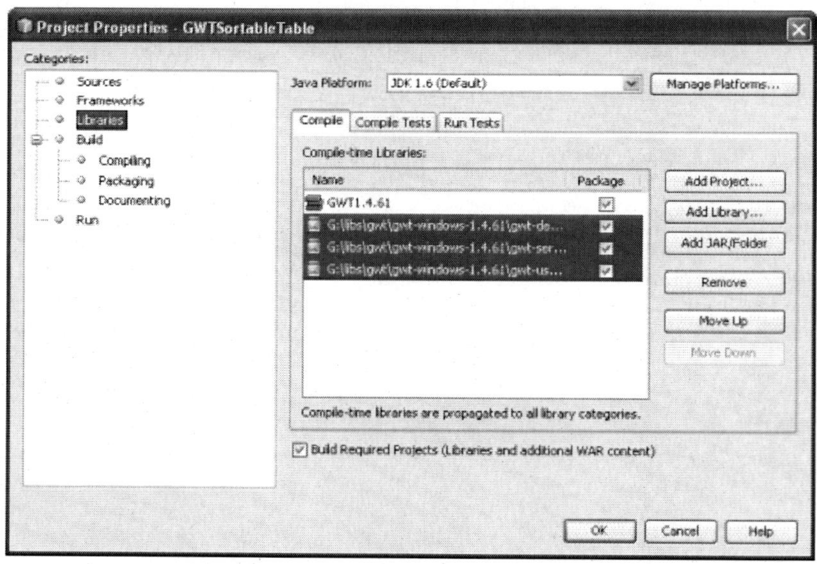

FIGURA 13.20 – BIBLIOTECAS APONTADAS CORRETAMENTE DE ACORDO COM A INSTALAÇÃO DO GWT

> **ATENÇÃO:** No CD-ROM anexo ao livro, o plugin se chama **1197502281004_org-netbeans-modules-gwtstarterkit.nbm**.

Utilizando Ajax com Visual Web JSF

O Visual Web JavaServer Faces possui também seus próprios componentes Ajax. O que atualmente possui constante atualização é o projeto ICEfaces.

O projeto ICEfaces

O projeto Open Source ICEfaces é mantido pela empresa ICEsoft Technologies Inc., que contribui constantemente com a comunidade e que atualmente é o que possui mais componentes Ajax integrados com o Visual Web JSF.

Para obter este framework, vá ao site **http://www.icefaces.org** e clique em **Download**.

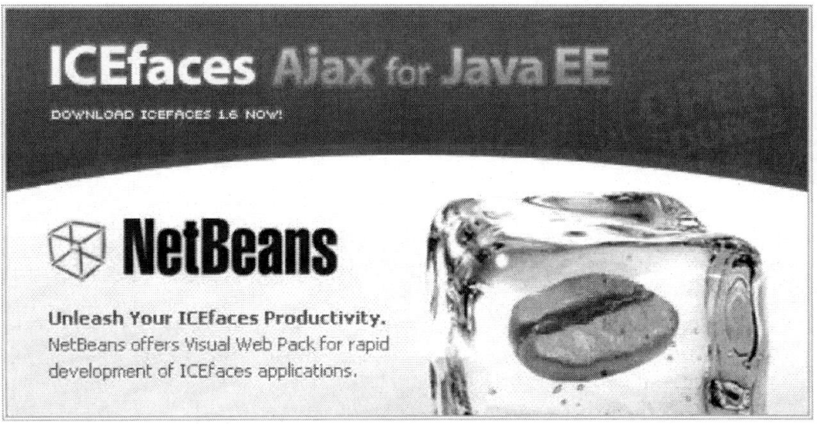

Figura 13.21 – Banner de entrada do projeto ICEfaces

É necessário fazer login para baixá-lo. Para o NetBeans IDE, existem as ferramentas de integração:

- **ICEfaces-NetBeans6-IDE-v3.0.0.1.zip** - que se integra ao NetBeans.
- **ICEfaces-1.6.2-libs-NetBeans6.zip** – as bibliotecas do ICEFaces.

Ao descompactar estes arquivos, perceba que há por entre eles um arquivo com extensão **.nbm**.

Instalando o ICEfaces

Você pode utilizar o ICEfaces tanto em um projeto Web comum, como também utilizá-lo em um projeto com o Visual Web JSF.

Como fora feito no caso da instalação de outros módulos, vá ao menu **Tools** e clique no item **Plugins**. Na opção **Downloaded**, clique no botão **Add Plugins** e selecione os arquivos com extensão **.nbm**. Clique no botão **Install** para instalá-los. Siga os mesmos passos feitos em instalações anteriores de plugins.

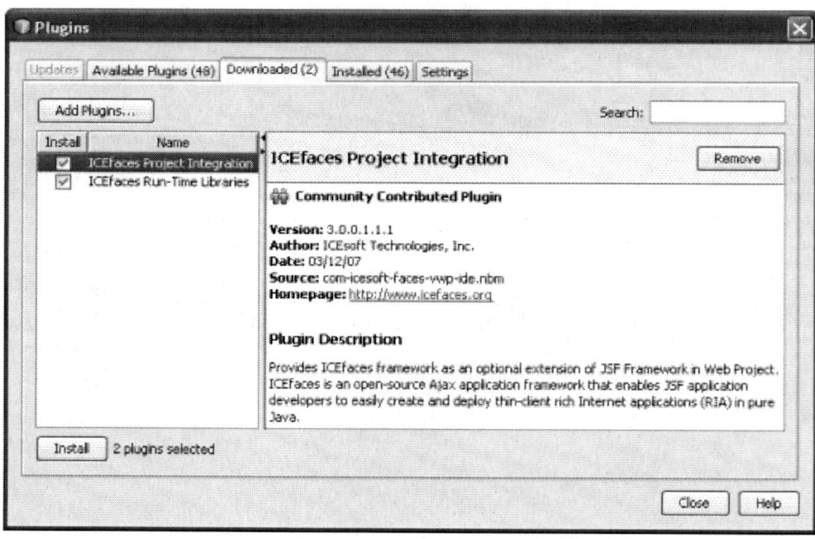

Figura 13.22 – Seleção dos dois plugins para instalação

Após a instalação, crie um novo projeto Web. Em **Project Name** digite **TrabComICEfaces** prossiga. Na terceira etapa, selecione em **Frameworks** o item **Visual Web ICEfaces**. Digite o nome do pacote Java em **Default Java Package** e clique no botão **Finish**.

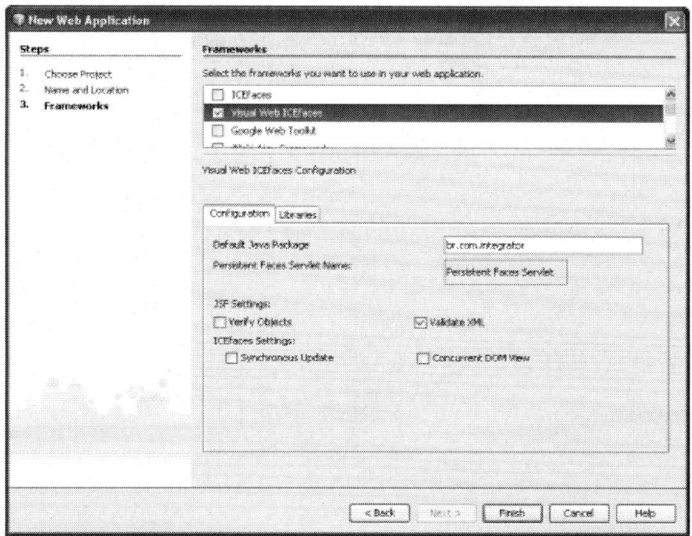

FIGURA 13.23 – SELEÇÃO E CONFIGURAÇÃO DO VISUAL WEB ICEFACES

O ICEfaces foi adicionado ao projeto Visual Web JSF com suas respectivas bibliotecas.

Na janela **Palette** há agora duas categorias: **ICEfaces** e **ICEfaces Layout**.

Palette

Basic

ICEfaces

CommandButton	CommandLink	DataPaginator	DataTable
Form	GraphicImage	InputFile	InputHidden
InputSecret	InputText	InputTextarea	MenuBar
MenuItem	MenuItemSeparator	MenuItems	Message
Messages	OutputChart	OutputConnectionStatus	OutputDeclaration
OutputFormat	OutputLabel	OutputLink	OutputProgress
OutputStyle	OutputText	SelectBooleanCheckbox	SelectInputDate
SelectInputText	SelectManyCheckbox	SelectManyListbox	SelectManyMenu
SelectOneListbox	SelectOneMenu	SelectOneRadio	Tree

ICEfaces Layout

Page Fragment Box	PanelCollapsible	PanelGrid	PanelGroup
PanelPopup	PanelPositioned	PanelSeries	PanelStack
PanelTab	PanelTabSet		

FIGURA 13.24 – AS CATEGORIAS ICEFACES E SEUS RESPECTIVOS COMPONENTES

Estes componentes são simples de usar assim como os "nativos" do próprio Visual Web JavaServer Faces. No centro da página há um aviso, até o momento em que o livro é escrito, avisando-o da incompatibilidade com alguns componentes do projeto **Woodstock**. Exclua este componente para iniciarmos o exemplo.

Arraste o componente **DataTable** da janela **Palette**, na categoria **ICEfaces**. Executando o mesmo procedimento adotado em exemplos anteriores com o uso do componente padrão do Visual Web JSF, conecte-se ao banco de dados **livraria** e expanda o nó de **Table**. Arraste a tabela **livros** para cima da página **Page1** ou sobre o componente.

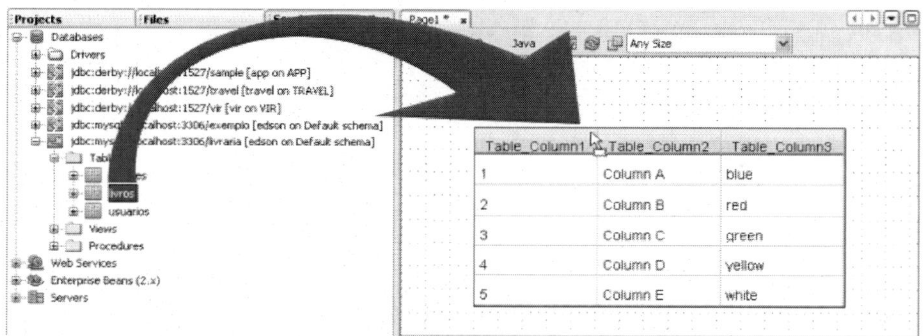

FIGURA 13.25 – ARRASTANDO A TABELA PARA CIMA DO COMPONENTE DATATABLE

Clique com o direito do mouse sobre este componente e selecione no menu de contexto o item **Table Layout**.

Na caixa de diálogo **Table Layout**, verifique se em **Get data from** o item **livrosRowSet** (ou o que está usando em seu exemplo) está selecionado. Caso não esteja, selecione.

Em **Displayed** selecione os itens **livros.id** e **livros.descricao** e clique no botão "<". Ainda neste campo, selecione cada uma das colunas existentes e em **Header text** digite seus títulos, com acentos inclusive.

Seguindo as mesmas características de seu componente "meio-irmão", clicando na aba **Paging**, marque a opção **Enable paging**. No campo **Page size (number of rows)**, digite um número para exibição máxima de linhas na sua tabela. Selecione **Image Buttons** em **Page navigation** e **Bottom** em **Position**. Clique no botão **OK** para confirmar.

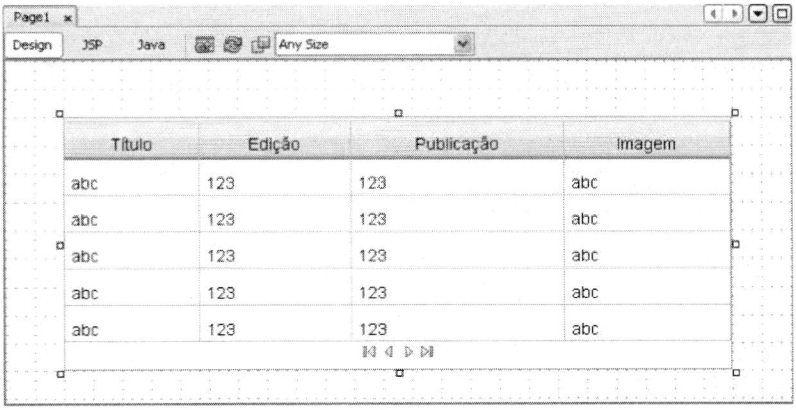

Figura 13.26 – Componente DataTable de ICEfaces

Execute o projeto e veja o resultado de como funciona a paginação e o componente com a adição de AJAX.

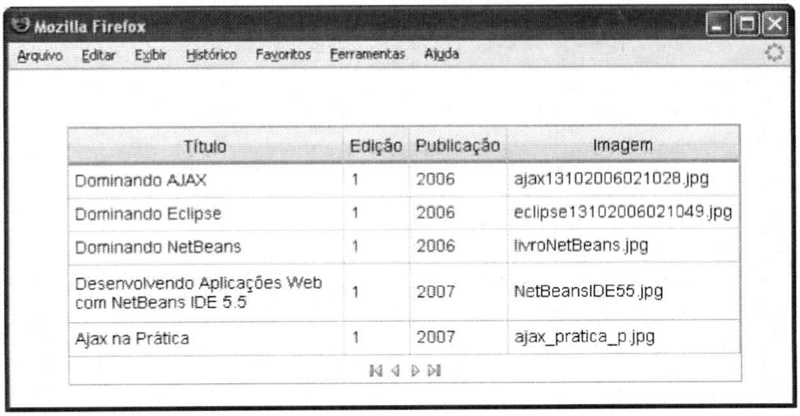

Figura 13.27 – Resultado da tabela renderizada com Ajax pelo componente ICEfaces

Como utilizar o ICEfaces em projetos Web sem VWJSF

Seguindo o mesmo processo utilizado para criar um projeto, selecione em **Framework** o item **ICEfaces**.

> **Atenção:** A página padrão JSF criada pelo NetBeans IDE, em um projeto deste framework, é **welcomeJSF.jsp**. Faça uma página index.jsp e redirecione para esta página com a extensão **.ifaces**, como está configurado no deployment descritor. Depois, altere no web.xml a página inicial a ser executada.

Outros frameworks AJAX

Existem muitos outros frameworks AJAX que podem ser utilizados em suas aplicações Web. Estes frameworks não foram abordados aqui, neste capítulo, por não possuírem uma ferramenta direta de integração com a IDE.

No momento em que este livro é escrito, o framework DWR possui um plugin funcional somente para a versão anterior do NetBeans IDE.

APÊNDICE A
RUBY PARA DESENVOLVEDORES JAVA

Embora a linguagem Ruby não seja nova, somente há pouco tempo os holofotes do desenvolvimento Web se voltaram para esta linguagem devido ao reconhecimento de seu framework, chamado de Rails. Além da espantosa velocidade com que uma aplicação pode ser feita com a dupla, Ruby on Rails, Ruby é uma linguagem orientada a objetos, possuidora de uma sintaxe amigável e simples. O conjunto destes elementos trouxe ao desenvolvedor a abertura de um mundo de novas possibilidades, onde a simplicidade é a palavra de ordem.

Neste Apêndice você conhecerá o básico sobre a linguagem Ruby, focada nos exemplos com relação a Java, em conjunto com o NetBeans IDE.

RECURSOS DO RUBY

O Ruby possui muitos recursos similares a muitas linguagens, inclusive a Java, o que explica sua adoção por muitos desenvolvedores desta linguagem. Entre seus principais recursos temos:

- Tratamento de Exceções;
- É uma linguagem orientada a objetos (não 100%), mas melhor que Java e similar a mãe das linguagens orientadas a objetos SmallTalk. Isso significa que um número é a extensão de uma classe;
- Não precisa ser compilada após uma alteração. Você a modifica e executa.
- Closures (funções criadas dentro de outras funções, que referenciam o ambiente da função externa mesmo depois de ter saído de escopo) e com bindings de variáveis;

- Blocos de sintaxe delimitados por chaves "**{}**" ou por **do..end**;
- Garbage Collector atuando em todos os objetos;
- Tem capacidade de escrever extensões em C;
- Não necessita de declaração de variáveis;
- Os objetos são de tipagem forte e não estática;
- Portável como o Java, capaz de rodar em diversos ambientes com a mesma codificação.

O mais importante ao leitor é entender que Ruby é uma linguagem que vale a pena ser estudada, principalmente porque diminui consideravelmente a quantidade de linhas de seu código. O principal argumento é a sua integração com o ambiente Java, através do JRuby.

DESENVOLVENDO COM RUBY NO NETBEANS IDE

No menu **File**, clique no item **New Project** (**Ctrl+Shift+N**). Na caixa de diálogo **New Project**, selecione **Ruby** em **Categories** e em **Projects** o item **Ruby Application**. Clique no botão **Next** para prosseguir.

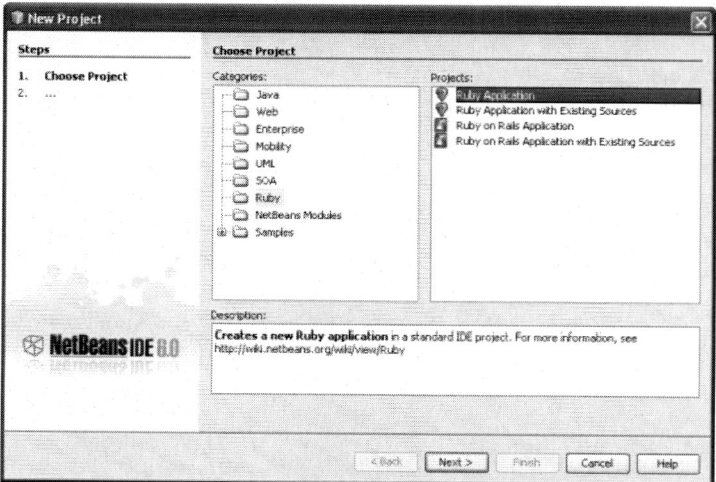

FIGURA A1 – CRIANDO UMA APLICAÇÃO RUBY

Na segunda etapa do assistente, adicione o nome do seu projeto em **Project Name** e clique no botão **Finish**.

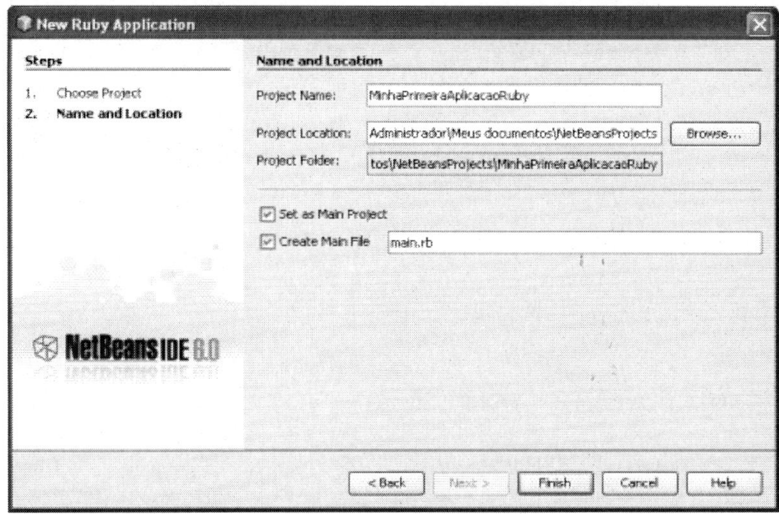

Figura A2 – Nome do projeto e arquivo inicial a ser criado

O projeto ao ser criado na IDE, abrirá o arquivo main.rb. Observe que este arquivo possui código Ruby.

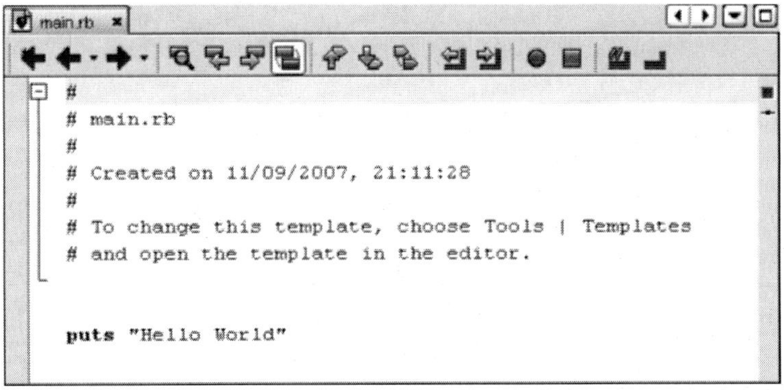

main.rb

```
#
# main.rb
#
# Created on 11/09/2007, 21:11:28
#
# To change this template, choose Tools | Templates
# and open the template in the editor.


puts "Hello World"
```

Figura A3 – O arquivo gerado

Rode a aplicação com **F6** (Run Main Project). Observe que a janela **Output** surgirá contendo o texto descrito.

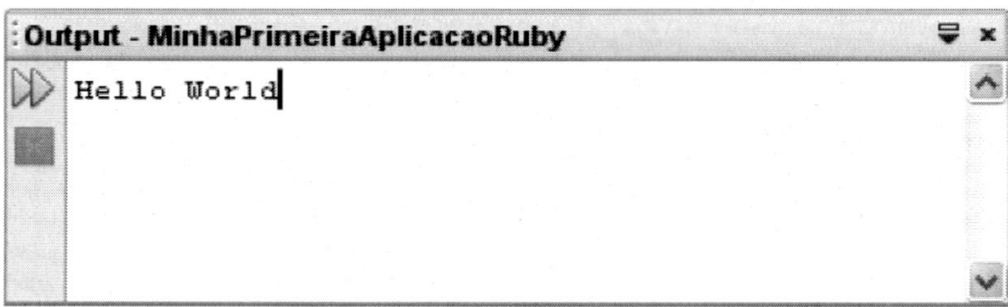

FIGURA A4 – RESULTADO IMPRESSO DO PROJETO EXECUTADO

CONHECENDO O BÁSICO SOBRE RUBY

Agora que você já sabe como rodar o Ruby no NetBeans IDE 6.0, nos resta compreender um pouco sobre a linguagem Ruby, o que deve ser considerado um passo inicial antes de aprender sobre seu framework, o Rails.

Para facilitar a vida do desenvolvedor, as explicações serão mostradas, a medida do possível, com comparações à linguagem Java.

Assim que digitar o exemplo, execute na IDE para ver os resultados.

VARIÁVEIS

Uma diferença marcante de Ruby com relação a Java está na declaração de variáveis. Simplesmente basta dar o nome a uma variável, atribuindo-lhe um valor, que obtemos o seu tipo dinâmico (mais conhecida como **duck typing**). Isso é um contraste com relação a Java, que possui sua tipagem estática.

Embora em Ruby tenha-se dito que tudo é um objeto, as variáveis não entram neste grupo. Na realidade, as variáveis são referências de objetos.

Um exemplo do uso de variável em Ruby:

variavel = *'teste'*
puts variavel

Entretanto, Ruby possui uma **tipagem forte**, o que significa que não se pode concatenar um valor de um tipo com outro, como ocorre com algumas linguagens dinâmicas.

variavel = *'teste'*

numero =1

puts variavel+numero

O exemplo mostrado anteriormente concatena (nota-se que o sinal de concatenação é similar ao de Java neste caso) uma variável do tipo **string** com o tipo **fixnum** (inteiro). Isso gera um erro na execução.

can't convert Fixnum into String (TypeError)

Assim como em Java, há a coerção de tipo para resolver tal problema.

Entretanto, se usar o sinal de multiplicação, a realidade pode mudar quanto ao resultado (veja em Strings).

Outro detalhe visto é a concatenação de variáveis. Podemos utilizar tanto o sinal de mais "+" como o sinal duplo de menor "<<":

uma_string = *'uma string de'*
outra_string =*" exemplo interessante"*

puts uma_string << outra_string

Ou com sinal de "+":

puts uma_string + outra_string

Ruby também suporta múltiplas declarações inline:

x,y,z='Desenvolvendo', 'Com', 'Ruby'

Ao imprimir:

puts x,y,z

A saída será:

Desenvolvendo
Com
Ruby

Variáveis globais

As variáveis globais em Ruby são definidas com o **"$"** antes do nome que a representa.

$variavel_global

Variáveis de sistema

Existem algumas variáveis pré-definidas, conhecidas como variáveis de sistema que iniciam como variáveis globais, utilizando o símbolo **"$"**, seguido de outro caractere, como você pode ver na **Tabela A1** a seguir:

Tabela A1 – Variáveis de Sistema

Variável de Sistema	Descrição
$!	Especifica a última mensagem de erro
$@	Especifica o local do erro
$_	Especifica a última string lida por gets
$.	Número da última linha lida pelo interpretador
$/	Especifica o separador de registros de entrada

$\	Especifica o separador de registros de saída
$0	O nome do arquivo de script Ruby
$*	Os argumentos da linha de comando
$$	Especifica o ID do processo do interpretador
$?	Status de saída do último processo filho executado
$=	Flag que determina case-insensitive
$&	Especifica a última string coincidente por uma expressão regular
$~	Especifica a última expressão regular coincidente, como um array de subexpressões

Das variáveis de sistema, **$_** e **$~** tem como âmbito o escopo local.

OUTROS TIPOS DE VARIÁVEIS

São variáveis para classe e instância:

@@variavel_classe

@variavel_instancia

CONSTANTES

Para se criar uma constante em Ruby, basta iniciar a primeira letra na declaração de uma variável em maiúscula. Diferente de Java que necessita da declaração:

static final String CONSTANTE="valor da constante";

Em Ruby simplesmente temos:

Constante = "valor da constante"

Embora em Ruby se você der outro valor a constante, ele incorpora o novo valor e gera um **warning** para informá-lo de tal situação.

COMENTÁRIOS

Há dois tipos de comentários, sendo um o mais usado em Ruby. O de uma linha, o mais usado, representado pelo sinal de serquilha "#", ou por =**begin**..=**end**:

```
#isto é um comentário

=begin
 Um comentário de
 múltiplas linhas
=end
```

NÚMEROS NO RUBY

Sabendo que tudo em Ruby é objeto, logo devemos concluir que um número estende a uma determinada classe.

Um objeto do tipo (ou classe) **inteiro** é qualquer número divisível por 1. Logo, se você tem valores pequenos, estes são inteiros pertencentes à classe **Fixnum**. Em Java, o inteiro primitivo é **int**. Caso sejam grandes, estes pertencem a **Bignum**, sem declarações, simplesmente sendo convertidos automaticamente.

Para que você veja esta ação do Ruby, execute a mudança no arquivo **Main.rb** a seguir e tecle **F6** para ver o resultado:

```
puts 1.class
```

Observe que na janela **Output** você tem a saída **Fixnum**. Agora se você tentar com a linha mostrada a seguir:

```
puts 4_000_000_000.class
```

Verá na saída, na janela **Output**, o resultado **Bignum**. Em Java, inteiros grandes são tratados pela classe **java.math.BigInteger**. Isso significa que em Java teria que ser tratado o mesmo número Bignum do Ruby da seguinte maneira:

```
BigInteger biginteger =new BigInteger("4000000000");
```

> **ATENÇÃO:** O separador de milhar no último exemplo com Ruby foi feito utilizando o underline "_". Como pode ver, não é nada complicado de se entender.

> **OBSERVAÇÃO:** Em Ruby, enquanto um valor Bignum é obtido inicialmente com **2**30** -veja em **(2**30).class** - ou seja, 230 . No JRuby essa situação é diferente. Obtemos o valor de Bignum em **2**63** – ou seja, 263.

VALORES DE PONTO FLUTUANTES

Os valores de ponto flutuante são simplesmente definidos como **Float**. Digite no seu arquivo e rode:

```
puts 1.0.class
```

O resultado na janela **Output** será **Float**. Se tentar **(1+1.0).class**, obterá o mesmo resultado. Isso significa que como Java, Ruby fará uma coerção de tipos neste caso.

Em Java, você tem o seguinte exemplo:

```
public static void main(String[] args) {
      int x=1;
      double y=1.0;
      double soma =x+y;
      System.out.print(soma);
}
```

Em Ruby, o mesmo exemplo:

```
x=1;
y=1.0;
soma=x+y

puts soma
```

STRINGS

Manipular Strings no Ruby é tão simples como números. Enquanto que em Java as Strings são representadas por aspas, em Ruby não há necessidade de tal exigência, podendo ser utilizadas aspas ou apóstrofos (aspas simples). Vale lembrar que a implementação Java de String é uma classe, com métodos, atributos e construtores.

Um exemplo em Ruby:

```
puts 'Uma string'.class
```

Como já foi dito, em Java, as Strings possuem métodos. Estes métodos auxiliam o desenvolvedor a obter de suas strings um determinado resultado. Por exemplo:

```
System.out.print("Uma String".toUpperCase());
```

Também pode ser feito com variáveis, se assim preferir:

```
String umaString = "Uma String";

System.out.print(umaString.toUpperCase());
```

Observe que o método **toUpperCase( )** de **String** foi chamado para tornar todos os valores literais da String em maiúsculos. Em Ruby seria:

```
puts 'Uma String'.upcase
```

Assim como em Java, pode ser feito com variáveis:

uma_string = *'Uma String'*

puts uma_string.upcase

Ou então embeber dentro de uma string uma variável que possui um valor que será alterado para maiúsculo:

uma_string = 'com upcase'

puts *"Somente uma parte alterada* **#{uma_string.upcase}***"*

Observe que neste último caso, o uso da segunda string necessitou de aspas e não de "aspas-simples". Isso porque o interpretador analisa as informações contidas dentro da string quando está em aspas comuns. O símbolo **#{}** é chamado em Ruby de **interpolação de expressão**.

O que poderíamos dizer que seria mais ou menos similar ao método **format** de String:

String **umaString** = *"com uppercase"*;

System.out.print(**String.format**(*"Somente uma parte alterada %s", umaString.toUpperCase()*));

E, assim como em Java, se quisermos colocar aspas para serem impressas em uma string, você tem que adicionar a barra de escape (backslash):

puts "Seja bem vindo \"Edson\""

Com uma String colocada em "aspas simples", você deve escapar usando \\. Dentro de aspas, você pode utilizar também backspace (\b), carriage return (\r), newline (\n), space (\s) e tab (\t).

Os caracteres são inteiros em Ruby. Se você utilizar o seguinte script:

letra = "a"
puts letra[0]

Resultará no valor **97**, que representa a letra "a" da tabela **ASCII** (teste em seu sistema operacional). Similar ao que ocorre em **Java** se você fizer o trabalho com primitivos:

char letra = 'a';
int x = letra;
System.out.println(x);

O contrário em Ruby para obter a letra da tabela ASCII seria:

97.chr

Caracteres podem ser extraídos de Ruby, como por exemplo:

ola = "Seja bem vindo Edson"
puts ola[15,5]

O trecho mostrado imprime "**Edson**", onde o índice de caracteres inicia em zero. E o segundo índice indica a quantidade de caracteres a serem exibidos a partir de.

Em Java, o equivalente seria:

String ola = "Seja bem vindo Edson";
System.out.println(ola.substring(15, 20));

Em Ruby, você também pode utilizar um índice invertido, como por exemplo:

ola = "Seja bem vindo Edson"
puts ola[-5,5]

Que imprime o mesmo valor do anterior.

Se precisar repetir uma determinada String, você pode multiplicá-la por um número, como por exemplo:

puts "Hello World \n" * 5

Isso repete a String "Hello World" cinco vezes.

Caso você possua em uma String muitas "aspas", pode alternativamente utilizar %Q:

puts %Q{Alterar de "Administrador" para "Usuário"}

Se em Java você quiser quebrar uma linha, você utiliza sempre o caractere "\n" (nova linha) dentro da string. Não é diferente com Ruby.

Mas, se desejar fazer em múltiplas linhas esta quebra, em Ruby, você pode simplificar utilizando o heredoc, simbolizado por dois sinais de menor "<<" seguido, sem espaço, do nome que será utilizado para abertura e fechamento do bloco. Exemplo:

```
uma_string = <<DOC
  Primeira linha
  Segunda linha
  Terceira linha
DOC

puts uma_string
```

COERÇÃO DE TIPOS

No principio foi dito que não havia possibilidade de concatenar ou somar um valor numérico com uma string. A forma válida é fazendo uma coerção de tipo.

```
string = "1"
numero = 5
puts string.to_i + numero
```

Ou você também pode fazer da seguinte forma:

```
string = "1"
numero = 5
puts Integer(string) + numero
```

O mesmo pode ser feito com float, utilizando to_**f** ou **Float**:

```
string = "1.5"
numero = 5.0
puts Float(string) + numero #também pode ser string.to_f
```

Em Java, entre outras formas, você teria algo como:

```
String string="1";
Integer numero = 5;
Integer total = numero + Integer.parseInt(string);
System.out.println(total);
```

ARRAYS

Em Ruby os arrays podem conter diversos tipos de objetos. Você pode declarar um array em Ruby da seguinte forma:

```
a = ['uma string',1,'outra string']

puts a[0]
```

O que em Java seria algo como:

```
Object[] a = {"uma string",1,"outra string"};

System.out.println(a[0]);
```

Em ambos os casos, precisa-se utilizar em uma terceira variável, com uma concatenação, haveria necessidade de coerção de tipo, como no caso de Ruby:

```
a = ['uma string',1,'outra string']
x = a[0]+a[1].to_s
puts x
```

E no caso de Java:

```
Object[] a = {"uma string",1,"outra string"};
String x = a[0] + a[1].toString();
System.out.println(x);
```

Em Ruby, se preferir, pode utilizar o método **push**, após declarar o array da variável, para armazenar os valores:

```
a=[ ]
a.push 'Uma String'
a.push 1

puts a[0]
```

Alternativamente pode ser utilizado o "<<" para ter o mesmo que **push**:

```
a=[ ]
a << 'Uma String'
a << 1

puts a[1]
```

Agora, se você quiser construir um array de apenas strings, pode utilizar **%W**:

b= %W(String1 String2)

Isso iria imprimir: **String1** e **String2**. Agora se você utilizar espaços, tem que pular o próximo caractere com "\":

b= %W(Uma\ String 1 Outra\ String 2)

Que imprime:

Uma String

1

Outra String

2

E devido a flexibilidade de Ruby, você também pode utilizar arrays para comparação, como por exemplo:

puts ['Java','Ruby', 'JRuby']==%w{Java Ruby JRuby}

Interessante também que, em Ruby, você pode utilizar operadores para trabalhar com arrays:

c = [1,2]

c += [3]

puts c

Ou se preferir:

c = [1,2] + [3]

O que em ambos os casos o array acresce de um elemento, ficando: **[1,2,3]**.

Se você utilizar a multiplicação, também terá um resultado interessante:

```
c =[1,2]*3
```

Imprimirá os números 1 e 2 três vezes.

Para varrer um Array com Ruby, você pode utilizar o **each**:

```
a=[ ]
a << 'Uma String'
a << 1
a << 'Outra String'
a << 2

a.each{|x| puts x}
```

BLOCOS

Você pode ter blocos definidos no uso de métodos como em Java, utilizando {chaves} ou usando **do...end**.

No exemplo com Array, você viu o **each** em uma varredura sobre o array **a**. Assim como foi feito com chaves, pode ser feito com **do...end**:

```
a.each do |x|
  puts x
end
```

HASHES

Criar Hashes no Ruby é também muito fácil:

```
hash = {'a'=>'Primeiro','b'=>'Segundo','c'=>'Terceiro'}
hash.each do |k,v|
  puts k +" "+ v
end
```

Em **Java** ficaria bem maior, uma vez que também tem que incluir a biblioteca **java.util.***:

```
HashMap<String, String> hmap = new HashMap<String, String>();
hmap.put("a", "Primeiro");
hmap.put("b", "Segundo");
hmap.put("c", "Terceiro");

for (String k : hmap.keySet()) {
  String v = hmap.get(k);
  System.out.println(k + " " + v);
}
```

Ainda que, neste caso, foi utilizado Generics em Java, o que facilita muito, além do loop "For-each" inclusos a partir da versão 5 da linguagem.

Além de tudo, os Hashes em Ruby podem receber símbolos para a chave:

```
hash = {:a=>'Primeiro',:b=>'Segundo',:c=>'Terceiro'}
```

E ser acessado da seguinte maneira:

```
puts hash[:a] #imprime Primeiro
```

Símbolos são strings dentro do interpretador Ruby que possui dois-pontos antes de seu nome e são sempre o mesmo objeto durante a execução do programa. Portanto, símbolos não precisam ser criados especificamente em um Hash, como mostrado no exemplo anterior.

VALORES BOOLEANOS

Em Ruby, uma variável com valor true e false define os valores booleanos como em Java.

VALORES NULOS

O valor nulo em Ruby é **nil**, o que difere de Java que utiliza **null** para valores nulos.

RANGES

Em Ruby, podemos definir intervalos de um valor a outro de forma bem simples. Por exemplo, um intervalo de 1 até 10 poderia ser representado:

```
1..10
```

Por exemplo:

```
(1..10).each do |x|
  puts x
end
```

Se adicionarmos mais um ponto, teríamos um intervalo de 1 até 9:

```
1...10
```

OPERADORES

Antes de conhecer os controles de fluxos, você deve conhecer os operadores que o Ruby suporta. Além disso, Ruby possui vários operadores que são métodos e que podem ser redefinidos nas classes. A seguir temos a **Tabela A2** que demonstra estes operadores matemáticos:

TABELA A2 – OPERADORES MATEMÁTICOS

OPERADOR	DESCRIÇÃO
**	Exponenciação
-	Subtração
+	Adição (em String seria concatenação)
*	Multiplicação
/	Divisão
%	Módulo

A **Tabela A3** a seguir demonstra os operadores lógicos e condicionais

TABELA A3 – OPERADORES DE COMPARAÇÃO E LÓGICOS

OPERADOR	DESCRIÇÃO
>	Maior que. Retorna true se x > y
<	Menor que. Retorna true se x < y
>=	Maior ou igual a. Retorna true se x >= y
<=	Menor ou igual a. Retorna true se x <= y
<=>	Comparação. Em x <=> y, retorna 0 se x e y forem iguais, 1 se x for maior que y e -1 se x for menor que y
!=	Diferente de. Retorna true se x != y
==	Igual a. Retorna true se x == y
===	Triplo igual. Usado como igualdade para comparação em Ranges. Exemplo: **puts (0...10)===10** retorna **false**, pois o valor 10 não está neste intervalo.
! ou not *	Não
&& ou and *	E lógico (and)
|| ou or *	Ou lógico (or)

* Seja cuidadoso quando estiver utilizando em sua sintaxe os operadores lógicos. Os dois conjuntos de operadores não são completamente intercambiáveis. Eles possuem diferentes precedências, o que significa que a mistura de operadores usados em um único teste (exemplo && e and), podem ocorrer situações inesperadas. Isso porque parte do teste pode ser avaliada em ordem diferente dependendo de quais operadores estiver usando.

Em Java, podemos abreviar certas atribuições de valores, como por exemplo:

x += y;

Que seria o mesmo que:

x = x + y;

O mesmo também ocorre com o Ruby. Isso significa que Ruby suporta os operadores +=, -=, *=, /=, **=.

O || = o operador é usado para tarefas condicionais. Se um valor variável é **nil**, o valor especificado com ||= é fixado à variável.

Palavras reservadas

Como toda linguagem, Ruby possui um conjunto de palavras reservadas, que são:

Tabela A4 – Palavras reservadas do Ruby

alias	and	BEGIN	begin	break	case
class	def	defined?	do	else	elsif
END	end	ensure	false	for	if
in	module	next	nil	not	or
redo	rescue	retry	return	self	super
then	true	undef	unless	until	when
while	yield				

Controle de Fluxos

if

O primeiro controle de fluxo que você vai ver é o **if**, que similar em todas as linguagens, possui diferenças entre elas. Como Ruby não possui uma sintaxe similar ao C, como o Java, fica evidente que é diferente nos controles de fluxo como o if.

Em Ruby o IF pode ser feito das seguintes formas:

```
x=7

if x>6
 puts "Maior que 6"
else
 puts "Menor que 6"
end
```

Ou também se precisar simplificar:

```
puts(if x>6
 "Maior que 6"
else
 "Menor que 6"
end)
```

Em Java não precisa abrir um bloco, desde que haja apenas uma linha:

```
if( x>6 )
 System.out.print( "Maior que 6" );
else
 System.out.print(  "Menor que 6" );
```

Você também pode criar um IF em Ruby assim:

```
x=2
if x>1; puts "É maior que..."; end
```

Ou se preferir, assim:

```
x=2
puts " É maior que..." if x>1
```

Operador ternário

O Ruby também possui operador ternário, como Java, bem simplificado:

```
puts x>6? "Maior que 6" : "Menor que 6"
```

unless

Pode ser usado para criar uma condição negativa, por exemplo:

```
x=1
unless x!=1
  puts true
end
```

Este exemplo retorna **true**. Isso porque estamos dizendo ao Ruby: "Se X não for diferente de 1".

case..when...else

O switch...case do Java no Ruby tem uma sintaxe um pouco diferente, além de ser mais poderoso:

```
nota = 6.7

x = case nota
 when 9.1..10
  'A'
 when 8..9
  'B'
 when 7..7.9
  'C'
 when 6..6.9
  'D'
 else
  'E'
end

puts x
```

Observe que além de podermos usar Ranges para definir os intervalos de valores, o resultado pode ser capturado por uma variável para depois ser usado.

Outra forma de se utilizar o Case do Ruby é separando o resultado "caso seja" por dois pontos:

```
x = case nota
 when 9.1..10 :'A'
 when 8..9 : 'B'
 when 7..7.9 : 'C'
 when 6..6.9 : 'D'
 else 'E'
end
```

Este operador é chamado pelo Ruby de **case equality**.

while

O loop **while** no Ruby, assim como o if, segue uma semântica similar as linguagens de programação. Mas com sintaxe diferente do Java, claro:

```
i=1
while (i<10)
  puts i
  i += 1
end
```

Com a diferença que se for incrementar em apenas um, não existe o "++" como em Java.

Em Java ficaria:

```
int i = 1;
while (i < 10) {
      System.out.println(i);
      i++;
}
```

for

O loop **for** em Java costuma ser o mais usado. Em Ruby, o loop **for** trabalha como um varredor de coleções.

Por exemplo, em Java:

```
for(int i=0;i<10;i++)
  System.out.println(i);
```

Em Ruby seria:

```
for i in 0...10
  puts i
end
```

Com um array, em Ruby, seria:

```
a=["Primeiro","Segundo","Terceiro","Quarto"]
for b in a
  puts b
end
```

Já em Java seria um pouco diferente:

```
String[] a ={"Primeiro","Segundo","Terceiro","Quarto"};

for(int i=0;i<a.length;i++)
   System.out.println(a[i]);
```

do..while

Embora pouco usado por desenvolvedores, o do..while do Java é utilizado para fazer a verificação condicional apenas no final, ou seja, se houver apenas um valor e na condição disser que este valor não passa, ele já terá sido impresso antes:

```
int x=1;

do{
        System.out.println(x);
}while(x!=1);
```

Observe que a condição é feita somente após a passagem da impressão do valor de X no terminal do usuário.

Em Ruby, podemos obter o mesmo da seguinte forma:

```
x=1

begin
  puts x
end while x!=1
```

Observe que foi utilizado o begin. Claro que ele não é usado apenas para isso, como já foi visto anteriormente, mas possibilitou colocar o while somente após o final do bloco.

Outras formas de utilizar um loop

Podemos utilizar **times** para repetir um determinado número de vezes:

```
3.times do
  puts "Imprime 3 vezes"
end
```

Também podemos utilizar **upto** para um valor crescente:

```
2.upto(4) do |i|
  puts i
end
```

Ou **downto** para um valor decrescente:

```
3.downto(1) do |i|
  puts i
end
```

Agora, se precisar de algo similar ao Java, como:

```
for(int i=0;i<=10;i+=2)
  System.out.println(i);
```

Poderá fazer utilizando **step** da seguinte forma em Ruby:

```
0.step(10,2) do |i|
  puts i
end
```

No caso, em Ruby, dizemos que comece com zero e incremente dois até dez.

OBJETOS E MÉTODOS

Situações comuns em Java ocorrem com o Ruby, quando chamamos um método de um determinado objeto. Usamos o ponto para trazer da classe o método que podemos utilizar.

Entretanto, diferente de Java, em Ruby não há obrigação de utilizar os parênteses de um método. Seguindo o exemplo visto nas Strings, podemos colocar parênteses:

```
uma_string = 'uma string'

puts uma_string.upcase( ) #com parênteses
```

Embora isso não seja muito comum para o desenvolvedor Ruby. Em alguns casos, é importante possuir parênteses, como a chamada da biblioteca Math do Ruby (similar ao Java):

```
puts Math.sin(3)
```

CLASSES E MÉTODOS

Tanto em Ruby, como em Java, classes encapsulam comportamentos e estados. Classes em Java costumam ter construtor, atributos e métodos. Em Ruby, não é diferente.

Criando uma classe

Para definir uma classe em Ruby, utilizamos:

```
class MinhaClasse
end
```

O que simplifica e muito perto da linguagem Java.

Para criar um método construtor, em Java, utilizamos um método de mesmo nome da classe. Em Ruby, utilizamos o método especial chamado **initialize**. Vejamos um exemplo de classe e construtor em Ruby:

```
#criando a classe Usuarios
class Usuarios
  def initialize(nome,usuario,senha)
    @nome = nome
    @usuario =usuario
    @senha = senha
  end
end

#usando a classe Usuarios
usuario = Usuarios.new('Edson', 'edson', 'integrator')
```

Para melhor compreender, em Java, esta mesma classe seria feita da seguinte forma:

```
class Usuarios{
   private String nome;
   private String usuario;
   private String senha;

   public Usuarios(String nome, String usuario, String senha){
      this.nome = nome;
      this.usuario = usuario;
      this.senha = senha;
   }

}
```

As variáveis de instância no Ruby são criadas através do sinal de arroba "@" antes do nome da variável. O que seria similar aos atributos privados de Java.

Observe a posição do método de classe **new** de Ruby. O similar em Java seria:

Usuarios usuario = new Usuarios('Edson', 'edson', 'integrator')

Para criar um método com parâmetros, em Ruby podemos fazer da seguinte forma:

```
class Usuarios
  def usuario(nome)
    puts nome
  end
end

usuario = Usuarios.new
usuario.usuario("Edson")
```

Caso você queira criar um método com um parâmetro possuindo um valor padrão, você faria da seguinte forma:

```
class Usuarios
  def usuario(nome="Edson")
    puts nome
  end
end

usuario = Usuarios.new
usuario.usuario #imprime Edson

usuario.usuario("Daniel") #imprime Daniel
```

Podemos ter mais de um parâmetro, como ocorre em Java, porém, o valor padrão deve sempre partir da direita para a esquerda:

```
class Usuarios
  def usuario(nome, sobrenome='')
    puts nome +' '+ sobrenome
  end
end

usuario = Usuarios.new
usuario.usuario("Edson")
usuario.usuario("Luanna","Dias")
```

Você também pode usar sem os parênteses:

```
usuario.usuario "Luanna", "Dias"
```

Parênteses são requeridos se outro método for invocado no resultado. Por exemplo:

```
class Usuarios
  def usuario(nome)
    return args
  end
end

usuario = Usuarios.new
puts usuario.usuario("edson").upcase
```

Observe que neste último exemplo, o segundo parâmetro (sobrenome) é opcional.

Em Java, você teria algo similar da seguinte forma:

```
void usuario(){
    System.out.println("Edson");
}

void usuario(String nome){
    System.out.println(nome);
}

void usuario(String nome, String sobrenome){
    System.out.println(nome +" "+ sobrenome);
}
```

Ruby também possibilita criar métodos com um número de argumentos variáveis, utilizando um asterisco antes do nome da variável de argumento, como por exemplo:

```
class Usuarios
  def usuario(*args)
    puts args.join(' ')
  end
end

usuario.usuario("Luanna","Dias")
```

Se você não utilizar **join**, como mostrado, simplesmente cada argumento será colocado separadamente, em forma de array.

```
class Usuarios
  def usuario(*args)
    return args
  end
end

usuario = Usuarios.new
x= usuario.usuario("Luanna","Dias")
puts x[0]
puts x[1]
```

Em Java, teríamos algo semelhante usando "varargs" (Variable-Length Argument Lists) que surgiu no Java SE 5:

```
class Main( ){

...

   String usuario(String ...nome){
       StringBuilder sb = new StringBuilder ();
       for (String n: nome){
         sb.append(n);
         sb.append(" ");
       }
       return sb.toString();
   }

...

}

Main m = new Main();

System.out.println(m.usuario("Edson","Gonçalves"));
```

A pequena grande diferença no Java está na necessidade de um loop para separar os valores e os retornar.

Métodos assessores

Assim como é simples em Ruby criar classes e métodos construtores, é simples também criar métodos assessores. Para o exemplo dado, temos:

```
#criando a classe Usuarios
class Usuarios
  def initialize(nome,usuario,senha)
    @nome = nome
    @usuario =usuario
    @senha = senha
  end

  #métodos acessores
  attr_accessor :nome, :usuario, :senha
end

#usando a classe Usuarios
usuarios = Usuarios.new('Edson', 'edson', 'integrator')

puts usuarios.nome
```

O método **attr_accessor** trabalha como getters e setters na classe Ruby. No caso mostrado, você tem na saída "**Edson**", porque foi iniciada a classe com esse valor. Mas pode ser modificado da seguinte forma:

```
usuarios.nome = 'Luanna'

puts usuarios.nome
```

Em Java, seria bem maior e complexo. Veja um trecho do mesmo exemplo:

```
class Usuarios{

...
  public String getNome() {
    return nome;
  }

  public void setNome(String nome) {
    this.nome = nome;
  }

...

}
```

Variáveis de Classe

O escopo de uma variável de classe em Ruby é dentro da classe atual, ao invés de dentro de objetos específicos daquela classe.

Variáveis de classe iniciam com duas arrobas (@) e são particularmente usadas para armazenar informações relevantes a todos os objetos de certa classe.

```
class Carrinho
  def initialize
    if defined?(@@qtd_itens) #verifica se foi definida @@qtd_itens
      @@qtd_itens += 1
    else
      @@qtd_itens = 1
    end
  end

  def count
```

```
    @@qtd_itens
  end

end


a = Carrinho.new
puts a.count #imprime 1

b = Carrinho.new
puts b.count #imprime 2


c = Carrinho.new
puts c.count #imprime 3
```

Em Java, usamos **static** na declaração da variável de classe:

```
class Carrinho{
    private static Integer qtd_itens=0;

    public Integer count(){
        if(qtd_itens>0)
            qtd_itens++;
        else
            qtd_itens=1;

        return qtd_itens;
    }

}
```

```
Carrinho a = new Carrinho();
System.out.println(a.count()); //imprime 1
Carrinho b = new Carrinho();
System.out.println(b.count()); //imprime 2
Carrinho c = new Carrinho();
System.out.println(c.count()); //imprime 3
```

Métodos estáticos

Em Ruby métodos estáticos são chamados de Métodos de Classe (Class Methods).

```
def self.users
  "Administradores"
end
```

Em Java ficaria assim:

```
public static String getUsers() {
      return "Administradores";
}
```

Herança

Em Ruby a herança pode ser feita facilmente assim:

```
class Usuarios < Pessoas
```

Observe que em Ruby o sinal de "<" substitui o **extends** de Java:

```
public class Usuarios extends Pessoas{
```

Perceba que Ruby simplifica **Usuarios estende Pessoas**, usando o sinal de menor apenas.

Em Java acessamos a super classe através do método **super**. O mesmo ocorre com o Ruby.

O exemplo completo de como ficaria:

```
# classe Pessoas
class Pessoas
  # métodos acessores
  attr_accessor :nome, :email

  def initialize(nome,email)
   @nome = nome
   @email = email
  end

end


# a classe Usuarios estende Pessoas
class Usuarios < Pessoas

  # métodos acessores
  attr_accessor :usuario, :senha

  def initialize(nome,email,usuario, senha)
    super(nome, email)
    @usuario =usuario
    @senha = senha
  end

end
```

```
# usando a classe Usuarios
usuarios = Usuarios.new('Edson', 'edson@integrator.com.br', 'edson', 'integrator')
# exibindo o email
puts usuarios.email
```

Visibilidade

Assim como em Java, Ruby possui visibilidade de propriedades e métodos: **public**, **private** e **protected**.

O padrão, como já deve imaginar, é **public**. Veja um exemplo:

```
class Frete
  attr_accessor :cod, :desc, :peso, :valor

  def initialize(cod,desc,peso,valor)
    @cod = cod
    @desc = desc
    @peso = peso
    @valor = valor
  end


  def salva_frete
    f=File.new("frete.txt","w")
    f.write "#{@cod}\n"
    f.write "#{@desc}\n"
    f.write "#{@peso}\n"
    f.write "#{@valor}\n"
    f.close
  end

end
```

```
f = Frete.new(1, "Produto", 25.6, 258.66)
f.salva_frete
```

Neste exemplo, o método **salva_frete** é público, pois não foi definido nenhum tipo.

Agora, se antes da definição do método **salva_frete**, você adicionar **private**, uma exceção é lançada:

```
private
def salva_frete
  f=File.new("frete.txt","w")
  f.write "#{@cod}\n"
  f.write "#{@desc}\n"
  f.write "#{@peso}\n"
  f.write "#{@valor}\n"
  f.close
end
```

Se adicionarmos um método protegido antes de **salva_frete**, teremos problema:

```
protected
 def exibe_mensagem
   puts "Salvo com sucesso"
end
```

Isso porque Ruby protege os métodos a partir deste ponto, o que significa que devemos explicitar que **salva_frete** é **public**. O código completo é mostrado a seguir:

```
class Frete
 attr_accessor :cod, :desc, :peso, :valor

 def initialize(cod,desc,peso,valor)
   @cod = cod
```

```
  @desc = desc
  @peso = peso
  @valor = valor
end

protected
def exibe_mensagem
  puts "Salvo com sucesso"
end

public
def salva_frete
  f=File.new("frete.txt","w")
  f.write "#{@cod}\n"
  f.write "#{@desc}\n"
  f.write "#{@peso}\n"
  f.write "#{@valor}\n"
  f.close
  limpar_campos
  exibe_mensagem
end

private
def limpar_campos

  @cod = @desc = @peso = @valor = nil

end

end
```

```
f = Frete.new(1, "Produto", 25.6, 258.66)
f.salva_frete
```

Claro que em Ruby há outra forma de definir os métodos ou variáveis públicas, privadas ou protegidas. Basta ao final adicionar a visibilidade e depois de um espaço, com dois pontos, o nome do ou dos métodos.

```
class Frete

...

  def limpar_campos

    @cod = @desc = @peso = @valor = nil

  end

  protected :exibe_mensagem
  private :limpar_campos

end
```

Exemplo caso seja dois métodos em uma mesma visibilidade:

private :limpar_campos, :exibe_mensagem

Comparando objetos

Diferente de Java, Ruby não precisa comparar um objeto com **null** explicitamente para definir se existe. Em Ruby, podemos comparar simplesmente o objeto. Caso não existe, ele retorna **false**:

```
objeto= nil
puts objeto ? true : false
```

Isso retorna **false**. Em Java, teria que fazer:

```
Object o=null;

if(o != null) System.out.println("true");
else System.out.println("false");
```

> **OBSERVAÇÃO:** Em Ruby, como nil é um objeto, nunca haverá um NullPointerException.

EXCEÇÕES

Ruby possui a capacidade de lidar com exceções como Java. A diferença é que o habitual bloco **try..catch..finally** de Java é diferente na sintaxe Ruby:

```
begin
  x = 1/0
rescue Exception => e
  puts "Erro: " +e.message

  puts "Backtrace" +e.backtrace.join("\n")

end
```

Dentro do bloco **begin**, temos a situação conhecida em Java como **try**. Na tentativa, caso haja uma exception, o bloco **rescue** (em Java seria **catch**) entra em ação.

O bloco **ensure** é o **finally** de Java. Lembrando que **finally** e no caso **ensure**, executa sempre, tendo ou não uma exceção. O código completo é visto a seguir:

```
begin
  x = 1/0

rescue Exception => e
  puts "Erro: " +e.message
  puts "Backtrace" +e.backtrace.join("\n")

ensure
  x=nil
  puts "Limpo"

end
```

Módulos

Módulos, no Ruby, fornece uma estrutura para criar uma coleção de classes, métodos e constantes em uma unidade separada e nomeada. Em Java, sua semelhança é o **import**, ao qual se usa para importar pacotes.

Em Java você teria:

```
import br.com.integrator.shopping.Carrinho;

public class ChecaCarrinho{

   public static void main(String[] args){
       Carrinho carrinho = new Carrinho();
   }
}
```

Alternativamente em Java, você pode chamar a classe junto a seu pacote:

```
br.com.integrator.shopping.Carrinho carrinho =
      new br.com.integrator.shopping .Carrinho();
```

Programas Ruby usam módulos para criar namespaces (veja mais adiante).

```
module Shopping
 class Carrinho
  def initialize
   if defined?(@@qtd_itens) #verifica se foi definida @@qtd_itens
    @@qtd_itens += 1
   else
    @@qtd_itens = 1
   end
  end

  def count
   @@qtd_itens
  end

 end
end

include Shopping
carrinho = Carrinho.new
```

Alternativamente em Ruby seria:

```
carrinho = Shopping::Carrinho.new
```

Embora este exemplo cria uma analogia de que Ruby possui o **include** similar ao **import** de Java, estes dois possuem características diferentes. Em Java, a importação é feita em tempo de compilação e é usada para observar o nome real do pacote qualificado. Em Java, você define o pacote inserindo uma classe dentro de diretórios, separados por ponto até o nome da classe. Os pacotes em Java seguem regras que definem seu nome como o inverso de um domínio e que devem ser escritos em minúsculo.

Ruby é diferente, porque pode incluir objetos em tempo de execução, pois não é compilado, inserindo um módulo dentro de uma hierarquia de herança do objeto **self**. Você pode assistir a isto usando o método **ancestors** antes e após chamar o **include**:

```
#Antes de incluir Shopping
puts self.class.ancestors.join(' - ') #imprime Object – Kernel

include Shopping

#Após de incluir Shopping
puts self.class.ancestors.join(' - ') # Object - Shopping – Kernel
```

Também não é necessário, em Ruby, estar em outro arquivo para incluir um módulo.

Um detalhe importante é que você não pode criar uma instância de um módulo, e esta não pode herdar uma classe.

NAMESPACE

Comum no desenvolvimento de scripts, com Ruby você também pode incluir códigos situados em outros arquivos dentro do atual script. O arquivo incluso pode ser um trecho de código ou possuir muitas outras inclusões de outros arquivos.

Exemplo do uso em Ruby:

shopping.rb

```
module Shopping
  class Carrinho
    def initialize
      if defined?(@@qtd_itens) #verifica se foi definida @@qtd_itens
        @@qtd_itens += 1
      else
        @@qtd_itens = 1
      end
    end

    def count
      @@qtd_itens
    end

  end
end
```

usando.rb

```
require 'shopping'
include Shopping
carrinho = Carrinho.new
```

Mixins

A classe Ruby pode ter somente uma super classe, não suportando herança múltipla.

Entretanto, você pode incluir um módulo dentro de uma classe, o que é chamado de mixins ou "misturar". Em resumo, se você definir um módulo que tem métodos e adicioná-los a uma classe, então, esta classe terá todos os seus métodos, tanto as assinaturas quanto a implementação. Com este mesmo módulo, se for incluso em outra classe, haverá duas classes que compartilham a mesma implementação.

> **Observação:** Java não suporta oficialmente herança múltipla. Ao invés disso, usa-se interface para compartilhar assinaturas de métodos e, às vezes, implementar algum tipo de delegação de um objeto à outro.

BIBLIOGRAFIA

LIVROS NACIONAIS

Gonçalves, Edson – Dominando AJAX – Ciência Moderna - 2006

Gonçalves, Edson – Dominando NetBeans – Ciência Moderna – 2006

Gonçalves, Edson – Tomcat: Guia rápido do administrador – Ciência Moderna - 2006

Gonçalves, Edson – Desenvolvendo Aplicações Web com NetBeans IDE 5.5 – Ciência Moderna – 2007

Gonçalves, Edson – Desenvolvendo Aplicações Web com JSP, Servlets, JavaServer Faces, Hibernate, EJB3 Persistence e AJAX – Ciência Moderna – 2007

Gonçalves, Edson – Dominando Relatórios JasperReports com iReport – Ciência Moderna – 2008

Kurniawan, Budi – Java para Web com Servlets, JSP e EJB – Ciência Moderna - 2002

Livros Internacionais

Heffelfinger, David R. - JasperReports for Java Developers - Packt Publishing – 2006

Toffoli, Giulio - The Definitive Guide to iReport™ - Apress – 2007

Danciu, Teodor - The JasperReports Ultimate Guide – 2002

Keith, Mike - Schincariol, Merrick - Pro EJB 3 - Java Persistence API – Apress - 2006

Bergsten, Hans - JavaServer Faces - O'Reilly

Walls, Craig with Breidenbach, Ryan – Spring in Action– Manning – 2008

Bini, Ola - Practical JRuby on Rails Web 2.0 Projects – Apress – 2007

Thomas ,Dave - Hansson, David Heinemeier – Agile Web Development with Rails – Second Edition – The Pragmatic Programmers LLC - 2007

Fernandez, Obie - THE RAILS WAY - Pearson Education, Inc - 2008

Daigle, Ryan – Rails 2 – PeepCode Press

Sites

Using JasperReports with Hibernate: http://www.hibernate.org/79.html

Site oficial do iReport: http://jasperforge.org/sf/projects/ireport

Site oficial do JasperReports: http://jasperforge.org/

Site oficial do Hibernate: http://www.hibernate.org/

TopLink Essentials:

http://www.oracle.com/technology/products/ias/toplink/jpa/index.html

Site oficial do MySQL: http://www.mysql.com/

Site oficial do Spring Framework: http://www.springframework.org/

ACESSO PARA PESQUISA

TUTORIAIS

Gonçalves, Edson – Tutorial sobre desenvolvimento de relatórios com iReport

http://www.integrator.com.br/

ANOTAÇÕES

Impressão e acabamento
Gráfica da Editora Ciência Moderna Ltda.
Tel: (21) 2201-6662